lonely planet

CÔTE D'AZUR

ÉDITION ÉCRITE ET ACTUALISÉE PAR
Julie Hainaut, Alexandre Lenoir,
Coralie Modschiedler, Amandine Rancoule
et Élodie Rothan

Sommaire

Avant le départ

Saint-Jean-Cap-Ferrat (p. 227)

GIANCARLO LIGUORI / STOCK.ADOBE.COM ©

Sommaire

Cap d'Antibes (p. 181)

GIANCARLO LIGUORI / STOCK.ADOBE.COM ©

Jardin exotique d'Èze (p. 230)

DUDLAJZOV / STOCK.ADOBE.COM ©

En savoir plus 288

Carnet pratique 331

Bienvenue sur la Côte d'Azur

Bien sûr, il y a cette lumière éclatante, ces paysages grandioses, cette mer d'un bleu saphir et ces 300 jours d'ensoleillement par an. Mais ses atouts naturels ne sont pas les seuls à faire de la Côte d'Azur une destination de rêve. La richesse de ses musées, la réputation de ses établissements gastronomiques et une large palette d'activités sportives contribuent à faire de la région un petit coin de paradis.

Tout le monde pense connaître la côte, ses plages dorées, ses palmiers… C'est oublier que le littoral abrite des rivages plus sauvages, pour peu que l'on se donne la peine de les atteindre : les calanques bordant le massif de l'Estérel, les criques des îles de Lérins et des îles d'Or ou celles du cap d'Antibes. Une certitude : où que l'on se baigne, on ne se lasse pas de ces eaux tout à la gloire du bleu, qu'il soit azur, turquoise ou marine.

Si dans Côte d'Azur, il y a d'abord le mot côte, ne boudez pas l'arrière-pays qui renferme bien des trésors. Parcourez les villages perchés, arpentez les marchés, goûtez aux délicieuses spécialités et respirez à pleins poumons devant des panoramas à couper le souffle !

Rares sont les territoires pouvant se targuer d'avoir vu passer autant d'artistes. Des centaines de peintres, d'écrivains, d'architectes ont trouvé ici la lumière de leur rêve. Leurs œuvres sont toujours là, dans de superbes musées à la réputation mondiale. Équivalent "terrestre" de ce vaste banquet intellectuel, l'art culinaire ne s'est jamais aussi bien porté sur la Côte d'Azur. Dans la lignée d'Auguste Escoffier, des chefs talentueux émeuvent nos papilles avec les produits qu'offre cette terre bénie des dieux.

Menton (p. 240)

CARTES DÉTAILLÉES
Côte varoise (p. 52)
Arrière-pays varois (p. 122)
De Cannes à Vence (p. 158)
Nice et la Riviera française (p. 202)
Alpes d'Azur (p. 254)
ALPES-DE-HAUTE-PROVENCE
Digne-les-Bains
Asse
Lac de Sainte-Croix
La Corniche sublime
Grand Canyon du Verdon
Manosque
La Salle-sur-Verdon
Aiguines
Trigance
Sainte-Croix de Verdon
Bargème
Bauduen
Quinson
Comps-sur-Artuby
Basses Gorges du Verdon
Plateau de Canjuers
Pertuis
Durance
Tourtour
Bargemon
Châteaudouble
Rians
Varages
Tavernes
Aups
Ampus
Callas
Villecroze
Barjols
Salernes
Figanières
Flayosc
Aix-en-Provence
Cotignac
Entrecasteaux
Draguignan
Lorgues
Le Muy
Arc
Carcès
Saint-Maximin-la-Sainte-Baume
Montfort-sur-Argens
Lac de Carcès
Les Arcs-sur-Argens
Abbaye du Thoronet
Argens
Gardanne
Brignoles
Le Luc
Le Cannet-des-Maures
Nans-les-Pins
La Celle
La Garde-Freinet
Issole
Plan d'Aups
Signal de la Sainte-Baume (1 116 m)
Gonfaron
La Roquebrussanne
Les Mayons
Marseille
Massif de la Sainte-Baume
Puget-Ville
Grimaud
Huveaune
Circuit Paul-Ricard
Cuers
VAR
Cogolin
MASSIF DES MAURES
La Cadière-d'Azur
Le Castellet
Sollies-Pont
Cavalaire-sur-Mer
Le Beausset
Bormes-les-Mimosas
Saint-Cyr-Les-Lecques
Mont Faron
La Valette-du-Var
La Londe-les-Maures
Le Lavandou
Bandol
La Garde
Hyères
Île de Bendor
Plages du cap de Brégançon
Sanary-sur-Mer
Le Pradet
Rade d'Hyères
Six-Fours-les-Plages
La Seyne-sur-Mer
Carqueiranne
Presqu'île de Giens
Île des Embiez
Presqu'île de Saint-Mandrier
Golfe de Giens
Heliopolis
Presqu'île du cap Sicié
Giens
La Tour-Fondue
Port-Cros
Île du Levant
Île de Port-Cros
Porquerolles
ÎLES D'OR
Toulon, la rue des Arts
Porquerolles et la fondation Carmignac

ITALIE
Vallée
des Merveilles
Source du Var
Estenc
Entraunes
Tinée
Parc national du Mercantour
Saint-Martin-
d'Entraunes
Var
Valberg
Beuil
Saint-Sauveur-
de-Tinée
Tende
Roya
La Brigue
Saint-Dalmas-
de-Tende
Guillaumes
Gorges
de Daluis
ALPES-
MARITIMES
Saint-Martin-
Vésubie
Cime
du Diable
(2 685 m)
Saorge
Roquebillière
Puget-
Théniers
Vallée du Var
Touët-sur-Var
Lantosque
Breil-sur-
Roya
Vésubie
Villars-
sur-Var
Entrevaux
Lucéram
Sospel
Roquestéron
Coaraze
Gilette
Levens
L'Escarène
Montagne du Cheiron
Coursegoules
Roquebrune-
Cap-Martin
Peillon
Menton
Gréolières
Loup
Tourrettes-
sur-Loup
La Turbie
Monte-Carlo
Rocher de Monaco
Gourdon
Vence
Villefranche-
sur-Mer
Musée
de la Parfumerie
Saint-Paul-
de-Vence
Beaulieu-
sur-Mer
Èze
Fondation
Maeght
Cagnes-
sur-Mer
Saint-Cézaire-
sur-Siagne
Grasse
Sentier côtier
de Saint-Jean-Cap-Ferrat
Seillans
Callian
Baie
des Anges
Vieux-Nice
Mouans-
Sartoux
Biot
Montauroux
Fayence
Mougins
Vieil Antibes
et Musée Picasso
Siagne
Claviers
Vallauris
Lac
de Saint-Cassien
Mandelieu
La Napoule
Juan-
les-Pins
Cap d'Antibes
Cannes
Îles de Lérins
Massif
de l'Estérel
Théoule-sur-Mer
Miramar
Roquebrune-
sur-Argens
Agay
Fréjus
Saint-Raphaël
Saint-Aygulf
Les Issambres
Sainte-
Maxime
Golfe
de Saint-
Tropez
MER
MÉDITERRANÉE
Port-
Grimaud
Cap de Saint-Tropez
Saint-Tropez
Gassin
Anse de Pampelonne
Ramatuelle
Cap Camarat
Cap Lardier
Corniches des Maures
et Domaine du Rayol
ALTITUDE
2 000 m
1 500 m
1 000 m
500 m
200 m
0
0
20 km

↘ RIVIERA FRANÇAISE

De Nice à Menton s'étire une côte escarpée ponctuée de jolies plages de sable, comme celle de la Petite Afrique à Beaulieu (p. 229), et de criques aux eaux translucides, comme à Saint-Jean-Cap-Ferrat (p. 227) et au Cap-d'Ail (p. 232).

Criques et calanques de rêve

- **Calanques de Port-d'Alon** (p. 54)
- **Cap Bénat** (p. 82)
- **Presqu'île de Giens** (p. 94)
- **Anthéor** (p. 94)

↓ PRESQU'ÎLE DE SAINT-TROPEZ

Si la célèbre baie de Pampelonne (p. 95) a participé à créer le mythe de Saint-Tropez, la presqu'île possède d'autres plages idylliques, comme la plage de l'Escalet, entre le cap Camarat et le cap Taillat, ou encore celle de Gigaro, avant le cap Lardier.

1 PASSION PLAGES

La Côte d'Azur porte bien son nom. Ses plages de sable fin, bordées d'une mer bleu turquoise, n'ont rien à envier aux cartes postales du bout du monde. Le littoral varois recèle sans aucun doute les plus beaux joyaux de la région, mais vous trouverez partout de jolis coins de baignade. N'oubliez d'ailleurs pas aussi les criques de galets, les presqu'îles, les îles et les caps… ainsi que les lacs !

JONATHAN STUTZ / STOCK.ADOBE.COM ©

↑ LE LAVANDOU
Le Lavandou (p. 88) n'a pas volé son surnom de "station aux 12 plages" ! Toutes de style différent, elles permettent de pratiquer de nombreuses activités nautiques.

PHILIPPE / STOCK.ADOBE.COM ©

← BRÉGANÇON
À l'ombre des pins, des sentiers mènent à des rivages où l'eau prend des allures d'atoll polynésien. Les plages de Brégançon (p. 82) sont parmi les plus belles de la côte. Avec, en prime, la résidence présidentielle trônant sur un éperon rocheux.

2 VILLAGES PERCHÉS

La Côte d'Azur est constellée de villages fortifiés, dont beaucoup profitent d'un panorama sur la mer. Ainsi, le relief tourmenté entre Nice et l'Italie dévoile de véritables nids d'aigle, à l'instar d'Èze, dont les pitons rocheux plongent dans la mer. La région abrite d'autres villages d'exception, à l'atmosphère singulière, comme Saint-Paul-de-Vence. Si certains sont très touristiques, d'autres semblent perdus dans le temps.

MICHAEL EVANS / STOCK.ADOBE.COM ©

↑ ARRIÈRE-PAYS NIÇOIS
Au milieu des oliviers émergent ces forteresses au patrimoine historique exceptionnel, comme Coaraze (p. 222) ou Peillon (p. 218), couronnant un éperon rocheux.

ALEXANDERKONSTA / STOCK.ADOBE.COM ©

↑ ROQUEBRUNE-CAP-MARTIN
Depuis son château médiéval, Roquebrune (p. 245) offre des panoramas époustouflants. Sous une végétation luxuriante, le cap Martin abrite pour sa part de splendides demeures, ainsi que... le fort Maginot !

→ PAYS DE FAYENCE
Seillans, Mons, Callian, Montauroux... Autour de la petite cité varoise de Fayence (p. 133) se dressent des sentinelles de pierre au charme intact. Entourées de remparts, souvent surmontées d'un château et parcourues de ruelles pavées, elles ont aussi attiré et inspiré de nombreux artistes.

7HORSES / STOCK.ADOBE.COM ©

DUDLAJZOV / STOCK.ADOBE.COM ©

↗ ÈZE

Le plus couru des villages perchés azuréens mêle panorama sublime, ruelles tortueuses, maisons médiévales, échoppes d'artistes et restaurants étoilés (p. 230).

↓ SAINT-PAUL-DE-VENCE

On ne compte plus le nombre d'artistes y ayant laissé leur trace ! Admirablement préservé, il abrite aujourd'hui une concentration étonnante de galeries d'art (p. 197).

MURATART / STOCK.ADOBE.COM ©

Les nids d'aigle avec vues imprenables

- **Gassin** (p. 97), en surplomb du golfe de Saint-Tropez
- **Tourtour** (p. 147) et **Bargème** (p. 130), dans le haut Var
- **Gourdon** (p. 179), dans la vallée du Loup
- **Sainte-Agnès** (p. 248), village littoral le plus haut d'Europe
- **Touët-sur-Var** (p. 253), dans la vallée du Var
- **Saorge** (p. 260), dans la vallée de la Roya
- **Roubion** (p. 284), dans la vallée de la Tinée

PACKSHOT / STOCK.ADOBE.COM ©

↘ DOMAINE DU RAYOL

Ce magnifique jardin en balcon sur la mer (p. 91) promet un tour du monde végétal, mêlant bambous, cactus, yuccas des Canaries, cycas du Japon ou encore fougères arborescentes.

L'univers des parfums

- **Musée international de la Parfumerie** (Grasse, p. 175)
- **Le domaine de Manon** (p. 176)
- **Usines de parfum à Grasse** (p. 176)

↓ JARDIN EXOTIQUE, MONACO

Ses lacets à flanc de rochers offrent une vue plongeante sur la mer. On y découvre des milliers d'espèces de plantes aux dimensions impressionnantes (p. 235).

KIRK FISHER / STOCK.ADOBE.COM ©

3 IRRÉSISTIBLES JARDINS

Profitant de la douceur du temps et des microclimats, des parcs et jardins exotiques enchanteurs ont vu le jour sur la Côte d'Azur dès le début du XIXe siècle. Créés par de célèbres paysagistes ou botanistes, certains se sont vu attribuer le label de "Jardins remarquables" par le comité des parcs et jardins de France. Leur visite est le gage d'une escapade végétale féerique.

↑ JARDINS DE MENTON
Menton doit sa réputation à ses somptueux jardins : la plus grande collection d'agrumes d'Europe à Carnolès, le paradis exotique de Val Rahmeh ou encore les terrasses du Serre de la Madone (p. 244).

← JARDINS DE LA VILLA EPHRUSSI DE ROTHSCHILD
Jardin florentin, espagnol, japonais... Dans le parc du palais, 9 jardins de style différents sont l'occasion d'un voyage végétal avec, de chaque côté, la mer Méditerranée (p. 227).

MATTHIEU JOSEPHH-AIMÉ ©

4 NISSA LA BELLA

Entre les édifices prestigieux du front de mer, les façades ocre du Vieux-Nice, les perles baroques et les jardins, “Nissa la bella” mérite bien son surnom. Sa clientèle touristique internationale attirée par ses célèbres plages de galets et ses événements réputés lui donne un petit air de vacances toute l'année. Derrière ses apparats de fête, la culture nissarte s'enracine dans une longue histoire, à l'image de sa gastronomie, à mi-chemin entre la France et l'Italie.

↙ PROMENADE DES ANGLAIS

Aucun lieu ne symbolise mieux Nice que la superbe promenade des Anglais (p. 203), bordée de palmiers et d'établissements mythiques. Créée pour l'agrément des riches hivernants au XIXe siècle, elle reste aujourd'hui le cœur battant de Nice, avec une myriade de bars, de restaurants, de grandes enseignes et de boutiques luxueuses..

ARTUR BOGACKI / ADOBE STOCK ©

← COLLINE DU CHÂTEAU

Pour profiter d'une vue magnifique sur les toits de Nice et sur la baie des Anges, empruntez l'escalier ou l'ascenseur menant en haut de la colline du Château, à l'est de la vieille ville (p. 204).

Galeries et musées d'art

- **Musée Marc-Chagall** (p. 208)
- **Musée des Beaux-Arts Jules-Chéret** (p. 203)
- **Musée d'Art moderne et contemporain** (p. 204)
- **Musée Matisse** (p. 207)
- **Galerie Lympia** (p. 205)

↓ GASTRONOMIE NISSARTE

Sa cuisine du soleil, colorée et odorante, largement inspirée des produits du terroir, comblera les amateurs de bonne chère. Ne manquez pas l'incontournable pan-bagnat niçois, la socca, les petits farcis ou encore la pissaladière (p. 213).

MATTHIEU JOSEPHH-AIMÉ ©

MATTHIEU JOSEPHH-AIMÉ ©

← VIEUX NICE

Îlot baroque lové entre la place Masséna, la mer et la colline du Château, le Vieux-Nice (p. 210) porte les traces du passé italien de la cité. Perdez-vous dans ses ruelles pour découvrir ses façades colorées, ses palais et ses églises.

↗ ÎLES D'OR
Si chacune des trois îles (Porquerolles, Port-Cros et le Levant) possède sa propre personnalité, toutes partagent le même trésor : un littoral bordé par des eaux turquoise alternant plages de sable fin et criques nichées au creux des falaises (p. 84).

5 PERLES INSULAIRES

Un chapelet de petites îles, très différentes les unes des autres, s'égrène au large de la Côte d'Azur. Les îles d'Or en sont incontestablement les stars : situées dans le Parc national de Port Cros, premier parc marin d'Europe, Porquerolles et Port-Cros sont en effet les joyaux de la côte. Au large de Cannes, les îles de Lérins méritent aussi le détour, tout comme l'île des Embiez ou Bendor, plus discrètes.

↑ ÎLES DE LÉRINS

Entre criques idylliques, bons vins, monastère et fort royal, les îles de Saint-Honorat et de Sainte-Marguerite (p. 164) invitent au repos et à la contemplation... juste au large de la Croisette !

↓ ÎLE DES EMBIEZ

Baignades, balades à vélo, visite d'un aquarium, découverte d'un domaine viticole, tour en petit train : cette perle de la Méditerranée (p. 62) propose une large palette d'activités.

Des sorties en mer pour tous les goûts

- **Visite de la rade de Toulon** (p. 68)
- **Croisière vers l'Estérel depuis Cannes** (p. 162)
- **Observation des cétacés à bord d'un voilier** (p. 228)
- **Cocktail au coucher du soleil sur un catamaran** (p. 116)

6 ÉCRINS NATURELS

Entre reliefs montagneux, géologie contrastée et proximité de la mer, la Côte d'Azur est un véritable paradis pour le randonneur. Impossible d'énumérer tous les itinéraires possibles : des centaines de sentiers sillonnent la région ! Les massifs et parcs naturels offrent bien entendu des environnements privilégiés, et sont ainsi des destinations de choix, mais, à leur côté, les gorges spectaculaires sont également très prisées (voir p. 25).

↙ PARC NATIONAL DU MERCANTOUR

La randonnée s'écrit ici en majuscule ! Immense et montagneux, le parc national du Mercantour (p. 272) est un immense terrain d'exploration. Son point d'orgue est sans doute la vallée des Merveilles, dont le paysage minéral s'étire au pied du mont Bégo.

LUC BIANCO / ADOBE STOCK ©

← SENTIERS DU LITTORAL

Pour découvrir la côte au gré des criques sauvages et des petits ports, rien de plus agréable que de suivre l'un des nombreux sentiers du littoral, comme à Giens (p. 76), au Cap d'Antibes (p. 183) ou au Cap Ferrat (p. 228).

Des coins de nature à l'écart du monde

- ▶ **Massif des Maures** (p. 92)
- ▶ **Plateau de Caussols** (p. 199)
- ▶ **Pays de la Roudoule** (p. 277)
- ▶ **Haute vallée du Var** (p.279)
- ▶ **Vallée des Merveilles** (p. 265)

↓ MASSIF DE L'ESTÉREL

Une randonnée dans ce massif volcanique (p. 111) dévoile, au fil de la journée, d'infinies variations de l'étonnante couleur rouge de sa roche avec, en arrière-plan, le bleu de la mer.

QUENTIN/ ADOBE STOCK ©

PRILL MEDIENDESIGN / ADOBE STOCK ©

← MASSIF DE LA SAINTE-BAUME

Véritable curiosité géologique, cette barre calcaire (p. 150) culmine à plus de 1100 m d'altitude. De nombreux sentiers balisés traversent sa forêt et rejoignent la route des crêtes, au panorama époustouflant !

7 TEMPLES DE L'ART

Au XXe siècle, la Côte d'Azur fut une terre d'émulation artistique majeure. Aux pionniers du début du siècle (Renoir à Cagnes ou Bonnard au Cannet), succédèrent Picasso (à Antibes, Vallauris et Mougins), Matisse (à Nice et à Vence), Chagall (à Saint-Paul-de-Vence), Fernand-Léger (à Biot), Cocteau (à Menton) et bien d'autres encore… Ce passé est aujourd'hui remarquablement illustré par nombre de musées d'envergure et de galeries d'art.

LAURENT LECCAT ©

↑ FONDATION CARMIGNAC

Mettant en place un rituel de visite, ce lieu exceptionnel (p. 86) dévoile d'impressionnantes expositions annuelles, qui se prolongent par un parcours artistique à travers les jardins.

ARBALEST / STOCK.ADOBE.COM ©

↑ MUSÉE PICASSO, ANTIBES

Les lieux furent, un temps, son atelier. Outre les œuvres du maître, la collection (p. 182) présente des toiles de Nicolas de Staël ou de Miró. Les fans de Picasso se rendront aussi à Vallauris (p. 188), où il s'adonna à la céramique !

→ MUSÉE MATISSE, NICE

Cette belle villa génoise (p. 207) rassemble de nombreuses œuvres majeures de l'artiste, mêlant peintures, gravures, sculptures, gravures, photos ou objets personnels. Ne manquez pas non plus la visite de la chapelle du Rosaire, à Vence (p. 195), considérée par l'artiste comme son chef-d'œuvre.

KIEV.VICTOR / SHUTTERSTOCK ©

ALEXANDRE LENOIR ©

↗ FONDATION MAEGHT

Incontournable ! Probablement le plus connu de la Côte d'Azur, ce musée (p. 198), dont le bâtiment lui-même est conçu comme une œuvre d'art, rassemble des œuvres des plus grands artistes du XXe siècle.

↓ MAISON RENOIR, CAGNES-SUR-MER

Habitée par Auguste Renoir jusqu'à sa mort, cette ferme fabuleuse (p. 193) dévoile un peu de son intimité ainsi que 14 toiles originales. Elle est entourée d'un magnifique parc de 8 ha.

SPIRITOFAMERICA / ADOBE STOCK©

Chapelles d'artistes

- **Notre-Dame-de-Jérusalem par Jean Cocteau, Fréjus** (p. 113)
- **Église Saint-François par Victor Vasarely, Port-Grimaud** (p. 104)
- **Chapelle des Pénitents-Blancs par Jean-Michel Folon, Saint-Paul-de-Vence** (p. 197)
- **Chapelle du Rosaire par Henri Matisse, Vence** (p. 195)

↗ GORGES DU VERDON
Dans le Grand Canyon, le Verdon (p. 139) déploie son empreinte vert émeraude au pied de falaises dépassant les 700 m de hauteur. Pour découvrir ce paysage unique, au choix : randonnée, aqua-rando, canoë, rafting ou même escalade !

8 CANYONS ET GORGES

La Côte d'Azur est une terre de contraste. À quelques encablures du littoral se déploie un relief particulièrement montagneux et escarpé, à la géologie puissante et accidentée. Cours d'eau en tout genre trouvèrent ici un terrain de jeu idéal et s'amusèrent à façonner défilés sinueux, piscines naturelles ou cascades vertigineuses. Le champion incontesté étant le Verdon, plus profond et plus spectaculaire canyon d'Europe.

↑ GORGES DE DALUIS
Creusé par le Var sur plus de 900 m, ce "petit Colorado niçois" (p. 279) offre un paysage minéral insolite, ponctué d'étranges sculptures telles que la fameuse "tête de femme", devenue l'emblème des lieux.

↓ GORGES DU LOUP
De fougueux torrents des montagnes dévoilent la vitalité de Loup autour d'impressionnantes cascades cernées de falaises (p. 178).

Les meilleurs spots pour pagayer

- **Lac de Sainte-Croix** (p. 141)
- **Gorges du vallon Sourn** (p. 149)
- **Descente de l'Argens** (p. 152)
- **Canyon de la Maglia** (p. 270)

9 FRAGMENTS D'HISTOIRE

La Côte d'Azur brille d'un riche patrimoine architectural. Édifices préromans, romans, baroques ou Belle Époque, la liste des styles et des époques serait interminable ! Figurent parmi eux de nombreux édifices religieux, dont l'emblématique abbaye du Thoronet, dans l'arrière-pays varois. Mais, des temps préhistoriques aussi, la région conserve un témoignage unique : la vallée des Merveilles.

↙ ART BAROQUE EN PAYS NIÇOIS

Ancienne possession du royaume de Savoie, le comté de Nice a vu fleurir l'art baroque au XVIIe siècle. La basilique Saint-Michel Archange à Menton (p. 243), les églises de l'arrière-pays niçois (p. 220) ou celles du Vieux-Nice (p. 209) en sont les.plus beaux exemples.

GUILLAUME BESNARD / ADOBE STOCK ©

← VALLÉE DES MERVEILLES

Ici, l'histoire se lit sur les roches. Regroupant près de 36 000 gravures rupestres, datant pour la plupart de l'âge du bronze, ce site exceptionnel se découvre à l'occasion d'une randonnée (p. 266).

Châteaux et citadelles

- **Château d'Entrecasteaux** (p. 152)
- **Citadelle de Saint-Tropez** (p. 99)
- **Château de Roquebrune** (p. 244)
- **Citadelle d'Entrevaux** (p. 277)
- **Citadelle de Villefranche-sur-Mer** (p. 225)

↓ FRÉJUS

Ancienne cité romaine, Fréjus (p. 112) a conservé de nombreuses traces de son illustre passé. De l'amphithéâtre à la villa Aurélienne, on les découvre en flânant au gré des ruelles colorées de la vieille ville.

PASCAL06 / STOCK.ADOBE.COM ©

NICOU2310 / ADOBE STOCK ©

← ABBAYE DU THORONET

Nichée dans un vallon boisé, cette abbaye cistercienne (p. 128) impressionne malgré son austérité. La pureté des lignes séduira même les âmes les plus profanes.

GRETA GABAGLIO / STOCK.ADOBE.COM ©

10 TERRE DE CINÉMA

Depuis les premiers films projetés à La Ciotat en 1895 par les frères Lumière, la Côte d'Azur a noué un lien étroit avec l'industrie du cinéma. Des studios niçois de la Victorine (avec plus de 700 tournages) à la renommée mondiale du Festival de Cannes (lancé en 1946), en passant par les rendez-vous de la jet set à Saint-Tropez, on peut dire, sans cliché, que la Côte d'Azur et le cinéma, c'est une véritable histoire d'amour !

↙ CANNES

Bienvenue sur la fameuse promenade de la Croisette (p. 159) et son célébrissime Palais des festivals ! Pavé de quelque 300 empreintes de stars et bordé de prestigieux palaces, il est peu de dire qu'ici, la magie du 7e Art opère.

EMPERORCOSAR / ADOBE STOCK ©

← CASINO DE MONTE-CARLO

Incarnation du glamour de la Côte d'Azur, ce bijou Belle Époque (p. 234) a accueilli bien des tournages, dont ceux de *Goldeneye* ou d'*Ocean's Twelve*.

Villas d'architecte

- **Villa E-1027, Roquebrune-Cap-Martin** (p. 247)
- **Villa Noailles, Hyères** (p. 75)
- **Palais Bulles, Théoule-sur-Mer** (p. 167)
- **Villa Ephrussi de Rothschild, Saint-Jean-Cap-Ferrat** (p. 230)
- **Villa Kerylos, Beaulieu** (p. 229)

↓ GRANDE CORNICHE

Accrochée à la falaise, la Grande Corniche dévoile des points de vue époustouflants. Alfred Hitchcock fut tellement impressionné qu'il s'en servit de décor pour son film *La Main au collet* (1956), avec Cary Grant et Grace Kelly.

VLADIMIR DROZDIN / STOCK.ADOBE.COM ©

PATRICIA RAVACHOL / ADOBE STOCK ©

← SAINT-TROPEZ

Des grimaces comiques de Louis de Funès planqué dans les dunes au glamour de B.B. dans *Et Dieu créa la femme*, Saint-Tropez (p. 99) tient une place de choix dans l'histoire du cinéma français.

Itinéraire : 12 jours

SANS VOITURE

La Côte d'Azur en train

Votre billet de train en poche, embarquez pour une traversée de la Côte d'Azur ! Vous longerez le littoral jusqu'à Hyères, puis dévierez dans l'arrière-pays varois avant de retrouver la mer à Saint-Raphaël et ne plus la quitter jusqu'à Nice.

Les Arcs-sur-Argens et l'arrière-pays (p. 124)
Pour un aperçu de l'arrière-pays varois, faites halte à la gare des Arcs-sur-Argens. Louez des vélos et rejoignez Draguignan via le parcours "La Vigne à Vélo" (p. 125).
17 min des Arcs à Saint-Raphaël

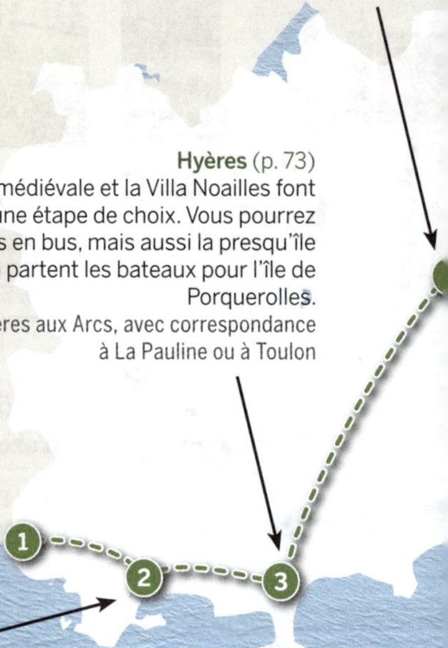

Hyères (p. 73)
Sa vieille ville médiévale et la Villa Noailles font de Hyères une étape de choix. Vous pourrez rejoindre les plages en bus, mais aussi la presqu'île de Giens, d'où partent les bateaux pour l'île de Porquerolles.
1h20 de Hyères aux Arcs, avec correspondance à La Pauline ou à Toulon

Saint-Cyr-les-Lecques (p. 54)
Outre la longue plage des Lecques et le petit port de la Madrague, cette agréable station balnéaire invite à une échappée nature sur le sentier du littoral jusqu'à la calanque de Port-d'Alon.
30 min depuis Marseille ; 25 min depuis Toulon

Toulon (p. 64)
Rejoignez Toulon et profitez-en pour visiter les nombreux musées de la ville, arpenter le quartier du Mourillon et découvrir la ravissante anse Méjean. Autres options : embarquer pour un tour de la rade ou atteindre le sommet du mont Faron en téléphérique !
22 min de Toulon à Hyères

Itinéraire : 12 jours

Nice (p. 203)
Dernière étape de cette traversée, Nice ponctuera en beauté votre périple. De la promenade des Anglais à la place Masséna, la ville ne manque pas de de belles adresses et de musées d'envergure. Pour vous déplacer, vous aurez le choix entre le tram, le bus ou les vélos en libre-service.

Cannes (p. 159)
Sortez vos plus belles paires de lunettes de soleil et jouez les stars sur la Croisette ! Entre boutiques en vogue et plages privées, Cannes recèle aussi des pépites comme le quartier du Suquet ou les îles de Lérins.
10 min de Cannes à Antibes

Antibes (p. 181)
Entre sa vieille ville, son musée Picasso et ses plages de sable, Antibes vous séduira à coup sûr. Prenez ensuite le temps d'explorer le cap d'Antibes, à pied par le sentier de Tire-Poil, en bus par la ligne 02 du réseau Envibus, ou en canoë-kayak.
20 min d'Antibes à Nice

Saint-Raphaël (p. 115)
Flânez sur le port, puis partez à la découverte des calanques de l'Estérel : la ligne 8 du réseau urbain Agglobus-Cavem rejoint Le Trayas via Agay, les calanques de Maubois, le cap Néré ou encore les calanques de Maupas.
30 min de Saint-Raphaël à Cannes

Itinéraire : 15 jours

SANS VOITURE

Le *best of* de la Côte d'Azur

Depuis Hyères jusqu'à Nice, en passant par Saint-Tropez ou le pays de Fayence, cet itinéraire offre un concentré du meilleur de la Côte d'Azur.

Le pays de Fayence (p. 133)
Avec sa vue sur le massif de l'Estérel et celui des Maures, le vieux village de Fayence vous charmera. Profitez de son atmosphère méridionale et n'hésitez pas à emprunter quelques chemins de randonnée !
1h20 de Fayence à Cannes via la ligne 3002

Le lac de Sainte-Croix et les gorges du Verdon (p. 141)
Profitez de la magnifique région du Verdon, en faisant halte à Bauduen, en bord du lac de Sainte-Croix. Vous pouvez poursuivre (via la même ligne de bus) jusqu'aux Salles-sur-Verdon ou Aiguines, plus proches des gorges.
40 min du Verdon à Aups via la ligne 1121 ; 1h10 de Draguignan à Fayence via la ligne 3221

Aups via Draguignan (p. 144)
Gagner le Verdon par les transports en commun vous demandera un petit effort. Après une première escale à Draguignan, vous rejoindrez le village d'Aups, à l'ambiance authentique.
de 42 à 57 min de Draguignan à Aups par les lignes 1201 ou 1222 ; 40 min d'Aups à Bauduen via la ligne 1121

Saint-Raphaël et l'Estérel (p. 115)
Saint-Raphaël vous ouvre les portes du massif de l'Estérel : à vous les calanques rougeoyantes (accessibles via la ligne 8 du réseau urbain Agglobus-Cavem) et les randonnées à travers le massif.
1h de Saint-Raphaël à Draguignan par la ligne 2601

Hyères et les îles (p. 73)
Après avoir sillonné la vieille ville de Hyères et visité la Villa Noailles, cap sur la presqu'île de Giens, ses criques secrètes, ses petits ports et son sentier du littoral. De la Tour Fondue, vous pourrez embarquer pour l'île de Porquerolles, joyau des îles d'Or, et, depuis le port Saint-Pierre, pour l'île de Port-Cros.
22 min depuis Toulon ou 1h20 depuis Marseille ; 1h44 de Hyères à Saint-Tropez via les lignes 7801, 7802 7803

Itinéraire : 15 jours

Nice et la Riviera (p. 200)
Une fois explorés les nombreux trésors de la ville, finissez votre périple par une escapade sur la Riviera : grâce à la ligne 100 du réseau ZOU, vous pourrez atteindre Beaulieu, Èze, le Cap-d'Ail, Monaco ou encore Menton !

8

7

Cannes et ses environs (p. 156)
Après avoir joué les stars sur la Croisette, arpenté les ruelles du Suquet et embarqué aux îles de Lérins, n'hésitez pas à explorer les alentours de Cannes : faites un crochet à Mougins (ligne LR630 en 16 min), à Grasse (40 min en TER) ou encore à Antibes (22 min en TER).
30 min de Cannes à Nice

Saint-Tropez (p. 98)
Flânez sur le port, visitez le musée de l'Annonciade et la Citadelle. En été, la ligne de bus 7705 vous mènera à Pampelonne, Ramatuelle ou encore Gassin.
1h38 de Saint-Tropez à Saint-Raphaël par la ligne 7601

Avant le départ

Itinéraire : 6 jours

SANS VOITURE

Littoral varois et arrière-pays

Après une pause balnéaire à Sanary-sur-Mer, direction l'arrière-pays pour entamer une randonnée de plusieurs jours via, notamment, la fameuse abbaye du Thoronet.

1

Sanary-sur-Mer (p. 59)
Profitez de l'atmosphère typiquement provençale de ce port varois, entouré de plages de sable. De là, vous pouvez aisément rejoindre le Brusc à vélo via une voie verte et embarquer pour l'île des Embiez.
40 min depuis Marseille ou 36 min depuis Toulon ; 1h de Sanary à la gare des Arcs-Draguignan, correspondance à Toulon

2

Les Arcs et le GR653A
Arrivé à la gare des Arcs-Draguignan, rejoignez le parcours du GR653A au château Sainte-Roseline (à 3,5 km de la gare, via le chemin des Valises). Faites une halte dans la chapelle Sainte-Roseline pour admirer la mosaïque de Chagall. Suivez ensuite le parcours de randonnée jusqu'au village de Lorgues.
15 km du château Sainte-Roseline à Lorgues via le GR653A

3

Lorgues et l'abbaye du Thoronet (p. 127)
Après une escale dans le village de Lorgues, reprenez le chemin du GR653A qui vous mènera à l'abbaye cistercienne du Thoronet (à 11 km de Lorgues). Vous rejoindrez ensuite Carcès.
24 km de Lorgues à Carcès via le GR653A

4

Carcès et Le Val (p. 151)
Le village médiéval de Carcès est un bon endroit pour faire une halte. Direction ensuite Le Val (15 km depuis Carcès) pour la troisième étape de cette randonnée.
15 km de Carcès au Val via le GR653A ; 26 km du Val à Saint-Maximin-la-Sainte-Baume

5

Saint-Maximin-la-Sainte-Baume (p. 151)
Votre destination finale sera Saint-Maximin-la-Sainte-Baume, qui abrite la basilique Marie-Madeleine, plus grand édifice gothique de Provence.
retour vers Aix-en-Provence en 1h

Itinéraire : 7 jours

D'île en île

Au large de la Côte d'Azur se déploie un chapelet de petites îles, très différentes les unes des autres. Si celles du parc national de Port Cros sont les plus célèbres, d'autres, plus discrètes, méritent aussi le détour.

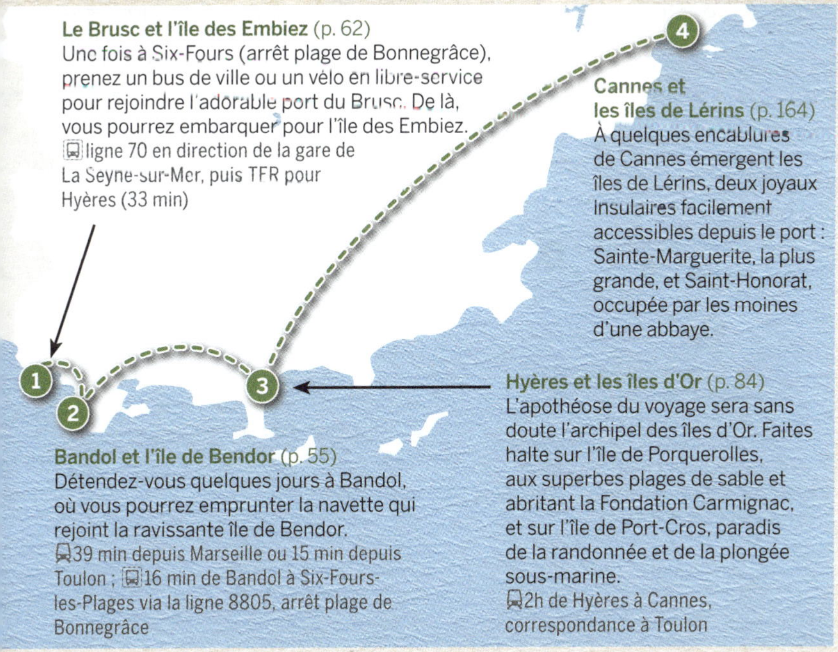

Le Brusc et l'île des Embiez (p. 62)
Une fois à Six-Fours (arrêt plage de Bonnegrâce), prenez un bus de ville ou un vélo en libre-service pour rejoindre l'adorable port du Brusc. De là, vous pourrez embarquer pour l'île des Embiez.
ligne 70 en direction de la gare de La Seyne-sur-Mer, puis TER pour Hyères (33 min)

Bandol et l'île de Bendor (p. 55)
Détendez-vous quelques jours à Bandol, où vous pourrez emprunter la navette qui rejoint la ravissante île de Bendor.
39 min depuis Marseille ou 15 min depuis Toulon ; 16 min de Bandol à Six-Fours-les-Plages via la ligne 8805, arrêt plage de Bonnegrâce

Hyères et les îles d'Or (p. 84)
L'apothéose du voyage sera sans doute l'archipel des îles d'Or. Faites halte sur l'île de Porquerolles, aux superbes plages de sable et abritant la Fondation Carmignac, et sur l'île de Port-Cros, paradis de la randonnée et de la plongée sous-marine.
2h de Hyères à Cannes, correspondance à Toulon

Cannes et les îles de Lérins (p. 164)
À quelques encablures de Cannes émergent les îles de Lérins, deux joyaux insulaires facilement accessibles depuis le port : Sainte-Marguerite, la plus grande, et Saint-Honorat, occupée par les moines d'une abbaye.

Itinéraire : 8 jours

SANS VOITURE

Sur les traces des artistes

Picasso, Matisse, Renoir, Chagall… On dirait que tous les grands maîtres de l'art se sont donné rendez-vous sur la Côte d'Azur ! Découvrez les lieux où ils ont laissé leur empreinte.

Le Cannet et Mougins depuis Cannes (p. 159)
Depuis Cannes, faites un détour au Cannet pour son musée Bonnard. Rejoignez aussi Mougins et ses nombreux ateliers d'artistes.
12 min de Cannes à Antibes ; ligne 1 ou 4 de Cannes au Cannet ; ligne LR630 ou LR600 de Cannes à Mougins

Vallauris et Biot depuis Antibes (p. 181)
Escale de charme, Antibes vous dévoilera les trésors de son musée Picasso. De là, rejoignez Vallauris, lui aussi marqué par le passage de Picasso ! Cap ensuite sur Biot pour visiter le musée Fernand-Léger.
12 min d'Antibes à Cagnes ; ligne 8 d'Antibes à Vallauris ; lignes 10 ou 12 d'Antibes à Biot

Saint-Paul-de-Vence et Vence depuis Cagnes (p. 192)
À Cagnes, ne manquez pas le fabuleux musée Renoir. Ralliez ensuite Vence pour admirer la chapelle Matisse. De là, vous rejoindrez facilement Saint-Paul-de-Vence, qui abrite la célèbre Fondation Maeght.
10 min de Cagnes à Nice ; ligne 9 de Nice à Vence ; ligne LR400 pour Saint-Paul-de-Vence

Menton depuis Nice (p. 203)
À Nice vous attendent, entre autres, le MAMAC, le musée Matisse ou encore le musée Chagall. De là, vous pouvez aisément rejoindre Menton et son musée Cocteau.
33 min de Nice à Menton

Itinéraire : 8 jours

Boucle de Nice à Grasse

En embarquant à bord du train des Pignes puis en empruntant le sportif GR4, vous découvrirez un visage méconnu de la Côte d'Azur, coiffé de somptueux panoramas.

1 Nice (p. 203)
Consacrez tout d'abord une journée à la découverte de cette belle cité azuréenne, de l'emblématique promenade des Anglais aux ruelles du Vieux-Nice sans oublier de découvrir ses intéressants musées.
1h30 de Nice à Entrevaux via le train des Pignes

2 Entrevaux via le train des Pignes
Après avoir profité des somptueux panoramas qui émaillent le parcours du train des Pignes, descendez à Entrevaux, village défendu par une citadelle Vauban. Vous récupérerez le tracé du GR4 qui passe devant le pont (route de Grenoble).
GR4 d'Entrevaux à Grasse : 87 km

3 Le long du GR4 (p. 277)
Depuis Entrevaux, partez à l'assaut des Monts d'Azur ! Cette traversée difficile s'effectue en 5 jours : vous ferez successivement étape à Amirat (13 km), Aiglun (14 km), Gréolières (14,5 km), Caussols (17 km) avant de rejoindre Grasse (16 km).

4 Grasse (p. 174)
Prenez le temps de visiter la capitale de la parfumerie ! Entre le musée, les jardins et les nombreux parfumeurs ayant pignon sur rue, Grasse distille un charme unique.

Itinéraires : 2-3 jours

SANS VOITURE

Idées week-end

Avec sa grande diversité de paysages et d'atmosphères, la Côte d'Azur se prête particulièrement à des escapades courtes de 2 ou 3 jours. Vous aurez alors le temps de flâner sans pour autant avaler trop de kilomètres.

3 Randonnée autour du pays de Fayence

Plein de charme, le vieux village de Fayence distille une atmosphère toute méridionale. Il est aussi le point de départ d'une belle randonnée à travers les villages perchés de la région : le GR de Pays "Villages perchés de Haute Siagne". Long de 50 km, il vous fera passer par les villages de Callian, Montauroux, Saint-Cézaire-sur-Siagne, Mons ou encore Seillans.

1h20 de Cannes à Fayence avec la ligne 3002 des autocars SUMA

1 Hyères et ses environs

Hyères permet de mêler, en un seul week-end, l'atmosphère méridionale d'un ravissant centre ancien, des étapes d'art et de design, des plages idylliques et des balades nature. Le tout facilement accessible via le réseau de bus Mistral. Reliées à Hyères par des navettes maritimes, les îles de Porquerolles et de Port Cros invitent, en outre, à une prolongation idyllique.

(arrivée à Hyères en avion ou en train)

Itinéraires : 2-3 jours

4 Nice et l'arrière-pays
Entre la vieille ville, les nombreux musées, les bonnes adresses et les plages longeant la promenade des Anglais, Nice comblerait à lui seul l'emploi du temps d'un week-end. Mais il serait aussi dommage de ne pas aller explorer ses environs ! Outre la Riviera, facilement accessible, son arrière-pays invite à des incursions plus authentiques : rejoignez ainsi les villages de L'Escarène, de Levens, ou encore Falicon.
🚌 ligne 340 vers L'Escarène, ligne 89 pour Levens, ligne 25 vers Falicon

2 Saint-Raphaël, l'Estérel et l'Argens
La gare de Saint-Raphaël étant située en centre-ville, vous arriverez au cœur de cette joyeuse cité balnéaire. Après avoir flâné sur le port, partez à la découverte de l'Estérel, ses calanques, et ses chemins de randonnée. À deux pas, la cité de Fréjus mérite aussi le détour, notamment pour son riche groupe épiscopal. Enfin, rejoignez Roquebrune-sur-Argens pour entreprendre une descente de l'Argens !
🚌 ligne 8 vers les calanques ; ligne 2601 vers Fréjus

Avant le départ
L'agenda

MAGSPACZE / STOCK.ADOBE.com ©

Janvier

Journée de la truffe noire
Une journée autour du diamant noir dans la capitale de la truffe, Aups (4e dimanche de janvier).

Fête des Tripettes
Défilé médiéval, danses et banquet... Le village de Barjols célèbre saint Marcel, protecteur de la cité, pendant le week-end le plus proche du 17 janvier.

Festival international du cirque de Monte-Carlo
Dix jours de spectacles avec les meilleurs artistes mondiaux du cirque (www.montecarlofestival.mc).

Février-mars

Carnaval de Nice
Depuis 1873, corsos, parades, animations, feux d'artifice, batailles de fleurs et de confettis animent les rues de Nice de mi-février à début mars (www.nicecarnaval.com).

Fête du Citron
C'est devenu la marque de Menton : chars décorés de citrons et d'oranges, batailles de fleurs, sculptures d'agrumes et jeux de lumière durant la seconde quinzaine de février (www.fete-du-citron.com).

Corsos fleuris
Au moment de la floraison du mimosa, à partir de mi-février, défilés de chars et batailles de fleurs animent les rues de Sainte-Maxime, Bormes-les-Mimosas, Saint-Raphaël, Hyères ou encore Mandelieu-la-Napoule. Avec près de 20 000 personnes chaque année, le corso du Lavandou est l'un des plus réputés.

Avril

Festival international des arts de la mode et de la photographie
C'est l'occasion de découvrir de nouveaux créateurs, d'assister à des défilés et de croiser des pointures de la haute couture, dans le cadre enchanteur de la villa Noailles à Hyères (www.villanoailles-hyeres.com).

★ Les grands rendez-vous

Fête du Citron de Menton, fin février-début mars

Carnaval de Nice, fin février-début mars

Festival d'art pyrotechnique de Cannes, juillet

Jazz à Juan, juillet

Les Voiles de Saint-Tropez, septembre

☆ Un printemps dans les étoiles

Fin avril, le cirque contemporain est à l'honneur à La Seyne-sur-Mer (www.unprintempsdanslesetoiles.com).

Mai

☆ Exporose

Expositions des plus grands créateurs de roses, concours de bouquets, vente de rosiers... Durant trois jours, Grasse se met au parfum de la plus romantique des fleurs.

Les Bravades de Saint-Tropez

Depuis 1558, à la mi-mai, cette grande fête traditionnelle rend hommage au saint patron de la ville. Au programme de ces trois jours : défilés en costumes traditionnels et salves d'artillerie (www.bravade-saint-tropez.fr).

Grand Prix de Monaco

Une épreuve reine du championnat de Formule 1, l'avant-dernier week-end de mai (www.grand-prix-monaco.info).

☆ Festival de Cannes

Événement mythique du cinéma, le festival est toutefois à éviter si l'on n'est pas star addict. Les rues sont bloquées, il y a un monde fou et les prix sont indécents (2e quinzaine de mai ; www.festival-cannes.fr).

Juin

Les Voiles d'Antibes

Les premières régates de la saison offrent l'occasion au grand public d'admirer les plus beaux yachts d'Europe. Expos, animations et concerts durant 5 jours (www.voilesdantibes.com).

Juillet

☆ Festival du Peu

Les créations contemporaines d'artistes émergents et confirmés prennent possession du village de Bonson dans la vallée de l'Estéron (www.festivaldupeu.org).

Les Nuits auréliennes

De belles représentations théâtrales redonnent vie au théâtre romain de Fréjus

Les Médiévales d'Entrevaux

Cortège de troubadours et joutes de chevaliers animent la cité médiévale durant deux jours.

Festival d'art pyrotechnique

En juillet-août, la baie de Cannes s'illumine lors de cette compétition où s'affrontent les meilleurs artificiers de la planète (www.festival-pyrotechnique-cannes.com).

☆ Jazz à Porquerolles

Début juillet, ce festival réunit des pointures internationales du jazz pendant une semaine au fort Sainte-Agathe de l'île, dans un cadre enchanteur (www.jazzaporquerolles.org).

☆ Jazz à Juan

Pour écouter les légendes et les nouveaux talents du jazz, sous la pinède de Juan-les-Pins, face à la mer. Dans les rues de la ville, les concerts gratuits du Jazz Off sont aussi très prisés (www.jazzajuan.com).

À gauche : fête du Citron, Menton

☆ Nice Jazz Festival
Les plus grands noms du jazz se produisent sur la scène du théâtre de Verdure du jardin Albert-Ier (www.nicejazzfestival.fr).

☆ Festival Nuits du Sud
De mi-juillet à début août, les grands noms de la musique du monde se donnent rendez-vous à Vence (www.nuitsdusud.com).

Août

☆ Les Plages électroniques
Début août, à Cannes, la plage du Palais des festivals se transforme en dance-floor à ciel ouvert (www.plages-electroniques.com).

Fête de la Sainte-Claire
Durant deux jours, Saint-Paul-de-Vence célèbre l'une des patronnes du village. Animations, concerts et bals gratuits avant l'embrasement spectaculaire du village.

☆ Festival de jazz de Brignoles
Un festival de qualité qui a vu passer les grands noms de la scène jazz nationale et internationale.

Fête du Jasmin
Feu d'artifice, animations et corsos fleuris marquent le début de la cueillette du jasmin à Grasse, début août.

☆ Festival international des orgues historiques
Concerts gratuits par des organistes renommés dans les églises des vallées de la Roya et de la Bévéra.

☆ Festival Saint Jazz Cap Ferrat
Dans le cadre enchanteur du jardin de la Paix, musiciens confirmés et jeunes talents du jazz se mélangent.

Les Médiévales de Brignoles
Marché médiéval et tournoi de chevalerie au cœur de la Provence verte.

Fête de la Bio et du Naturel de Correns
Le 3e week-end d'août, conférences, animations et spectacles autour du développement durable animent le premier "village bio" de France.

Septembre

☆ Beaulieu Classic Festival
L'occasion d'écouter des virtuoses de renommée internationale dans des lieux intimistes (www.beaulieuclassicfestival.com).

☆ Saint-Jean-Cap-Ferrat Légendes
Une exposition gratuite des plus belles voitures de collection du XXe siècle.

Fête de la Prune à Brignoles
Démonstration culinaire, marché artisanal et danses folkloriques font revivre la spécialité de cette commune de la Provence verte.

Les Voiles de Saint-Tropez
Un spectacle magique qui rassemble les plus prestigieux voiliers anciens et modernes autour du joli port de Saint-Tropez, entre fin septembre et début octobre (lesvoilesdesaint-tropez.fr).

Octobre

☆ Le Bœuf Théâtre
Le plus ancien festival d'humour de France égaye une dizaine de communes autour d'Antibes (www.theatre-tribunal.fr).

Fête de la Châtaigne
Défilés, vente de produits du terroir et dégustations autour de la châtaigne à Collobrières, dans le massif des Maures, les trois derniers dimanches d'octobre.

☆ Festival du livre
Manifestation de renommée internationale avec stands, auteurs, conférences et débats autour du château de Mouans-Sartoux (www.lefestivaldulivre.fr).

Décembre

Fête du Millésime
Il n'y a pas de lieu plus approprié que Bandol pour célébrer en grande pompe, début décembre, le célèbre breuvage à la teinte rosée (www.vinsdebandol.com) !

Avant le départ

En avant-goût

Livres

Tendre est la nuit (Francis Scott Fitzgerald, 1934). La folle vie des expatriés américains sur la Côte d'Azur des années 1920.

Bonjour tristesse (Françoise Sagan, 1954). La Côte d'Azur des années 1950, avec ses jeux de l'amour vus par une jeune fille de 18 ans.

Le Parfum (Patrick Süskind, 1986). Le best-seller qui vous plonge dans les ruelles de Grasse au XVIIIe siècle.

La Provence comme ils l'ont aimée (Françoise Bourdon, Omnibus, 2019). Une magnifique anthologie célébrant les beautés de la région à travers le regard des peintres et des écrivains.

Films

La Main au collet (Alfred Hitchcock, 1955). Tourné sur la Côte d'Azur avec Cary Grant et Grace Kelly.

Et Dieu créa la femme (1956) de Roger Vadim, un film mythique qui révèle Brigitte Bardot... et Saint-Tropez.

Mélodie en sous-sol (Henri Verneuil, 1963). Gabin et Delon à l'assaut du casino de Cannes.

Le Gendarme de Saint-Tropez (Jean Girault, 1964). Louis de Funès et Michel Galabru au sommet de leur art.

Brice de Nice (James Huth, 2004). Jean Dujardin en surfeur déjanté.

Musique

Doubts and Convictions (Troublemakers). Un album planant concocté à partir d'extraits de films très French Riviera.

Dizzy on the French Riviera (Dizzy Gillespie). Un live du génial trompettiste enregistré en 1962 à Juan-les-Pins.

Times (Hyphen Hyphen). Le premier album roboratif du groupe niçois de pop-rock électronique.

Ci-dessus : port de Saint-Tropez

Avant le départ

Voyager en famille

Promenade à Villefranche-sur-Mer (p. 225)

TOMSICKOVA / STOCK.ADOBE.com ©

Il y a peu de chances que vos enfants s'ennuient lors de vacances sur la Côte d'Azur. Outre les multiples activités permises par la Grande Bleue, de la baignade à la plongée en passant par la voile, de nombreuses stations balnéaires prennent à cœur d'assurer une offre de loisirs qui permette à toute la famille de passer du bon temps. Et si l'ambiance du bord de mer vous pèse, il est facile de gagner l'arrière-pays où votre tribu pourra se ressourcer lors d'une randonnée à pied ou en canoë.

La Côte d'Azur avec des enfants

Cela n'est pas un hasard si autant de familles choisissent la Côte d'Azur en été. Le littoral méditerranéen est en effet une destination accueillante pour les enfants. Méfiez-vous néanmoins des incidents liés à la mer et à la chaleur. En été, prévoyez une protection contre le soleil : écran total à renouveler plusieurs fois par jour et chapeau sont impératifs. Faites boire votre enfant fréquemment, même s'il joue sur le rivage. Préférez les plages surveillées et gardez un œil sur eux lorsqu'ils sont dans une piscine. Méfiez-vous également des bords de rivière, souvent glissants.

Nombre d'activités s'adressent aux plus jeunes. En bord de mer, des clubs nautiques ouverts en saison proposent des initiations à la voile. La plongée, une des activités phares dans le Var, est possible dès 8 ans. Pour vous baigner loin des foules avec vos enfants, et néanmoins en toute sécurité, mettez le cap vers l'arrière-pays où de vastes lacs vous attendent. Des prestataires proposent des sorties en canoë dès le plus jeune âge sur des rivières et sur les lacs. Et une balade dans la Provence verte ou les Alpes d'Azur sera toujours appréciée.

Île de Porquerolles (p. 84)

Les meilleures visites et activités avec des enfants

Plages et criques

Le Lavandou : 12 plages de sable fin reliées par un petit train en saison (p. 89).
Porquerolles : la plus familiale des îles d'Or abrite des plages accessibles à pied ou à vélo (p. 85).
Sanary-sur-Mer : des plages surveillées en saison, plage Dorée, plages de la Gorguette, de Beaucours, de Portissol et de l'Esplanade (p. 59).
Presqu'île de Giens : quelque 35 km de plages, la moitié exposées à l'est, et l'autre à l'ouest. Que le plus petit veuille faire un château de sable ou le plus grand s'initier au kitesurf, il devrait y avoir une solution ! (p. 76)
Toulon : pour les plages familiales du Mourillon (p. 68).
Beaulieu-sur-Mer : la plage de la Petite-Afrique est couverte de sable fin et bordée d'une petite forêt de pins et de palmiers, un vrai atout en plein été (p. 229).
Roquebrune-Cap-Martin : si vos enfants n'apprécient plus les sandwichs au sable, pourquoi ne pas les amener sur la plage de Carnolès ? Elle est couverte de galets (p. 245)
La Seyne-sur-Mer : la longue plage des Sablettes qui borde le cap Sicié émerveillera toute la famille (p. X).
Cap de Brégançon : si vos enfants sont prêts à marcher un peu, vous accéderez à des plages de rêve (p. 82).
Golfe-Juan : des plages au public familial (p. 187).

Sites pour observer des animaux de près

Aquarium du Musée océanographique : pour son "lagon aux requins", bien sûr, mais aussi pour sa centaine de bassins dans lesquels évoluent des milliers d'espèces (p. 236).
Aquarium de l'Institut océanographique Paul Ricard : sur l'île des Embiez, il présente de nombreuses espèces méditerranéennes (p. 62).

Parc Alpha – Le temps du loup : l'occasion d'observer au plus près ces animaux très craintifs et de comprendre leur mode de vie singulier… (p. 272)

Réserve biologique des Monts d'Azur : un troupeau d'une quarantaine de bisons y évolue en liberté. Pour leur tenir compagnie : chevaux de Przewalski, cerfs, chevreuils, sangliers (p. 179).

Village des Tortues : à l'origine consacré à la protection de ces animaux de plus en plus menacés par l'urbanisation, il accueille un public ravi de les rencontrer (p. 92).

Musées ludiques et captivants

Musée océanographique : l'un des plus beaux du genre, avec force squelettes de baleines et dentitions de requins, mais aussi un superbe aquarium (p. 236).

Musée des Merveilles : il permet de comprendre l'art rupestre, mais aussi l'histoire de la formation géologique (p. 264).

Musée national de la Marine : il expose notamment une superbe collection de maquettes de bateaux (p. 65).

Musée archéologique municipal : les résultats des fouilles réalisées à Fréjus, ville fondée par les Romains, sont présentées dans ce passionnant musée (p. 113).

Musée de la Mine de cap Garonne : une ancienne mine de cuivre avec des scènes reconstituées (p. 60).

Musée Frédéric-Dumas : pour tout savoir sur l'histoire de la plongée avant d'aller y voir de plus près… (p. 59)

Musée des Arts et Traditions populaires : pour ses impressionnantes machines agricoles (p. 124).

Musée d'Art moderne et d'Art contemporain : le *Mamac* regroupe des œuvres de Ben Vautier, César ou encore Niki de Saint Phalle qui devraient séduire les enfants (p. 204).

Musée international de la Parfumerie : pour apprendre à mieux se servir de son nez (p. 175).

Musée de la Crèche : des crèches venant du monde entier mais visibles seulement durant le mois de décembre (p. 221).

Écomusée de Breil : il abrite notamment une belle collection de locomotives et tramways (p. 259)

Musée naval : de superbes maquettes de bateaux (p. 237).

Musée du Trophée d'Auguste : à La Turbie, le monument à la gloire de l'empereur Auguste se double d'un musée très bien conçu (p. 250).

Plans d'eau et rivières pour nager, ramer, pédaler

Gorges du Verdon : si elles impressionnent d'en haut, elles se remontent facilement en canoë (p. 140).

Lac de Sainte-Croix : débouché naturel des gorges du Verdon, il est bordé de nombreuses bases nautiques proposant pédalos, canoës ou bateaux électriques, mais aussi planches à voile et voiliers pour les plus grands (p. 141).

L'Argens : pour une descente en canoë (p. 149 et p. 152).

Lac de Saint-Cassien : idéal pour une baignade – mais vous ne serez pas seul (p. 139).

Vallon Sourn : à découvrir en canoë au départ de Correns (p. 149).

Plan d'eau du Brec : à Entrevaux, pour s'initier aux sports d'eau vive avant de partir affronter la vallée du Var (p. 277).

Base de loisirs nautiques du lac de l'Aréna : avec ses nombreuses activités (p. 109).

Châteaux, citadelles et forts

Citadelle de Saint-Tropez : outre son impressionnante architecture, elle héberge un musée d'Histoire maritime, moderne et ludique (p. 99).

Château de Roquebrune-Cap-Martin : un vrai château médiéval (p. 243).

Citadelle de Villefranche-sur-Mer : remparts, pont-levis, échauguette, et un musée avec notamment des figurines en céramique représentant des scènes médiévales (p. 225).

Château d'Entrecasteaux : une visite amusante au milieu d'un mobilier ancien (p. 152).
Citadelle d' Entrevaux : ou l'art militaire de Vauban expliqué aux enfants (p. 277).
Fort Sainte-Marguerite : pour visiter la cellule du Masque de fer (p. 164).

Sentiers sous-marins

Pour partir à la découverte de la faune sous-marine avec palmes, masque et tuba.
Sanary-sur-Mer : dans la crique de Portissol (p. 60).
Hyères : dans le prolongement du site archéologique Olbia de Provence (p. 75).
Port-Cros : devant la plage de la Palud (p. 87).
Le Rayol-Canadel : dans le domaine du Rayol, visites guidées (p. 91).
Théoule-sur-Mer : à la pointe de l'Aiguille (p. 167).

Visites gourmandes et plaisirs sucrés

Les spécialités sucrées à la châtaigne, à déguster à Collobrières (p. 92).
Le craquelin, une brioche emblématique de Vence (p. 190).
Fenocchio Glacier, plus de 100 parfums chez le glacier réputé pour être le meilleur de Nice (p. 213).
La Maison des confitures, car l'imagination de votre enfant ne doit pas rencontrer de limites lorsqu'il s'agit d'un sujet aussi sérieux que la confiture (p. 98).
Les fruits confits, dont la Confiserie Auer s'est fait une spécialité (p. 217).

MARCHÉ

Avant le départ

Semainier des marchés

À savoir : de nombreux marchés que nous indiquons ici ne se tiennent que de mi-juin à mi-septembre. Nous les avons signalés en italique. Certains proposent également des nocturnes en été. Renseignez-vous auprès des offices du tourisme.

Lundi :
Les Issambres, Ollioules et *Toulon* (Var) ;

Mardi :
Bandol, Cotignac, Hyères, Le Pradet et Toulon (Var) ; *Breil-sur-Roya*, Cannes, *Le Cannet*, *Roquebillière*, *Tende* et Menton (Alpes-Maritimes)

Mercredi :
Bormes-les-Mimosas, Cogolin, Draguignan, *Ollioules*, *Ramatuelle*, Saint-Maximin-la-Sainte-Baume et Tourtour (Var) ; *Le Cannet*, *Mandelieu-la-Napoule*, *Tende*, *Tourrettes-sur-Loup* et Villefranche-sur-Mer (Alpes-Maritimes)

Jeudi :
Grimaud, Le Lavandou, Le Pradet, Ollioules, Port-Grimaud, Ramatuelle, Sainte-Maxime et Villecroze (Var) ; La Turbie, *Le Cannet*, *Mandelieu-la-Napoule* et *Sospel* (Alpes-Maritimes)

Vendredi :
Cotignac, *Lorgues*, Ollioules, Port-Grimaud, Roquebrune-sur-Argens et Toulon (Var) ; *Mandelieu-la-Napoule* et Valbonne (Alpes-Maritimes)

Samedi :
Bormes-les-Mimosas, Carcès, Cogolin, Draguignan, Hyères, Le Pradet, Ollioules, Toulon et Tourtour (Var) ; Beaulieu-sur-Mer, *Breil-sur-Roya*, *Grasse*, L'Escarène, *Mandelieu-la-Napoule* et Villefranche-sur-Mer (Alpes-Maritimes)

Dimanche :
Cavalaire-sur-Mer, *Port-Grimaud* et Ramatuelle (Var) ; Beaulieu-sur-Mer, Coaraze, Èze, *Le Cannet*, Levens, Peille, *Puget-Théniers*, *Sospel* et Villeneuve-Loubet (Alpes-Maritimes)

Marchés quotidiens :
Saint-Tropez et Sanary-sur-Mer (Var) ; Cannes (place Gambetta) Monaco, Roquebrune-Cap-Martin et Vence (Alpes-Maritimes)

★ Marchés à thème

Marché aux fleurs de Nice (cours Saleya ; mar-dim)

Marché aux poissons de Nice (place Saint-François ; mar-dim)

Marché aux poissons de Saint-Tropez (place aux Herbes ; tlj)

Marché aux truffes d'Aups (jeu matin, fin novembre à fin février, voire mi-mars si la récolte est abondante). **Un marché aux truffes blanches se tient aussi en été** (mer matin, mi-juin à fin août)

Tlj sf lundi :
La Seyne-sur-Mer et Saint-Raphaël (Var) ; *Antibes*, *Cagnes-sur-Mer*, Cannes (marché couvert de Forville), *La Brigue*, Nice (cours Saleya), Menton (halle principale) (Alpes-Maritimes)

À gauche : marché Forville, Cannes (p. 166)

CÔTE VAROISE

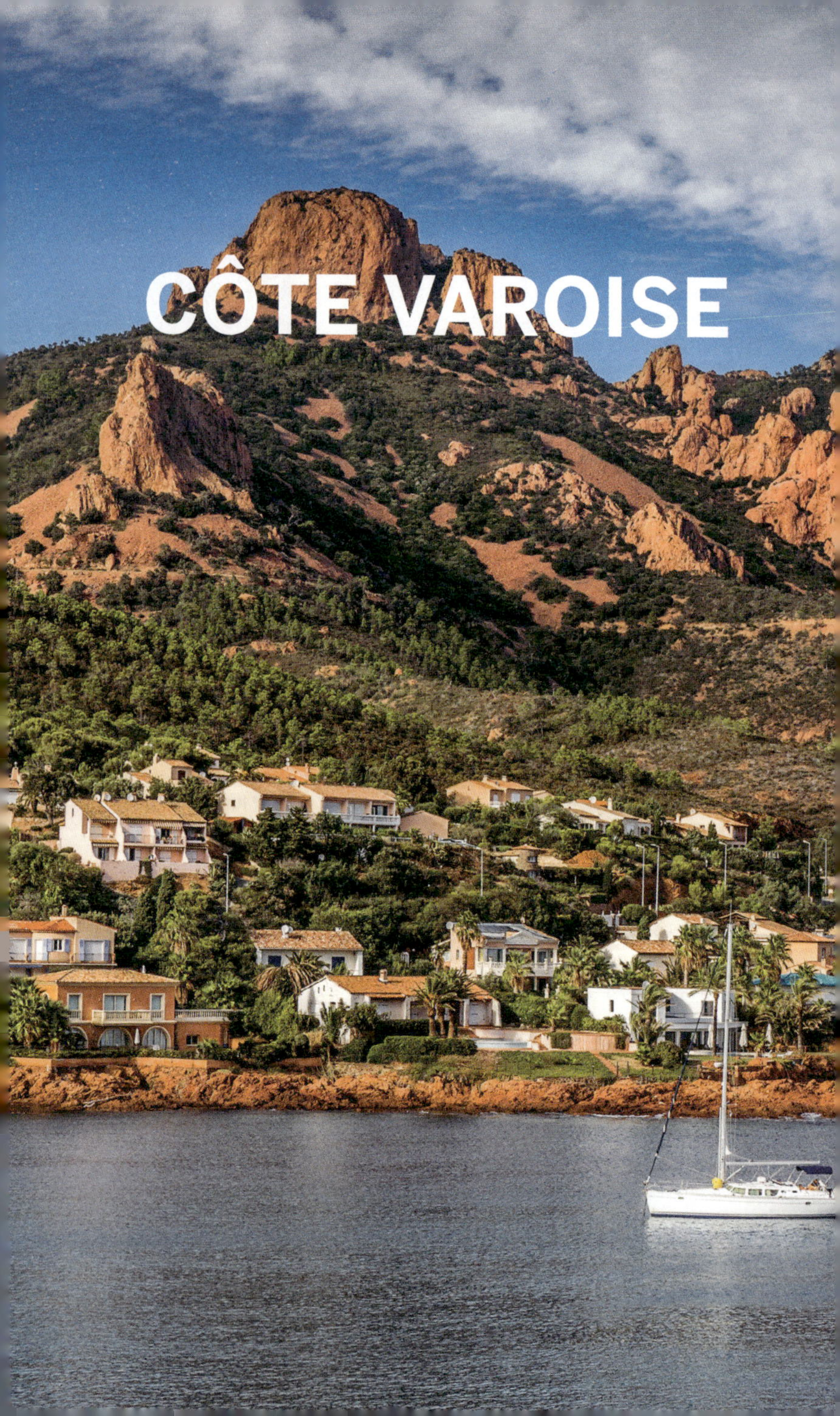

Contrastée, la côte varoise offre une grande diversité de paysages, et, disons-le tout net, certainement les plus belles plages du sud de la France. Jusqu'à Toulon, le littoral est encore provençal : il abrite notamment des petits ports charmants, quelques villages perchés et le célèbre vignoble de Bandol. Plus sauvage et accidenté le long de la corniche des Maures, il dessine à l'horizon l'un de ses plus beaux joyaux : les îles d'Or, comme flottant au large, avec Porquerolles, Port-Cros et le Levant. Autour de Saint-Tropez, il se fait nettement plus "paillettes", puis, vers Saint-Raphaël, devient déjà azuréen : les jolies stations balnéaires se succèdent, entrecoupées d'anses de rêve, bien entendu très prisées en saison. En arrière-plan, les roches rouges de l'Estérel dessinent la frontière naturelle avec les Alpes-Maritimes.

Massif de l'Estérel (p. 110)

BOUCHES-DU-RHÔNE
Abbaye du Thorone
N7
VAR
Gonfaron
Carnoules
Massif de la Sainte-Baume
D12
A57
Cuers
D14
Pierrefeu-du-Var
Massif des
Col de Babaou (415 m)
D26
Le Castellet
La Cadière-d'Azur
Le Beausset
Toulon, la rue des Arts (p. 65)
Évenos
Saint-Cyr-Les Lecques
Les Lecques
Mont Faron 584 m
La Londe-les-Maures
Ollioules
Toulon
Bandol
Hyères
N98
Port Miramar
Île de Bendor
Villa Noailles
Sanary-sur-Mer
Le Pradet
La Seyne
Carqueiranne
Aéroport de Toulon-Hyères
La Garonne
Les Oursinières
Le Brusc
Six-Fours-les-Plages
Port d'Hyères
Île des Embiez
Cap de Carqueiranne
Saint-Mandrier
L'Almanarre
La Capte
Giens
Presqu'île de Giens
Cap Sicié
Porquerolles
Porquerolles et la Fondation Carmignac (p. 84)
Corse

Draguignan
D25
D4
A8
N7
Mont Vinaigre
614 m
Miramar
Massif de l'Estérel
(p. 110)
Pic
de l'Ours
492 m
Puget-
sur-Argens
Roquebrune-
sur-Argens
Fréjus
Valescure
Agay
Anthéor
Saint-Raphaël
Santa-Lucia
Le Dramont
Argens
N7
A8
D17
Saint-Aygulf
Le-Cannet-
des-Maures
D558
D48
Les Issambres
Le-Plan-
de-la-Tour
N98
Village des
Tortues
La Garde-
Freinet
Les Mayons
Sainte-Maxime
Saint-Tropez
(p. 98)
D558
D39
Golfe de Saint-Tropez
Signal de la Sauvette
(780 m)
Cap de Saint-Tropez
Grimaud
Port-
Grimaud
Plage des Salins
Notre-Dame-
des-Anges (780 m)
D14
Cogolin
Plage de Tahiti
Collobrières
Gassin
Plage de Pampelonne
Maures
Chartreuse
de la Verne
La Croix-
Valmer
Ramatuelle
La Môle
Cap Camarat
D41
N98
D27
Col de Gratteloup
(199 m)
Col
du Canadel
(267 m)
Cavalaire-
sur-Mer
Gigaro
Baie de
Cavalaire
Cap Taillat
Aiguebelle
Le Rayol
Cap Lardier
Cavalière
Bormes-
les-Mimosas
Corniche des Maures (p. 87)
et Domaine du Rayol (p. 91)
MER
MÉDITERRANÉE
Le Lavandou
Cabasson
Cap Bénat
Cap de
Brégançon
Plages
du cap de Brégançon
(p. 82)
Îles d'Or
Île du Levant
Île de Bagaud
Héliopolis
Île de Port-Cros
N
0
10 km

CÔTE PROVENÇALE

Ce serait trop simple : la Provence ne s'arrête pas exactement à la frontière des Bouches-du-Rhône ! Elle se faufile, se répand sur une partie de la côte varoise, sans avoir encore tout à fait pris les couleurs clinquantes de la Côte d'Azur. Très fréquentées en été, les stations balnéaires ont su cependant rester assez familiales.

Saint-Cyr-sur-Mer

L'atout principal de Saint-Cyr est la grande **plage des Lecques**, aux eaux claires, au sable fin et aux nombreuses plages privées. Bien entendu, elle est très fréquentée en saison. Dans le village, sur la place Portalis, se trouve une des quatre répliques installées en France (aux dimensions réduites) de la statue de la Liberté, signée Bartholdi. En bout de plage, poussez jusqu'au petit **port de la Madrague**, qui vaut le coup d'œil.

À voir et à faire

Au port de la Madrague débute le **chemin des vignes** (itinéraire disponible à l'office du tourisme et en ligne ; départ en haut de la rue Abbé-Dol, près du parking du hameau de la Madrague), une promenade facile de 2 km à travers les paysages méditerranéens et balisée de 6 tables de lecture. Il peut se poursuivre jusqu'à la calanque de Port-d'Alon.

Calanque de Port-d'Alon Calanque

Cette charmante calanque est l'une des plus secrètes des alentours. Mêlant sable et galets, elle est entourée d'une pinède. On y accède soit en voiture (parking 4 €/ jour en saison ; quand le parking en bord de plage est plein, il faut se garer en haut de la côte) soit à pied par le sentier des Vignes. Sur place, vous trouverez un petit cabanon où vous désaltérer et vous restaurer.

Musée gallo-romain de Tauroentum Antiquité

(04 94 26 30 46 ; www.museedetauroentum saintcyrsurmer.fr ; 131 route de la Madrague ; adulte/enfant 5/2,50 €, gratuit -5 ans ; tlj sauf mar 15h-18h30 juin-sept et week-end mai, 14h-18h week-end oct-nov et mars-mai). On raconte qu'au Ve siècle avant J.-C., les navigateurs d'un bateau dont la tête de proue était ornée d'un taureau s'échouèrent dans cette baie et s'y installèrent. La cité ainsi fondée prit le nom de Tauroentum sous les Romains. Sur les vestiges de la villa Maritima, le musée dévoile trois salles avec mosaïques, agrémentées d'une collection d'objets trouvés sur place, dont certaines rares sépultures. Des rénovations devraient avoir lieu en 2021.

Où se loger et se restaurer

Hôtel Au Tapis de Sable Hôtel sur la plage €€

(04 94 26 26 34 ; www.hotel-autapisdesable.net ; 2 route de la Madrague ; d 80-160 €, petit-déj 9,50 € ;). Au bout de la plage, les pieds dans l'eau, cet hôtel jouit d'une situation exceptionnelle. Impeccables, les chambres sont assez petites et standards (certaines avec terrasse), mais la vue sur la mer, avec le bruit des vagues en fond sonore, emplit largement le décor. Parking gratuit.

Bastide de Fontvieille Chambres d'hôtes €€€

(07 82 43 25 55 ; www.bastidedefontvieille.com ; 364 chemin de Fontvieille ; d/ste petit-déj inclus 145-165/180-200 € ;). Entre mer et campagne, cette demeure profite d'un calme absolu. Quatre chambres et suites élégantes, dans des tons clairs et naturels, avec meubles chinés et pierres apparentes. Dans le jardin, un bassin de nage orné d'une fontaine. Un pool house et un terrain de pétanque complètent les lieux.

Olala Healthy €€

(09 52 79 57 83 ; 15 av. du Port ; plats 10,50-18,50 € ; mar-sam 9h-23h, dim 16h). Un repaire healthy tout juste rénové et agrandi, installé face à la mer, qui régale à coups de poke bowls, wraps, bagels, avocado toast, pancakes bio et autres Açaï bowl gourmands. Accueil sympathique

SERGE / STOCK.ADOBE.COM ©

Calanque de Port-d'Alon

et décoration cosy (banquettes dodues, coussins tout doux, planches de surf au mur, luminaires en rotin).

Renseignements

Office du tourisme (04 94 26 73 73 ; www.saintcyrsurmer.com ; pl. de l'Appel-du-18-Juin)

Depuis/vers Saint-Cyr-sur-Mer

Depuis la **gare ferroviaire** de Saint-Cyr Les Lecques La Cadière, on peut rapidement rejoindre Toulon, Hyères ou Bandol en TER.

Bandol

Marcel Pagnol, Mistinguett, Thomas Mann, Raimu ou encore Fernandel en ont fait un lieu de villégiature à la mode bien avant Saint-Tropez. Station balnéaire chic de la côte, Bandol ne manque pas de charme avec un centre ancien et de nombreuses plages de sable. En saison, l'afflux de visiteurs nuit à l'accueil et aux prix. Son vignoble célèbre est bien connu des amateurs (voir p. 56).

À voir et à faire

Plages Baignade

Les plages de sable fin **Centrale** et du **Casino** sont les plus proches du centre ville. L'anse de **Renécros**, également pratique, est plus tranquille. Un peu à l'écart, les jolies plages du **Capélan** et des **Engraviers**, face à l'île Rousse (occupée par un hôtel de luxe), sont accessibles par le sentier du littoral. La plage de sable du Grand Vallat est située à l'une des extrémités de la commune, à la limite de Sanary-sur-Mer.

Île de Bendor Balade

(www.lesilespaulricard.com ; traversée 7 min ; adulte/enfant -12 ans 13-17/9 € l'aller-retour, gratuit -3 ans ; tte l'année). Plus petite que les Embiez (voir l'encadré p. 62), Bendor appartient aussi à la famille Ricard. Sur l'île, vous trouverez une poignée de restaurants ainsi que l'hôtel **Le Délos** (04 94 05 90 90), un bel établissement de luxe.

Domaines de Bandol — Dégustation œnologique

On raconte que lorsque les Romains s'établirent en Provence, ils trouvèrent déjà des vignes autour de Bandol. En 1941, les vins de Bandol ont reçu l'une des premières AOC. Aujourd'hui, le vignoble, partagé en une soixantaine de domaines, s'étend sur huit communes : Bandol, La Cadière-d'Azur, Saint-Cyr-sur-Mer, Le Castellet, Le Beausset, Évenos, Ollioules et Sanary. Leur cépage roi est le mourvèdre. Face au casino, l'**œnothèque** (☎04 94 29 45 03 ; www.maisondesvins-bandol.com ; pl. Lucien-Artaud ; ⏲tlj sauf dim après-midi 10h-13h et 15h-19h, jusqu'à 18h30 en hiver) propose dégustations, animations et expositions.

Où se loger

Le Key Largo — Confort €€

(☎04 94 29 46 93 ; www.hotel-key-largo.com ; 19 corniche Bonaparte ; d 69-120 € selon confort et saison, petit-déj 11 € ; ❄📶). Un bon rapport qualité-prix. Situé en bord de mer, cet hôtel propose des chambres petites mais confortables. Certaines ont une vue mer et une terrasse.

Splendid Hôtel — Confort €€€

(☎04 28 01 21 40 ; www.splendidbandol.com ; 83 av. Maréchal-Foch ; d 69-120 € selon confort et saison, petit-déj 11 € ; ❄🏊📶🅿). Cet hôtel fermé pendant une vingtaine d'années a été entièrement rénové et a rouvert en 2020. Niché dans l'anse de Rénecros, il compte 11 chambres et suites dans un style Art déco, qui bénéficient toutes d'une vue mer. En prime, un accès privé à la plage, une piscine, une salle de fitness et un hammam.

Où se restaurer

La Storia — Italien €

(☎06 49 89 44 15 ; 24 rue du Dr-Louis-Marçon ; plats 10-25 € ; ⏲mar-dim). Des plats qui sentent bon la Sicile, avec des pizzas à pâte fine et de savoureuses *linguine alle vongole* (pâtes aux palourdes). Ambiance sympathique et décontractée. Enfin, un endroit où se régaler à prix raisonnables !

Les vignobles du Castellet produisent un bandol réputé

L'Atelier du Goût — Cuisine de chef €€€

(04 89 66 61 37 ; www.atelierdugout-bandol.fr ; 2 rue Pons ; plats 20-39 €, formule 25 €, menus 39-55 € ; tlj sauf mar, mer midi et jeu midi). Un petit restaurant de chef dont la réputation grandit à toute allure. Essentiellement bio, la cuisine fine et inventive se déguste dans une ruelle agréable, au calme. Belle carte des vins et service attentif.

L'Espérance — Gastronomique €€€

(04 94 05 85 29 ; www.lesperance-bandol.com ; 21 rue du Dr-Louis-Marçon ; menus 34-79 € ; mer-dim). Un restaurant discret et raffiné, dans la tranquille rue du Dr-Louis-Marçon, parallèle au port. La carte évolue au gré du marché.

Où sortir

Casino — Machines à sous

(04 94 29 31 31 ; www.casinobandol.com ; pl. Lucien-Artaud ; dim-jeu 10h-3h, jusqu'à 4h ven-sam et veille de jour férié). Une institution bandolaise, qui a été rénovée et agrandie en 2020. On vient y parader et s'essayer à l'une des 150 machines à sous de l'établissement, mais aussi à la roulette ou au blackjack.

Renseignements

Office du tourisme (04 94 29 41 35 ; www.bandoltourisme.fr ; allée Vivien)

Depuis/vers Bandol

La **gare ferroviaire** de Bandol est située dans le centre-ville. En saison, les automobilistes opteront pour le parking du 11-Novembre (payant) ou le parking Deferrari à l'extrémité du port.

Les villages perchés

À deux pas de la côte, l'arrière-pays recèle quelques trésors de hameaux perchés.

Le Castellet

Ce joli bourg médiéval attire en saison les touristes en foule. Boutiques, galeries d'art et ateliers d'artisans animent les calades de pierres, totalement piétonnes. En haut du village se tient un ancien château seigneurial du XVe siècle (aujourd'hui la mairie). Le village a servi de décor au célèbre film *La Femme du boulanger* de Marcel Pagnol. Attention, parking payant obligatoire aux abords du village.

Avant l'entrée du village (en arrivant par la D226), sur la droite, se trouve la **Maison des vins de Bandol** (04 94 90 27 38 ; www.maisondesvins-bandol.com ; 238 chemin de la Ferrage, Le Castellet ; mar-sam 9h30-13h et 14h30-18h) qui rassemble la plupart des domaines de l'appellation ; elle offre un espace dégustation et vend les crus à prix direct.

Le village est également connu pour le **circuit Paul-Ricard**, théâtre des courses mythiques du Bol d'or et, depuis 2018, du Grand Prix de France de Formule 1. Sur place, l'**Xtrem Park** (04 94 98 35 70 ; www.circuitpaulricard.com ; 2760 route des Hauts-du-Camp, Le Castellet ; entrée libre ; mer, sam-dim et tlj vac. scol. 10h-18h), un parc de loisirs dédié aux sensations fortes, propose un impressionnant panel d'activités : pilotage sur circuit, karting, motocross, simulateurs, parcours tyroliennes, Freejump, Quick Jump, visites du Circuit en Nosmoke ou en Segway, balades en quad et même des baptêmes de l'air en hélicoptère ou de la voltige !

Où se restaurer

Le Pied de Nez — Restaurant panoramique €€

(04 94 29 72 26 ; lepieddenez.com ; 8 montée Saint-Éloi, Le Castellet ; plats 24 €, menu 36 € ; juil-août tlj, sept-juin jeu-lun, fermé jan). Sur les remparts (à l'écart de la foule), on profite ici de la terrasse ombragée avec vue panoramique. Atmosphère décontractée, déco aux allures de brocante chic et cuisine de marché bien concoctée, à partir de produits soigneusement sélectionnés, dont la plupart sont bio (fermes artisanales, pêche locale, etc.).

Renseignements

Espace touristique Gabriel-Tambon (04 94 32 79 13 ; 2 rue de la Poste)

La Cadière-d'Azur

Cet autre village perché est également ravissant. Les vestiges des remparts sont percés de trois portes majestueuses (Saint-Jean, Mazarine et de la Colle). Datant de 1508, **l'église paroissiale Saint-André** abrite la plus ancienne cloche de Provence (XVe siècle). En contrebas du village, la **Maison du Terroir et du Patrimoine** (04 94 98 26 56 ; 155 av. Jansoulin ; entrée libre ; juill-août lun-ven 9h-12h et 14h-17h) accueille d'intéressantes expositions sur la région.

Où se loger et se restaurer

Hostellerie Bérard Hôtel-restaurant gastronomique €€€

(04 94 90 11 43 ; www.hotel-berard.com ; rue Gabriel-Péri, La Cadière-d'Azur ; d/ste 109-225/285-399 €, petit-déj 23 € ; menus 36/125 €, plats 24-39 € ; restaurant mer-dim). Une institution gastronomique, où officie Jean-François Bérard, étoilé au Michelin. Son tout nouveau restaurant "René'Sens" envoie des assiettes de haute volée composées de produits locaux (fruits et légumes de son potager, poisson de la pêche de Sanary-sur-Mer...). Le plus : des menus vegan sont proposés. Les très jolies chambres sont de style classique. L'accès au superbe **spa** (35 €, ouvert à la clientèle extérieure au prix forfaitaire de 40 €) est en option.

Le Regain Restaurant traditionnel €€

(04 94 98 32 68 ; www.regain-cadiere.fr ; 39 av. Max-Dormoy, La Cadière-d'Azur ; plats 15-25 € ; tlj sauf lun et dim soir). Une cuisine simple et savoureuse, servie dans une petite salle ou en terrasse. L'ensemble est discret et bien fait. Réservation conseillée.

Renseignements

Office du tourisme (04 94 90 12 56 ; www.ot-lacadieredazur.fr ; pl. du Général-de-Gaulle)

Ollioules

Moins connu que ses voisins, ce gros bourg animé compte plus de trente **ateliers d'art et d'artisanat** (programme de visites disponible à l'office du tourisme). En haut du village demeurent les vestiges d'un château féodal du XIIIe siècle. Découvrez ses **gorges** (en voiture, en suivant la DN8 ; à pied, aucun chemin n'est balisé) où se cacha jadis le fameux bandit Gaspard de Bresse. Le **massif du Gros-Cerveau** (483 m) est une source inépuisable de balades. Non loin, en pleine nature, le **Centre national de création et de diffusion culturelle de Châteauvallon** (04 94 22 02 02 ; www.chateauvallon.com ; 795 chemin de Châteauvallon ; entrée libre) est un lieu très dynamique en matière de spectacle vivant (danse, théâtre, cirque, musique). En 2020, la **Maison du Patrimoine** (04 94 93 37 30 ; 20 rue Gambetta ; 4 €, -12 ans gratuit)a ouvert ses portes. Ce musée à la scénographie immersive, dédié à l'histoire et aux traditions locales, est logé dans un bel hôtel particulier du XVIIe siècle orné de gypseries maniéristes.

Où se restaurer

Atelier du Vigneron Gastronomique €€

(04 94 62 42 34 ; www.atelier-du-vigneron.fr ; 370 av. de la Résistance, Ollioules ; formule 30 €, menus 35-55 € ; tlj sauf dim soir, lun et mer ; P). Une cuisine gastronomique qui allie savoir-faire, tradition et prix accessibles. Cadre soigné, décor ancien qui varie régulièrement au gré des envies du maître des lieux, vaisselle délicate : les détails donnent le ton d'une escale dédiée à la tradition.

Autour d'un jus Healthy €€

(06 31 45 17 08 ; autourdunjus.eatbu.com ; 772 av. Jean-Monnet, Ollioules ; formule 15 € ; lun-sam 8h-18h). Un nouveau bar à jus bio où déguster des jus composés de fruits et légumes réalisés à partir d'un extracteur. Petite restauration végétarienne également.

Renseignements

Office du tourisme (04 94 63 11 74 ; www.tourisme-ouestvar.com ; 116 av. Philippe-de-Hauteclocque)

Évenos

Accroché sur des pentes escarpées, au-dessus de la DN8, ce hameau perdu déroule un chemin de ronde surplombant un paysage de toute beauté. Ses vieilles maisons sont dominées par les vestiges d'un château féodal.

Sanary-sur-Mer

Pointus colorés et agréables ruelles donnent à ce port de pêche un charme certain. Sur le port, la **tour de Sanary**, érigée vers 1300, offre un beau point de vue dominant. Vous pouvez aussi aller, par la montée des oratoires, à la **chapelle Notre-Dame-de-Pitié**, datant de 1560. Dans le port s'alignent les "**pointus**" : ces petits bateaux colorés, à voile latine et à avirons, servaient autrefois à la pêche au trémail (filet) ou à la palangrotte (ligne de fond). Trois d'entre eux sont classés au titre des Monuments historiques et 35 ont reçu le label "Bateaux d'intérêt patrimonial" (BIP).

À voir

Musée Frédéric-Dumas et tour de Sanary Histoire de la plongée
(04 94 29 40 38 ; www.museedumas.fr ; Hôtel de la Tour, 12 rue Lauzet-Ainé ; entrée libre ; horaires variables, se renseigner).
Pionnier de la plongée en scaphandre autonome, du cinéma sous-marin et de l'archéologie sous-marine, Frédéric Dumas fit la rencontre, dans les années 1930, de Jacques-Yves Cousteau et de Philippe Taillez, avec qui il forma les "Trois Mousquemers". Ce musée qui lui est consacré rassemble des éléments sur l'histoire de la plongée sous-marine. La visite se prolonge par l'espace muséal de la tour de Sanary (ne manquez pas la terrasse panoramique).

Activités

Plages

La **plage dorée**, les plages de la **Gorguette**, de la **baie de Cousse**, de **Portissol** et du **Levant** sont surveillées d'avril à septembre. Dans la crique de Portissol,

Côte de Sanary depuis le massif du Gros-Cerveau

PIERRE VIOLET / STOCK.ADOBE.COM ©

SI VOUS AIMEZ...

Les petits ports varois

Moins célèbres que Bandol ou Hyères, ces ports méritent votre attention.

- **Six-Fours** Très étendu, Six-Fours compte quatre ports différents (Méditerranée, Le Brusc, les Embiez et la Coudoulière) où se succèdent étendues de sable et criques secrètes. Au bout de la lagune du Brusc, ne manquez pas l'**île du Gaou** (8h-20h, 21h en été), accessible par un pont : ses falaises de schiste lui confèrent une étonnante ressemblance avec la Bretagne ! Côté terre, vous verrez, sur les hauteurs, la **collégiale Saint-Pierre** et **Notre-Dame-de-Pépiole**, une chapelle construite au VIe siècle. Dans l'agréable parc situé à la pointe du cap Nègre, se trouve la **batterie militaire du cap Nègre** (04 94 25 53 84 ; corniche de Solviou ; entrée libre ; mar-ven 9h-12h et 14h-17h30, sam-dim 14h-17h30). Pour loger en bord de mer, direction la **villa Krilou** (06 06 75 74 08 ; villakrilou.com ; 14 rue de la Citadelle ; d petit-déj inclus 100-150 € ;).

- **Saint-Mandrier** Jusqu'au milieu du XVIIIe siècle, Saint-Mandrier était une île ! Il fut ensuite relié au continent par l'isthme des Sablettes. Le littoral est longé par la **plage de Saint-Asile**, celle de la **Coudoulière** et celle de **Cavalas**.

- **Le Pradet** (04 94 21 71 69 ; www.lepradet-tourisme.fr ; pl. du Général-de-Gaulle). À l'est de Toulon, Le Pradet dispose de criques sauvages, de plages de sable fin et d'un petit port. Accessible en visite guidée, le **musée de la Mine de cap Garonne** (04 94 08 32 46 ; www.mine-capgaronne.fr ; 1000 chemin du Baou-Rouge, Le Pradet ; tarif adulte/enfant 7/4,50 €, gratuit -6 ans ; tlj 14h-17h juill-août, 14h-17h vac. scol., mer et sam-dim 14h-17h le reste de l'année) nous emmène dans les anciennes mines de cuivre, dont les galeries souterraines réservent des trésors minéralogiques.

ne manquez pas le **sentier sous-marin** (réservation 04 94 74 01 04 ; 2 heures ; adulte/-12 ans 15/12 €, matériel compris ; mi-juin à début sept lun-sam 10h et 13h45). Les plages du Lido et de Portissol sont labellisées Handiplage.

Parachute ascensionnel

Pour des sensations fortes, contactez **Sanary Parachute** (06 11 55 34 08 ; www.sanaryparachute.com ; port de Sanary ; vol 1/2/3/4 places 90/90/130/160 €).

Promenade en mer

Pour une sortie en mer, contactez **Sanary Aventure Marine** (06 40 06 10 76 ; sanary-aventure-marine.fr ; quai Charles-de-Gaulle ; activités 30-70 €/pers) ou la **Croix du Sud** (06 75 71 81 76 ; www.croixdusud5.com ; sur le port face à la mairie ; activités 20-82 €/pers), qui organise notamment des balades d'observation des dauphins et des baleines. Vous pourrez aussi embarquer à bord du premier sous-marin à parois en verre de France avec **Sanary Explorer** (06 61 25 67 40 ; quai Charles-de-Gaulle ; adulte/enfant 20/15 €, gratuit -3 ans) et admirer les fonds marins préservés de la baie de Sanary le temps d'une balade de 50 minutes.

Où se loger et se restaurer

Hôtel L'Atmosphère Hôtel dans le village €€

(04 94 88 10 29, 07 50 68 64 74 ; www.hotelatmosphere.com ; 13 rue Gabrie-Péri ; d 79-140 €, petit-déj 9 €, lit supp 18 € ;). Dans un immeuble ancien du cœur du village, cet hôtel a ouvert 12 chambres charmantes, joliment aménagées, dont certaines disposent d'un balcon. Préférez celles donnant sur la cour. Également une chambre avec toit-terrasse (accessible par un escalier extérieur). Petits-déjeuners servis dans la cour.

Hôtel Synaya Hôtel avec piscine €€€

(04 94 74 10 50 ; www.hotelsynaya.fr ; 92 chemin Olive ; d/tr-qua 70-210/160-240 € selon confort et saison, petit-déj 15 € ; fermé déc-fev ;). À l'écart du centre, cette maison contemporaine est dirigée

ÉLODIE ROTHAN ©

Le port de Sanary-sur-Mer

avec un souci certain du développement durable. Impeccablement tenue, elle abrite 11 chambres sobres et lumineuses, dont 5 avec terrasse. Jardin avec piscine et accueil attentionné.

La Reine des Tartes Restauration légère €
(04 94 34 23 46 ; 9 rue Laget ; formule 14,90-18,70 € ; tlj). Un coup de cœur ! Des tartes bio maison, sans gluten et avec 3 farines mélangées, de superbes salades "magiques" comprenant une vingtaine d'ingrédients, des "cocktails" inventifs et vitaminés... Ici, on se régale de bonnes choses, accompagnées par le sourire du patron, qui a inventé en plus un petit jeu pour animer les dégustations.

La Ptite Fabrik Bistronomique €€
(04 94 74 02 17 ; 16 quai Charles-de-Gaulle ; formule 19 €, menu 29 €, plats 16-27 € ; tlj sauf mar-mer). Un décor branché, à la fois sobre et décontracté, donne le *la* de cette adresse tendance bistronomie. Les produits ultrafrais et de qualité font l'essentiel des suggestions à l'ardoise : un choix court, gage de qualité.

Ô Petit Monde Bord de mer €€€
(04 94 34 39 59 ; www.opetitmonde.com ; plage de Portissol ; plats 22-28 €, d petit-déj inclus 120-238 € ; tlj en été, jeu-lun hors saison ;). Impossible de faire plus près de la mer : l'établissement surplombe littéralement les flots, niché dans la ravissante anse de Portissol. Sur la terrasse, on déguste des suggestions du jour à l'ardoise... dont les tarifs ont malheureusement tendance à s'envoler ! Même problème côté chambres, à la déco pourtant sympathiquement colorée et vintage, dans l'air du temps.

Renseignements

Office du tourisme (04 94 74 01 04 ; www.sanarysurmer.com ; 1 quai du Levant)

Depuis/vers Sanary-sur-Mer

La **gare ferroviaire** la plus proche se situe sur la commune d'Ollioules, à 2,5 km du centre de Sanary-sur-Mer.

VAUT LE DÉTOUR
Cap sur l'île des Embiez

Perle de 95 ha posée à seulement 1 km des côtes varoises, l'**île des Embiez** (www.lesilespaulricard.com) possède un charme certain. Paul Ricard, qui l'acheta en 1958, voulait en faire un havre de paix. Situé à 12 minutes en **bateau** (tarif plein/réduit 18/11-15 € l'aller-retour, gratuit -3 ans) du port du Brusc, à Six-Fours (p. 60 ; départs aussi de Sanary – p. 59 – en été), ce petit paradis au port animé en saison est en effet un refuge naturel préservé. Ses côtes sauvages, parsemées de criques aux eaux translucides, ses sentiers dévoilant pins d'Alep, fleurs colorées ou rangées de vignes, se parcourent à pied ou à vélo, sur des distances raisonnables. Un **petit train** (adulte/enfant 9/6 €, gratuit -6 ans) en fait même le tour (6 km). Les enfants apprécieront l'aquarium de l'**Institut océanographique** (04 94 34 02 49 ; adulte/enfant 5/2,50 € ; juil-août lun-ven 10h-12h30 et 13h30-17h30, sam-dim 10h-12h30 et 14h-17h30, sept-juin fermé sam matin, nov-mars fermé sam matin et dim matin, mi-nov à fév fermé sam-dim), qui lutte notamment contre la pollution en Méditerranée. Pour séjourner sur l'île, optez pour l'hôtel **Hélios** (04 94 74 67 46 ; www.helios-embiez.com ; d petit-déj et navette inclus 179-295 € ;), tout juste rénové. Outre les restaurants du port, vous trouverez en saison une restauration légère au **Truck de l'île** (04 94 10 15 32), un foodtruck américain en bord de plage.

La Seyne-sur-Mer

Étroitement liée à ses chantiers navals, La Seyne a désormais engagé une reconversion vers le secteur touristique. Ses atouts majeurs sont le magnifique **cap Sicié** et sa grande **plage de sable des Sablettes**.

À voir

Villa Tamaris — Musée d'art contemporain

(04 94 06 84 00 ; www.villatamaris.fr ; av. de la Grande-Maison ; entrée libre ; mar-dim 14h-18h30). Jouissant d'une grande renommée, ce centre d'art contemporain programme régulièrement des expositions de qualité. Il accueille les visiteurs dans le cadre enchanteur de la Grande Maison, construite par Michel Pacha dans les années 1880 : ce marin et homme d'affaires, ancien maire de Sanary-sur-Mer, créa la station balnéaire des Tamaris, comprenant une cinquantaine de villas, d'hôtels et de jardins pour vacanciers fortunés.

Fort Balaguier — Musée d'histoire

(04 94 94 84 72 ; 924 corniche Bonaparte ; tarif adulte/enfant 3/2 €, gratuit -5 ans ; juil-août mar-dim 10h-12h et 15h-19h, sept-juin mar 9h-12h et 14h-18h). Érigé en 1634 sur l'ordre de Richelieu pour défendre la rade (en feux croisés avec la Tour royale du Mourillon), le fort renferme aujourd'hui un musée d'histoire maritime locale.

Pont levant — Curiosité

(04 94 06 96 60 ; parc de la Navale ; accès libre ; mi-juin à mi-sept tlj 10h30-19h, mi-sept à mi-juin 9h-17h30 ; horaires variables, se renseigner). Réalisé en 1917, le "pont des chantiers" permettait au train d'accéder aux chantiers situés de l'autre côté du port. On peut y monter pour admirer la rade. À côté, la **porte des chantiers**, de style Louis XIII revisité par la Belle Époque, témoigne de l'époque des chantiers navals, période phare de l'histoire de la commune. Pour se rendre à leur travail, les ouvriers empruntaient ce chemin.

Fort Napoléon — Architecture militaire

(04 94 30 42 80 ; chemin Marc-Sangnier ; entrée libre ; lors des expos et festivals, se renseigner, fermé du 15 juin au 20 sept). Au cœur d'une grande pinède, ce fort militaire carré fut

Île des Embiez

achevé en 1821 mais ne participa qu'à un seul combat avant son désarmement en 1973. Aujourd'hui, il accueille des expositions temporaires d'art contemporain. En raison des risques d'incendie, la route d'accès est fermée en saison.

Activités

Culminant à 358 m, la presqu'île du **cap Sicié** est un magnifique domaine protégé, à cheval sur les communes de Six-Fours et de La Seyne, qui comprend notamment, au sud, la **forêt de Janas**. Le coin offre de nombreuses possibilités de randonnées. Rarement ouverte, la **chapelle Notre-Dame-du-Mai**, située sur les hauteurs du massif (1 km à pied de montée raide après le parking) mérite le détour pour son incroyable panorama. Attention, en saison, l'accès au massif est réglementé (route fermée de mi-juin à mi-sept). Sur rendez-vous, vous pouvez aussi organiser une visite de la **batterie de Peyras** (✆ 06 82 21 52 80 ; chemin de la Batterie-de-Peyras, cap Sicié ; tarif 6 €, gratuit -10 ans).

Où se loger

Hôtel George-Sand — Pieds dans le sable €€€

(✆ 04 94 94 87 87 ; www.rivesdorhotel.com ; av. de la Jetée Saint-Elme ; d sans/avec Jacuzzi 90-140/ 160-240 € selon confort et saison, petit-déj 14 € ; ❄ 📶 P). Les pieds dans le sable, ce petit hôtel offre un décor raffiné, actuel et confortable. Toutes les chambres ont vue sur mer, certaines avec terrasse et quelques-unes avec Jacuzzi ! Parmi les autres atouts : une plage privée avec matelas, des paniers pique-nique (10 €) et des petits-déjeuners "brunch" servis de 7h à 15h !

Hôtel Le Cannier — Vue mer €€

(✆ 04 94 94 82 96 ; www.le-cannier.com ; 103 av. de la Jetée ; d 80-130 €, petit-déj 9 €, plats du jour 13 €, formule 18 €, menu 23 € ; ❄ 📶). Tout au bout de la plage des Sablettes, sur la jetée, cet hôtel modeste bénéficie d'un cadre idéal. Petites et simplement aménagées (TV), les 7 chambres profitent (presque) toutes d'un balcon avec vue mer.

Hôtel Mercure — Urbain €€€

(☎ 04 94 05 34 00 ; all.accor.com ; port de La Seyne ; d/ste 99-399/300-500 € ; ❄ 🏊 📶 P). Impossible de rater cet hôtel – l'ex hôtel Kyriad Prestige – aux allures de bateau, situé au milieu du port de La Seyne, rénové en 2019. Il dispose de 96 chambres et d'une suite, toutes confortables, élégantes et fonctionnelles.

Le Grand Hôtel des Sablettes — Luxe €€€

(☎ 04 94 17 00 00 ; www.ghsplage.fr ; 575 av. Charles-de-Gaulle ; d/ste 85-650 € selon confort et saison, petit-déj 22 € ; 🏊 ❄ 📶 P). Monument historique du début du XIXe siècle, Le Grand Hôtel des Sablettes était une vénérable institution. Dominant la plage de sa silhouette imposante et raffinée, il a rouvert ses portes sous l'enseigne Hilton : confort et luxe absolu caractérisent désormais l'établissement. Petite déception pour l'espace piscine, assez exigu. Le bar-restaurant de l'hôtel profite d'un cadre agréable pour prendre un verre ou s'y restaurer.

ℹ Renseignements

Office du tourisme (☎ 04 98 00 25 70 ; www.tourisme-ouestvar.com ; corniche Georges-Pompidou, plage des Sablettes)

ℹ Depuis/vers La Seyne-sur-Mer

La **gare ferroviaire** de La Seyne Six Fours est desservie par les TER de la ligne Marseille-Hyères.

TOULON

Marquée par la présence historique de la marine, Toulon fut longtemps la mal-aimée de la côte : l'autoroute s'y engouffrait (un tunnel existe désormais), d'immenses bâtiments aux architectures disparates cachaient le port de plaisance, et le centre-ville n'avait pas très bonne réputation. Les choses sont néanmoins en train de changer. Grâce à un important projet de réhabilitation du centre, ce dernier voit boutiques à la mode, artisans créateurs, galerie d'art et coffee-shop healthy investir tout un quartier et y redonner vie, dynamisme et gaieté. Outre de nombreux musées, la ville recèle une rade, réputée la plus belle d'Europe, le charmant quartier du Mourillon, bordé de plages, le mont Faron offrant un magnifique panorama ou encore des criques secrètes vers le cap Brun. De nombreux événements culturels sont aussi programmés... Une ville à suivre !

Histoire

Il y a environ 2 000 ans, lorsque des marins romains pénétrèrent dans la rade, des Ligures, déjà présents, y vouaient un culte à la déesse des Sources jaillissantes, Télo. En 1481, le royaume de Provence fut rattaché au royaume de France et la Marine royale s'installa dans le port, alors appelé Tholon. Sous Louis XIV, la ville fut officiellement le port d'attache des galères du roi et connut un bel essor. Plus tard, Napoléon III y entreprit de nombreux travaux, dont sortirent la gare, l'Opéra ou la place de la Liberté. Mais, en 1944, les bombardements la détruisirent en large partie. Reconstruite, elle est encore aujourd'hui considérée comme le premier port militaire français.

◉ À voir

Du mardi au dimanche, le cours Lafayette accueille, le matin, un immense **marché provençal** et, l'après-midi, des stands d'artisanat. La **cathédrale Sainte-Marie-de-la-Seds**, à la fois romane et gothique, mérite une petite visite. Dans la ville haute (derrière le boulevard de Strasbourg) trône la fameuse **place de la Liberté**, bordée de palmiers et agrémentée par la **fontaine de la Fédération**. Elle abrite aussi le **Le Liberté, scène nationale** (voir p. 72). Non loin, l'**Opéra** (voir p. 72), édifié en 1862, s'ouvre sur une agréable place.

MICHAL ADAMCZYK / STOCK.ADOBE.COM ©

Place de la Liberté, Toulon

Rue des Arts Quartier branché

Dans le centre ancien, la rue Pierre-Semard a été rebaptisée la "rue des Arts" : elle est ainsi devenue l'épicentre d'un quartier tout entier dédié à la création. Artistes en résidence, galeries, artisans et concept store s'y égrènent et apportent un étonnant dynamisme à la ville. Prolongez votre promenade jusqu'à la place de l'Équerre, festive en soirée. La réhabilitation des rues adjacentes est encore en cours mais promet de devenir, dans quelques années, un lieu incontournable.

Musée national de la Marine Histoire navale

(04 94 02 02 01 ; www.musee-marine.fr ; pl. Monsenergue, à côté de l'Arsenal ; tarif plein/réduit 6,50/5,50 €, gratuit -26 ans ; juin-août tlj 10h-18h, sept-mai tlj sauf mar, fermé jan). Une belle collection de maquettes, de tableaux et d'objets qui retrace l'évolution du port depuis le XVIIIe siècle. À l'entrée, la porte de l'Arsenal (XVIIIe siècle) dévoile une statue de Mars, dieu de la Guerre, et de Minerve, déesse de l'Intelligence et de la Stratégie. Audioguide inclus.

Maison de la photographie Expositions

(04 94 93 07 59 ; pl. du Globe ; entrée libre ; mar-sam 12h-18h). Riche d'un fonds de plus de 400 œuvres, elle met à l'honneur des figures reconnues de la photographie française et internationale, lors d'expositions exigeantes. C'est aussi un tremplin intéressant pour les artistes régionaux.

Hôtel des Arts Arts actuels

(04 83 95 18 40 ; www.hdatoulon.fr ; 236 av. du Maréchal-Leclerc ; entrée libre ; mar-dim 10h-18h). Ouverte sur un jardin, cette belle villa de la fin du XIXe siècle est consacrée à l'art contemporain, à travers des expositions de photographie, de sculpture ou de peinture, mais aussi aux arts nouveaux (arts numériques notamment). Animations et concerts de temps en temps : regardez la programmation.

Muséum d'histoire naturelle Patrimoine

(04 83 95 44 20 ; www.museum-toulon.org ; jardin départemental du Las, 737 chemin du Jonquet ; entrée libre ; mars-nov mar-dim

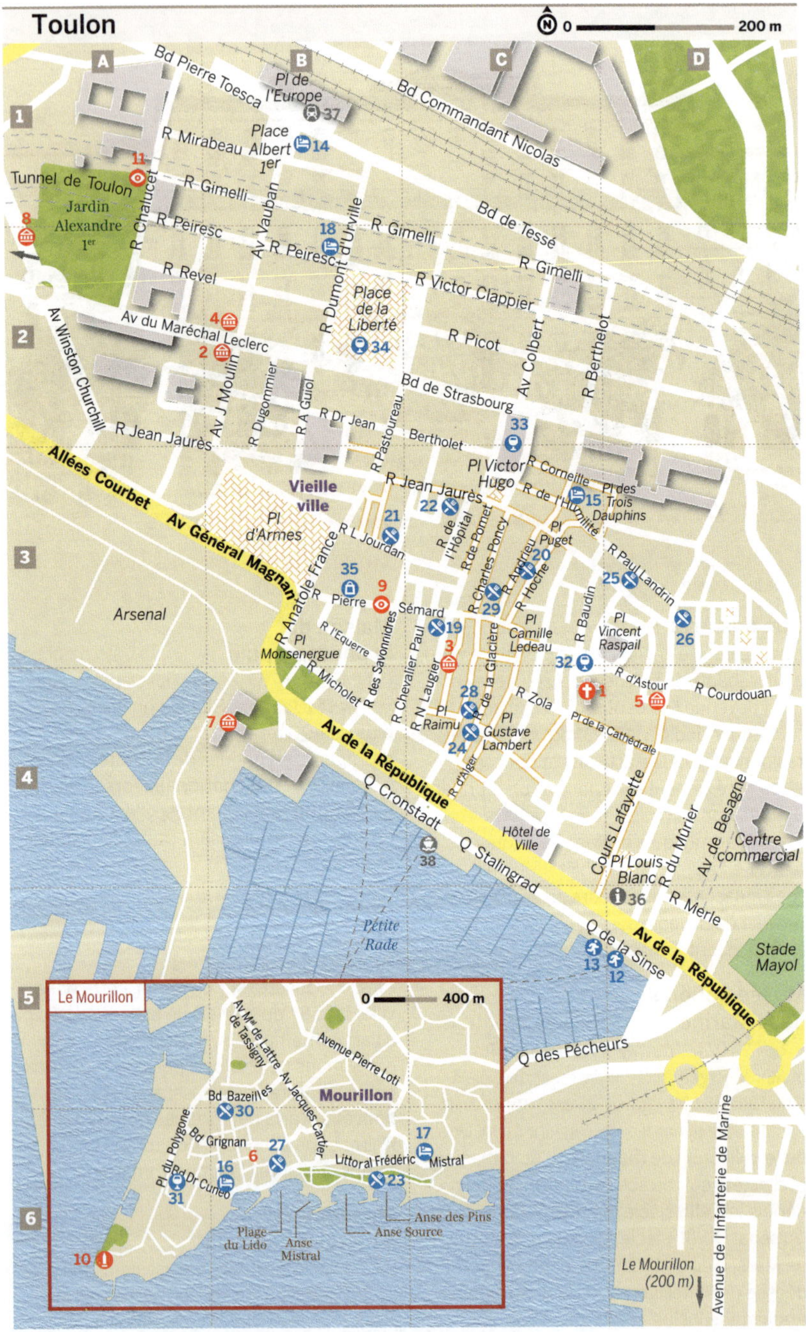
Toulon
0 200 m
A
B
C
D
1
2
3
4
5
6
Bd Pierre Toesca
Pl de l'Europe
37
Bd Commandant Nicolas
Place Albert 1er
14
R Mirabeau
11
Tunnel de Toulon
R Gimelli
Jardin Alexandre 1er
R Chalucet
8
R Peiresc
Av Vauban
18
R Dumont d'Urville
R Gimelli
Bd de Tessé
R Gimelli
R Peiresc
R Revel
Place de la Liberté
34
R Victor Clappier
4
Av du Maréchal Leclerc
2
R Picot
Av Winston Churchill
Av Colbert
R Berthelot
Av J Moulin
R Dugommier
R A Guiol
Bd de Strasbourg
R Dr Jean Bertholet
R Pastoureau
33
R Jean Jaurès
Pl Victor Hugo
R Corneille
Allées Courbet
Av Général Magnan
Vieille ville
R Jean Jaurès
R de l'Humilité
15
Pl des Trois Dauphins
Pl d'Armes
21
22
R de l'Hôpital
R de Pomet
R Charles Poncy
Pl Puget
R L Jourdan
R Andrieu
20
R Paul Landrin
35
9
R Hoche
25
R Anatole France
R Pierre Sémard
29
R Baudin
Arsenal
19
Pl Camille Ledeau
Pl Vincent Raspail
26
Pl Monsenergue
R l'Equerre
R des Savonnières
R Chevalier Paul
3
R de la Glacière
32
R d'Astour
R Courdouan
R Micholet
R N Laugier
28
R Zola
1
5
7
Pl Raimu
Pl Gustave Lambert
Pl de la Cathédrale
24
Av de la République
R d'Alger
Cours Lafayette
Av de Besagne
Q Cronstadt
Hôtel de Ville
R du Mûrier
Centre commercial
38
Q Stalingrad
Pl Louis Blanc
36
R Merle
Petite Rade
Q de la Sinse
Av de la République
Stade Mayol
13
12
Le Mourillon
0 400 m
Av Mal de Lattre de Tassigny
Avenue Pierre Loti
Av Jacques Cartier
Mourillon
Bd Bazeilles
30
Pl du Polygone
Bd Grignan
27
17
6
Littoral Frédéric Mistral
16
Bd Dr Cuneo
23
31
Anse des Pins
Plage du Lido
Anse Mistral
Anse Source
10
Q des Pêcheurs
Avenue de l'Infanterie de Marine
Le Mourillon (200 m)

Toulon

À voir

1 Cathédrale Sainte-Marie-de-la-Seds C4
2 Hôtel des Arts B2
3 Maison de la photographique C3
4 Musée d'Art B2
5 Musée d'Histoire de Toulon D4
6 Musée des Arts asiatiques B6
7 Musée national de la Marine B4
8 Muséum d'histoire naturelle A2
9 Rue des Arts B3
10 Tour royale A6
11 Quartier Chalucet A1

Activités

12 Bateliers toulonnais D5
13 JLD'A C5

Où se loger

14 Grand Hôtel de la Gare B1
15 Grand Hôtel du Dauphiné C3
16 Hôtel La Corniche B6
17 Hôtel Les Voiles C6
18 Okko Hotel B2

Où se restaurer

19 Black Wood C3
20 Café Béguin C3
21 Etc. B3
22 Feel Food C3
23 Il Parasole di Marco B6
24 Jean Graine C4
25 La Fabbrica di Marco D3
26 L'Épicerie Simple D3
27 Le Local B6
28 Les Tables de la Fontaine C4
29 Santa Rosalia C3
30 Tables et Comptoir B6

Où prendre un verre et sortir

31 Bar à Thym A6
32 Le Beam! C3
33 Opéra C2
34 Le Liberté, scène nationale B2

Achats

35 Le Petit Biscuitier B3

Renseignements

36 Office du tourisme D5

Transports

37 Gare ferroviare B1
38 Réseau Mistral C4

9h-18h, déc-fév 9h-17h). Les collections du Muséum mettent l'accent sur la faune régionale, la minéralogie et la paléontologie avec, notamment, une reconstitution grandeur nature du *Variraptor*, un dinosaure de la fin du secondaire, découvert dans le Var.

Musée d'Histoire de Toulon — Patrimoine

(☎04 94 62 11 07 ; 10 rue Saint-Andrieux ; entrée libre ; ⏱lun-sam 15h-18h). L'ancien musée du Vieux-Toulon expose quelques pièces intéressantes relatives à l'histoire de la ville ainsi qu'un espace bibliothèque.

Musée d'Art de Toulon — Patrimoine

(☎04 94 36 81 00 ; 113 bd du Maréchal-Leclerc ; entrée libre ; ⏱mar-dim 10h-18h). Après une rénovation complète, le MAT a rouvert en septembre 2020. On y trouve un cabinet de curiosités, une salle de lecture consacrée à l'art régionaliste, un lieu dédié à la médiation culturelle, ainsi qu'un cabinet de dessins et de photographies.

Le Mourillon — Quartier

À l'est de Toulon, ce séduisant quartier résidentiel est une véritable ville dans la ville. Parcouru de jolies ruelles, d'artères commerciales (la rue Lamalgue notamment), ponctué de placettes, de nombreux restaurants et de plages familiales, il dévoile une atmosphère très différente de celle du centre-ville. Édifiée au début du XVIe siècle sur l'ordre de Louis XII, la **Tour royale** (renseignements à l'office du tourisme ; av. de la Tour-Royale ; ⏱visites en été) dévoile un beau panorama de la rade. Département du musée d'Art, le **musée des Arts asiatiques** (☎04 94 36 83 13 ; villa Jules-Verne, 106 bd Pelletan ; entrée libre ; ⏱mar-sam 12h-18h) nous emmène en Chine, au Japon, puis en Inde et au Tibet, en passant par la Mongolie ou l'Indonésie.

Chalucet — Quartier

L'ancien hôpital Chalucet a été transformé en un quartier de la créativité et de la connaissance. Inauguré en janvier 2020, cet espace de 3 hectares situé à cinq minutes à pied de la place de la Liberté prend place autour du jardin Alexandre-Ier, qui comprend 20 000m^2 d'arbres, d'essences méditerranéennes, plantes aquatiques, grandes tables et bancs en bois. Dans ce nouveau quartier, se côtoient notamment une médiathèque, l'école des Beaux-Arts, ainsi qu'une pépinière d'entreprises.

Activités

Sur le port, le **petit train** (06 20 77 44 43 ; www.traintoulon.com ; adulte/enfant -11 ans 7,50/4 €, gratuit -3 ans ; avr-oct) propose deux circuits autour de la vieille ville, du port militaire (pièce d'identité indispensable pour les plus de 15 ans) et du Mourillon.

Plages et sentier du littoral

Idéales pour les familles, les plages du **Mourillon** (plages de la Mitre et du Lido, anses Mistral, de la Source et anse les Pins), créées dans les années 1970, sont bordées de pelouses et bien ombragées. Plus difficiles d'accès, l'**anse Magaud** et, surtout, l'**anse Méjean**, sont des secrets bien gardés des Toulonnais. Ces merveilleuses criques aux eaux cristallines sont accessibles en voiture : prenez la direction du cap Brun, puis tournez à droite vers le fort du cap Brun, avant de descendre en suivant les panneaux du restaurant L'Escale (voir p. 72).

Visite de la rade et promenades en mer

Pour visiter la rade, le port militaire ou les îles d'Hyères, plusieurs compagnies maritimes aux prestations similaires sont installées sur le port. Les **Bateliers de la Rade** (04 94 46 24 65 ; www.lesbateliersdelarade.com ; quai de la Sinse ; adulte/enfant 15/10 €, gratuit -4 ans ; mai-sept) proposent une visite commentée de la rade, de l'arsenal et des navires de guerre. Les navettes bon marché du **réseau Mistral** (p. 73) sont une autre solution. Pour une journée en mer, **JLD'A** (06 15 09 24 62 ; www.jlda-vieux-greement-toulon.fr ; adulte/12-18 ans/6-11 ans/1-5 ans 82/55/45/35 € ; tlj juil-août départ 10h30, retour 18h, avr-nov sur demande) vous embarquera sur un vieux gréement :

Le téléphérique du mont Faron, Toulon

VAUT LE DÉTOUR
Le mont Faron

Du haut de ses 584 m, le mont Faron domine la rade de Toulon. Ce site préservé permet de pratiquer randonnée, escalade et VTT, tout en profitant d'un panorama qui s'étend des îles d'Or à La Ciotat.

Sur le site, vous trouverez deux cafés-restaurants, dont l'un panoramique, ainsi que le **Mémorial du Mont Faron** (04 94 88 08 09 ; tarif plein/réduit 5/2 € ; tlj 10h-19h15 juil-août, tlj sf mar 10h-12h30 et 13h15-19h15 avr-juin et sept-oct, jusqu'à 17h15 nov-mars), récemment rénové et installé dans la tour Beaumont, une fortification datant du milieu du XIXe siècle. Il célèbre et raconte la fameuse journée historique du débarquement de Provence, le 15 août 1944. Scénographie contemporaine, spectacle sur écran géant, collection d'objets d'époque, archives et témoignages de combattants font revivre cette journée épique, presque heure par heure.

L'accès au Faron peut se faire par le **téléphérique** (04 94 92 68 25 ; www.telepherique-faron.com ; bd Amiral-Vence ; adulte/enfant -10 ans 7,80/5,70 €, gratuit -4 ans ; départ toute les 10 min ; juil-août tlj 10h-19h45, jusqu'à 19h mai-juin et sept, 18h30 avr et oct, 18h mars, 17h30 fév et nov, fermé lun fév-mars, fermé fin nov-fév). Attention, il est fermé en cas de vent violent. L'été, l'attente peut être longue. Située en hauteur du centre-ville, la station de départ est accessible par la ligne n°40 du réseau de bus. Vous trouverez aussi un parking juste à côté.

Vous pouvez aussi y monter par la route, déserte, sinueuse et vertigineuse, mais praticable. Dans ce cas, ne manquez pas, à l'aller, la vue depuis le **Point sublime** (la route est en sens unique, on ne repasse donc pas au même endroit au retour).

navigation dans la rade, mouillage dans une crique, déjeuner et activités sont au programme.

Vélo

Une piste cyclable permet d'atteindre le Mourillon au départ de la gare maritime, au bout du port. Une autre part du quartier de la Rode à l'est de Toulon et court jusqu'à Hyères. Location de vélos possible à la gare routière (voir p. 72).

Où se loger

OKKO Hotel — Central €

(04 94 10 77 40 ; www.okkohotels.com ; 20 rue Peiresc ; d 94-144 €, petit-déj 14,50 € ;). Une très bonne option. Idéalement situé, sur la place de la Liberté, cet hôtel 4 étoiles ouvert en 2020 dispose de 98 chambres fonctionnelles et confortables. Snacking de produits locaux, boissons chaudes, jus de fruits bio, et assiettes apéritives (gourmandes !), espace forme et sauna sont inclus dans le prix de la chambre. Lors de notre passage, le rooftop devait ouvrir pour accueillir un bar lounge. L'accueil est aux petits oignons. En réservant sur le site, on paie 10% de moins. Tarif préférentiel au parking.

Grand Hôtel de la Gare — Arty €€

(04 94 24 10 00 ; www.grandhotelgare.com ; 14 bd Tesse ; d 75-240 €, petit-déj 12 € ;). Atmosphère tendance, colorée et dans l'air du temps, mêlant miroirs soleil, suspensions design, carrelage à motifs et œuvres éclectiques. Les 39 chambres possèdent différents niveaux de confort : les "prestige" sont les plus spacieuses. Petits-déjeuners bio.

Grand Hôtel du Dauphiné — Central €€

(04 94 92 20 28 ; www.grandhoteldauphine.com ; 10 rue Berthelot ; d/tr/ste 110-120/130-150/200-250 €, petit-déj 13 € ;). Idéalement situé au cœur de la ville, cet hôtel a été entièrement rénové. Les chambres sont confortables et l'accueil sympathique. Mention bien au rooftop et

sa petite piscine dont le fond remonte, idéal pour prendre l'apéro les pieds dans l'eau, avec vue sur les toits de la ville. Tarif préférentiel au parking.

Quartier du Mourillon

Hôtel Les Voiles Boutique-hôtel €€€

(04 94 41 36 23 ; www.hotel-voiles.com ; 124 rue Gubler, Le Mourillon ; d 70-199 €, petit-déj 14 € ;). Ici, la décoration contemporaine rend hommage à la mythique Giraglia Cup, régate créée en 1953 et que Toulon accueillit trente ans durant. L'établissement dispose d'un toit-terrasse avec vue panoramique sur la mer. Les 17 chambres colorées – dont 11 avec une (petite) vue mer – arborent un design recherché.

Hôtel La Corniche Bord de mer €€€

(04 94 41 35 12 ; www.hotel-corniche.com ; 17 littoral Frédéric-Mistral, Le Mourillon ; d 119-397 €, petit-déj 18 € ;). Face au port Saint-Louis, dans le quartier du Mourillon, cet établissement profite d'un bel emplacement et certaines de ses chambres d'une belle vue mer. Derrière sa façade d'allure modeste, les intérieurs offrent confort et modernité.

Où se restaurer

Lors de notre passage, les futures halles gourmandes étaient en travaux. Leur ouverture, prévue au printemps 2021, devrait combler les becs fins.

En centre-ville

Ces dernières années, de nombreux coffee-shop et tables privilégiant les circuits courts ont ouvert.

Santa Rosalia Bio métissé €

(04 94 64 11 58 ; www.santa-rosalia.fr ; 36 rue Charles-Poncy ; plat 15 € ; mar-sam midi et soir ven jusqu'à minuit). Stylé et sympathique, ce petit restaurant propose un concept de service décontracté (eaux, thé et café à volonté) et la qualité de sa cuisine est explosive ! Mix mexicain revisité, produits bio et locaux, herbes fraîches et saveurs subtiles composent un génial cocktail vitaminé. La déco est sympa, la terrasse au calme agréable et les soirées du vendredi déjà réputées ! Également vente à emporter.

La Fabbrica di Marco Italien €€

(04 94 62 99 95 ; 27 rue Paul-Landrin ; plats 11,90-30 € ; lun-sam midi). Sur la sympathique allée du marché, voici un italien comme on les aime : simple, appétissant, gourmand. Les accents résonnent, les tables ont des nappes à carreaux et la convivialité est de mise. Ici, on met l'accent sur la qualité des produits (burrata, jambon cru), quelques pizzas et, bien sûr, la *pasta* !

Jean Graine Coffee-shop €

(04 22 80 26 30 ; 2 pl. Gustave-Lambert ; petit-déj 10-15 €, formule midi 15-18 €, plats 8-14 € ; mer-sam 10h-17h, dim 10h-16h). Jus à l'extracteur, agrumes pressés minute, brioches maison, cookies parfaits, bowls copieux, options veggies, bières et vins locaux : pas de doute, ce café-restaurant a tout bon. En prime, une terrasse au calme.

L'Épicerie simple Cuisine de marché €

(06 60 88 05 05 ; 48 cours Lafayette ; petit-déj 10-15 €, plats 6-18 € ; mer-dim 8h-15h, ven et sam 18h30-1h). Gros coup de cœur pour cette épicerie-cantine-bar à vin qui fait la part belle au bio, aux produits locaux et au fait maison. On y déniche des vins naturels, de l'huile d'olive bio et des livres, on se repaît de ceviches, houmous, caviar d'aubergine et autres viandes grillées au feu de bois, on rencontre des vignerons... Éclectique ! Mention spéciale à l'accueil fort sympathique.

Café Béguin Coffee-shop €

(5 rue Richard-Andrieu ; plats 8 € ; mar-ven 9h-14h, sam 9h-12h). Ce coffee-shop XXS propose une multitude de cafés et de méthodes d'extraction, ainsi que des douceurs maison et une petite restauration maison le midi. Également à emporter. Mini-terrasse. Accueil enjoué.

Black Wood Coffee-shop €

(3 rue Nicolas-Laugier ; formule 8,50 € ; mar-sam 10h-19h). Un repaire hydride où savourer des "sando", des sandwichs

japonais fait maison, à accompagner de bières artisanales, vins nature, cafés de spécialité… et où acheter ou vendre des disques. Terrasse au calme.

Feel Food Healthy €

(06 09 99 08 23 ; 8 rue du Bon-Pasteur ; plats 14-15 € ; mar-ven midi, sam midi et soir). Cette adresse récente, installée en lieu et place de l'Art Café, réjouira toutes les panses : des vegan aux carnivores en passant par les végétariens. Accueil sympathique, terrasse ombragée place Dame-Sibille.

Etc. Healthy €

(09 81 01 00 42 ; 6 rue Louis-Jourdan ; plats 14-18 € ; lun-ven midi, jeu soir). Burgers végé, burratas crémeuses, poke bowls ultra-copieux, cheesecakes, smoothies, déco bohème-chic, service efficace, épicerie fine : cette adresse d'habitués coche toutes les cases. Brunch un samedi par mois.

Les Tables de la Fontaine Traditionnel €€

(04 94 05 49 76 ; pl. Gustave-Lambert ; formule 18,50 €, plats 15,50-23 € ; merc-dim midi, ven-sam soir). Sur une jolie place tranquille, on sert ici une cuisine de marché tendance traditionnelle : souris d'agneau, entrecôte, poisson frais… Tous les jours, une spécialité propose de découvrir une région de France différente.

Au Mourillon et dans les calanques

Il Parasole di Marco Italien €€

(04 94 31 27 87 ; Anse des Pins ; plats 12,90-30 € ; tlj). La nouvelle adresse de l'italien La Fabbrica di Marco (voir ci-contre) mérite le détour pour sa vue, ses transats, ses pizzas napolitaines, et sa cuisine de la mer (friture, pâtes…).

Le Local Cuisine de chef €€

(04 94 20 61 32 ; 455 littoral Frédéric-Mistral ; menu 37 € ; mar soir-dim midi). Suggestions ultrafraîches, alliages inventifs, surprises et délices gustatifs vous attendent dans ce repaire branché, à la déco "bobo chic" parfaitement réussie, juste au-dessus des plages.

Plage du Mourillon

Un beau centenaire

Né en 1908, le **Rugby club toulonnais** (www.rctoulon.com) a déjà fêté ses 100 ans. Son emblème est un brin de muguet, en l'honneur de Félix Mayol, chansonnier toulonnais piqué de rugby, qui portait toujours cette fleur au revers de sa jaquette. Aux origines du club, la majorité des joueurs était issue de la marine. Il faudra attendre 1931 pour que le club remporte son premier Bouclier de Brennus, tandis que le deuxième se fera désirer pendant 56 ans. Après un autre titre en 1992 suivront des années difficiles avant un retour au sommet en France (champion 2014) et en Europe (trois Coupes d'Europe successives entre 2013 et 2015).

Le club a sa **boutique officielle** (04 94 41 49 06 ; av. de Besagne ; mar-sam 9h30-19h30). Si vous souhaitez assister à un match dans le mythique **stade Mayol** (av. de la République), achetez vos billets à la **boutique du stade** (mar-ven 10h-12h et 15h-18h), en ligne ou aux guichets le jour même.

Tables et Comptoir Cuisine de chef €€€
(04 94 10 83 29 ; 3 bd Eugène-Pelletan, Le Mourillon ; formule 19 €, menu 42 € ; tlj sauf dim-lun et sam midi). Jolie et solide réputation pour cette table où l'on vient goûter une cuisine de chef bien orchestrée, tout en gardant une allure décontractée. Carte ultrafraîche et donc ultracourte !

L'Escale Anse Méjean €€
(04 94 36 06 64 ; anse Méjean, chemin de la Batterie-Basse ; tlj). Face au décor de rêve de l'anse Méjean, ce restaurant a littéralement les pieds dans l'eau ! Sympathique et décontracté, il invite à déguster de bonnes spécialités méditerranéennes.

Où prendre un verre et sortir

Pour une sortie culturelle, regardez la programmation réputée du **théâtre Le Liberté, scène nationale** (04 98 00 56 76 ; www.theatreliberte.fr ; pl. de la Liberté), dirigé par Charles Berling, ou, non loin, celle de l'**Opéra** (04 94 93 03 76 ; www.operatoulon.fr ; pl. Victor-Hugo). S'il y a une soirée ou un concert organisé à l'**Hôtel des Arts** (voir p. 65), foncez !

Pour prendre un verre, direction **Le Beam !** (pl. Raspail), un chouette bar à cocktails, le **Bar à Thym** (04 94 41 90 10 ; barathym.net ; 32 bd Docteur-Cunéo ; lun-sam 18h-3h) qui organise certains soirs des concerts ou encore la **place de l'Équerre**.

Achats

La rue des Arts est devenue l'endroit incontournable pour faire son shopping ! Vous y trouverez des galeries, des céramistes, des concepts-stores, un magasin **Seagale** (une marque toulonnaise réputée), des épiceries fines ainsi que **Le Petit Biscuitier** (09 86 38 01 91 ; www.le-petit-biscuitier.com ; 8 rue Pierre-Semard), qui confectionne ses biscuits sur place.

Renseignements

Office du tourisme (04 94 18 53 00 ; www.toulontourisme.com ; 12 pl. Louis-Blanc, en bas du cours Lafayette)

Depuis/vers Toulon

AVION

L'**aéroport de Toulon-Hyères** (www.toulon-hyeres.aeroport.fr) est situé à 18 km du centre. Pour vous y rendre : comptez 30 minutes en bus (1,40 €, 5/jour).

BUS

Le réseau de bus **Zou** (zou.maregionsud.fr) est très utile pour visiter les autres communes varoises. La **gare routière** (04 94 24 60 00 ; bd Tessé) est juste à côté de la gare SNCF.

NAVETTES MARITIMES

Les bateaux-bus du **réseau Mistral** (www.reseaumistral.com ; 2 €) proposent, depuis le port, trois arrêts : le port de La Seyne, Les Sablettes ou Saint-Mandrier.

TRAIN

La **gare** se trouve en plein centre-ville, à deux pas de la place de la Liberté.

HYÈRES ET ENVIRONS

De la presqu'île de Giens au fort de Brégançon, la rade d'Hyères protège de ses bras les communes qui s'y sont installées : Hyères, élégante et culturelle, Bormes-les-Mimosas, fleurie et perchée, et La Londe-les-Maures, plus discrète.

Hyères

La plus ancienne station climatique de la Côte d'Azur a gardé une certaine élégance. Villas Belle Époque et enceinte médiévale dévoilent un riche patrimoine. Après le port, nettement séparé du centre, poussez sans hésiter votre route jusqu'à la belle presqu'île de Giens.

À voir

Le centre-ville est parsemé de magnifiques **villas Belle Époque** (itinéraires disponibles à l'office du tourisme) et la **ville médiévale** déroule des ruelles sinueuses et escarpées. Dans le cadre d'un projet de redynamisation du centre-ville (de vastes travaux d'aménagement étaient en cours lors de notre passage) a été tracé le **parcours des arts** (parcours disponible à l'office du tourisme). Ce circuit balisé invite à une promenade à travers les monuments emblématiques de la ville tout en découvrant une trentaine de galeries d'art, d'artistes et d'artisans d'art (joailliers, céramistes, etc.).

En grimpant par la **rue Portalet**, vous déboucherez sur l'agréable **place Massillon**, dominée par la **tour des Templiers** (entrée libre ; sept juin mar sam 10h-13h et 14h-17h, juil-août 10h-13h et 16h-19h), qui accueille aujourd'hui des expositions. Plus à l'ouest, sur la place

La villa Noailles, à Hyères

JULIEN / STOCK.ADOBE.COM ©

Hyères et la presqu'île de Giens

Hyères et la presqu'île de Giens

À voir
1 Collégiale Saint-Paul ... A1
2 Musée des cultures et du paysage ... C2
3 Observatoire du pic des Fées ... B4
4 Parc Olbius-Riquier ... B3
5 Site archéologique d'Olbia ... B4
6 Tour des Templiers ... B1

Activités
7 Cyana Plongée ... C6
8 Kite X-Trem ... A5
9 Ulysse Club ... C5

Où se loger
10 Hôtel du Parc ... D2
11 La Reine Jane ... C4
12 Le Lodge des îles d'or ... C6
13 Le Provençal ... B6
14 Maison Castel Pierre-Lisse ... A2

Où se restaurer
15 Bagus Kafé ... B2
16 Café Bohème ... C5
17 Chez Lulu ... C3
La Reine Jane ... (voir 11)
18 L'Estive ... C4
19 Le Baraza ... C3
20 Le Café italien ... A2
21 Le Kiosque ... C2
22 Le Marais Plage ... C4
23 Le Poisson rouge ... B6
24 Le Pradeau Plage ... C6

Où sortir
25 Casino des Palmiers ... C3

Renseignements
26 Office du tourisme ... C2

Transports
27 Aéroport de Toulon-Hyères ... C4
28 Bateaux TLV-TVM ... C6
29 Gare SNCF ... B4

Saint-Paul, se trouve la **collégiale Saint-Paul**. Non loin, vous trouverez le **parc Sainte-Claire** (04 94 00 78 65 ; av. Edith-Wharton ; entrée libre ; tlj 8h-19h, jusqu'à 17h en hiver), autour d'une villa XIXe. Plus en hauteur, le **parc Saint-Bernard** (04 94 00 78 65 ; montée de Noailles ; entrée libre ; tlj 8h-19h30, jusqu'à 17h en hiver), qui réunit des essences méditerranéennes et des plantes exotiques rares. Tout en haut de la colline, on accède aux remparts et aux vestiges du **château** du XIIIe siècle : le panorama y est splendide.

Villa Noailles — Musée du design

(04 98 08 01 98 ; www.villanoailles-hyeres.com ; montée Noailles ; entrée libre ; juil-sept tlj sauf mar 14h-19h et ven 16h-22h, oct-juin mer-dim 13h-18h et ven 15h-20h). Flamboyant couple de mécènes, proches des milieux d'avant-garde, Charles et Marie-Laure de Noailles confièrent à l'un de leurs protégés, l'architecte Robert Mallet-Stevens, la construction de ce "château cubiste" en 1923. Aménagée et meublée par de grands noms du design (Charlotte Perriand, Jean Prouvé, Djo-Bourgeois), la Villa Noailles fut le théâtre d'une vie culturelle intense durant l'entre-deux-guerres, accueillant notamment Man Ray, Buñuel, Cocteau, Breton ou Dalí. Réhabilitée par la ville après la mort de sa propriétaire en 1970, la villa accueille aujourd'hui expositions et festivals d'envergure (Festival international de mode et de photographie, Design Parade, etc.). À ses pieds s'étend le **jardin cubiste** conçu par Gabriel Guévrékian.

Site archéologique d'Olbia — Site archéologique

(04 94 65 51 49 ; route de l'Almanarre ; 3 €, gratuit -18 ans ; juin-août tlj sauf sam matin et dim matin 9h30-12h et 14h30-18h, avr-oct tlj sauf mar, sam matin et dim matin 9h30-12h et 14h-17h30, nov-mars sur rdv). Située en bord de mer, elle est la seule ville d'origine grecque en France conservée dans son intégralité et ouverte au public. Visite guidée sur réservation. Dans le prolongement du site terrestre, un **sentier sous-marin** (accès facile avec palmes, masque et tuba) permet d'observer un quai romain et une épave du XIXe siècle.

Observatoire du pic des Fées — Astronomie

(☎ 06 18 14 67 04 ; www.astrosurf.com/opf ; allée des Pinsons, mont des Oiseaux ; observation gratuite, sur réservation ; ⏱ oct-juin ven soir 20h45-23h45). Des séances d'observation du ciel dirigées par une équipe d'astronomes amateurs. De la mi-juillet à la mi-août, ces séances s'inscrivent dans le cadre d'un festival avec des soirées d'observation comprenant une conférence (10 €, gratuit -12 ans, le vendredi soir à partir de 20h30).

Parc Olbius-Riquier — Jardin remarquable

(☎ 04 94 00 78 65 ; av. Ambroise-Thomas ; entrée libre ; ⏱ avr-sept tlj 7h30-20h, jusqu'à 19h mars et oct, 18h fév, 17h30 nov et jan, 17h déc). Ce jardin botanique de 7 ha, labellisé Jardin remarquable, abrite un petit zoo, une serre exotique, des paons en liberté, un petit train, des manèges pour les enfants et propose des tours de poney.

Musée des Cultures et du Pays — Patrimoine

(☎ 04 83 69 19 40 ; 14 av. Joseph-Clotis ; 7 €, gratuit -18 ans ; ⏱ sept-juin lun, jeu, ven, et dim 14h-18h, merc et sam 10h-13h et 14h-18h, juill-août lun et dim 16h30-19h30, mer, jeu, ven et sam 10h-16h et 16h30-19h30). L'ancien siège de la Banque de France, entièrement rénové, accueille depuis 2020 un musée relatant l'évolution de la ville et du littoral : villégiature d'été et d'hiver, patrimoine, savoir-faire, interactions entre hommes et nature… Une thématique forte de sens pour une ville composée de 4 jardins remarquables et reconnue pour son activité horticole.

Activités

La **presqu'île de Giens** permet de multiples promenades et compte de ravissantes criques. En saison, attention aux embouteillages qui se forment le matin et le soir. Au nord d'Hyères, le site des Borrels est un lieu agréable de randonnée et de pratique du VTT.

Plages

Phénomène extrêmement rare en Europe, le double tombolo (bande de terrain sablonneux qui relie une île et le continent) de la presqu'île de Giens permet à la ville de bénéficier de 35 km de littoral. Hyères possède ainsi les plus longues plages de la côte ! Très fréquentées en été, les plus grandes plages sont, côté ouest de l'isthme, la **plage de l'Almanarre**, paradis des kitesurfeurs et, à l'est, la **Bergerie** et la **Badine**. Vous trouverez aussi l'**Ayguade**, à côté du port, la **Capte** et la plage des **Salins**, naturiste sur près de 1 km. Le bout de la presqu'île, tout autour du village de Giens, offre une infinité de criques sauvages, accessibles par le sentier du littoral.

Kitesurf et planche à voile

Longue plage de sable de 4 km, l'**Almanarre** est l'un des meilleurs spots au monde de **kitesurf** (zone dédiée avec balisage ; location de matériel et écoles de kitesurf sur place). Située sur l'ouest du tombolo, elle bénéficie de conditions exceptionnelles : 250 jours de vent par an en moyenne, une grande longueur perpendiculaire aux vents dominants, un faible risque d'être entraîné au large et un terrain vaste et dégagé. Le site est aussi fréquenté par les amateurs de planche à voile et de funboard.

Kite Xtrem (☎ 06 84 16 23 01 ; www.kitesurf-hyeres.com ; plage de l'Almanarre)

Promenades et activités en mer

Espace Mer (☎ 04 94 58 94 94 ; www.espacemer.fr ; ⏱ avr-oct) propose diverses activités maritimes dont l'**observation des cétacés** (adulte/enfant -12 ans 95/80 € ; départ de la Tour Fondue), un **tour de Porquerolles** (en bateau : adulte/enfant -12 ans 28/24 € ; départ 9h30 ou 14h30 ; en voilier : 60/40 €), une journée autour des **îles d'Or** (en bateau : 58/28 € ; en voilier : 80/60 €), un apéritif au **coucher du soleil** (49/25 €) à bord d'un voilier traditionnel, des balades en **kayak** ou en **paddle** (tarif heure/demi-journée/journée 10-15/25-35/40-50 €) autour de la presqu'île de Giens.

Castel Sante-Claire, Hyères

Plongée et snorkeling

Au bout de la presqu'île de Giens a été aménagé le **sentier sous-marin de la pointe du Bouvet** avec reconstitution de cargaisons d'amphores.

Ulysse Club (04 94 58 25 07, 06 88 23 98 23 ; www.ulysseplongee.com ; port de la Madrague, Giens ; tte l'année)

Cyana plongée (06 23 76 03 08 ; www.cyana-plongee.com ; 5 av. de la Bergerie ; tte l'année)

Où se loger

Centre d'Hyères

Hôtel Les Orangers — Familial €

(04 94 00 55 11 ; www.hotel-orangers.com ; 64 av. des Îles-d'Or ; s/d/tr/qua 55-72/63-108/85-139/95-146 €, petit-déj 7,50 € ;). Ce petit hôtel à deux pas du centre loue des chambres simples et insonorisées. Réfrigérateur à disposition et possibilité de pique-niquer sur les tables du jardin.

Hôtel du Parc — Fonctionnel €

(04 94 65 06 65 ; www.parc.fr ; 7 bd Pasteur ; s/d/tr/qua 56-74/67-92/84-112/100-132 €, petit-déj 8,50 € ; P). Près du centre, cet hôtel simple propose 35 chambres impeccables et fonctionnelles à un tarif raisonnable.

Castel Pierre-Lisse — Chambres d'hôtes €€€

(04 94 31 11 18 ; www.castel-pierre-lisse.com ; 1 rue du Château ; d 115-200 € petit-déj inclus ; P). En hauteur du centre ancien, cette magnifique villa de 1852, entourée de terrasses et d'un jardin avec piscine, offre une vue magnifique sur les environs et la mer. Elle est tenue par Nicolas, passionné de design et grand collectionneur, qui a aménagé chacune des vastes chambres sur des thématiques décennales (les années 1960, 1970, etc.), uniquement avec des pièces originales, signées des plus grands noms du design ou de l'art contemporain. Au dernier étage, deux des chambres peuvent se louer ensemble pour former une suite avec salon et cuisine. Cours de yoga en saison face à la mer.

Ports, plages et Giens

La Reine Jane — Hôtel design €€€

(04 94 66 32 64 ; lareinejane.fr ; port de l'Ayguade, 1 quai des Cormorans ; d 120-220 € ;

). Sur le petit port de l'Aygade, cet hôtel est sans doute la plus stylée des adresses hyéroises. Et pour cause, chacune de ses 14 (petites) chambres a été personnalisée par l'un des lauréats du concours de Design de la Villa Noailles. Toutes étant très différentes, n'hésitez pas à regarder et à demander votre préférée ! Pour notre part, on apprécie la gaieté de la N°15 (Defour & Grulier), ou la sobriété élégante de la n°11 (Azembourg). On aime aussi le toit-terrasse, transformé en bar les soirs de week-end. L'adresse vaut également pour son restaurant (voir p. 80).

Le Provençal Hôtel avec piscine **€€€**
(04 94 04 54 54 ; www.provencalhotel.com ; 113 pl. Saint-Pierre, Giens ; d 133-277 €, petit-déj 23 €, 2 nuits min en été, menus 20-80 € selon restaurant ; avr-oct ;). Ouvert en 1951, cet établissement familial bénéficie d'une superbe situation, face à la mer et aux îles d'Or. Aujourd'hui, certaines de ses parties gardent un charme désuet tandis que d'autres se tournent vers le design et la modernité. Le jardin en balcon sur la mer est un délice, tout comme la piscine – au ras des flots – creusée dans la roche ! Plusieurs options de restauration sur place. Également des appartements (du studio au 4 pièces), loués à la semaine en haute saison.

Le Lodge des Iles d'Or Hôtel avec piscine **€€€**
(04 94 41 38 38 ; www.lelodgedesilesdor.com ; 4205 route de Giens, Giens ; d 170-230 €, petit-déj 15 €, plats 16-28 € ; avr-oct ;). Niché dans une végétation luxuriante, cet hôtel ouvert en 2020 compte 22 chambres identiques de 23m² avec terrasse privative, confortables et avec salle de bain ouverte. Un restaurant, une piscine, et un rooftop où ont lieu des cours de yoga et des apéros-tapas complètent le lieu. Accès direct à la plage par un petit chemin. Une belle adresse.

Où se restaurer

Centre d'Hyères

Le Café Italien Italien **€**
(04 94 00 38 05 ; 5 av. des Îles-d'Or ; plats 12,50-16 € ; tlj sauf dim 8h30-19h). C'est en effet un café (toute la journée) et un restaurant italien ! Au menu,

Plage de l'Almanarre, Hyères

des suggestions toutes fraîches qui changent chaque jour : salades, carpaccio, tartares, mais aussi quelques plats à la truffe, de bonnes *pasta* et de gourmands desserts maison. On savoure le tout dans un ravissant patio, à l'arrière.

Chez Lulu Italien et épicerie fine €€
(04 94 00 32 61 ; 14 av. des Îles-d'Or ; formules 10-12, plats 13-18,50 € ; mar-sam soir). Délicieuse burrata, assiettes de charcuterie, *pasta* et risotto... On déguste ici d'excellents produits italiens : en vente côté épicerie, en restauration légère côté "Frigo de Lulu" ou attablé sur la petite terrasse.

Le Baraza Bistrot €€
(04 94 35 21 01 ; www.baraza.fr ; 2 av. Ambroise-Thomas ; plats 21-24 € ; mar-sam soir). Ce bar à vins-resto tendance accueille régulièrement des concerts dans un intérieur à l'ambiance feutrée. La cuisine, traditionnelle avec une pointe d'originalité, est plutôt réussie.

Le Kiosque Fait maison €
(04 94 27 07 89 ; kiosque-cantine.com ; place Maréchal-Joffre ; formules 12-18 € ; lun-sam 8h-18h, dim matin). Ce café-cantine 100% maison régale à grand renfort de salades copieuses, plats du jour travaillés à prix doux (viande, poisson et option végétarienne), jus bio, pancakes joufflus et autres douceurs à qui l'on fait la peau sans pitié. Déco industrielle, grande terrasse, expos régulières, brunch le dimanche, accueil chaleureux.

Bagus Kafé healthy €
(04 94 23 74 95 ; 5 av. Joseph-Clotis ; formules 12-18 € ;
lun-ven 8h-17h30, sam 8h-15h, dim matin). Tout juste racheté par un jeune couple, ce sympathique fast-good propose des mets sains composés de produits locaux à déguster tout au long de la journée, dans une jolie cour tranquille. Au menu : smoothies, jus à l'extracteur, breakfast bowls, salades et sandwichs gourmands. Brunch le dimanche.

L'Estive Comme un jardin €€
(06 30 92 69 75 ; 378 av. de l'Aéroport ; formule 15 €, menu 30 €, plats 18-22 € ; tlj). Un peu excentré, certes, mais une fois arrivé, vous vous prélasserez dans un lieu à mi-chemin entre jardin et terrasse, avec tables colorées, poufs et banquettes. Une atmosphère idéale pour savourer en toute tranquillité des suggestions bien mitonnées, dont de fameux risottos (qui changent tous les jours !). Réservation conseillée.

Ports, plages et Giens

Le Café Bohème Cuisine de marché €€
(04 94 36 54 07 ; 23 rue des Marchands, La Capte ; plats 18-28 € ; avr-oct mar-dim midi et soir). Un restaurant qui porte bien son nom. Déco bohème-chic, choix musical de qualité, service attentif, terrasse au calme et cuisine de marché (poulpe snacké, dos de maigre...) séduiront à coup sûr.

Le Pradeau Plage Traditionnel €€€
(04 94 58 29 06 ; pradeauplage.com ; 1420 av. des Arbanais, Giens ; plats 22-34 € ; avr-oct). À côté d'une ravissante petite plage, la terrasse, en bord de mer et face aux îles, est idyllique. L'atmosphère décontractée, la cuisine raffinée et le service professionnel en font un petit coin de paradis.

Le Poisson Rouge Métissé €€€
(04 26 85 07 67 ; www.restaurantlepoissonrouge.com ; port du Niel, Giens ; plats 19-28 €, menu 26 € ; tlj juil-août, tlj sf lun le reste de l'année, fermé oct à mi-mars). Dans ce port minuscule, délicieusement hors du temps, on déguste des mets où se marient épices et saveurs avec beaucoup de richesse... parfois trop !

Le Marais Plage Design en bord de mer €€€
(09 54 12 72 09 ; lemaraisplage.fr ; 1366 bd de la Marine ; plats 17-32 € ; tlj avr-déc, fermé jan-mars). Sur la plage du Ceinturon (pas précisément idyllique), cette grande cabane contemporaine dévoile une déco hyper-stylée avec mobilier vintage,

suspensions multicolores et objets de créateurs. On y savoure une cuisine italienne revisitée (poissons, poulpe, pâtes aux palourdes, petites fritures, etc.). Un peu cher mais très chic !

La Reine Jane Design au port €€€

(☎ 04 94 66 32 64 ; lareinejane.fr ; port de l'Ayguade, 1 quai des Cormorans ; plats 19-28 €, brunch 38 € ; ⏲tlj sf mer et dim soir). Tout comme les chambres (voir p. 77), le décor est ici hyper-étudié (notez le superbe bar en pierre de lave !). Entre tables design, baie vitrée et terrasse ombragée, on savoure une cuisine de chef joliment tournée. Service attentif. Le dimanche midi est servi un brunch gourmand.

Où sortir

Casino des Palmiers Jeux

(☎ 04 94 12 80 80 ; 1 av. Ambroise-Thomas ; ⏲tlj 9h-4h). Construit en 1889, cet élégant bâtiment compte machines à sous, roulettes française et anglaise, blackjack et stud-poker. De quoi satisfaire les esprits les plus joueurs.

Renseignements

Office du tourisme (☎ 04 94 01 84 50 ; www.hyeres-tourisme.com ; 16 av. de Belgique)

Depuis/vers Hyères

AVION

L'**aéroport de Toulon-Hyères** (www.toulon-hyeres.aeroport.fr) est à 4 km au sud de la ville. Vous pouvez vous y rendre en taxi en contactant **Taxi hyérois** (☎ 08 25 01 83 87) ou prendre le bus n°63 ou n°102 du réseau Mistral.

BUS

Le réseau **Mistral** (www.reseaumistral.com) relie la ville à Toulon et aux communes environnantes, et le réseau **Zou !** (zou.maregionsud.fr) aux villes du département.

TRAIN

La gare se tient à 2,5 km du centre-ville. Les lignes n°29, 39 et 67 du réseau Mistral la relient au centre-ville.

Cap de Brégançon

La Londe-les-Maures

Judicieusement située à l'ouest du cap de Brégançon, La Londe-les-Maures – et surtout son port Miramar – constitue un point de départ bien pratique pour découvrir certains des plus beaux coins de la côte. Sa notoriété tient surtout à l'excellence de ses domaines viticoles. En saison, le parking gratuit de l'Argentière permet de rejoindre aisément les magnifiques plages du Pellegrin ou de Brégançon (voir p. 82). À noter, de fin juillet à début août, le **festival de Jazz** (www.lalondejazzfestival.com) sur la plage de l'Argentière (concerts gratuits). Parkings gratuits toute l'année.

À voir et à faire

Sachez également que les **Bateliers de la Côte d'Azur** (04 94 05 21 14 ; www.bateliersdelacotedazur.com ; Port Miramar, pl. Georges-Gras ; avr-oct) proposent des liaisons avec les îles d'Or et Saint-Tropez.

Plages

À côté du port, vous trouverez, à l'ouest, la **plage Miramar** et, à l'est, la plage des **Tamaris** puis celle de **l'Argentière**, qui dispose d'un parking gratuit et au bout de laquelle se trouve le joli **sentier sous-marin Le Jardin des Mattes** (libre accès, visites guidées de 45 mn en juill-août sur réservation à l'office du tourisme ; adulte/enfant 8/4 € ; juin-sept), avec 7 bouées numérotées présentant les fonds. Vient ensuite la ravissante **plage du Pellegrin** qui accueille, en saison, le sympathique **Café Léoube** (voir p. 82). Le **sentier du littoral** permet enfin de rejoindre les magnifiques plages du **cap de Brégançon** (voir p. 82).

Domaines viticoles

Le territoire de la commune dénombre plusieurs domaines viticoles réputés, notamment pour leur rosé. Offrez-vous une dégustation au Clos Mireille, des mythiques **Domaines d'Ott** (04 94 01 53 50 ; www.domaines-ott.com ; route de Brégançon ; lun-ven 9h-12h et 14h-18h) ou au superbe **Château Léoube** (04 94 64 80 03 ; www.chateauleoube.com ; 2387 route de Léoube ; avr-oct tlj 9h-18h30, nov-mars jusqu'à 17h).

Visites

Spécialisé dans la reproduction et la conservation d'espèces en voie d'extinction, le **parc zoologique et botanique** (04 94 35 02 15 ; www.zootropical.com ; 583 route de Saint-Honoré ; adulte/enfant 2-12 ans 12/7 €, gratuit -2 ans ; tlj 10h-19h juin-sept, 14h-18h oct et fév-mai, sam-dim 14h-17h nov-jan, vacances scolaires tlj 10h-17h) permet d'observer, sur 5 ha de jardins et de forêts, plus de 250 animaux, dont des lémuriens, des singes-écureuils, des suricates ou encore quelques tortues africaines. Il propose également des stages d'une demi-journée en compagnie d'un soigneur (à partir de 16 ans).

Autre visite qui ravira les enfants, le **musée vivant des Automates vignerons** (04 94 66 80 20 ; www.maravenne.com ; Château Maravenne, route de Valcros ; adulte/enfant 6-15 ans 13/6 €, gratuit -6 ans ; mer et ven à 15h de mi-juin à mi-sept, mer à 15h avr-nov) propose une visite audioguidée d'une heure environ à travers des décors animés d'automates reconstituant la vie d'une famille vigneronne des années 1920. En fin de visite est proposée une dégustation des vins du domaine.

Où se loger et se restaurer

Château Maravene Chambres d'hôtes **€€**

(04 94 66 80 20 ; www.maravenne.com ; route de Valcros ; d/tr/qua 108-128/128-149/154-180 € petit-déj inclus ; gîte 798-1134 € ; avr-oct ; P). Dans ce domaine viticole cultivé en bio se trouvent 5 chambres claires et élégantes, décorées dans un style provençal épuré, dont l'une peut accueillir 4 personnes. Vaste terrasse commune et espace piscine. Également trois gîtes sur place, ainsi que le musée des Automates (voir ci-dessus).

Café Léoube Bord de plage €
(04 98 07 69 88 ; www.chateauleoube.com ; plage du Pellegrin ; plats 17-32 € ; mai-oct tlj 9h-23h). Ce restaurant installé par le Château Léoube (p. 81), sur sa propriété, propose une carte simple mais efficace composée essentiellement de produits bio ou du potager du domaine (salades, pizzas, assiettes veggie, pavés de bœuf, poisson...). Yoga-brunch le lundi, séance de ciné le jeudi soir, apéro jazz le vendredi soir, soirées DJ les samedis, aire de jeux pour les enfants... et un succès qui allonge la file d'attente en saison !

L'Hemingway Cuisine du monde €€€
(06 32 50 02 57 ; www.lhemingway.com ; plage de l'Argentière ; plats 18-34 €, menu 48 € ; mi avr-oct). Sur la plage de l'Argentière, ce resto les pieds dans l'eau propose une escale aux saveurs de l'Asie : salade vietnamienne, curry rouge, bo bun, etc. Décoration en rotin et bambou, service attentif et, en journée, plage privée.

Renseignements

Office du tourisme intercommunal (04 94 01 53 10 ; www.mpmtourisme.com ; 60 bd du Front-de-Mer, Port Miramar). Gère aussi Cuers, Collobrières et Pierrefeu du Var.

Bormes-les-Mimosas

Village fleuri maintes fois récompensé, Bormes-les-Mimosas est une étape agréable. De janvier à mars, le jaune du mimosa rayonne dans les moindres ruelles et les jardins, et le spectacle est à couper le souffle. À la mi-février a lieu le **corso fleuri**, un événement haut en couleur ! Très étendue, la commune englobe, en plus du village perché, le port (sans grand intérêt), la forêt du Dom et les magnifiques plages disséminées autour du fort de Brégançon.

À voir

Peut-être un peu trop léché, ce village typiquement provençal possède pourtant une âme véritable. Il suffit de se promener dans ses ruelles sinueuses et ses passages couverts, d'époque médiévale, pour en saisir toute la beauté. L'**église Sainte-Trophime**, les vestiges du **château des comtes de Provence** (XIVe siècle) et la **chapelle Saint-François-de-Paul** (XVIe siècle) comptent parmi les édifices les plus intéressants. Dans une bâtisse du XVIIe, le **musée d'Art et d'Histoire** (04 94 71 56 60 ; rue Carnot ; entrée libre ; juin-sept mar-dim 10h-12h30 et 15h-19h, oct-mai 10h-12h et 14h-17h30) abrite une intéressante collection de peintures et de sculptures des XIXe et XXe siècles.

Le fort du Président

Le **fort de Brégançon** (visite en saison, sur rdv auprès de l'office du tourisme de Bormes-les-Mimosas 04 94 01 38 38 ; 3 heures ; tarif plein/réduit 10/8€, gratuit -18 ans), du XIe siècle, est la résidence estivale officielle du président de la République depuis 1968. La magnifique **plage de Cabasson** (mi-mars à oct ; voiture 10 € la journée) permet d'accéder à celle de Brégançon. De là, vous aurez une vue imprenable sur le fort.

Activités

Plages

Les trois principales plages autour du fort de Brégançon sont magnifiques (parking payant en saison, environ 9 €) : la **plage du Pellegrin**, sauvage et tranquille, la **plage de l'Estagnol**, bien aménagée, et la **plage de La Favière**, plus facile d'accès mais moins jolie. Le **cap Bénat** recèle aussi des criques secrètes et de petites plages de rêve.

Où se loger et se restaurer

Les Jardins de Bormes Hôtel €
(04 94 30 68 97 ; 5478 av. Lou-Mistraou ; www.les-jardins-de-bormes.com ; d 62-200 € ;

Église Sainte-Trophime, Bormes-les-Mimosas

). Cet hôtel 3 étoiles niché dans une bâtisse des années 1940 a été récemment rénové. Il compte 16 chambres confortables décorées avec soin. Jardin au calme. Jacuzzi extérieur.

Pâtes et Pâtes Trattoria €
(04 94 64 85 75 ; pl. du Bazar ; plats 10-17 € ; mi-juin à mi-sept tlj, mi-sept à mi-juin fermé mer soir-jeu). Une adresse toute simple où la bonne humeur du patron, qui parle fort et virevolte entre les tables, est un plaisir. Au menu, des pâtes maison, accommodées à toutes les sauces.

La Rastegue Gastronomique €€€
(04 94 15 19 41 ; www.larastegue.com ; 48 bd du Levant ; menus 50 € ; mar-sam soir, dim midi, fermé déc-jan). Un étoilé qui cherche à rester simple et à cultiver une atmosphère de "bistrot cosy"... On adhère. D'autant que la cuisine fait un sans-faute. Intérieurs raffinés et terrasse panoramique.

Le Zèbre Vert Bio €
(04 53 98 80 99 ; 826 chemin des Catalanes ; plats 12,50-20 € ; mar-sam). Une adresse qui régale toutes les panses, notamment les plus enclines à manger sain, local et gourmand. À déguster : des moules-frites, des viandes labellisées, des poissons locaux... Mais aussi des plats sans lactose, veggie, vegan, sans gluten, bio... En prime, des cocktails parfaits et un service affable. Un coup de cœur !

Achats

Savonnerie de Bormes Savon
(04 94 01 03 00 ; www.savonnerie-bormes.com ; 11 rue Carnot et 126 bd du Front-de-Mer ; tlj 10h-12h30 et 15h-19h). Deux boutiques pour faire le plein de savons (notamment au mimosa), d'huiles essentielles, de parfums d'ambiance et de produits cosmétiques naturels.

Renseignements

Office du tourisme (04 94 01 38 38 ; www.bormeslesmimosas.com ; pl. Gambetta). D'avril à septembre, également un bureau sur la **plage de La Favière** (04 94 64 82 57 ; bd du Front-de-Mer).

LES ÎLES D'OR

Au large de la rade d'Hyères, les îles de Porquerolles, de Port-Cros et du Levant sont les joyaux de la côte varoise. Chacune possède une personnalité propre.

Porquerolles

C'est la plus grande (7 km de long) et la plus familiale des trois îles. Des plages de sable plantées de pins et de bruyère, une côte sauvage parsemée de criques, un littoral bordé d'une mer azur, des vignobles, un village animé, une vraie sensibilité à l'environnement et un excellent centre d'art : l'île est un petit paradis. On ne s'y déplace qu'à pied ou à vélo. Extrêmement fréquentée en été, elle se vide avec le dernier bateau du soir… Sachez que la règlementation y est très stricte : pas de cigarette en dehors du village, pas de cueillette, pas de camping ni de bivouacs, et certains massifs sont fermés en cas de risque d'incendie.

À voir et à faire

Notez aussi la **Fondation Carmignac** (voir l'encadré p. 86).

Plages

L'île abrite de jolies plages, accessibles à pied ou à vélo : à l'ouest du village, la **plage d'Argent**, surveillée en saison et bordée d'un café-restaurant, puis la très belle **plage du Langoustier**, aux eaux turquoise ; à l'est du village, la **plage de la Courtade**, facilement accessible, puis la **plage Notre-Dame**, plus éloignée et donc moins fréquentée. La côte sud, royaume de falaises escarpées, recèle quelques criques sauvages !

Patrimoine

Outre le **phare** et le **fort de la Repentance** ou celui du **Grand Langoustier**, qui ne se visitent pas, l'île compte quelques curiosités. Datant du XVIe siècle, le **fort Sainte-Agathe** abrite une petite exposition retraçant l'histoire de l'île et le **moulin du Bonheur** (04 94 58 07 24 ; adulte/enfants 6-12 ans 10/5 €, gratuit -6 ans ; tlj 10h-13h et 15h-18h de mi-juin à mi-sept, visite guidée mer et ven à 10h), un moulin à vent, a été entièrement restauré. Vous pouvez également visiter le **Jardin remarquable E. Lopez** (pôle d'accueil et d'information du parc, gratuit, voir ci-dessous).

Randonnée et vélo

L'île se prête particulièrement à la randonnée, avec 54 km de sentiers balisés. Elle est aussi parfaitement adaptée au vélo : la plupart des visiteurs utilisent ce moyen de transport. Vous trouverez de nombreux prestataires sur place, dont **Porquerolles à vélo** (04 94 58 35 47 ; www.porquerollesavelo.com ; rue de la Douane ; tarif VTT adulte demi-journée/journée 14/17 €, enfant 10/14 €, électrique 30/40 € par jour).

Plongée

L'île est le paradis des plongeurs. Elle est réputée pour abriter parmi les plus beaux spots de plongée de France. Vous pouvez contacter :

Porquerolles Plongée (04 98 04 62 22 ; www.porquerolles-plongee.com ; le port).

Île de Porquerolles

À voir

1 Fondation Carmignac C2
2 Fort Sainte-Agathe B2
3 Moulin à vent du Bonheur B2
4 Porquerolles Plongée D3

Où se loger

5 Résidence les Mèdes D4
6 Villa Sainte-Anne D4

Renseignements

7 Bureau d'information D3
8 Maison du parc D4

Transports

9 Bateaux TLV-TVM D3

Où se loger et se restaurer

Les hébergements sont très chers et d'un mauvais rapport qualité/prix, mais quel bonheur d'avoir l'île à soi en soirée et tôt le matin ! Pour faire vos courses, direction le **marché des Copains**, 100% bio et local qui a lieu toute l'année tous les mardis de 10h à 13h, ainsi que le vendredi aux mêmes horaires en juillet et août dans la rue des Anciens Chais (après la Maison de parc).

Résidence les Mèdes — Résidence hôtelière €€€

(04 94 12 41 24 ; www.hotel-les-medes.fr ; rue de la Douane ; d 105-215 € €, petit-déj 15 € ;). Cette résidence propose les tarifs les plus corrects de l'île, avec une large gamme allant de la chambre à l'appartement familial. Bien situé, propre et confortable, il manque néanmoins d'un peu de charme. Services hôteliers en option (petit-déjeuner, ménage, etc.).

Villa Sainte-Anne — Hôtel-restaurant €€€

(04 98 04 63 00 ; www.sainteanne.com ; 22 pl. d'Armes ; d en demi-pension 210-310 € ;). Cet hôtel 3 étoiles est situé en lisière de la place principale, dans une villa non dénuée de charme, agrandie d'une annexe. Les 25 chambres et les 3 appartements sont impeccables, quoique un peu classiques. Bonne table sur place.

LAURENT LECAT ©

À NE PAS MANQUER

La Fondation Carmignac

Intelligent, envoûtant, juste... Les qualificatifs manquent pour exprimer tout ce que ce lieu a d'exceptionnel. Ouvert en 2018, il dévoile, à travers une architecture-paysage aussi subtile que lumineuse, une impressionnante collection (plus de 300 œuvres) où s'égrènent les grands noms de l'art contemporain, mais aussi ceux du photojournalisme (chaque année, la Fondation organise le prix du photojournalisme qui soutient un reportage d'investigation). Surtout, la Fondation met en place un rituel de visite (visiteurs limités à 50 personnes par demi-heure, déchaussement, promenade intérieure/extérieure, etc.) qui place le visiteur dans un état réceptif des œuvres. Dans le jardin, certaines des œuvres permanentes exercent sans peine leur puissance artistique. Rien d'étonnant à ce que la Villa fasse déjà partie des centres d'art de référence en France.

Librairie de qualité sur place. Pour vous rafraîchir ou vous restaurer, la sympathique buvette de la Courtade vous attend dans les jardins.

Infos pratiques

04 65 65 25 50 ; www.fondationcarmignac.com ; Villa Carmignac, Porquerolles ; tarif plein/réduit/12-26 ans 15/10/5 €, gratuit -12 ans ; début juill- début nov, tlj 10h-18h, nocturnes les jeudis jusqu'à 21h.

Port-Cros

Au cœur du premier parc national marin d'Europe et de Méditerranée, Port-Cros ne tolère qu'une seule philosophie : prendre son temps, écouter et sentir la nature.

Du vallon de la Solitude à la vigie de l'ancien sémaphore, cette île secrète et sauvage ne se révèle qu'aux marcheurs. Ni voitures, ni vélos : ses 7 km^2 se découvrent à pied et exigent le respect de règles strictes. Calmes et sauvages, ils abritent une faune et une flore exceptionnelles. On les découvre par des sentiers aménagés dans le relief accidenté, qui débouchent, entre les falaises abruptes, sur trois belles plages aux eaux cristallines : la crique de **Port-Man** (1 heure 30 de marche environ depuis le port), assez fréquentée par les bateaux, la **plage de la Palud** (45 min), qui comporte un sentier sous-marin (mi-juin à mi-sept), et la **plage du Sud** (35 min). Vous trouverez également sur votre chemin de jolies criques tranquilles, bien moins prises d'assaut que les plages précitées, en période estivale.

Sur la côte nord, le **fort de l'Estissac** (route des Forts, 15 min depuis le port) accueille en saison des expositions temporaires.

Seul club de l'île de Port-Cros, **Sun Plongée** (☎04 94 05 90 16 ; www.sun-portcros.com) propose plusieurs formules, de la sortie individuelle au séjour complet avec hébergement.

Pour passer la nuit sur place, il n'y a sur l'île que deux hébergements, hors de prix, et quelques meublés.

Le Levant

Créé en 1931 par deux médecins, le domaine naturiste du Levant est un endroit où l'on vit dans le plus simple appareil (naturisme obligatoire sur le littoral, interdit sur la place du village et le port). Le village d'**Héliopolis**, centre névralgique du Levant (les 90% de l'île restent un terrain militaire), est construit sur une colline. Vous trouverez sur place de nombreux restaurants et hôtels.

Renseignements

Bureau d'information de Porquerolles (☎04 94 58 33 76 ; www.porquerolles.com)

Maison de parc de Porquerolles (☎04 94 58 07 24 ; www.portcrosparcnational.fr ; à la sortie du village, vers la route du Phare)

Maison de parc de Port-Cros (☎04 94 01 40 70 ; www.portcrosparcnational.fr ; sur le port)

Depuis/vers les îles d'Or

TLV-TVM (Porquerolles ☎04 94 58 21 81, Port-Cros et le Levant ☎04 94 57 44 07 ; www.tlv-tvm.com ; ⏲tte l'année ; Ⓟpayant). Navette la plus rapide (20 min) desservant **Porquerolles** (départ de la Tour fondue, Hyères ; aller-retour tarif plein/réduit 19,50/16,80 €, gratuit -4 ans ; ⏲juil-août tlj 7h30-19h, juin et sept jusqu'à 18h30, fév-mai et oct jusqu'à 18h, nov-jan jusqu'à 17h45), **Port-Cros** et **Le Levant** (départ du port d'Hyères ; aller-retour une île tarif plein/réduit 28,10/24,20 €, 2 îles 28,10/27 €, gratuit -4 ans ; ⏲juil-août tlj 8h-14h30, juin et sept 8h-11h, avr-mai 9h30-10h30, oct-mars lun, mer et ven-sam 9h15). De 1 à 4 départs/jour selon la saison, et un retour dans l'après-midi.

À la Tour Fondue, vous trouverez plusieurs **parkings** payants. Le **bus n°67** du Réseau Mistral dessert également le port.

Vedettes des îles d'Or (☎04 94 71 01 02 ; www.vedettesilesdor.fr ; Le Lavandou ; ⏲tte l'année). Au départ du Lavandou, de Cavalaire et de la Croix-Valmer, elles desservent les 3 îles (aller-retour adulte/enfant -17 ans Porquerolles 38/29,50 €, Port-Cros ou Le Levant 29,50/23,80 €, gratuit -4 ans) et effectuent une liaison inter-îles Port-Cros-le Levant (8,50 €) et Port-Cros-Porquerolles (16,80 €). Également des excursions depuis Toulon, La Londe-les-Maures (voir p. 81) et Saint-Tropez.

Bateaux-taxi. Le service de bateaux-taxi d'**Espace Mer** (☎04 94 58 94 94) ou du **Pélican** (☎06 09 52 31 19) propose de vous déposer aux îles d'Or, depuis le port d'Hyères ou celui de la Tour Fondue (jusqu'à 12 personnes ; aller/aller-retour 1-2 pers 95-120/160-220 €).

CORNICHE DES MAURES

Entre le cap Bénat et le cap Lardier, le littoral escarpé est ponctué de magnifiques plages et criques. Si celles du Lavandou sont très prisées en été, celles de la corniche, plus difficiles d'accès, constituent l'un des trésors de la Côte d'Azur. En arrière-plan, le massif des Maures promet des panoramas superbes.

Le Lavandou

En été, Le Lavandou attire les foules et multiplie sa population par 30 ! Les douze plages de sable de la commune expliquent facilement cet engouement... Si, avec ses nombreuses adresses attrape-touristes, le village a quelque peu perdu son âme, on retrouve, au gré de ses 14 fontaines, un peu de son charme d'autrefois. En mars, le corso fleuri attire plus de 18 000 spectateurs.

À voir

Villa Théo Centre d'art

(09 63 51 32 28 ; villa-theo.fr ; 19 av. Van-Rysselberghe, Saint-Clair ; entrée libre ; mar-sam 10h-12h et 14h-17h). Ouvert en 2017, ce centre d'art prend pour cadre l'ancienne villégiature du peintre Théo Van Rysselberghe (1862-1926) qui vint ici rejoindre son ami Henri-Edmond Cross. De 1910 jusqu'à sa mort, il s'installa dans cette maison dessinée par son frère architecte Octave. Figure du mouvement néo-impressionniste, il y reçut ses amis Paul Signac, André Gide, Matisse, Jean Cocteau ou encore Émile Verhaeren. Ouvert à l'année, le lieu programme de nombreuses expositions, ateliers et conférences. En été, regardez la programmation : d'agréables concerts de jazz sont parfois organisés dans les jardins. La Villa est sur le tracé du **chemin des Peintres** (voir ci-contre).

Activités

Plages

Le Lavandou n'a pas volé son surnom de "station aux douze sables" : douze plages de sable fin, propres et bien entretenues, courent du centre-ville à Pramousquier. Pratique, le **petit train des plages** (départ face à l'office du tourisme ; adulte/enfant 4/3 € ; mai-sept) les dessert toutes. Les plus grandes et les plus fréquentées sont **Saint-Clair**, l'**Anglade**, la **Grande Plage** et **Cavalière**. Confortables (restaurant et matelas), les plages de **La Fossette**, d'**Aiguebelle** et de **Pramousquier** sont un peu moins bondées. Quelques-unes, comme la **plage du cap Nègre** ou

Le Lavandou

celle de **Louis-Blanc**, depuis laquelle on accède à celle de l'**Éléphant**, sont plus sauvages. Celle du **Rossignol**, plus difficile d'accès, l'est sans doute encore plus. Enfin, celle du **Layet** est réservée aux naturistes.

Les **Vedettes des îles d'Or** desservent les îles d'Or (p. 84) et Saint-Tropez.

Balades

Sur 2,5 km, le **chemin des Peintres** nous emmène sur les traces d'écrivains ou de peintres néo-impressionnistes qui fréquentèrent le Lavandou entre 1892 et 1926 (Théo Van Rysselberghe, Cross, Signac, Maurice Denis, Maximilien Luce, André Gide, Émile Verhaeren, etc.). Longeant notamment la plage de Saint-Clair, il est ponctué de 16 pupitres illustrés de toiles face aux paysages qu'elles représentent.

Un **sentier du littoral** permet aussi une agréable promenade le long de la mer sur 3 km, jusqu'à la crique de La Fossette. Plus difficile, la randonnée les **balcons de Cavalière** propose un itinéraire de 12 km en boucle sur les hauteurs (brochure disponible à l'office du tourisme).

Plongée

Les sites se situent en majorité à l'est, dans la baie de Cavalaire. Une épave, le *Wildcat*, gît tout de même par 57 m de fond, du côté du cap Nègre. **Plongée CIP Lavandou** (04 94 71 54 57 ; www.cip-lavandou.fr ; port ; tte l'année) et **Lavandou plongée** (04 94 71 83 65 ; www.lavandou-plongee.com ; nouveau port, aire de carénage ; tte l'année) assurent des sorties.

Vélo

Le tracé de la piste cyclable du Lavandou suit le littoral sur 7,4 km pour se terminer à Pramousquier (voir le cahier vélo en début d'ouvrage). Une extension est en projet jusqu'à Saint-Raphaël. **Blue Bikes** (04 94 15 19 99 ; www.blue-bikes.com ; av. du Président-Vincent-Auriol ; avr-oct) loue VTT et VTC. Dispose d'une antenne à Cavalaire et à La Croix-Valmer.

Où se loger et se restaurer

Hôtel de la Plage Hôtel-restaurant €€
(04 94 05 80 74 ; www.lhoteldelaplage.com ; 14 av. des Trois-Dauphins, Aiguebelle ; d/qua 65-150/100-190 €, petit-déj 10,50 € ; plats 12-25 € ; fermé mi-oct à mars ;). Notre coup de cœur de la côte, pour vivre le bord de mer à l'écart de la foule. Cet hôtel-restaurant contemporain bénéficie d'une situation idéale. Certaines des 27 chambres, sobres et élégantes, disposent d'une terrasse et celles en rez-de-chaussée bénéficient d'un accès facile à la plage ! Un petit effort côté cuisine serait le bienvenu.

La Petite Bohème Hôtel avec jardin €
(07 50 14 64 58 ; www.hotel-petiteboheme.com ; 5 av. Franklin-Roosevelt ; s/d/tr/qua 45-65/56-85/78-117/88-127 €, petit-déj 9 € ;). À peine en retrait du village, une sympathique adresse au calme, avec jardin. Les chambres sont simples, mais à un tarif raisonnable. Certaines ont vue sur la mer.

L'Auberge Provençale Restaurant €
(04 94 71 00 44 ; www.lauberge-provencale.com ; 11 rue Patron-Ravello ; menus 28/36 €, plats 14-22 € ; soir tlj, fermé lun hors saison). Dans une rue piétonne, vous savourerez, selon l'inspiration du chef, une cuisine provençale soignée, même en pleine saison !

Tamaris Plage Restaurant de plage €€€
(04 94 62 09 87 ; www.plage-lavandou.fr ; plage de Pramousquier ; plats 18-36 € ; avr-sept tlj). Meilleur et moins prétentieux que la plupart de ses voisins, ce restaurant de plage profite du cadre de la baie de Pramousquier. On y déguste une délicieuse cuisine méditerranéenne, agrémentée de poissons frais et de fruits de mer (langoustes, homards). Ambiance décontractée.

Renseignements

Office du tourisme (04 94 00 40 50 ; www.ot-lelavandou.fr ; quai Gabriel-Péri). Une antenne à Cavalière (La Rotonde, av. du Golf) en saison.

Le Rayol-Canadel

Sur la corniche des Maures, ce petit village cultive sa discrétion mais recèle, en contrebas, quelques criques de rêve. Pour un panorama extraordinaire, empruntez la D27 vers le **col du Canadel**, où plusieurs points de vue sont aménagés. Ne manquez pas non plus le **Domaine du Rayol** (voir l'encadré ci-contre).

Où se loger et se restaurer

Terrasses du Bailli Hôtel trois-étoiles €€€
(04 98 04 47 00 ; www.hotel-terrasses-dubailli.com ; 18 av. du Capitaine-Thorel ; d 120-372 € petit-déj inclus selon confort et saison ;). Pour profiter de ce merveilleux coin de côte, cette ancienne villa des années 1930 se situe à quelques minutes des plages (à pied). Les (petites) chambres les moins chères se trouvent dans la villa, mais la plupart sont logées dans une annexe contemporaine. Vue mer, terrasse (ou jardin) et standing haut de gamme (minibar, etc.). En été, snacking à midi autour de la piscine et, le soir, un plateau repas sur demande.

La Villa Douce Hôtel de luxe €€€
(04 94 15 30 30 ; 8 corniche de Paris ; www.lavilladouce.com ; s/d 158-439/210-700 € petit-déj inclus ;). Nichée en hauteur de la corniche, cette nouvelle adresse haut de gamme offre un panorama époustouflant sur la mer et les îles. Les superbes chambres design s'ouvrent sur des terrasses entièrement vouées à la vue. Cadre tout aussi idyllique à la piscine et au restaurant (service midi et soir). Une adresse d'exception.

Maurin des Maures Cuisine régionale €€
(04 94 05 60 11 ; www.maurin-des-maures.com ; Le Rayol-Canadel ; plats 10,50-28,50 €, menu midi/soir 18,50/37,50 € ; tlj tte l'année). Véritable institution, ce restaurant de village, situé sur la route principale, régale ses habitués de spécialités méditerranéennes, parfaitement préparées à partir de produits frais et locaux. Poissons de pêche, "terrine de bouillabaisse" et, le vendredi, aïoli ! Accueil attentionné et belle salle panoramique.

Renseignements

Office du tourisme (04 94 05 65 69 ; www.lerayolcanadel.fr ; pl. Michel-Goy).

Cavalaire-sur-Mer

Cavalaire est une station balnéaire moderne sans grand intérêt. Ses principaux atouts sont ses spots de plongée et l'immense plage de 4 km. Plus sauvage, la petite plage de Bonporteau se situe à l'entrée ouest de la ville.

La Croix-Valmer

Impossible de la manquer : au centre du rond-point du village trône la croix de Constantin. C'est en ce lieu qu'en l'an 312 l'empereur Constantin vit une croix lumineuse et ces mots : "Par ce signe tu vaincras." La Croix-Valmer est aussi connue pour sa plage de sable fin, où les Alliés débarquèrent le 15 août 1944, ses belles villas du début du XXe siècle et ses jolies criques.

Les plages du **Débarquement** et de **Gigaro** (via celles de la **Bouillabaisse**, de **Sylvabelle** et **d'Héraclée**) sont desservies gratuitement en été par une **navette** (départ devant l'office du tourisme ; mi-juin à mi-sept tlj). Après la plage de Gigaro commence le sentier des Douaniers, qui mène aux criques sauvages du **cap Lardier**.

Les **Vedettes des îles d'Or** desservent les îles d'Or (p. 84) et Saint-Tropez depuis le ponton de la plage du Débarquement.

Où se loger et se restaurer

La Cigale Restaurant provençal €€
(04 94 54 34 76 ; 1031 route de Saint-Raphaël ; plats 18-23 € ; d 60-120 € selon confort

SEB HOVAGUIMANIAN / STOCK.ADOBE.COM ©

À NE PAS MANQUER

Le Domaine du Rayol

Sur la corniche des Maures, 7 ha en balcon sur la mer sont aménagés comme un tour du monde végétal. Orchestré par Gilles Clément, ce **Jardin des Méditerranées** (04 98 04 44 00 ; www.domainedurayol.org ; av. des Belges, Le Rayol-Canadel ; adulte/enfant -17 ans 12/9 €, gratuit -6 ans ; juil-août tlj 9h30-19h30, avr-oct jusqu'à 18h30, nov-mars jusqu'à 17h30) révèle l'incroyable biodiversité de régions au climat de type méditerranéen. En marchant parmi les fougères arborescentes de Nouvelle-Zélande, les bosquets de cycas du Japon, la bambouseraie de Chine ou les yuccas des Canaries, chaque étape de la promenade est un voyage en soi. Émerveillé par l'oiseau de paradis d'Afrique du Sud, médusé devant le cactus surnommé "coussin de belle-mère", effrayé par les agaves tentaculaires puis apaisé sous un eucalyptus géant, on rejoint ensuite les pins d'Alep sur la falaise.

Passionnantes visites guidées et nombreuses manifestations (sur réservation) : concerts, ateliers et activités à thème. En été, ne manquez pas, muni d'un masque et d'un tuba (fournis), la visite guidée du **sentier marin du Domaine du Rayol** (adulte/enfant -17 ans 28/20 €, à partir de 8 ans, entrée jardin incluse ; juin-sept, sur rdv auprès du domaine).

Le très agréable **Café des Jardiniers** sert de belles assiettes salées, des pâtisseries et des boissons. Enfin, la **librairie** propose une belle sélection d'ouvrages sur la nature.

et saison ; mar-sam soir, dim midi ; P). À deux pas du rond-point du village, ce restaurant a plus de 110 ans ! Malgré les multiples changements de propriétaires, on vient toujours ici se régaler d'une cuisine provençale savoureuse, plus soignée et raffinée à mesure que les années passent. Également quelques chambres – nettes, claires et basiques.

Hôtel La Bienvenue Hôtel €€

(04 94 17 08 08 ; www.hotel-la-bienvenue.com ; 256 rue Louis-Martin ; d/qua 125-250 €/180-270 € selon confort et saison, petit-déj

12,50 € ; wifi). Bien situé, ce petit hôtel de 21 chambres a un charme certain. Bon confort, décoration soignée, jardin fleuri, petits déjeuners bio et service de qualité sont quelques-uns de ses atouts.

Renseignements

Office de tourisme (04 94 55 12 12 ; www.lacroixvalmertourisme.com ; 287 rue Louis-Martin)

MASSIF DES MAURES

Loin de l'agitation du littoral, le massif des Maures s'étend sur 130 000 ha, d'Hyères à Fréjus, avec une altitude assez faible (780 m). Composé de forêts de chênes-lièges et de châtaigniers, il est sillonné par de nombreux itinéraires de randonnée. Son nom viendrait du provençal *mauro*, sombre, qui rappelle ses forêts denses et ses rochers.

Pierrefeu-du-Var

Amateurs de rosé, une halte à Pierrefeu s'impose ! La fabrication des bouchons de liège a aussi été une grande spécialité locale avant de disparaître.

À 4 km du village sur la route de Collobrières, l'**arboretum** abrite quelque 300 espèces d'arbres et d'arbustes, que l'on peut découvrir en parcourant un sentier botanique. C'est aussi le point de départ de nombreuses randonnées.

À voir et à faire dans les environs

Depuis **Gonfaron**, une très belle route mène à **Notre-Dame-des-Anges** (6h45-20h), un prieuré posé sur le point culminant du massif des Maures (780 m).

Village des Tortues Parc animalier
(04 89 29 14 10 ; www.villagedestortues.fr ; 1065 route du Luc, Carnoules ; adulte/enfant -10 ans 13-15/8-10 €, gratuit -3 ans ; tlj 9h-19h mi-mars à mi-oct, 9h30-17h mi-oct à mi-mars, mer, sam et dim déc et jan). Ce parc animalier recueille et protège plus de 2 500 tortues, dont certaines espèces menacées : en particulier la tortue d'Hermann, l'une des rares espèces à vivre dans le massif des Maures et aujourd'hui en voie d'extinction. Récemment déménagé, le site offre un parcours complet, avec espace muséal et aquatique, un parcours extérieur et une grande serre de 400 m².

Gyrocoptair Vol biplace
(06 51 60 79 25 ; www.gyrocoptair.com ; aérodrome de Cuers ; vols 80-275 € selon circuit). À l'aérodrome de Cuers-Pierrefeu, vous pourrez vous envoler à bord d'un "gyrocoptère", sorte d'hélicoptère léger, pour survoler la région. Plusieurs circuits sont proposés ; un passager uniquement par vol.

Où se loger et se restaurer

Domaine de la Broquière Chambres d'hôtes €€€
(04 94 48 20 57 ; www.domaine-la-broquiere.com ; chemin du Plan ; d/ste/roulotte petit-déj inclus 95/130-180/115€, repas 35 € ; clim, piscine, wifi, P). Dans ce domaine viticole, les roulottes, les chambres et les suites donnent sur les vignes. La maison est toute simple, la piscine semi-enterrée et les chambres relevées de belles teintes. Accueil adorable et belle douceur de vivre !

Renseignements

Office de tourisme de Pierrefeu-du-Var
(04 94 28 27 30 ; 20 bd Henri-Guérin)

Collobrières

Un vrai village provençal, où la vie s'écoule tranquillement, loin des paillettes de la côte. Un charme indéfinissable en fait une étape à nulle autre pareille. Entre grand bol de nature et visite de la Verne, on y savoure des spécialités à la châtaigne. Notamment les trois derniers week-ends d'octobre lors desquels ont lieu les **fêtes de la Châtaigne**.

Juste avant le pont vieux, du XIIe siècle, se trouve l'**église Notre-Dame-de-Pitié-et-des-Sept-Douleurs**, du XVIe siècle, aux fresques colorées. Au sommet du village s'élèvent les ruines de l'église Saint-Pons, d'où partent plusieurs chemins de randonnée. L'un d'entre eux mène aux **menhirs du plateau Lambert**, vieux de plus de 7000 ans.

À voir

Monastère de la Verne — Chartreuse

(☎ 04 94 43 48 28 ; adulte/enfant -18 ans 6/3 €, gratuit -12 ans ; juil-août tlj 11h-18h, juin tlj sauf mar 11h-18h, reste de l'année 11h-17h, fermé jan, fêtes religieuses et jours de risque d'incendie en été). En ruine il y a encore 40 ans, ce magnifique monastère du XIIe siècle doit sa résurrection à deux femmes passionnées qui ont fondé l'Association des amis du monastère, œuvrant depuis 1968 à la restauration du site. Aujourd'hui, trente religieuses y vivent et y vendent leurs produits. À 12 km de Collobrières, sur la D14 en direction de Grimaud. Attention, en saison, la route d'accès peut être interdite en cas de risque très sévère d'incendie (risque rouge ou noir).

Où se loger et se restaurer

Hôtel-restaurant Les Maures — Chambres et restaurant €

(☎ 04 94 48 07 10 ; www.hoteldesmaures.fr ; 19 bd Carnot ; d/qua 65-85/120 € petit-déj inclus ; menus 15,50/25,50 € ; tlj juill-août, tlj midi sept-juin ;). Au centre du village, avec vue sur la rivière, cette adresse d'habitués a récemment refait ses chambres dans un style épuré et contemporain. Tout confort, elles ont étonnamment gardé leurs tarifs imbattables : une aubaine ! Côté restaurant, on sert une bonne cuisine traditionnelle (menu gibier durant la saison de la chasse). Un très bon rapport qualité/prix.

La Petite Fontaine — Restaurant provençal €€

(☎ 04 94 48 00 12 ; 1 pl. de la République ; menus 26 € ; avr-sept mar-dim midi, oct-mars midi mar-dim soir ven-sam). Une bonne cuisine du terroir, sincère et généreuse, à déguster sur une placette ombragée. Service attentif.

Collobrières

ANDRZEJ2012 / STOCK.ADOBE.COM ©

SI VOUS AIMEZ...

Les plages plus sauvages

Seul – ou presque – même en plein été !

Entre la Croix-Valmer et Ramatuelle
Depuis la jolie plage du Gigaro, suivez le sentier du littoral jusqu'au **cap Lardier** ou, depuis la plage de l'Escalet à Ramatuelle, jusqu'au **cap Taillat**, entre lesquels se glissent plusieurs criques séduisantes et, au pied du cap, la plage de la Douane.

Porquerolles
Au bout de l'île, la belle **plage du Langoustier** offre des eaux turquoise et une belle vue sur le fort du Langoustier. La partie sud est une plage de sable noir.

Saint-Raphaël
À partir d'**Anthéor**, la côte dévoile de magnifiques calanques aux eaux transparentes. Le rouge de la roche se mêle au bleu du ciel et au vert des pins...

Giens
Au bout de la presqu'île, le **sentier du littoral** permet de découvrir une multitude de petites criques relativement préservées l'été. Deux itinéraires s'offrent à vous : de la Tour Fondue jusqu'au village de Giens ou de Giens à La Madrague.

Achats

La Confiserie azuréenne Châtaignes
(04 94 48 07 20 ; www.confiserieazureenne.com ; été tlj 9h30-12h30 et 13h30-19h30, hiver 9h30-12h30 et 14h-18h). Cette confiserie mérite une halte pour ses délicieuses spécialités à la châtaigne. À côté de la boutique, un petit espace muséal retrace la chaîne de transformation du marron.

Renseignements

Office du tourisme de Collobrières (04 94 48 08 00 ; www.collobrieres-tourisme.com ; bd Caminat)

La Garde-Freinet

La Garde-Freinet est un village provençal aux ruelles fleuries où il fait bon se balader. Au XIXe siècle, il était considéré comme la capitale du liège. Actif, le **Conservatoire du patrimoine du Freinet** (04 94 43 08 57 ; www.conservatoiredufreinet.org ; chapelle Saint-Jean ; entrée libre ; lun-ven 9h-13h et 14h-17h, lun-sam avr-oct) est une bonne introduction à la région. Il organise des expositions, mais aussi des ateliers et des balades nature.

Au-dessus du village se trouve le **Fort-Freinet**, vestiges de l'ancien village médiéval. Il offre un superbe panorama des environs.

Où se loger

Le Mouron Rouge Chambre et appartements €€
(04 94 43 66 33 ; www.lemouronrouge.com ; 1115 route du Luc, La Garde-Freinet ; d nuit/sem 77-125/539-875 €, app 2-4 pers nuit/sem 107-143/749-1975 €, petit-déj 10 €, uniquement à la semaine en été ;). Nichée dans la forêt, cette propriété propose une jolie chambre avec terrasse et 4 appartements pouvant accueillir entre 2 et 6 personnes, bien équipés et avec terrasse privative. Belle piscine.

Renseignements

Office du tourisme de La Garde-Freinet
(04 94 56 04 93 ; la-garde-freinet-tourisme.fr ; chapelle Saint-Jean, D558)

GOLFE DE SAINT-TROPEZ

En général, dans le golfe, on ne parle que d'elle : Saint-Tropez l'éclatante, la reine des strass et des soirées privées. En face, Sainte-Maxime, la grande sœur, regarde cette agitation avec une sorte de détachement. Le golfe abrite aussi de nombreux villages, chics ou plus discrets, dont le charme saute aux yeux.

Ramatuelle

Certainement le plus charmant village du golfe : même envahies de touristes, ses ruelles escarpées et sinueuses constituent une agréable balade. Accolée aux remparts, l'**église Notre-Dame** est renommée pour ses deux retables du XVIIe siècle et ses statuettes en bois doré du XVIe siècle. Dans le petit cimetière, la tombe de Gérard Philipe est très visitée. À 2 km au-dessus du village, sur la route de Gassin, trône le **moulin de Paillas**, restauré en 2002. La commune accueille aussi la mythique plage de Pampelonne.

Activités

Dès les premières chaleurs, toute la jet-set accourt à **Pampelonne** (parking 4,50 € en saison) pour siroter son champagne les pieds dans l'eau. Cette baie de sable fin aux 21 plages disposées sur 5 km de long fut un lieu stratégique lors du débarquement d'août 1944. Mais c'est en 1955, par le tournage du film *Et Dieu créa la femme* de Roger Vadim, qu'elle apparaît sous les feux des projecteurs : Brigitte Bardot et toute l'équipe du film prennent pour cantine le Club 55… BB devient une star internationale, Saint-Tropez un mythe : le succès de Pampelonne n'a jamais cessé depuis. Tahiti Plage, Voile Rouge, Nikki Beach… Chaque été, un établissement devient le "spot" de l'année.

Pour plus de calme, choisissez la jolie **plage de l'Escalet**, entre le **cap Camarat** et le **cap Taillat**. De là part le sentier du littoral, qui permet notamment d'accéder aux **criques du Canadel** (à 700 m environ depuis l'Escalet en direction du cap Taillat). Enfin, au pied du cap Taillat se niche la jolie **plage de la Douane** (environ 40 min

Ramatuelle

JULIA / STOCK.ADOBE.COM ©

Cap Taillat

de marche depuis l'Escalet), bordée par la Maison de la douane (construite sous Napoléon Ier).

Où se loger

Ferme de l'Audrac Chambres d'hôtes €
(04 98 12 91 00 ; www.ferme-audrac.com ; quartier de l'Audrac ; d-tr/qua petit-déj inclus 55-65/65-77 € ; avr-oct ;). Vous trouverez ici des tarifs défiant toute concurrence ! Au cœur d'un domaine de 30 ha, cette ancienne ferme du XVIIIe siècle loue 3 chambres (dont 2 avec terrasse) et 2 gîtes, basiques et fonctionnels, au bon rapport qualité/prix. D'autant que, dans le vaste jardin, l'espace piscine profite d'une vue sur la mer !

La Villa d'Andrea Chambres d'hôtes €€€
(04 94 79 22 84 ; www.lavilladandrea.com ; 321 chemin de la Pinède ; d 150-360 €, petit-déj 17 € ;). Cette adresse de choix offre un confort haut de gamme. Dans les deux villas, l'une de style provençal, l'autre asiatique contemporain, les chambres et studios spacieux et avec terrasse sont extrêmement soignés. Petit luxe : deux piscines, dont l'une chauffée ! Cours de yoga gratuits pour les clients.

Hôtel La Figuière Avec piscine €€€
(04 94 97 18 21 ; www.hotel-lafiguiere.com ; 534 route de Tahiti ; d 150-440 €, petit-déj 16 € ;). Face aux vignes, une maison de famille dont les maisonnettes provençales s'ouvrent sur la campagne. Les plus agréables disposent d'une terrasse, mais toutes bénéficient d'une décoration soignée et d'un confort haut de gamme. Piscine chauffée.

Villa Marie Luxe simple €€€€
(04 94 97 40 22 ; www.villamarie.fr ; 110 chemin de Val Rian ; d 502-982 €, petit-déj inclus ;). Niché dans une pinède de 3 hectares avec vue sur la mer, cet hôtel 5 étoiles de 45 chambres est idéal pour celles et ceux qui souhaitent s'éloigner de l'animation de Saint-Tropez. Bruit des cigales et de l'eau des fontaines, multiples coins-terrasses aux ambiances différentes, cuisine exquise (voir ci-contre), accueil

aux petits oignons : pas de doute, cet hôtel de luxe coche toutes les cases. Navette gratuite jusqu'à la place de Lices.

Où se restaurer

La Pomme de Pin Dans la pinède €

(04 94 97 73 70 ; restaurant-lapommedepin.com ; route de Tahiti, quartier du Pinet ; plats et pizzas 10,40-24,80 € ; avr à mi-oct tlj). Une savoureuse cuisine italienne à déguster sous les pins ! Au menu, des spécialités sardes mais aussi des *linguine* aux fruits de mer et langoustines ou de délicieuses pizzas fines. Rapport qualité/prix imbattable !

Jardin Tropézina Sur la plage €€

(04 94 97 36 78 ; jardin-tropezina.fr ; 4 route de Tahiti, plage de Pampelonne ; plats 29-86 € ; tlj 9h-18h ;). Cette table, pensée comme un jardin sur la plage, propose une cuisine méditerranéenne maîtrisée (ravioles maison, légumes confits aux épices, mac and cheese, cabillaud en croûte d'herbes, pizettas à la truffe...) dans un décor bohème. En prime, des concerts, des cours de yoga et des chaises longues pour digérer, face à la mer.

Saveurs Sincères Dans le village €€

(04 94 79 18 68 ; 31 av. Clemenceau ; plats 15-26 € ; mai-sept tlj, oct-avr tlj midi, ven-sam soir). Mini-terrasse sur la rue, agréable patio ombragé au calme et salle actuelle permettent de déguster des suggestions du jour à l'ardoise, avec mets provençaux et produits de qualité.

Dolce Vita Avec vue €€

(04 94 97 40 22 ; www.villamarie.fr ; 110 chemin de Val Rian ; plats midi 18-34 €, soir 37-70 € ; tlj ;). Le restaurant de l'hôtel Villa Marie (voir ci-contre) célèbre la Méditerranée à travers des plats copieux : poulpe grillé, loup de mer rôti, soupe de poisson... Les végétariens ne sont pas en reste (tomates anciennes à la burrata, risotto d'épeautre...). Mention spéciale aux desserts et à la vue sur la Grande Bleue.

Renseignements

Office du tourisme (04 98 12 64 00 ; www.ramatuelle-tourisme.com ; pl. de l'Ormeau)

Gassin

Village perché sur son promontoire, avec vue panoramique sur le golfe, Gassin est une parenthèse salutaire au milieu de l'agitation estivale. L'**église Notre-Dame-de-l'Assomption**, du XVIe siècle, renferme plusieurs tableaux du XVIe siècle et un reliquaire de Saint-Laurent. Dans les environs, le **Jardin de Gassin** (06 78 48 03 00 ; www.lejardindegassin.com ; 323 chemin de Pimpinon ; entrée 5 €, gratuit -15 ans ; tlj 10h-17h mai-juin, + dim 10h-13h juin-sept) est une belle roseraie ouverte au public.

Où se loger et se restaurer

Bello Visto Hôtel-restaurant €€

(04 94 56 17 30 ; www.bellovisto.eu ; pl. des Barrys ; d/ste 84-219/107-219 €, petit-déj 15 € ; menus 34-54 €, plats 32 € ; tlj juil-août, tlj sf mer soir et jeu mars-oct ;). Sur la place principale, cet hôtel s'ouvre sur un panorama magnifique et loue 7 chambres décorées avec goût, aux tarifs intéressants hors saison. Côté restaurant, la cuisine lorgne désormais vers la haute gastronomie et, si les savoureuses spécialités provençales sont bien tournées, les tarifs ont en conséquence (beaucoup !) augmenté.

Domaine des Mésanges Chambres d'hôtes €€€

(06 15 77 26 62 ; www.mesanges.com ; allée de Vivier ; d 99-1200 €, petit-déj inclus ;). À mi-chemin entre Gassin et Saint-Tropez, cette ravissante maison d'hôtes tout juste rénovée offre un cadre bucolique à souhait, avec jardin luxuriant et piscine contemporaine. Les quatre chambres sont soignées, confortables et aménagées dans un style plutôt classique chic. On craque pour la cinquième, le "Faré", sorte de bungalow traditionnel polynésien en bois qui dispose d'un jardin privatif.

Le Micocoulier Restaurant avec vue €€€
(04 94 56 14 01 ; www.lemicocoulier.com ; pl. des Barrys ; menu midi/soir 25/39,50 € ; tlj mars-oct). Sur la même place que le Bello Visto, et donc avec la même superbe vue, cette option a l'allure tout aussi chic, mais ses tarifs sont plus accessibles. La cuisine provençale maison fait preuve d'une belle qualité et d'une grande finesse.

Achats

La Maison des Confitures Confitures
(04 94 43 41 58 ; www.maisondesconfitures.fr ; route du Bourrian ; 6,50-15,30 € ; juil-août lun-sam 9h30-20h, et dim 10h-13 en été). Le temple des confitures originales ! Cuites à l'ancienne au chaudron, elles se déclinent en plus de 450 parfums. Des classiques, certes, mais aussi de plus audacieux : framboises au champagne, noix de coco et kiwis ou encore fleurs de pissenlit.

Renseignements

Office du tourisme (04 94 55 22 00 ; www.st-tropez-lesmaures.com ; carrefour de la Foux, Gassin)

Saint-Tropez

Malgré sa réputation sulfureuse très "paillettes", Saint-Tropez possède un charme fou. Un monde sépare le bling-bling estival du port du calme des ruelles de la vieille ville le reste de l'année. Surtout, venez hors saison ! Entre le 16 et le 18 mai ont lieu les **Bravades**, une grande fête traditionnelle qui, depuis 1558, rend hommage au "Capitaine de Ville" avec défilés en costumes et salves d'artillerie. En octobre, c'est au tour des plus prestigieux voiliers, anciens et modernes, d'enchanter le golfe lors des **Voiles de Saint-Tropez**. Une féerie.

À voir

Dans le centre, la **place des Lices** est le cœur authentique du village, celui qui rappelle que Saint-Tropez mène une vie tout à fait normale en dehors de ses yachts, de ses starlettes et de ses soirées VIP. On y vient pour faire des emplettes au marché le mardi et le samedi matin, jouer à la pétanque à l'ombre des platanes ou siroter un verre à la terrasse d'un café. Entre la place et le port, le petit **quartier de la Bourgade** déroule de charmantes ruelles. Dans le **quartier de la Ponche**, où vivaient les pêcheurs, se trouve la jolie **place de l'Ormeau** et l'**église Notre-Dame-de-l'Assomption**, datant du XVIIe siècle, qui se voit de loin avec sa façade jaune et orangée.

À quelques kilomètres de la ville, la **chapelle Sainte-Anne**, édifiée au début du XVIIe siècle, offre un superbe panorama sur le golfe. Rarement ouverte au public, elle est un lieu de pèlerinage pour les Tropéziens, qui ont couvert ses murs d'ex-voto.

Musée de l'Annonciade Peinture du XXe siècle
(04 94 17 84 10 ; pl. Grammont ; tarif plein/réduit 6/4 € ; en saison lun-sam 10h-19h, hors saison mar-dim 10h-18h). Foyer de l'avant-garde picturale, Saint-Tropez attira de nombreux artistes (voir l'encadré p. 102) et a gardé une petite mais impressionnante collection d'œuvres pointillistes et néo-impressionnistes : Derain, Bonnard, Signac, Dufy, Braque, Matisse, etc. Le musée a été rénové à l'hiver 2019.

Musée de la Gendarmerie et du Cinéma Cinéma
(04 94 55 90 20 ; www.saint-tropez.fr ; 2 pl. Blanqui ; tarif plan/réduit 4/2 €, gratuit -12 ans ; tlj 10h-12h30 et 14h-18h). Très ludique, ce musée promet une visite qui ravira toute la famille. On plonge en effet avec délice dans la belle époque de la série du "Gendarme de Saint-Tropez" et des grandes heures des stars de cinéma. Dans l'authentique bâtiment de la gendarmerie d'autrefois, costumes d'époque, musique, scénographies joyeuses et interactives se succèdent. On peut ainsi monter à bord d'une 2 CV ou d'une Simca, passer un

Port de Saint-Tropez

moment dans une boîte de nuit, s'asseoir dans une salle de cinéma ou pénétrer dans la loge des actrices en compagnie de Brigitte Bardot et de Romy Schneider ! Une exposition organisée chaque année.

Citadelle Musée d'histoire maritime
(04 94 97 59 43 ; 3 €, gratuit -12 ans ; avr-sept tlj 10h-18h30, oct-mars 10h-17h30, dernière entrée 30 minutes avant fermeture). Cette fière citadelle, monument aujourd'hui classé qui avait pour but premier de défendre la côte provençale des agressions extérieures, date du XVIIe siècle. Elle comporte une grande enceinte bastionnée, un système de douves et de contrescarpes, ainsi qu'un donjon, qui abrite, depuis 2013, le **musée d'Histoire maritime**. De façon moderne et ludique, ce dernier retrace l'incroyable épopée des marins tropéziens.

Activités

Plages

Elles sont multiples. La **plage des Graniers** se situe dans une petite crique de l'anse des Canebiers et est généralement peu fréquentée par les touristes. L'eau y est limpide. Ambiance familiale du côté de la plage des **Canebiers**, un peu plus loin. La belle **plage de la Moutte** est le rendez-vous hivernal des Tropéziens venant ramasser des oursins. En été, la **plage des Salins**, vers Pampelonne, est surveillée et des **navettes** desservent certaines plages. Ne passez pas à côté de la plage de La Ponche, une minuscule plage de galets rendue célèbre par Brigitte Bardot dans le film "Et Dieu... créa la femme".

Promenades en mer

Sur le port, les **Bateaux verts** (04 94 49 29 39 ; www.bateauxverts.com ; quai Léon-Condroyer ; fév-oct et vacances de Noël) naviguent dans tout le golfe, vers les îles d'Or, l'Estérel et même vers les villas des stars. Des navettes régulières relient Sainte-Maxime, Port-Grimaud, les Marines de Cogolin et Les Issambres. Le bateau **La Pouncho** (04 94 97 09 58 ; www.lapouncho.com ; estacade du nouveau port ; fév-nov) propose lui aussi des circuits en mer, sur plusieurs thématiques

Saint-Tropez
0
200 m
A
B
C
D
E
F
1
2
3
4
Golfe de Saint-Tropez
Vieux Port
Nouveau Port
Port des Pêcheurs
La Ponche
Pré des Pêcheurs
Plage des Graniers (400 m) et plage des Canebiers (2 km)
Lou Pinet, plage de la Moutte (4,5 km) et plage des Salins (4,2 km)
Plage de Tahiti (4 km) et plage de Pampelonne (6 km)
Gassin (10 km), Ramatuelle (11 km) et D48 (11 km)
Parking du Port
Q d'Estienne d'Orves
Môle Jean Réveille
Q F Mistral
Q Jean Jaurès
Q Bouchard
Q Péri
Q de l'Épi
Place Garrezio
Pl de l'Hôtel de Ville
Place Alphonse Celli
Place du Quinzième Corps
R Cavaillon
Av Antoine de St-Exupéry
Montée de la Citadelle
R de l'Aïoli
R de la Ponche
R des Remparts
R de la Citadelle
R de la Miséricorde
R Bergère
R Guichard
R du Clocher
R Ste-Barbe
R des Commerçants
R du Portail Neuf
R des Féniers
Pas Gambetta
R Gambetta
R François Sibilli
R Georges Clemenceau
R Étienne Berny
R des Charrons
R des Tisserands
R Grenouillière
R Joseph Quaranta
R Général Allard
R Henri Seillon
Av du 11 Novembre 1918
Av du 8 Mai 1945
Bd Louis Blanc
Av Paul Roussel
Bd des Amandiers
Chemin des Amoureux
Av du Général de Gaulle
Av du Général Leclerc
Av du Maréchal Foch
Rte des Salins
Av Paul Signac
Montée Ringrave
R de la Résistance
Rue du Temple
Av Augustin Grangeon
Av des Palmiers
1
2
3
4
5
6
7
8
9
10
11
12
13
14
15
16
17
18
19
20
21
22
23

Saint-Tropez

À voir

1	Citadelle	F2
2	Église Notre-Dame-de-l'Assomption	D1
3	Musée de la Gendarmerie	B3
4	Musée de l'Annonciade	C2
5	Place aux Herbes	D2
6	Place de l'Ormeau	D1
7	Place des Lices	D3

Activités

8	Bateaux Verts	D1
9	La Pouncho	A3

Où se loger

10	La Ponche	D1
11	Les Lauriers	D3
12	Lou Cagnard	C4

Où se restaurer

13	Açaï Spot	D1
14	La Tarte tropézienne	D3
15	Un jour à Peyrassol	B4
16	Zetta	D2

Où prendre un verre

17	Le Café	E3
18	Le Gaïo	C2
19	Le VIP Room	B2
20	Les Caves du Roy	F3
21	Sénéquier	D2

Achats

22	Atelier Rondini	D3

Renseignements

23	Office du tourisme	D2

(dégustations des saveurs du terroir, apéro au coucher de soleil, etc.).

Où se loger

Nombreux établissements de luxe et peu de petites adresses : se loger à Saint-Tropez revient cher, surtout en haute saison, où les prix deviennent fous. Mais certaines adresses méritent le détour.

Lou Cagnard — Hôtel central €€

(04 94 97 04 24 ; www.hotel-lou-cagnard.com ; 18 av. Paul-Roussel ; d 86-188 €, petit-déj 12 €, uniquement à la sem juin-sept ; fermé nov-fév ;). Dans le centre, cet hôtel familial avec jardin est juste assez en retrait pour être au calme. Les chambres colorées fleurent bon la Provence. Accueil charmant et parking gratuit (un trésor en ville !).

Les Lauriers — Boutique-hôtel €€

(04 94 97 04 88 ; www.hotelleslauriers.net ; 5 rue du Temple ; d 99-215 € selon confort et saison, petit-déj 12 € ;). Centrale, cette petite adresse propose 20 chambres sympathiquement décorées dans l'air du temps : rotin, mobilier design, papiers peints et couleurs soignées. Petits-déjeuners dans la cour arborée et accueil attentionné. À venir : des cours de yoga.

Lou Pinet — Hôtel de luxe €€€

(04 94 97 04 37 ; www.loupinet.com ; 70 ch. du Pinet ; d 390-1 110, ste 550-2 700 €, petit-déj inclus ;). Cette adresse mythique des années 1950 et 1960 a été réinventée par l'architecte-décorateur Charles Zana et le paysagiste Jean Mus. Réouverte il y a peu, elle compte 34 chambres à la déco épurée et au confort parfait, une grande piscine, un restaurant qui ravit toutes les panses malgré son nom (Le Beefbar, voir p. 102) et une ambiance sans chichi : un vrai luxe ! Navette gratuite jusqu'à la place des Lices.

La Ponche — Hôtel de luxe €€€

(04 94 97 02 53 ; www.laponche.com ; 5 rue des Remparts ; d/ste 240-520/350/820 €, petit-déj inclus ;). Coup de cœur pour cet hôtel 5 étoiles qui propose de grandes chambres et suites confortables dont certaines ont vue sur la petite plage de la Ponche (voir p. 99). Lieu chargé d'histoire, cet ancien bar de pêcheurs devenu au fil du temps une institution de Saint-Tropez a vu séjourner en son sein de nombreux artistes : Boris Vian, Juliette Gréco, Jeanne Moreau, Simone de Beauvoir ou encore Jean-Paul Sartre. La propriétaire des lieux, Simone Duckstein, reçoit avec une bienveillance rare. Restaurant de qualité avec option végane (voir p. 104).

La muse Saint-Tropez

Avant d'être une star, Saint-Tropez fut une muse. Le premier séduit fut Maupassant, en 1888. Le deuxième, Paul Signac, laissa une trace majeure : il fit du petit port endormi la capitale des néo-impressionnistes et accueillit Matisse, Dufy, Bonnard ou Manguin. Très vite, la presqu'île attira les artistes au sens large. Avec Colette, installée dès 1925 sur la baie des Canoubiers, viennent Kessel, Saint-Exupéry, Guitry, Cocteau, Jouvet… Aux Américains (Marlène Dietrich, Hemingway), succèdent les existentialistes (Sartre et Simone de Beauvoir), Boris Vian ou encore Françoise Sagan. Puis, en 1955, arrive une jeune première : Brigitte Bardot. C'est la starisation !

Où se restaurer

De plus en plus de tables tropéziennes proposent des plats végétariens et végétaliens à leur carte (voir p. 104).

Un Jour à Peyrassol — Cave et épicerie €€

(04 94 45 39 47 ; www.unjourapeyrassol.com ; 17 av. du Général-Leclerc ; plats 16-27 € ; été tlj 9h-23h, hiver 9h-16h). À la fois épicerie fine, bar à vins et restaurant, cette adresse propose des mets raffinés, composés de produits de qualité et accompagnés des excellents vins du domaine (la Commanderie de Peyrassol, dans l'arrière-pays). Une très bonne option, même si la terrasse n'est pas la plus agréable de la ville (à cause de l'emplacement et non du décor).

Plage des Graniers — Pieds dans le sable €€€

(04 94 97 13 43 ; chemin des Graniers ; plats 29-39 € ; avr-oct tlj). Sur la plage des Graniers, cette adresse profite d'un cadre et d'un décor idyllique, avec quelques tables éparpillées sur le sable, une myriade de suspensions en rotin et une atmosphère très "bohème chic". On y goûte une bonne cuisine de marché, agrémentée de beaucoup d'herbes fraîches et de quelques épices. Tarifs tropéziens, cela va de soi.

Açaï Spot — Fast-good €

(06 63 36 69 92 ; 15, rue des Remparts ; plats 7,50-16 € ; tlj). Coup de cœur pour cette adresse healthy qui régale à grand renfort de shots bien-être (le gingembre rebooste illico), des bowls salés et sucrés à se rouler par terre, de smoothies, de vegan shakes, d'avocado toast et autres matcha latte bien équilibrés. Le lieu, ouvert toute la journée, est tout petit, mais l'option à emporter vous permet d'aller déguster le tout face à la mer, située à deux pas.

Zetta — Italien €

(04 94 97 46 10 ; 19 rue des Feniers ; plats 12-13 € ; avr-oct tlj). Dans une petite rue, le chef Marco Garfagnini prépare des pizzettas bien fournies, composées des plus beaux produits de l'Italie (ail noir de Voghiera, origan de Pantelleri…) qu'il décline à toutes les sauces. On peut choisir sa pâte (classique, 7 céréales, sans gluten). Également, des salades copieuses et des glaces italiennes à tomber. Une adresse où les prix ne s'envolent pas : rare !

Le Beefbar — Viandes €€

(04 94 97 99 50 ; plats 14-69 € ; tlj). Installé dans l'hôtel de luxe Lou Pinet, ce restaurant propose des pièces de viande d'exception (Black Angus, bœuf Wagyu…) cuisinées de multiples façons (au wok, tempura, barbecue, grillé, vapeur, haché…). On se régale aussi de mets végétariens (gyozza aux légumes, tagliatelles de courgettes, et autres salades fraîcheur). Mention spéciale à la glace fleur de lait, le cadre intimiste (pergola en bois, pin parasol) et le service affable. Un bon rapport qualité-prix.

Où prendre un verre et faire la fête

Sur le port, attablez-vous à la terrasse rouge du mythique **Sénéquier** (04 94 97 20 20 ; www.senequier.com ; quai Jean-Jaurès) ou place des Lices, au **Café** (04 94 97 44 69 ; www.lecafe.fr ; pl. des Lices ; tlj), qui s'est refait une beauté en 2020.

Saint-Tropez "by night", c'est "no limit", à condition d'en avoir les moyens ! En été, quand la saison bat son plein, rien n'égale la sulfureuse cité varoise : jéroboams de champagne, musique de *Star Wars*, chaises trônant sur les tables, filles ultra-sexy... Le spectacle de la nuit est un déversement de luxe, d'alcool et de paillettes. Pour les initiés, direction le **Nikki Beach** (04 94 79 82 04 ; www.nikkibeach.com ; route de l'Épi, plage de Pampelonne), le **Gaïo** (04 94 97 89 98 ; gaio.club ; 4 rue du 11 Novembre 1918 ; avr-sept), les **Caves du Roy** (www.lescavesduroy.com ; av. Paul-Signac ; avr-sept) ou le **VIP Room, le club de Jean Roch** (www.viproom.fr ; résidence du Nouveau Port ; juin-sept tous les soirs, oct-mai sam-dim), qui porte bien son nom. Pour les autres, la fièvre de la fête se répand jusqu'au port, où créatures scintillantes et noceurs invétérés défilent devant les yachts éclairés ! Entrée extrêmement sélecte et consommations hors de prix.

Achats

Les vraies, les indémodables sandales tropéziennes s'achètent à l'**Atelier Rondini** (04 94 97 19 55 ; www.rondini.fr ; 16 rue Georges-Clemenceau).

Renseignements

Office du tourisme (04 94 97 45 21 ; www.sainttropeztourisme.com ; 8 quai Jean-Jaurès).

Depuis/vers Saint-Tropez

Les **gares** les plus proches sont celles de Saint-Raphaël et des Arcs-Draguignan.

Le réseau de bus **Zou** (zou.maregionsud.fr) relie la ville à toutes les communes du littoral.

Les **aéroports** les plus proches sont ceux de Nice-Côte-d'Azur, de Marseille-Marignane et de Toulon-Hyères.

DEVILLECHAISE / STOCK.ADOBE.COM ©

La tarte de Saint-Tropez

La petite histoire raconte que le jeune pâtissier Alexandre Micka invente en 1955 une brioche à la crème. Chargé de nourrir l'équipe du film *Et Dieu créa la femme*, il rencontre Brigitte Bardot qui lui conseille de l'appeler la "tarte de Saint-Tropez". Quelques adaptations plus tard, la recette est toujours secrètement gardée et même protégée par un brevet ! Le fabricant artisanal est désormais devenu une chaîne, **La Tarte Tropézienne** (04 94 97 71 42 ; www.latartetropezienne.fr ; 36 rue Clemenceau, pl. des Lices ou 9 bd Louis-Blanc), mais la qualité reste correcte.

Grimaud

Grimaud a conservé de ravissantes places et ruelles datant du Moyen Âge, ainsi que l'**église Saint-Michel**, du XIIIe siècle, bâtie dans le style roman en granit et en calcaire. Au sommet du village, les vestiges du château féodal du XIe siècle offrent un panorama remarquable. Un ascenseur relie la place Neuve à la partie basse du village, où se trouve notamment le **musée du Patrimoine** (04 94 55 57 34 ; D558, à 100 m de l'office du tourisme ; juil-août mer-ven 10h-12h30, av-juin et sept-oct mer et ven 14h30-18h, jeu 10h-12h30 ; entrée libre), installé dans un moulin à huile du XVIIe siècle. De nombreuses galeries d'art se sont implantées dans le village et, en saison, une exposition de sculptures monumentales en plein air est organisée.

En été, un **petit train** (☎04 94 43 90 22 ; av. de la Mer et pl. Neuve ; adulte/enfant -12 ans 7,5/4 €, gratuit -3 ans ; ⌚fév-nov 10h-19h) rejoint Port Grimaud en 30 minutes.

Où se loger

Les Aurochs Chambres d'hôtes €€

(☎04 94 81 31 90, 06 60 61 42 22 ; www.lesaurochs.com ; quartier Embaude, 496 chemin de l'Oratoire ; d petit-déj inclus 85-115 €, gîtes 420-1000 €/sem ; ⌚avr-oct ; ❄📶🏊🅿). On rêve un peu devant ces tarifs ultraraisonnables pour des chambres soignées, joliment décorées, au haut niveau de confort (bonne literie, clim, machine à café, minibar) et prolongées d'une terrasse privée. Le tout dans une propriété de 5 ha avec une (petite) piscine d'où l'on jouit d'un beau panorama. Également 5 gîtes, dans le même acabit.

Le Verger Maelvi Hôtel avec piscine €€€

(☎04 94 55 57 80 ; www.hotel-grimaud.com ; route de Collobrières ; d/ste 125-320/250-600 €, petit-déj 13-22,50 € ; ⌚avr-oct ; ❄🏊📶🅿). Perdu dans les collines de chênes verts, ce havre de calme, tout juste rénové, à l'ambiance bucolique, est aussi une adresse de standing. Style classique ou contemporain dans les chambres confortables avec terrasse.

Où se restaurer

Fleur de Sel Cuisine de chef €€€

(☎04 94 43 21 54 ; 4 pl. du Cros ; plats 22-25 € ; ⌚tlj sauf lun et sam midi, fermé déc-fév). On s'installe sur la terrasse aménagée autour d'une fontaine et l'on s'apprête à déguster une cuisine fine, fraîche et soignée.

Apopino Cuisine de chef €€€

(☎04 94 43 25 26 ; www.apopinorestaurant.com ; pl. des Pénitents ; menu 35 €, plats 19-33 € ; ⌚mar-sam). Autre agréable adresse du centre, ce restaurant raffiné s'est vite forgé une belle réputation pour sa cuisine délicate et subtile. Jolie terrasse sur la rue et salle à la décoration contemporaine mais chaleureuse.

Saint-Trop' en mode veg' ?

Saint-Tropez Tourisme ambitionne de faire de la ville la "première destination veg'" de France d'ici les prochaines années. De nombreux établissements tropéziens se sont aujourd'hui engagés à proposer des plats ou menus végétariens ou végétaliens, afin de satisfaire les amoureux des animaux et de la planète. L'idée ? Servir de vrais plats, loin des clichés qui ont encore, malheureusement, la peau dure : non, les végétariens et vegans ne mangent pas que de la salade. Parmi les tables engagées, le restaurant de l'Hôtel La Ponche (voir p. 101), qui propose un menu vegan changeant selon l'humeur du chef et les produits du marché, et la table du **Château de la Messardière** (☎04 94 56 76 00 ; www.messardiere.com ; 2 rte de Tahiti). On note également l'apparition de nouveaux repaires healthy qui ne misent que sur le végétal, comme Açaï Spot (voir p. 102).

Renseignements

Office de tourisme de Grimaud

(☎04 94 55 43 83 ; www.grimaud-provence.com ; 679 route Nationale)

Port-Grimaud

Sur le littoral, Port-Grimaud est une cité lacustre, construite sur des marécages en 1966. Le résultat est assez surprenant, à mi-chemin entre un village provençal et un décor vénitien. L'**église Saint-François** abrite de beaux vitraux du peintre Victor Vasarely (1906-1997), "père" de l'art cinétique (ou art optique). Le principal intérêt du village est la visite des canaux (20 min environ) en **coches d'eau** (☎06 73 87 76 84 ; pl. du Marché ; adulte/enfant -12 ans 6/3 €, gratuit -3 ans ; ⌚mi-fév à mi-nov), de grandes barques à fond plat. En saison, un **petit train** (ci-contre) rejoint Grimaud en 30 minutes.

Où se restaurer

La Table du Mareyeur Fruits de mer €€€
(04 94 56 06 77 ; www.mareyeur.com ; 10 et 11 pl. des Artisans ; plateaux 32-148 €, plats 26-56 €, menus midi/soir 26/39 € ; avr-oct tous les soirs, jeu-dim midi). Pour déguster de bons plateaux de fruits de mer, confortablement installé sur des terrasses surplombant les canaux. On paie le prix fort, mais la réputation solide de cet établissement n'a pas d'équivalent. Possibilité de livraison.

Renseignements

Office du tourisme de Port-Grimaud
(04 94 56 02 01 ; www.port-grimaud.fr ; les Terrasses de Grimaud ; mai-sept)

Cogolin

Le nom du village est lié à une histoire légendaire. D'après elle, le corps de Torpetius, martyr chrétien décapité par les Romains, fut transporté en barque depuis l'Arno avec, à son bord, un chien et un coq. À l'arrivée, le coq s'envola sur un champ de lin, marquant le territoire de Cogolin (coq-au-lin !). Le vieux village mérite une halte, mais sa partie portuaire, les Marines de Cogolin, a moins d'intérêt.

Dans le village, vous pouvez voir l'**église Saint-Sauveur** et la **tour de l'Horloge**, un vestige du XIIIe siècle.

Où se loger et se restaurer

Bliss Hôtel contemporain €€€
(04 94 54 15 17 ; www.bliss-hotel.com ; pl. de la République ; s/d/ste 82-140/99-295/240-450 €, petit-déj 14 € ; tte l'année ;). Décor contemporain pour les chambres impeccables de cet hôtel confort et labellisé écoresponsable. Certaines donnent sur la place principale, les autres sur l'arrière (plus au calme). Dommage que les tarifs augmentent fortement en saison.

Le Grain de Sel Cuisine de chef €€
(04 94 54 46 86 ; www.graindesel-cogolin.fr ; 6 rue du 11-Novembre ; formule 24 €, menu 31 €, plats 24-28 € ; mar-sam).

Port-Grimaud

Dans ce minuscule restaurant, le chef concocte une cuisine raffinée et inventive. Réservation obligatoire !

Chez nous En terrasse €€

(☎04 94 54 67 02 ; 9 rue Nationale ; plats 16-34 €, formule 17 € ; ⏲tlj sauf dim). Cette adresse profite du cadre privilégié d'une agréable place avec fontaine. On y savoure une cuisine de saison, avec des produits frais et une bonne petite sélection de vins.

La Grange des Agapes Gastronomique €€€

(☎04 94 54 60 97 ; www.grangeagapes.com ; 7 rue du 11-Novembre ; menus midi/soir 23/42-60 € ; ⏲mar-sam). Pas de terrasse ici, mais un intérieur raffiné où l'on goûte une cuisine de haute volée. Les plats changent chaque mois en fonction du marché. Cours de cuisine sur place.

Achats

De nombreux artisans travaillent à Cogolin : outre une étonnante fabrique d'anches (petites languettes pour saxophone et instruments à vent), les **Établissements Courrieu fils** (☎04 94 54 63 82 ; www.courrieu-pipes.com ; 58-60 av. Clemenceau) réalisent, depuis plus de 200 ans, des pipes en racine de bruyère. La **Manufacture de tapis** (☎04 94 55 70 65 ; www.manufacturecogolin.com ; 6 bd Louis-Blanc) produit quant à elle, depuis 1924, des pièces uniques.

Renseignements

Office du tourisme (☎04 94 55 01 10 ; www.cogolin-provence.com ; pl. de la République)

Sainte-Maxime

C'est le mythique petit train des Pignes qui amena en 1890 les premiers touristes à Sainte-Maxime. Ayant longtemps vécu uniquement de l'exploitation de la forêt, de la vigne et de la pêche, la cité s'est depuis largement diversifiée : on trouve ici de nombreuses activités à pratiquer. Le premier dimanche de février, la ville fête avant tout le monde l'arrivée du printemps lors de son traditionnel **corso du mimosa**.

À voir

À l'intérieur de l'**église Sainte-Maxime** datant de 1762 se trouve le buste de la sainte patronne de la ville.

Le **petit train des Pignes** (☎06 86 94 51 20 ; www.lepetittraindespignes.com ; av. Charles-de-Gaulle, près de la station de taxis ; 50 min ; adulte/enfant -14 ans 7,50/4 €, gratuit -4 ans ; ⏲avr-oct tlj), du nom de son ancêtre qui, dès 1890, reliait Toulon à Saint-Raphaël, grimpe jusqu'à la colline du Sémaphore.

À 10 km de la ville, en direction du Muy, le parc Saint-Donat abrite le curieux **musée du Phonographe et de la Musique mécanique** (☎04 94 96 50 52 ; parc Saint-Donat, route du Muy ; tarif plein/réduit/enfant -16 ans 4/3/1,50 €, gratuit -6 ans ; ⏲mer-dim 10h-12h et 16h-18h mai-sept) qui rassemble d'étonnants instruments de musique, dont le plus vieux date de 1780.

Activités

Plages

Sainte-Maxime possède 11 km de littoral et plusieurs plages de sable fin. Celles de la **Croisette**, du **centre-ville**, de la **Nartelle** et de la **Garonnette** sont équipées en saison. La **plage des Éléphants** a été rendue célèbre en 1932 par la bande dessinée *Le Voyage de Babar*. Jean de Brunhoff, le père du gentil éléphant, vivait en effet dans ce quartier et s'inspira de ses paysages pour ses dessins. Aussi appelée "Petite Corse", la **pointe des Sardinaux** est une presqu'île naturelle, idéale pour pique-niquer avec des enfants. Le parc planté de pins permet d'accéder à une petite plage.

Activités nautiques

Club nautique (☎04 94 96 07 80 ; www.club-nautique-sainte-maxime.fr ; 21 bd Jean-Moulin ; ⏲tte l'année). Dériveurs, catamarans, planches à voile.

Le **Sentier Marin** (08 26 20 83 83 ; 1 av Général-Touzet ; tte l'année) permet de découvrir, depuis la surface, les trésors marins (le jardin des anémones et les herbiers de posidonie en compagnie de poulpes et autres étoiles de mer) de la pointe des Sardinaux. Munis de palmes, masque et tuba, on le parcourt en autonomie grâce aux panneaux implantés sur le site des Sardinaux, une aire marine protégée.

Promenades en mer

Sur le port, les **Bateaux verts** (04 94 49 29 39 ; www.bateauxverts.com ; 14 quai Léon-Condroyer ; avr-sept) proposent des services de navettes (vers Les Issambres, Port-Grimaud, les Marines de Cogolin et Saint-Tropez) et organisent des balades en mer.

Plongée

Kétos (04 94 96 01 12 ; ketos.free.fr ; 8 pl. Mermoz ; tte l'année)

H2O (04 94 49 14 91 ; www.h2o-sainte-maxime.com ; quai Condroyer ; avr à mi-nov)

Où se loger

Hôtel Le Revest Central €

(04 94 96 19 60 ; www.hotel-revest-ste-maxime.com ; 48 av. Jean-Jaurès ; d/tr/qua 60-155/85-155/95-175 €, petit-déj 10,50 € ;). Impeccable, cet hôtel en plein centre est d'un bon rapport qualité/prix. Le tarif des 25 chambres, assez standards et plus calmes côté cour, varie en fonction de la taille. Petite piscine sur le toit-terrasse.

Hôtel Matisse Design avec piscine €€

(04 94 96 18 33 ; www.hotel-matisse.com ; 11 bd Frédéric-Mistral ; d/qua 80-300/140-330 € selon confort et saison, petit-déj 9,50-14,50 € ; P). Beaucoup d'atouts pour cet établissement : une situation centrale, un bel espace piscine, une décoration tendance et des chambres d'un bon niveau de confort. Seul bémol : les tarifs qui s'envolent en haute saison.

Où se restaurer

Bistrot Paul Bert Cuisine de chef €€€

(04 94 56 98 30 ; www.lebistrotpaulbert.fr ; 54 rue Paul-Bert ; plats 23-43 €, menu 33 € ;

Plage de Sainte-Maxime

tlj sauf lun et mar midi sept-juin, tlj soir juill-août). Une jolie adresse pour savourer une cuisine de chef, sophistiquée, bien présentée et bien équilibrée. Jolie terrasse et service attentionné.

La Maison Bleue Traditionnel €€
(04 94 96 51 92 ; 48 rue Paul-Bert ; formule 11 €, menus 29/37 € ; juin-sept tlj, avr-mai et oct tlj sauf mar, jan à mi-mars tlj sauf lun-mar). Une véritable institution ! On y savoure une cuisine maison, simple et généreuse. Les pâtes sont une des spécialités.

Le Café de France Brasserie €€
(04 94 96 18 16 ; www.lecafedefrance.fr ; 2 pl. Victor-Hugo ; plats 11-32 € ; tlj). Une brasserie certes, mais historique (1852), sympathique et bien située.

Renseignements

Office du tourisme (08 26 20 83 83 ; www.sainte-maxime.com ; pl. Louis-Blanc)

Depuis/vers Sainte-Maxime

Les **gares** les plus proches sont celles de Saint-Raphaël et des Arcs-Draguignan.

Le réseau de bus **Zou** (zou.maregionsud.fr) relie Sainte-Maxime aux communes du golfe de Saint-Tropez et à Saint-Raphaël.

Une **navette** desservant l'aéroport d'Hyères et celui de Nice est accessible en changeant à Saint-Raphaël.

L'ESTÉREL

La côte varoise s'achève et la Côte d'Azur s'installe tout à fait. Sur cette partie du littoral, les communes s'entremêlent, partagées entre terre et mer, activités nautiques et patrimoine. Au loin, le massif de l'Estérel, paradis des sportifs, teinte le tout de couleurs ocre, tranchant magnifiquement avec le vert des arbres et le bleu du ciel.

Roquebrune-sur-Argens

Très étendue, la commune de Roquebrune comprend une fenêtre maritime (Les Issambres), un quartier résidentiel (La Bouverie) et un village perché (Roquebrune). Longtemps protégé des invasions et des épidémies par ses murailles et par l'Argens, que l'on ne franchissait qu'en barque jusqu'en 1830, le village a pour emblème ce rocher aux teintes orangées qui culmine à 373 m.

À voir

Dans le village, l'**église Saint-Pierre-et-Saint-Paul**, de style gothique, date du XVIe siècle. Elle abrite plusieurs statuaires et retables. Sur le rempart médiéval apparaît la **tour de l'Horloge** (XVIe siècle) ornée d'un campanile ouvragé. En grimpant les ruelles du village, notez les maisons à arcades, du XVIe siècle.

Abritant une ancienne glacière du XVIIe siècle, encore visible sous un sol vitré, la **Maison du patrimoine** (04 98 11 36 85 ; impasse Barbacane ; entrée libre ; juil-août lun-

Balade des 25 ponts

JÜRGEN WACKENHUT / STOCK.ADOBE.COM ©

sam 9h30-13h et 14h30-18h et dim 9h30-12h30, sept-juin mar-sam 9h30-12h30 et 14h30-18h fermé jan) présente des petites expositions sur l'histoire locale. Au sein de la chapelle des Sœurs de la Charité de Nevers est aménagée la gourmande **Maison du chocolat et cacao** (09 67 08 42 65 ; rue de l'Hospice ; entrée libre ; juil-août lun-sam 9h30-12h30 et 14h30-18h, fév-juin et sept-oct mar-sam 9h-12h30 et 14h30-18h, fermé nov-jan).

Activités

Randonnée

Une carte de randonnée (disponible à l'office du tourisme) permet de découvrir le **rocher de Roquebrune**, dont la teinte rouge offre, au couchant, un spectacle de toute beauté. Vous pouvez aussi suivre la **balade des 25 ponts** (environ 1 heure 30), menant à un aqueduc du XVIIIe siècle.

En direction de Bagnols-en-Forêt, les **gorges du Blavet** sont l'un des sites les plus marquants des environs. Ces falaises roses, entourées de chênes et de pins, attirent aussi bien les grimpeurs que les randonneurs. Depuis le parking, elles sont accessibles en 30 à 40 minutes de marche.

Loisirs nautiques et VTT

Non loin du village, l'agréable **base du Rocher** (06 61 41 75 74 ; basedurocher.fr ; au pied du vieux pont ; mai-sept) met en place de nombreuses activités en saison. Dans un site classé Natura 2000, vous pourrez voguer sur l'Argens jusqu'à la mer en canoë ou kayak, ou bien louer un VTT. Juste à côté, sur le lac de l'Aréna, est également installée une **base de loisirs nautiques** (07 61 18 39 40 ; www.nautique-loisirs.com ; lac de l'Aréna ; avr-oct) louant pédalos, kayaks et canoës et disposant d'un Aquakids qui séduira les 2-8 ans. Restauration sur place.

Où se restaurer

Evelyne.com à la maison — Cuisine maison €

(04 94 81 09 77 ; 8 pl. Saint-Pierre ; plats 9-15 € ; midi mar-sam, soir mar-mer et ven-sam). Une adresse comme on les aime : toute simple, pas chère, avec des trésors dans les assiettes. Des salades et des plats provençaux faits maison, bien mitonnés, pleins de saveurs, qui rappellent que les choses les meilleures ne sont pas forcément les plus sophistiquées, mais celles préparées avec amour.

Achats

Maison du terroir — Produits régionaux

(04 94 81 14 47 ; 4 pl. Alfred-Perrin ; juil-août lun-sam 10h-13h et 15h-19h, dim 10h-13, sept-juin mar-sam 10h-12h30 et 14h30-18h). Une belle boutique qui rassemble un grand nombre de producteurs régionaux : huile d'olive, vin, miel, nougat, pain d'épices, etc. Dégustations gratuites.

Renseignements

Office du tourisme (04 94 19 89 89 ; www.roquebrunesurargens-tourisme.fr ; La Gallery, 7A des Garillons)

Les Issambres

Cette petite station balnéaire dépend de Roquebrune-sur-Argens, pourtant située à 18 km de là. Le sentier du littoral longe de multiples plages et criques.

Activités

Plages

Les 8 km de côte des Issambres comptent de jolies plages de sable et des criques plus sauvages. Baignade surveillée sur les plages de **San Peïre** et de **La Gaillarde**. La **calanque de Tardieu**, moins équipée, est charmante. Depuis l'avenue de la jetée, part le **sentier du littoral**.

Thalasso

Construit dans l'esprit des thermes romains, le **Centre de thalassothérapie Les Issambres** (04 94 55 88 09 ; www.thalassoissambres.com ; allée du Mérou ; accès espace détente 21 €, soins 25-99 €, forfait demi-journée/journée 90-110/159 € ; tlj 9h-13h et 14h-17h, jusqu'à 18h sam),

À NE PAS MANQUER

Le massif de l'Estérel

Massif volcanique marquant la frontière naturelle entre le Var et les Alpes-Maritimes, l'Estérel déroule une côte au superbe dégradé de couleurs : la roche rouge s'y marie avec le bleu de la mer et le vert de la végétation. Le long des falaises abruptes du littoral, de nombreuses criques profitent d'un cadre de toute beauté. Dans les terres, le massif se déploie sur 32 000 ha dont 14 000 sont classés, comprenant 45 km de sentiers pédestres et 100 km de circuits balisés pour les amateurs de VTT et d'équitation. Les sites incontournables sont le Cap Roux, le Rastel d'Agay, le rocher Saint-Barthélemy, le Pic de l'Ours, le Mont Vinaigre, la réserve et le sentier biologique. De quoi prendre un bol d'air en pleine nature, en admirant l'étonnante couleur rouge de la roche, changeant avec la lumière. Surtout, respectez l'interdiction d'accès au massif en cas de risque.

Randonnée

L'**Office national des forêts** (04 94 82 01 85 ; www.onf.fr ; fév-nov) organise des **balades thématiques accompagnées** (3 heures, sur réservation ; adulte/enfant -12 ans 12/6 €, gratuit -8 ans) et l'office du tourisme de Saint-Raphaël procure des itinéraires de randonnée. Parmi les parcours "classiques" figurent le **canyon du Malinfernet** (2 heures aller-retour), le **mont Vinaigre** (boucle de 3 heures 30), qui, avec ses 614 m, est le point culminant du massif, ou encore le **pic de l'Ours** (boucle de 1 heure 30).

Escalade

Camp 4 (06 62 24 02 14 ; www.camp4.fr ; Le Dramont) organise des sorties d'escalade au cap du Dramont et de via cordata dans les calanques du Dramont.

Équitation

3 Fers (06 85 42 51 50 ; www.les3fers.com ; domaine des Lacs du Dramont, bd du Cerceron) organise des promenades et des randonnées à cheval tous niveaux.

signé Thalgo, propose une large gamme de soins et des formules de cure, avec ou sans hébergement.

Promenades en mer

Sur le port, les **Bateaux verts** (☎ 04 94 49 29 39 ; www.bateauxverts.com ; 🕐 avr-sept) proposent des services de navettes vers Saint-Tropez et organisent des balades en mer.

Où se loger et se restaurer

Les Calanques Hôtel en bord de mer €
(☎ 04 98 11 36 36 ; www.hotel-les-calanques.com ; corniche des Issambres, rue du Nid-au-Soleil ; s/d/tr/qua 69-88/69-149/99-148/133-169 €, petit-déj 12 € ; 🕐 fév à mi-nov ; ❄ 📶 P). Une petite adresse les pieds dans l'eau, pour profiter de la mer en toute tranquillité. La maison aux couleurs provençales abrite des intérieurs soignés au confort irréprochable. Certaines des 12 chambres ont vue sur la mer, et quelques-unes disposent d'une terrasse. Depuis le jardin, un sentier mène en quelques minutes à la plage. Accueil charmant. Très bon rapport qualité/prix.

La Réserve Gayrard Restaurant en bord de mer €€€
(☎ 04 94 96 35 39 ; www.lareservegayrard.com ; 3609 corniche des Issambres D559 ; formule 28 €, menus midi/soir 33/51 €, plats 19-45 € ; 🕐 tlj juin-sept, jeu-lun le reste de l'année, fermé déc-jan ; 📶). C'est l'adresse idéale pour un déjeuner ou un dîner stylé au bord de l'eau. La terrasse surplombe une jolie crique, dans laquelle on peut piquer une tête et se faire servir un apéritif avant de passer à table... Puis on déguste poissons grillés, risotto ou autres plats plus élaborés en profitant de la vue.

Renseignements

Office du tourisme (☎ 04 94 19 89 89 ; www.roquebrunesurargens-tourisme.fr ; port de San-Peïre)

Saint-Aygulf

Cette agréable station balnéaire s'étend à l'ouest de Fréjus : elle suit le littoral sans s'interrompre jusqu'à sa ville d'attache. Le **sentier des douaniers** dessert de nombreuses calanques et un accès le relie au **parc botanique Aréca** (av. Alfred-de-Musset ; 🕐 mai-sept 8h-20h, oct-avr 8h-18h), qui comprend une bambouseraie, une palmeraie et une chênaie (vélos interdits). Au départ "textile", la grande plage devient, après l'embouchure de l'Argens, la plage naturiste des Esclamandes.

> **INSOLITE !**
> **Virée en 2CV**
>
> À l'heure des bolides climatisés et suréquipés, la bonne vieille 2CV n'a pas pris une ride et compte encore de nombreux adeptes ! Rénovés, les véhicules d'**Escapa'deuche** (☎ 06 15 77 67 57, 06 84 96 58 26 ; www.escapadeuche.com ; chemin de la Rivière, Les Issambres) sont disponibles dans une multitude de couleurs et loués avec briefing, assurance tous risques et assistance dépannage inclus. Vous arpenterez ainsi à votre rythme les routes du département... Toute une philosophie !

Activités

Étangs de Villepey Réserve naturelle
Façonné par le delta de l'Argens, cet espace naturel protégé de 260 ha sert d'habitat à une faune (220 espèces d'oiseaux) et à une flore très diversifiées. Il se parcourt en accès libre à vélo ou à pied, à condition de ne pas s'éloigner du sentier balisé.

Où se loger et se restaurer

Cap Riviera Hôtel proche de la mer €€
(☎ 04 94 81 21 42 ; www.hotelcapriviera.com ; 21 rue de Clavier, plage du Grand-Boucharel ; d/tr/ste 66-132/86-116/105-180 €, petit-déj 9 € ; 🕐 mi-mars à mi-oct ; ❄ 📶 P). Belle

Sentier des douaniers, Saint-Aygulf

vue sur la mer pour des chambres à la déco originale. Également des suites spacieuses avec terrasses ; certaines sont dotées de Jacuzzi. Petite restauration et accueil chaleureux. La plage est juste de l'autre côté de la route, en contrebas.

Hôtel Van Der Valk

Hôtel en bord de mer €€

(☎04 94 52 74 84 ; www.hotelstaygulf.fr ; 214 rue d'Alsace ; d 82-219 € ste 162-329 €, petit-déj 14,50 € ; ❄📶P). Cet hôtel tout confort fait face à la mer et bénéficie d'une plage privée (payante). Aux tons sobres et à l'allure contemporaine, les chambres disposent d'un balcon ou d'une terrasse, certaines avec vue mer. Bémol : le son des soirées dansantes du camping d'à-côté monte facilement. Côté restauration, deux choix : le Beach Club "Bleu et Blanc", le restaurant de plage situé face à la mer dans lequel déguster salades, club sandwichs, tartares et risotto (13-24 €) et "Martinus", une table où se repaître de gambas, burgers (dont une option veggie) et autres soles et filets de bœuf (17,90-32 €).

Renseignements

Office de tourisme (☎04 94 81 22 09 ; www.saint-aygulf-tourisme.fr ; pl. de la Poste)

Fréjus

Il en faut des atouts pour donner envie au visiteur de délaisser le bord de mer pour l'intérieur des terres ! Et Fréjus les possède. Fondée par les Romains sur la voie Aurélienne qui reliait Arles à Gênes, la ville a gardé de nombreuses traces de son riche passé. Son agréable centre historique déroule des venelles aux façades colorées. En contrebas et en bord de mer, Port-Fréjus est au contraire récent et artificiel. L'été, lors des **Nuits auréliennes**, des représentations théâtrales redonnent vie au théâtre romain, tandis qu'un feu d'artifice tiré de Port-Fréjus illumine la ville chaque vendredi soir.

À voir

Le **Fréjus Pass** (tarif plein/réduit 6/4 €, gratuit -12 ans, 9 € avec le Groupe épiscopal), valable 7 jours, permet de visiter plusieurs monuments de la ville. Il s'achète *in situ*.

Groupe épiscopal — Édifices religieux

(☎ 04 94 51 26 30 ; cathedrale-frejus.monuments-nationaux.fr ; 48 rue du Cardinal-Fleury ; cathédrale entrée libre, cloître et baptistère tarif plein/réduit 6/5 €, gratuit -17 ans ; mai-août tlj 10h-18h, sept-avr tlj 10h-13h et 14h-17h). Comprenant le **cloître**, la **cathédrale Saint-Léonce**, le **baptistère et le Palais épiscopal**, cet ensemble a été bâti à l'emplacement de la ville antique fondée par Jules César. Datant du Ve siècle, le baptistère est l'un des plus anciens et des mieux conservés de France. La cathédrale, elle, a été agrandie et reconstruite à plusieurs reprises depuis le Ve siècle. Elle est composée de deux églises accolées, réunies au XIIIe siècle. Édifié au XIIIe siècle, le cloître n'a jamais été un lieu de méditation, mais un centre de vie et de pouvoir. Son étonnant plafond peint est un des rares témoignages de peintures médiévales du XIVe siècle.

Musée archéologique municipal — Vestiges romains

(☎ 04 94 52 15 78 ; 3 pl. Calvini ; 3 € ; avr-sept mar-dim 9h30-12h30 et 14h-18h, oct-mars mar-sam 9h30-12h et 14h-16h30). Mosaïques, statues, amphores ou tombes aident à retracer le passé de Forum Julii, la cité romaine. La tête de l'Hermès bicéphale avec, d'un côté, une figure de Pan et, de l'autre, un dieu du cercle de Dionysos, est devenue le symbole de la ville.

Parc de la villa Aurélienne — Vestiges romains

(☎ 04 94 52 90 49 ; 85 av. du Général-d'Armée-Calliès ; lun-ven 9h-19h et sam-dim 9h-12h et 14h-19h, jusqu'à 17h hiver la sem). Dans une pinède de 24 ha, on peut voir la portion la mieux conservée de l'**aqueduc romain** (à l'origine long de 42 km), en grande partie enterré. Au centre du parc, la **villa Aurélienne** (ouverte uniquement durant les expositions, se renseigner) fut construite en 1889. Elle accueille désormais des expositions de photographies.

Pagode bouddhique Hong-Hien — Lieu de culte et patrimoine

(☎ 09 80 47 13 13 ; 13 rue Henri-Giraud ; 2 € ; juil-août tlj 9h-21h, reste de l'année 9h-18h). Elle fut bâtie par des soldats indochinois durant la Première Guerre mondiale, lorsque des camps de troupes coloniales étaient implantés à Fréjus. Dans une ambiance exotique, des statues très colorées retracent les épisodes marquants de la vie du Bouddha. Attention, le site est mal indiqué : il se trouve juste avant le musée des Troupes de Marine.

Chapelle Notre-Dame-de-Jérusalem — Chapelle Cocteau

(☎ 04 94 51 34 31 ; route de Cannes ; 3 € ; avr-sept mar-dim 9h30-12h et 14h-18h, oct-mars 9h30-12h et 14h-16h30). Entièrement imaginée par Jean Cocteau (en 1961), cette œuvre fut achevée (en 1965) après sa mort, par ses amis et collaborateurs, d'après les dessins originaux du maître. Elle compte notamment une Cène où deux apôtres ont les traits du poète-dessinateur et de son compagnon, Jean Marais.

L'Amphithéâtre romain — Vestiges

(☎ 04 94 51 83 83 ; rue Henri-Vadon ; 3 € ; avr-sept mar-dim 9h30-12h30 et 14h-18h, oct-mars mar-sam 9h30-12h et 14h-16h30). Lieu de vie central à l'époque romaine, où se déroulaient les combats d'hommes et d'animaux, l'amphithéâtre (Ier siècle) est le seul amphithéâtre romain du Var. Il est non seulement en piètre état de conservation, mais la rénovation n'a en plus pas été très heureuse.

Mosquée rouge Missiri de Djenné — Architecture malienne

(route des Combattants-d'Afrique-du-Nord). Uniquement visible depuis l'extérieur, ce monument (ne se visite pas) est la copie réduite de la mosquée Missiri de Djenné, au Mali. Elle fut construite dans les années 1930 pour guérir du mal du pays les troupes venues de tout l'empire colonial français à partir de la Première Guerre mondiale et séjournant à Fréjus régulièrement.

Où se loger

Hôtel le Flore — Central €

(☎ 04 94 51 38 35 ; www.hotelleflore.fr ; 35 rue Grisolle ; d/tr/qua 60-80/85-95/97-120 €, petit-déj

8 € ;). Au cœur du centre historique, ce petit hôtel entièrement rénové prend place dans une demeure ancienne et profite d'un cadre agréable. Les chambres sont simples, propres et calmes. Accueil attentionné et bons petits-déjeuners.

La Bastide du Clos des Roses — Domaine de luxe €€€

(04 94 53 32 31 ; www.closdesroses.com ; D37, lieu-dit Sainte-Brigitte ; d/qua 175-320/285-345 €, petit-déj 15 € ; formule 29 €, menus 34 € ;). Dans un domaine viticole, quelques chambres soignées font honneur aux teintes et matières naturelles. Elles s'ouvrent sur les vignes et un jardin avec piscine. Une adresse stylée et haut de gamme. Également restaurant de bon niveau.

Où se restaurer

Pour un déjeuner raffiné au milieu des vignes, direction la **Bastide du Clos des Roses** (voir ci-dessus).

Le Palais du Fromager — Bar à fromages €

(04 94 40 67 99 ; www.lepalaisdufromager.fr ; 38 rue Siéyes ; plats 12-19 € ; en saison tlj sauf dim jusqu'à 22h, hors saison midi mar-sam ; boutique 9h-19h et dim matin). C'est bien un fromager qui vous accueille ici pour vous régaler de plats où les fromages sont à l'honneur. Un moment bien sympathique, surtout les jours de marché et pour les apéros en formule "bar à fromages" (en été de 17h à 20h), avec vin et toasts.

Le Basilic — Cuisine de marché €€

(04 94 40 01 28 ; 107 rue Grisolle ; plats 12-20 €, formule 16 € ; midi mar-dim, soir mar-mer et ven). Une cuisine du marché fraîche, goûteuse et d'un bon rapport qualité/prix. Une petite adresse facile et agréable.

L'Amandier — Gastronomique €€€

(04 94 53 48 77 ; www.restaurant-lamandier-frejus.com ; 19 rue Marc-Antoine-Desaugiers ; formule 22 €, menus 31-43 € ; soir lun-sam, midi mar et jeu-sam). Une cuisine méditerranéenne inventive, constante et ensoleillée. Normal, quand on sait que le chef a fait ses classes chez les plus grands. Service attentionné.

En partant de la gauche : amphithéâtre romain ; chapelle Notre-Dame-de-Jérusalem ; cathédrale Saint-Léonce

LICO1 / STOCK.ADOBE.COM ©

PASCAL 06 / STOCK.ADOBE.COM ©

Renseignements

Office du tourisme (04 94 51 83 83 ; www.frejus.fr ; 249 rue Jean-Jaurès)

Depuis/vers Fréjus

La **gare SNCF de Fréjus** (rue Martin-Bidouré) est en centre-ville. La **gare de Saint-Raphaël** (rue Waldeck-Rousseau), où passe le TGV, est reliée par bus à Fréjus.

Le réseau de bus **Zou** (zou.maregionsud.fr) assure des liaisons régulières avec les communes alentour.

L'aéroport le plus proche est celui de Nice, accessible par bus.

Saint-Raphaël

Farniente et divertissement sont les maîtres mots de cette célèbre station balnéaire, presque imbriquée à Fréjus. Sur 36 km de littoral, une trentaine de plages tranquilles et sauvages s'égrènent du port de Santa-Lucia au Trayas, en passant par le Dramont, Agay ou Anthéor.

À voir

N'hésitez pas à flâner dans les ruelles de la vieille ville et jusqu'au marché couvert. Installé dans un ancien presbytère du XVIIIe siècle, le **musée d'Archéologie sous-marine** (04 94 19 25 75 ; www.musee-saintraphael.com ; pl. de la Vieille-Église, rue Charlot ; entrée libre ; juil-sept mar-sam 10h-18h, mars-juin et oct mar après-midi au sam 9h-12h30 et 14h-17h, nov-fév mar après-midi au sam matin 9h-12h30 et 14h-17h) conserve les vestiges découverts sous l'eau entre Anthéor, Agay et le Dramont. Via le musée, on entre dans l'**église romane San Rafeu**, qui donna son nom à la ville. Grimpez en haut de la tour pour admirer la vue. De là, on peut apercevoir l'imposante **basilique Notre-Dame-de-la-Victoire** en grès rose de l'Estérel (derrière l'office du tourisme), bâtie dans un style romano-byzantin à la fin des années 1880, mais également le clocher de la ville voisine Fréjus, et toute la baie de Saint-Raphaël.

Musée Louis de Funès Hommage
(04 98 11 25 80 ; museedefunes.fr ; rue Jules-Barbier ; 6 €, gratuit étudiants et -18 ans ; sept-

Jouer les stars au coucher du soleil

S'offrir un moment de luxe reste possible sur la Côte d'Azur. La recette est simple : un coucher de soleil, un cocktail à savourer les pieds dans l'eau, le clapotis des vagues en fond sonore et, au loin, le massif de l'Estérel en Technicolor. Le tout à bord de l'un des maxi-catamarans d'**AMC Croisières** (04 94 55 28 60, 06 24 71 86 19 ; www.amc-event.com ; quai Amiral-Nomy, Saint-Raphaël ; départs possibles de Saint-Raphaël, de Saint-Tropez, d'Hyères, mais aussi de Cannes et de Nice dans les Alpes-Maritimes ; 35 € avec cocktail ou 60-70 € avec dîner, sortie demi-journée/journée 45/95 €, -50% pour les enfants -12 ans, 10 € -4 ans, gratuit -1 an ; tte l'année). Autre option, depuis Saint-Tropez : le bateau **La Pouncho** (voir p. 99), qui propose aussi une balade nautique à l'heure de l'apéritif.

juin 10h-12h et 14h-17h, juil-août tlj 10h-19h, 21h le jeudi). Ouvert en 2019, ce musée retrace la vie et l'œuvre de l'acteur français à travers affiches, décors, extraits de films et autres récompenses de l'artiste. Au total, pas moins de 350 objets et documents sont présentés sur 400m², dont des téléphones disséminés dans tout le musée, à décrocher pour entendre Louis de Funès raconter une anecdote.

Activités

Plages

Le littoral est jalonné de près d'une trentaine de plages, accessibles aussi bien par le sentier côtier que par la route. Les **plages du Veillat**, de **Beaurivage**, de la **Péguière**, du **Dramont**, du **Lido** et d'**Agay** sont surveillées en saison. Du centre-ville à Agay, vous trouverez surtout des plages de sable. À partir d'**Anthéor**, la côte est occupée par de magnifiques petites **calanques**, tranquilles et sauvages. Certaines criques d'Anthéor, du Dramont et de Trayas sont fréquentées par les naturistes.

En face du cap Dramont, l'**île d'Or**, avec sa tour crénelée, a été immortalisée par Hergé dans *L'Île noire*. C'est aujourd'hui une propriété privée.

Plongée

Club sous l'eau (04 94 95 90 33 ; www.clubsousleau.fr ; port de Santa-Lucia ; toute l'année)

Club Euro plongée (04 94 19 03 26, 06 09 18 53 74 ; www.europlongee.fr ; 2170 route de la Corniche, port de Boulouris ; mars-nov tlj)

Promenades en mer

Bateaux de Saint-Raphaël (04 94 95 17 46 ; www.bateauxsaintraphael.com ; quai Nomy, Vieux-Port ; aller adulte/enfant -9 ans 15/10 €, aller-retour 27/15 €, gratuit -2 ans ; avr-oct). Balades vers Saint-Tropez, les calanques de l'Estérel, Porquerolles ou les îles de Lérins, bateau à vision sous-marine.

Kayak et paddle

Location chez **Team Active** (04 94 52 40 40 ; loisirs.teamactive.fr ; plage de l'Île d'Or ; juin-sept), **Paddle House** (06 52 00 29 99 ; www.paddlehouse.fr ; plage de la Baumette, Agay ; avr-sept) et Beach Club d'Agay (04 94 40 83 83 ; plage de l'Oratoire, Agay, juin-sept). Des cours de pilates et de yoga sur paddle sont également dispensés par **Pilates Center 83** (06 20 95 79 35 ; pilatescenter83.com ; Plage du Veillat ; juin-sept).

Golf

Golf de Valescure (04 94 82 40 46 ; www.golfdevalescure.com ; 725 av. des Golfs). Ce golf, créé en 1895, est le plus ancien du Var.

Où se loger

Hôtel du Soleil Hôtel au calme €
(04 94 83 10 00 ; hotel-dusoleil.com ; 47 bd du Soleil ; s/d/tr 52-95/96-120/84-130 €, petit-déj 9 € ;). Cette jolie villa ancienne, avec des balcons à balustre, est située au calme, à 15 minutes environ du centre-ville et un peu moins de la mer.

Les chambres, petites et simples, sont la plupart pourvues d'un balcon ou d'une terrasse. Accueil chaleureux des hôtes, un couple scandinave.

Les Flots Bleus Hôtel à Anthéor €€€
(04 94 44 80 21 ; www.hotel-restaurant-les-flots-bleus.com ; 83 route de Saint-Barthélemy, Agay ; d et ste 140-320 €, petit-déj inclus ;). Sur la calanque d'Anthéor (après Agay), cet hôtel 4-étoiles entièrement rénové est idéal pour profiter de l'Estérel. Les chambres, toutes personnalisées – dans un style qui plaira plus ou moins –, offrent un bon niveau de confort et surtout une terrasse avec vue mer.

Le Touring Hôtel central €€€
(04 94 55 01 50 ; www.letouring.fr ; 1 quai Albert-1er ; d/ste 150-260/230-420 €, petit-déj 12 € ;). Une institution mythique de la Côte d'Azur classée 5 étoiles, qui abrite 10 chambres et suites somptueuses, vastes, haut de gamme et élégamment décorées (marbre, bois, etc.). De vraies suites (avec chambres séparées) permettent d'accueillir les familles. Certaines ont vue mer et deux disposent d'un petit balcon. Hammam, salle de fitness et massages. Le restaurant vaut aussi le détour (voir p. 118).

Où se restaurer

Centre-ville

Chez Gaston Bistrot à vins €€
(04 94 53 77 13 ; 36 rue Charabois ; formule 17 €, plats 12-26 € ; tlj sauf dim et lun, uniquement soir juill-août). Dans ce bistrot à vins atypique et convivial, les murs se parent de bouteilles de toutes les couleurs, tandis que les petits plats bien mijotés réchauffent les estomacs.

Le Bishop Bistrot €€
(04 94 95 04 63 ; 84 rue Jean-Aicard ; plats 18-29 € ; tlj sauf dim soir et lun). Un bistrot à l'ancienne, avec une bonne et généreuse cuisine familiale. En terrasse ou dans une salle chaleureuse, on sert moules, pâtes, soupe de poissons et, chaque jour, une spécialité méditerranéenne (le vendredi, c'est aïoli !).

Vieux port et basilique Notre-Dame-de-la-Victoire, Saint-Raphaël

Le Bistrot du Touring
Bistrot chic €€

(☎04 94 55 01 50 ; www.letouring.fr ; 1 quai Albert-1er ; formule 19 €, plats 16-28 € ; ⏲tlj). Proposant une carte savoureuse concoctée à base de produits ultrafrais, ce bistrot chic ne désemplit pas. Viandes, poissons ou fruits de mer (les huîtres sont réputées) régaleront les gourmets. Service soigné et rapide. À l'étage, l'hôtel abrite son autre restaurant Albert-1er, plus sophistiqué. Sa terrasse est néanmoins idéale pour prendre un apéritif dans une ambiance lounge...

La Table
Tradition revisitée €€

(☎04 94 53 93 35 ; www.latablerestaurant.fr ; 47 rue Thiers ; formules 16,50 €, menu 20,50 €, plats 12-28 € ; ⏲tlj soir en été, mar-sam le reste de l'année). Atmosphère actuelle et décontractée pour cette table de qualité servant une cuisine plutôt traditionnelle (rognons, os à moelle, etc.) et une belle sélection de vins. Petite terrasse sur la rue.

La Dolce Vita
Italien €€

(☎04 94 82 75 02 ; 29 rue Pierre-Aublé ; plats 19-31 € ; ⏲juil-août tous les soirs, sept-juin mar-sam midi et soir). Un petit italien à la fois chic et convivial où l'on déguste des antipasti et une délicieuse *pasta* authentique. Menu à la truffe en saison. Un peu cher, mais savoureux.

Madame Bohème
Healthy €€

(☎04 83 73 55 55 ; www.madameboheme.com ; 42 rue Gambetta ; plats 6,50-13 € ; ⏲lun-sam 9h-19h). Si vous voulez voir la vie en rose, filez dans ce lieu éclectique qui fait office de salon de thé, restaurant, concept-store et fleuriste. Au mur, des fleurs roses. Sous les tables, des banquettes roses. Dans l'assiette : de la vaisselle rose. Un univers british, romantique et onirique qui régale à coup sûr avec ses innombrables cakes (carrot, pan, cup, cheese...), ses tartines salées, ses açaï bowls, ses pains perdus, ses burgers et ses salades à grignoter tout au long de la journée. Très bon accueil.

Port de Santa-Lucia

La Canne à Sucre
Poissons €€

(☎04 94 83 82 49 ; 2 pl. Amiral-Ortoli, port de Santa-Lucia ; plats 16-32 €, menus 24-38 € ; ⏲juil-août tlj, sf lun midi, hors saison tlj sauf dim soir et lun). Sur l'agréable port de Santa-Lucia, face aux bateaux, on déguste des plats goûteux, aux influences marines. Plats et suggestions du jour varient, mais l'abondance des saveurs reste la même. Ambiance conviviale.

Boulouris

Tortù Plage
Restaurant de plage €€

(☎04 94 40 71 19 ; tortu-plage.com ; 2452 rte de la Corniche ; plats 16-45 € ; ⏲tlj avr-oct). Un nouveau restaurant niché dans une crique qui met en avant une cuisine grecque gourmande. À déguster : du houmous (parfait), du poulpe grillé, des steaks de thon, des burgers, des légumes grillés... les pieds dans le sable. En fin de journée, le lieu devient un peu plus festif. Une adresse de qualité qui comporte un bémol : les prix, qui ont tendance à s'envoler.

Agay

Club Agathos
Restaurant de plage €€

(☎04 94 82 12 31 ; www.residenceagathos.com ; 1510 bd de la Baumette ; plats 19-30 € ; ⏲tlj avr-oct). Sur la petite plage d'Agay (juste après la baie), ce restaurant se distingue pour sa cuisine de qualité – rare dans un tel cadre ! Poisson du jour, tartare, linguine et risotto tiennent leur promesse, même si l'addition n'est pas donnée. Décor design et épuré... et la mer pour seul horizon.

Où prendre un verre et faire la fête

À l'heure de l'apéritif, vous pouvez, sur le port, monter à la terrasse du **Touring** (voir ci-contre) pour siroter le fameux cocktail "Eau de mer" ou, sur le port de Santa Lucia, siroter un bon cocktail à **L'Obsolète** (☎09 67 49 46 06 ; lotissement 11 B, Port de Santa-Lucia ; ⏲tlj 18h-2h). Ouvert en 2020, Le Baïa, le restaurant (select !) installé sur le port de Saint-Raphaël se transforme en bar à cocktails et club festif

Calanque d'Anthéor

après le dîner (04 94 44 61 66 ; www.lebaia.com ; Parvis Kennedy ; lun-sam 19h-2h).

Pour le programme des festivités nocturnes, connectez-vous sur www.infonight.com.

Casino — Jeu

(04 98 11 17 77 ; www.casinosbarriere.com ; sq. de Gand, Vieux-Port ; lun-ven 10h-4h, sam-dim 10h-5h). Inauguré en 1882 par le maire, Félix Martin, qui voulait attirer à Saint-Raphaël les gens fortunés, le casino fut détruit en 1912 puis reconstruit en 1926 après moult atermoiements.

Renseignements

Office du tourisme (04 94 19 52 52 ; www.saint-raphael.com ; 99 quai Albert-Ier)

Depuis/vers Saint-Raphaël

La **gare SNCF** est située dans le centre-ville.

La nouvelle **gare routière** est installée au n°100 de la rue Victor-Hugo.

L'**aéroport** le plus proche est celui de Nice (desservi par une navette directe).

ARRIÈRE-PAYS VAROIS

Quel incroyable dépaysement ! En moins d'une heure et en quelques dizaines de kilomètres, on quitte l'atmosphère un brin m'as-tu-vu de la côte pour se plonger dans l'univers bucolique de l'arrière-pays varois. Ce territoire est délimité au nord par les gorges du Verdon et les plateaux préalpins, au sud-est par les massifs des Maures et de l'Estérel et à l'ouest par les premiers contreforts de la montagne Sainte-Victoire et le massif de la Sainte-Baume. C'est le cœur de la Provence éternelle qui bat dans cette contrée rayonnante, alternant villages perchés, collines boisées, vignobles, oliveraies, forêts denses et panoramas grandioses – le tout baigné par une divine lumière. Loin des foules, vous découvrirez de nombreux trésors – églises médiévales, moulins, campaniles, fontaines, lavoirs... – et de véritables bijoux architecturaux, comme l'abbaye du Thoronet. Profitez de votre séjour pour faire provision de produits locaux. Ici, la nature est restée simple et généreuse.

Callian (p. 137)
RÜDIGER NOLD / STOCK.ADOBE.COM ©

Riez
Pont de Galetas
Les Salles-sur-Verdon
Lac de Sainte-Croix (p. 141)
Aiguines
Gorges du
Sainte-Croix-du-Verdon
D957
Bauduen
Baudinard-sur-Verdon
D4
D952
D11
Durance
Lac d'Esparron
Quinson
Basses Gorges du Verdon
Parc naturel régional du Verdon
Saint-Julien-le-Montagnier
BOUCHES-DU-RHÔNE
D13
Régusse
Moissac-Bellevue
Montmeyan
Aups
Rians
Varages
Tavernes
D71
Fox-Amphoux
Villecroze
Sillans-la-Cascade
Salernes
Cascade
Bresque
Barjols
Monastère Saint-Joseph
Gros Bessillon 813 m
D561
Notre-Dame-des-Grâces
Cotignac (p. 152)
Entrecasteaux
D554
D3
D560
Vallon Sourn
Correns
Carcès
Argens
Montfort-sur-Argens
Lac de Carcès
Bras
Chapelle Notre-Dame-du-Glaive
D6
Saint-Maximin-la-Sainte-Baume
Le Val
Vins-sur-Caramy
Cabasse
A8
N7
Brignoles
Tourves
La Celle
Flassans-sur-Issole
Rougiers
D1
Montagne de la Loube
Nans-les-Pins
Mazaugues
Besse-sur-Issole
Signal de la Sainte-Baume 1 147 m
Roquebrussanne
Joug de l'Aigle 1 116 m
Issole
Plan-d'Aups
Massif de la Sainte-Baume
Notre-Dame-des-Anges
Massif de la Sainte-Baume (p. 150)
A57

La Corniche sublime (p. 134)
N85
ALPES-MARITIMES
Point sublime
La Palud-sur-Verdon
Route des Crêtes
Verdon
D21
Balcons de la Mescla
Bargème
Pont de l'Artuby
Comps-sur-Artuby
Plateau de Canjuers
Artuby
Mons
Siagne
Grasse (6 km)
Seillans (p. 135)
D955
VAR
Callian
Fayence
Montauroux
Bargemon
Ampus
Châteaudouble
Claviers
Callas
Gorges de Châteaudouble
Rebouillon
D562
Lac de Saint-Cassien
Tanneron
Tourtour (p. 147)
Figanières
Gorges de Pennafort
Bagnols-en-Forêt
Draguignan
Nartuby
Erdre
A8
Cannes (16 km)
Gorges du Blavet
Flayosc
D10
D1555
Lorgues
Abbaye du Thoronet (p. 128)
Les Arcs-sur-Argens
Le Thoronet
Argens
Le Luc
Le Cannet-des-Maures
A57
Gonfaron
MER MÉDITERRANÉE
0
10 km

DRACÉNIE

Autour de Draguignan, qui joue le rôle de ville-centre avec ses musées et son activité commerciale, se déploie une campagne romantique. De la riche plaine des Maures aux forêts verdoyantes des contreforts du Verdon, se déroule un chapelet de villages de caractère, perchés sur des restanques d'oliviers, blottis contre des falaises escarpées ou dominant des plaines striées de vignes. Le pays dracénois, fertile terre viticole, est en effet l'un des fiefs de l'appellation côtes-de-provence.

Draguignan

Ville de garnison, cité administrative au caractère bourgeois prononcé, la sous-préfecture du Var est lovée dans la plaine de la Nartuby, au milieu d'un cirque. Draguignan s'étire en étoile le long de grandes avenues rectilignes signées Haussmann (préfet du Var en 1849). Avec ses ruelles en lacis, ses passages et portes de remparts des XIIIe et XIVe siècles, le centre historique conserve cependant une forte empreinte médiévale et une vraie douceur méridionale. La rue de Trans arbore quant à elle un visage arty, avec son parvis peint et coloré. Draguignan est ainsi propice à une agréable flânerie, surtout les mercredis et samedis matin, jours du marché provençal.

À voir

Tour de l'Horloge Panorama

(☎04 94 84 54 31 ; montée de l'Horloge ; ⏲juin-sept mar-sam 10h-12h30 16h-18h, le reste de l'année sur réservation). Emblème et vigie de Draguignan, elle s'élève sur un pic rocheux qui domine toute la ville. Haute de 18 m, la tour édifiée en 1662 est flanquée d'échauguettes et coiffée par un superbe campanile en fer forgé du XVIIIe siècle.

Musée des Arts et Traditions populaires Culture régionale

(☎04 94 47 05 72 ; www.culture-dracenie.com ; 75 pl. Georges-Brassens ; 3,50 €, gratuit -18 ans ; ⏲mar-sam 9h-12h et 14h-18h). Un musée d'"ethnographie provençale" très plaisant, qui présente d'intéressantes collections

Draguignan

JEAN-BERNARD CARILLET ©

sur l'agriculture, l'artisanat, la céramique, l'habitat et la musique. Une galerie expose une collection de machines agricoles anciennes, souvent impressionnantes. Expositions temporaires.

Musée des Beaux-Arts — Peinture, sculpture

(☎ 04 98 10 26 85 ; 9 rue de la République ; 🕐 réouverture prévue fin 2021). Lors de notre passage, le musée était en pleine rénovation pour accueillir, en 2021, un espace repensé et une nouvelle scénographie valorisant mieux ses œuvres de premier plan : des peintures de Mignard, Panini, Van Loo ou Renoir mais aussi des sculptures de Houdon, Rodin et de Claudel, du mobilier d'époque, une collection de faïences, ainsi que des objets d'archéologie locale.

La Maison du Bourreau — Musée

(☎ 04 94 47 72 86 ; 2 montée de l'Horloge ; gratuit ; 🕐 juin-sept 10h-12h30 13h30-18h, oct-mai 1er sam du mois et vacances scolaires aux mêmes horaires). L'ancienne demeure du bourreau de Draguignan accueille un petit musée, inauguré en 2018, qui se révèle passionnant si l'on prend le temps de lire les panneaux habillant ses murs. On y détaille la longue tradition pénitentiaire et judiciaire de Draguignan, l'histoire de la guillotine, les parcours des derniers condamnés à mort en France… Un fac-similé de guillotine, une chaise à sorcières et diverses instruments de torture défiant l'imagination (arracheurs de seins, cage aux rats…) concrétisent tragiquement le propos.

Cimetière américain et Mémorial du Rhône — Mémoire

(☎ 04 94 68 03 62 ; www.abmc.gov ; bd J.-F.-Kennedy ; entrée libre ; 🕐 tlj 9h-17h). N'hésitez pas à passer par le bâtiment des visiteurs, sur la droite à l'entrée du cimetière, pour appréhender tout le contexte historique et mémoriel du site, unique dans le Sud, où reposent les victimes de l'opération Dragoon lancée le 15 août 1944 pour participer à la libération des ports de

La Dracénie à vélo

Pour découvrir les paysages de la Dracénie, pourquoi ne pas emprunter l'itinéraire européen **La Méditerranée à vélo** (www.lamediterraneeavelo.org). De Sillans-la-Cascade à Flayosc, la véloroute emprunte sur 22 km le tracé de l'ancienne voie ferrée du train des Pignes, et permet de visiter Salernes et Lorgues. Depuis Draguignan, le parcours se connecte à **La Vigne à vélo** (www.tourisme-dracenie.com/preparer-votre-sejour/la-vigne-a-velo.html), un itinéraire d'une quinzaine de kilomètres en voies douces, puis rejoint notamment Callas, Bargemon et Claviers, avant de poursuivre vers les villages perchés du pays de Fayence. De nombreux domaines viticoles ponctuent le parcours. Voir aussi les étapes 3 et 4 de l'itinéraire *La Méditerrannée à vélo* dans le cahier détachable de ce guide.

Toulon et de Marseille. Sur les hauteurs, le mémorial permet d'embrasser une vue générale.

Dolmen de la Pierre de Fée — Curiosité

(route de Montferrat). Datant d'environ 2 500 avant J.-C, ce dolmen de plus de 2 m de haut (l'un des plus grands de Provence) est associé, dans l'imaginaire populaire, à la fée Estérelle. La légende, qui en a fait un lieu de fécondité, est évoquée par Frédéric Mistral dans son poème *Calendal*.

Où se loger et se restaurer

Hôtel du Parc — Hôtel-restaurant €€

(☎ 04 98 10 14 50 ; www.hotel-duparc.fr ; 21 bd de la Liberté ; d/tr 71-85/83-99 € selon saison, petit-déj 8 €, formule midi semaine 14,80 €, menu 29 €, plats 17-26 € ; 🕐 restaurant fermé dim-lun ; ❄ P wifi). Bien située et isolée du bruit de la rue, cette grande bâtisse abrite un hôtel-restaurant aux 18 chambres simples et lumineuses. Lors de notre passage, le nouveau propriétaire prévoyait de les rafraîchir dans l'esprit branché de la salle à manger. Cette dernière donne sur une grande cour pourvue de deux platanes où il fait bon s'attabler pour un menu bistrot (œuf cocotte, salade César, tartare, risotto, burger...). Parking privé payant (5 €).

Le Domino Chambres d'hôtes et restaurant €€

(☎04 94 67 15 33 ; www.ledomino.fr ; 28 av. Lazare-Carnot ; s/d 65-70/75-80 €, petit-déj inclus ; plats 16-23 € ; ⏲restaurant fermé sam midi dim-lun ; 📶). Cette maison de maître sise dans une avenue haussmannienne abrite un établissement atypique construit par un capitaine de marine au début du XIXe siècle. Resté dans son jus avec fresques italiennes et tomettes de Salernes pour les parties communes, il accueille peintures contemporaines et objets d'antiquités dans un harmonieux bric-à-brac. Les chambres à l'étage sont aménagées dans le même esprit et ouvrent sur des terrasses coloniales surplombant le jardin intérieur. Le restaurant, qui se partage entre une salle aux murs colorés et un patio planté de palmiers et de bambous, propose une cuisine du marché. Accueil sympathique.

La Petite Agerola Cuisine italienne €

(☎04 94 68 29 16 ; 14 rue des Marchands ; plats 9-19 €, pizzas 7-11 € ; ⏲tlj sf lun et dim soir). Pour les inconditionnels de la cuisine italienne (pâtes fraîches, pizzas, veau à la milanaise...), une adresse qui se défend bien. Deux salles de part et d'autre de la rue, et des tables en terrasse sur la place du Marché.

La Table de Martine Cuisine régionale €€

(☎04 94 68 00 09 ; 18 pl. du Marché ; plats 14-24 €, formule déj semaine 15/18 €, menus 29/39 € ; ⏲fermé mer midi et dim soir). Quelques tables nappées de gros carreaux sur l'agréable place du Marché, une carte réduite régulièrement renouvelée, une généreuse cuisine familiale aux accents méridionaux, voilà une adresse de poche où faire bonne chère en toute simplicité. Plat végétarien sur demande.

Les 1000 Colonnes Brasserie €€

(☎04 94 68 52 58 ; 2 pl. aux Herbes ; formule midi 15 €, plats 12-23,50 € ; ⏲hiver lun-sam, le midi uniquement, été mar-sam midi et soir). Installée sur une jolie place avec fontaine, cette brasserie se révèle un bon spot pour une entrecôte ou un cheeseburger accompagnés de frites maison. On y croise d'ailleurs de nombreuses personnes du cru. Vendredi, c'est aïoli !

Où prendre un verre

La Bière Dracénoise Brasserie artisanale €

(☎06 14 16 08 24 ; 44 bd Marx-Dormoy ; ⏲lun-sam 17h-1h). Samuel a ouvert en décembre 2019 ce bar qui a la particularité de ne servir que des bières artisanales, dont certaines brassées par ses soins dans les cuves au fond de l'établissement. Parmi elles, l'inimitable "Balkany", nommée ainsi car elle a vu le jour grâce à un branchement sauvage sur le compteur des voisins après une panne de courant. Un grand cru.

Renseignements

Office du tourisme (☎04 98 10 51 05 ; www.tourisme-dracenie.com ; 2 av. Carnot)

Depuis/vers Draguignan

BUS

Depuis la **gare routière de Draguignan** (pl. du Docteur-Angelin-German), des lignes interurbaines du **réseau TED** (tedbus.com) permettent de se rendre dans les villages des environs, comme Lorgues (ligne 11), Ampus (ligne 12) ou Flayosc (ligne 6).

Le réseau de bus **Zou** (zou.maregionsud.fr) assure des liaisons directes vers certaines commeunes du département comme Fréjus et Saint-Raphaël (ligne 2601) ou Brignoles (ligne 4201).

TRAIN

Située sur la commune des Arcs-sur-Argens, à 12 km de Draguignan, la **gare SNCF des Arcs-Draguignan** est desservie deux fois par jour par les TGV de la ligne Paris-Nice qui s'arrêtent également à Lyon, Marseille, Toulon, Saint-Raphaël, Fréjus, Antibes et Cannes. Plusieurs lignes de TER permettent également de gagner rapidement le littoral azuréen.

La gare ferroviaire est accessible depuis le centre de Draguignan via la ligne n°5 du réseau TED (tedbus.com ; billet 1,30 €), dont le point de départ est à la gare routière, place du Docteur-Angelin-German.

Lorgues

Gros bourg chic et fleuri, Lorgues s'anime pour le marché du mardi, l'un des plus importants de la région. Il est agréable de musardor dans le dédale de ruelles de la vieille ville ou le long du cours de la République, l'artère centrale bordée de maisons bourgeoises du XIXe siècle et de terrasses. Au milieu de ce décor paisiblement provençal émerge la massive **collégiale Saint-Martin**, construite au XVIIIe siècle. À quelques kilomètres du village, sur la route de Saint-Antonin (D50) la **chapelle Notre-Dame-de-Benva** (jeu 10h-12h) cache des trésors de peinture datant du XVe siècle.

Où se loger

La Bastide du Pin Chambres avec vue **€€€**
(04 94 73 90 38 ; www.bastidedupin.com ; 1017 route de Salernes ; d avec petit-déj 100-165 € selon ch et saison, gîte 700-1 200 € selon confort et semaine ;). Avec ses 5 grandes chambres carrelées de tomettes, ses meubles anciens, son billard et ses jeux à disposition, son vaste parc planté d'oliviers, cette bastide du XVIIIe siècle fleure bon la maison de famille d'autrefois. Sous les toits, la bicn-nommée "chambre avec vues" est parfaite pour les couchers de soloil, et la vue lointaine sur la Sainte-Victoire. Celle-ci a l'air conditionné. Également une

Collégiale Saint-Martin, Lorgues

ROLF WACKENBERG / STOCK.ADOBE.COM ©

PIERRE THOMAS ©

À NE PAS MANQUER

Abbaye du Thoronet

Avec Silvacane (Bouches-du-Rhône) et Notre-Dame de Sénanque (Vaucluse), ce chef-d'œuvre d'art médiéval, reflet de l'idéal monastique, est l'une des trois "sœurs" cisterciennes de Provence.

L'abbaye fut fondée en 1160 par des moines cisterciens – un ordre désireux de renouer avec l'ascétisme prôné par saint Benoît au VIe siècle. Ils choisirent un site isolé et sauvage, en haut d'une colline, où leur petite communauté (une vingtaine de personnes) pourrait vivre recluse et en parfaite autarcie, ce qu'elle fit pendant près de 200 ans.

Vendue et mise à mal à la Révolution, l'abbaye fut rachetée par l'État en 1854 et restaurée. L'architecture de l'édifice, dépouillée de tout décor sculpté pour ne pas détourner les moines de la prière, est d'une austérité absolue. La sublime harmonie qui s'en dégage repose sur le jeu des volumes, la géométrie pure. Le monastère s'organise autour du cloître qui communique avec l'église oratoire à l'acoustique exceptionnelle (la propagation du son dure jusqu'à 14 secondes), l'*armarium* (bibliothèque), la salle capitulaire, le cellier, où se fabriquaient le vin et l'huile d'olive, et le dortoir, où les moines dormaient tout habillés sur des paillasses.

Infos pratiques

04 94 60 43 90 ; thoronet.monuments-nationaux.fr ; tarif plein/réduit 8/6,50 €, gratuit -26 ans ; avr-sept tlj 10h-18h30, oct-mars lun-sam 10h-13h et 14h-17h, dim 10h-12h et 14h-17h. Visites guidées (gratuites) vivement recommandées : 10h30, 11h30, 14h30, 18h. Des concerts et animations sont organisés toute l'année.

piscine et trois gîtes en location dans les dépendances, dont "Le Jas" qui bénéficie d'une belle terrasse avec vue.

Villa de Lorgues Maison d'hôtes **€€€**
(06 61 47 67 02 ; www.villadelorgues.com ; 7 rue de la Bourgade ; d haute/basse

saison 150-190/140-180 € selon ch, petit-déj inclus ;). Faites-vous plaisir en séjournant dans cet élégant hôtel particulier du XVIIIe siècle en plein centre. Les 5 chambres, lumineuses et personnalisées avec beaucoup de goût, réalisent un équilibre parfait entre l'ancien et le moderne. Les petits plus : le "jardin de curé" et ses terrasses (ce fut, autrefois, la maison de campagne d'un évêque de Fréjus), le petit-déjeuner gourmand, le superbe spa, la cave de dégustation et l'accueil chaleureux des propriétaires.

Où se restaurer

La Bulle Sucrée Pâtisserie-salon de thé €
(04 94 73 96 28 ; 1 pl. de l'Église ; mar-sam 8h30-13h et 16h-19h, dim 8h30-13h). Face à l'église, cette "bulle sucrée" est une halte gourmande, tenue par deux pâtissières qui s'y entendent à merveille dans la confection d'alléchants desserts, comme le croquant au chocolat ou une exquise mousse au citron vert. Pour une pause sucrée donc.

La Table de Pôl Cuisine du marché €€
(04 94 47 08 41 ; www.latabledepol.com ; 16 pl. Georges-Clemenceau ; plats 16 €, menu 29 € ; fermé lun et mer midi). Envie de sortir du registre provençal traditionnel ? La cuisine de La Table de Pôl s'appuie sur les produits de saison qu'elle revisite avec audace... et des fortunes diverses. Belle salle aménagée dans un style néo-bistrot. Terrasse ombragée au centre du village.

La Table du Moulin Cuisine régionale €€
(04 94 73 98 87 ; 5 rue des Climènes ; menus 26-38 € ; fermé sam midi, dim soir et lun). Installé dans un ancien moulin à huile du XVIIIe siècle réhabilité, cet établissement fait bonne impression avec sa superbe salle en pierre voûtée et sa terrasse à l'arrière. Le plaisir se prolonge dans l'assiette, avec des spécialités régionales savoureuses, toujours à base de produits de saison.

Renseignements

Point Info Tourisme (04 94 73 92 37 ; www.tourisme-dracenie.com ; 12 rue du 8-Mai-1945)

Ampus

Posté sur les contreforts du Verdon, Ampus vit encore au rythme des saisons, des travaux agricoles et du pastoralisme. Découvrez le village (et de beaux points de vue sur la campagne environnante) en suivant le beau **chemin de croix**, qui grimpe derrière l'église jusqu'aux ruines du château médiéval, ou le "**chemin de l'eau**", un intéressant circuit-découverte à l'intérieur du village, ponctué de panneaux explicatifs, qui permet de voir l'ancien moulin, l'aqueduc, des lavoirs et des fontaines.

Châteaudouble

Le nid d'aigle de la Dracénie... Ce superbe village médiéval, juché sur le rebord d'une falaise qui domine les **gorges de la Nartuby**, offre un cadre somptueux. Les rues étroites, bordées de pimpantes façades patriciennes, escaladent les flancs abrupts jusqu'aux ruines d'un château, dont il ne reste plus qu'une tour... et une table d'orientation récemment aménagée. En haut du village, la **place de l'Agachon**, qui surplombe un vertigineux à-pic de 130 m, est un véritable belvédère sur les gorges. Le **Cercle Saint-Martin** (04 94 70 91 60 ; pl de l'Agachon) est parfait pour boire un verre sous les platanes et profiter du panorama (l'accueil est adorable).

Achats

La Pastourelle Fromagerie
(04 94 70 90 00 ; la-pastourelle.wifeo.com/ ; carrefour de Châteaudouble ; tlj 8h30-13h et 15h-19h). Amateurs de bons produits fermiers, faites vos emplettes dans cette jolie ferme réputée dans toute la région pour ses délicieux fromages (de chèvre, de brebis et de vache) et ses confitures. Possibilité de déguster sur place et de visiter l'exploitation.

VIRGINIEVANOS / STOCK.ADOBE.COM ©

Châteaudouble

Claviers

Ce village bâti en amphithéâtre sur une arête rocheuse est l'une des plus belles surprises de la Dracénie. À l'écart des grands axes touristiques, il est peu fréquenté et a conservé intacts son charme rural et son atmosphère provençale avec son grand terrain de pétanque à l'entrée du bourg (vue superbe assurée pendant les parties).

Où se loger et se restaurer

Le Clavero Bistronomique €€

(04 94 84 14 50 ; www.leclavero.com ; plats 18,50 € ; fermé mer). Juché depuis 2019 dans le Haut-Var, le chef hongrois n'a pas pour autant tourné le dos à la fumaison et au paprika qui caractérisent la cuisine d'Europe centrale. Est-ce sa recette pour réussir à concilier légèreté et plats en sauce ? Toujours est-il qu'on savoure ici une cuisine rafraîchissante à l'ombre des platanes sur la place du village ou, lorsque le temps n'y est pas, dans une petite salle à manger aux pierres apparentes.

Les Chapeliers Chambre d'hôtes €€

(04 72 63 44 42 ou 06 95 83 40 99 ; www.leschapeliers.com ; 8 rue des Chapeliers ; d 110-130€ ; juil-août ;). Le concept de "musée d'hôtes" est ici réussi. Tandis que les communs de cette superbe maison de maître au cœur du village servent de lieu d'exposition, les trois chambres à la propreté impeccable, mettent en valeur de manière subtile un artiste contemporain, tout en conservant leur cachet provençal. Le petit-déjeuner copieux sur la terrasse panoramique permet de bien saisir ce que "village perché" veut dire.

Bargemon

Ce bourg riant et pimpant séduit au premier coup d'œil. De la route, le village se découpe sur la falaise de Brovès, qui culmine à 1 037 m. Le charme se prolonge dans ses ruelles fleuries et ses calades médiévales, sur ses placettes où chantent les fontaines. Les remparts, bien préservés, abritent de nombreux ateliers d'art et galeries où il fait bon flâner. À ces atours, s'ajoutent plusieurs musées municipaux thématiques, attachants et d'accès gratuit, dont un original musée du Garde champêtre. Ne manquez pas de faire un tour également au **musée-galerie Camos** (☎ 04 94 76 72 88 ; pl. Saint-Étienne ; entrée libre ; 🕓 mer-dim, 10h-12h30 et 15h30-19h juin-sept, 10h-12h30 et 14h30-18h oct-mai), du nom d'un artiste originaire de Vallauris. Installé dans une ancienne chapelle, il abrite une salle d'expositions temporaires, quelques panneaux historiques à l'étage, et une crypte des Pénitents noirs : le conservateur des lieux est intarissable sur l'histoire du village.

Où se loger et se restaurer

Mas de la Jaïna Chambres d'hôtes **€€€**
(☎ 04 94 76 61 90, 06 88 99 79 93 ; www.maslajaina.com ; Les Espourounes ; d 95-180 €, petit-déj inclus ; 🏊 📶). Nichée dans le creux d'un vallon boisé, entre Bargemon et Claviers, cette maison écologique composée de deux petites chambres et de deux grandes suites, toutes différentes, est une halte reposante et bucolique, qui compte aussi : un sauna, une piscine intérieure, un étang de baignade, une cuisine d'été, des ânes, des poules et des lamas...

Ferme Le Pavillon Chambres d'hôtes **€€€**
(☎ 07 69 45 00 44 ; www.fermelepavillon.com ; route de Comps, plateau de Favas ; 115-

VAUT LE DÉTOUR
Le cœur du Var

Au cœur du Var s'étend la plaine des Maures, un terroir où se fabriquent quelques-uns des meilleurs côtes-de-provence et de délicieuses spécialités à base de miel et de châtaignes. C'est également ici qu'a éclos un chef-d'œuvre de sobriété et un joyau de l'art cistercien, l'**abbaye du Thoronet** (lire p. 128). De là, la D79 traverse les sites d'exploitation des anciennes mines de bauxite et les petites gorges de la vallée de l'Issole et mène à **Cabasse**, village provençal un peu endormi mais dans son jus avec ses jolies ruelles. En chemin, ne manquez pas la **chapelle perchée Notre-Dame-du-Glaive**, du XVIe siècle. Elle fut érigée en reconnaissance d'une victoire sur les Sarrasins en 760, bataille durant laquelle la Vierge serait apparue, mettant en déroute les infidèles. Le site offre un panorama remarquable (l'accès se fait par une piste carrossable, mais mieux vaut laisser sa voiture pour la dernière partie, plus cahoteuse).

À Flassans-sur-Issole, le domaine vignoble de la **commanderie de Peyrassol** (☎ 04 94 69 71 02 ; www.peyrassol.com/ ; quartier Peyrassol ; visite libre/guidée 8/15 € ; 🕓 mi-avr à mi-oct, tlj 9h-19h30, dim-ven 9h-18h, sam 10h-18h le reste de l'année) mérite une visite pour son parc de sculptures contemporaines au milieu des vignes et sa table d'hôtes en saison. Prendre ensuite la route de Pignans pour voir la **chapelle Notre-Dame-des-Anges**, perchée à 768 m au sommet du massif des Maures et riche de nombreux ex-voto. Derrière le prieuré, une table d'orientation est installée, d'où le panorama est grandiose. De là, une très belle route serpente dans l'épaisse forêt de châtaigniers en direction de Gonfaron et de Carnoules où se trouve le village des Tortues (voir p. 92).

Vous pourrez finir cette incursion par **Les Mayons**, un magnifique hameau en balcon sur la forêt des Maures.

VAUT LE DÉTOUR
Bargème

À une vingtaine de kilomètres au nord de Bargemon, au-delà du col du Bel-Homme (951 m) et du camp militaire de Canjuers, ce bourg féodal perdu dans le ciel et le temps fera l'objet d'une charmante excursion. Perché à 1 097 m sur la montagne de Brouis – ce qui en fait le plus haut village du Var – Bargème est dominé par les vestiges du château des Pontevès (XIIe siècle). Le village, classé parmi les plus beaux de France, abrite également une église romane, des passages voûtés, des vestiges de l'enceinte fortifiée et ménage de toutes parts des perspectives somptueuses sur le haut Var et le massif des Maures. En saison, plusieurs restaurants et cafétérias sont ouverts.

Ci-dessus : château de Bargème
PHOTOLOOK / STOCK.ADOBE.COM ©

200 € selon chambre, petit-déj inclus ;). Une ancienne ferme sur les hauteurs de Bargemon pour tout oublier… même quand les enfants sont là. La piscine, le trampoline, le chien de la maison sont là pour les occuper. Les parents n'ont plus qu'à profiter de la quiétude des lieux que Christel et Teis, propriétaires prévenants mais jamais envahissants ne viendront pas troubler.

La Campana Spécialité de grillades €
(04 94 76 63 15 ; 25 rue de la Résistance ; plats 16-19 € ; tlj sf jeu, le soir uniquement). Un bon restaurant de village, spécialisé dans les grillades au feu de bois.

La Pescalune Bistronomie €€
(06 29 94 66 64 ; www.la-pescalune.fr ; 13 rue de la Résistance ; plats-15-25 €). Ancienne participante à Top Chef en 2013, Virginie Martinetti a transformé l'essai. En fignolant une cuisine familiale remise au goût du jour, mâtinée d'influences exotiques (citrons confits, gingembre, safran…) la cheffe a trouvé sa patte. Au grand bonheur des visiteurs de cette adresse très sympathique au cœur du village.

Le Tandem Cuisine régionale €€
(04 94 76 70 69 ; www.restaurantmaitreblanc.fr ; 1 rue Jean-Jaurès ; formule déj 16 €, menu 36 €, plats 16-24 € ; fermé mer et sam, en été fermé mer midi et sam midi). Une jolie salle claire, une carte qui change au gré des saisons, des produits frais, de très bons plats du jour à prix mini (12 €), Le Tandem ne manque pas d'atout. Cette terrasse ne donnerait pas sur la rue, l'adresse friserait la perfection.

Flayosc

Un village tranquillement perché dans la riante Dracénie des collines. Des ruelles s'enroulent en colimaçon et grimpent à l'assaut de l'église du XIe siècle, coiffée d'un campanile ouvragé abritant les cinq cloches qui rythment la vie des Flayoscais. Quant à la jolie place de la Reinesse, elle est occupée par une fontaine, un platane séculaire et un lavoir. Situé dans la fertile plaine du Flayosquet, le village produit du vin, une huile extra-vierge de grande qualité et un excellent miel (de la Miellerie des Clos).

Sur la route de Lorgues, le site du **monastère orthodoxe Saint-Michel du Var** (04 94 73 12 40 ; www.eof.fr/ ; mar-sam 9h30-11h et 14h30-17h) est un lieu assez insolite à découvrir : les bâtiments récents d'inspiration byzantine se situent en pleine campagne, sur un étang, et l'église est peinte de plus de 500 m² de fresques de roman.

Où se restaurer

Le Nid Fine cuisine de saison €€
(04 94 68 09 96 ; www.restaurantlenid-flayosc.fr ; 37 bd Jean-Moulin ; formule déj mer-sam 21 €,

menus 33-52 €, plats 22-30 € ; fermé lun-mar et dim midi). Une belle surprise que ce Nid qui porte haut les couleurs des produits locaux, ici finement cuisinés et présentés. Belles propositions de menu, dont un tout végétal. Pensez à réserver, la formule du midi est notamment très populaire.

Le Jardin du Benjamin Gastronomique **€€€**

(04 94 60 49 79 ; www.chateauberne.com ; chemin des Imberts ; menu midi 49 €, menus 80-160 €, plats 42-56 € ; tlj juin-sept fermé lun-mar reste de l'année). Un long chemin à travers les vignes et les oliviers mène à l'une des belles adresses de la région, auréolée d'une étoile au Michelin. Le menu signature de Benjamin Collombat est le fameux menu légumes. Ils viennent des grands potagers maison, et n'excluent pas ici et là un jus de viande ou une crème de lard. Du bel art, à découvrir en menu plus abordable le midi en semaine.

Achats

Le Moulin du Flayosquet Huile d'olive

(04 94 70 41 45 ; 1227 chemin de Coulombe, route d'Ampus ; entrée libre ; lun-sam 9h30-12h30 et 14h30-19h juil-août, mar et ven 10h-12h et 14h-18h30 sept-oct et fév-juin, lun-sam 9h-12h et 14h-18h30 nov-jan). Depuis cinq générations, on continue de faire de l'huile dans ce moulin du XIIIe siècle, qui utilise encore une belle presse hydraulique à l'ancienne. La visite est suivie d'une dégustation de quatre variétés d'huiles, dont la Petit Ribier, la variété locale.

Callas

Posé entre des collines tapissées de pins et de chênes, Callas arbore une allure montagnarde, avec rues en calades, porches et beffroi. L'oléiculture a fait la fortune du village, qui comptait au XIXe siècle quelque 56 000 oliviers et plus de vingt moulins en activité. Le **moulin de Callas** (04 94 39 03 20 ; www.moulindecallas.com/fr/ ; Les Ferrages ; lun-sam 10h-12h et 15h-19h en été, lun-sam 10h-12h et 14h-18h le reste de l'année), toujours en activité, est l'un des plus importants de la région. À proximité du village, les spectaculaires **gorges de Pennafort** méritent le détour (suivez la D25, direction Le Muy). C'est aussi le cadre majestueux de l'**hostellerie Les Gorges de Pennafort** (04 94 76 66 51 ; www.hostellerie-pennafort.com/fr/ ; menu déj mar-ven 63 € – sauf mois d'août –, menus 89-170 € ; fermé dim soir, lun et mer midi), où officie Philippe da Silva, chef réputé, si vous voulez vous offrir une grande table.

PAYS DE FAYENCE

Le pays de Fayence est un radieux morceau de Provence, rural, délicieusement vallonné et ponctué de superbes villages perchés d'origine médiévale. Il commence aux portes de Fréjus, dans un paysage méditerranéen où dominent les pins, et s'étire au nord jusqu'au pied des Préalpes, royaume de la garrigue et des chênes verts. À l'est, le lac de Saint-Cassien constitue une frontière naturelle et l'un des principaux pôles d'attraction en été.

Fayence

On tombe vite sous le charme de cette magnifique localité qui s'étage à flanc de colline. Un parcours de visite, bien fléché depuis l'office du tourisme, permet de partir à la découverte des ruelles pentues du vieux Fayence. Il mène au superbe **panorama** de la tour de l'Horloge sur les toits de tuile du bourg et, au loin, les massifs de l'Estérel et des Maures (une table d'orientation permet de lire le paysage). Puis vous découvrirez le porche de l'hôtel de ville, la **porte sarrazine** (XIVe siècle), un ancien four à pain et l'église paroissiale.

Orientée plein sud, Fayence domine un paysage de plaine, dont on peut mesurer tout le charme en allant visiter la **chapelle romane Notre-Dame-des-Cyprès**, au milieu desdits cyprès et des vignes

Rue du village de Fayence

(prendre la D19 en direction de Seillans, visite sur rendez-vous au 04 94 76 01 02). Fayence est aussi réputée pour son **centre de vol à voile** (04 94 76 00 68 ; www.aapca.net ; 254 A chemin de l'Aérodrome, D19 en direction de Tourrettes ; vol d'initiation adulte/-de 18 ans 130/115 €), parmi les plus importants d'Europe. Il propose des vols d'initiation, mais pour simplement observer le va-et-vient des planeurs, installez-vous au bar-restaurant le long des pistes.

Où se loger et se restaurer

Moulin de la Camandoule-L'Escourtin — Hôtel-restaurant €€

(04 94 76 00 84 ; www.camandoule.com ; chemin Notre-Dame ; d 70-148 € selon ch et saison, petit-déj 10,50 €, formule déj semaine 26,50 €, menus 39/56 €, plats 22-44 €, restaurant-piscine menus 24-33 €, plats 18-19,50 € ;). Dans les murs d'un ancien moulin à huile, cet établissement de caractère jouit d'un bel environnement, au milieu d'un parc de 4 ha traversé par un aqueduc gallo-romain, en contrebas de la ville. Les 10 chambres, toutes différentes et meublées d'ancien, ont un charme simple et tranquille. Agréable restaurant aussi, avec une bonne cuisine du terroir et un service très professionnel. En été, les déjeuners sont servis uniquement à la piscine, dans une formule grill. Pensez à réserver.

Le 8 — Cuisine de saison €

(04 94 76 04 38 ; pl. de l'Olivier ; formule déj 16,50 €, plats midi/soir 15-18/20-22 €, pas de carte bancaire ; fermé dim soir et lun). Dans la partie basse du village, l'adorable terrasse en coin accroche le regard. Sur la table, une corbeille de légumes de saison est volontiers posée : ici, on ne barguigne pas avec le fait maison et les bonnes petites recettes d'inspiration régionale, mais pas seulement : salade César, cochon à l'ancienne avec gnocchis et courgettes poêlées, saumon mariné.... Carte courte, bons desserts ; une adresse cosy.

La Farigoulette Cuisine régionale €€
(☎04 94 84 10 49 ; pl. du Château, Fayence ; formules déj semaine 19,50 €, menus 29-39 €, plats 24,50-31 € ; fermé mar-mer). Tout en haut du village, près du panorama, cette belle adresse occupe une ancienne bergerie. Le chef Hervé Quesnel travaille les classiques de la cuisine régionale en y ajoutant une pointe d'inventivité. Le menu au déjeuner présente un excellent rapport qualité/prix.

Le Temps des Cerises Cuisine française €€€
(☎04 94 76 01 19 ; www.restaurantletempsdescerises.fr ; pl. de la République ; menus midi/soir 32,50/44,50 €, plats 17,50-24,50 € ; fermé mar-mer). C'est un chef d'origine néerlandaise qui est aux fourneaux dans cet établissement à l'entrée du vieux village. Sa cuisine, française (rognons de veau, raviolis aux cèpes) fait honneur aux produits frais. L'intérieur, avec des tableaux égayant les murs, est séduisant, tout comme la terrasse avec tonnelle.

Renseignements

Office du tourisme intercommunal du pays de Fayence (☎04 94 76 01 02 ; www.paysdefayence.com ; pl. Léon-Roux). Vous pourrez vous y procurer un circuit des villages perchés, ainsi que des guides de promenades et de randonnées pour les familles (2,50 €).

Tourrettes

Accolé à Fayence, Tourrettes partage avec sa voisine la même colline et les mêmes plaisirs visuels : de jolis panoramas et de splendides ruelles bordées de maisons anciennes, égayées l'été par des œuvres d'art, sculptures ou peintures accrochées aux murs. Sur la place centrale, on fait face au promontoire où se situe le château du Puy, dont on dit qu'il est une réplique de l'École des cadets de Saint-Pétersbourg (il ne se visite pas).

Où se loger et se restaurer

L'Escale Provençale Chambres d'hôtes €€€
(☎04 94 50 49 57 ou 06 02 23 52 17 ; www.chambresdhotes-provence.com/ ; 682 route de Tourrettes, quartier le Pavillon, Tourrettes ; s/d avec petit-déj 84-124/89-129 € selon saison, pers. supp 28 € ; fermé nov-déc ;). Au pied du village, cette belle demeure familiale accueille trois vastes chambres, avec chacune un petit coin salon. Vous y serez accueilli avec le sourire. Ceux qui n'apprécient pas la couleur lilas opteront pour la chambre "terre", aux tons plus neutres. La chambre "soleil" profite de 5 fenêtres, et d'autant d'ouvertures sur le jardin. Belle piscine et petit bassin avec des nénuphars.

La Pause Tourrettane Table avec vue €
(☎04 94 84 04 35 ; 1 pl. de la Mairie, Tourrettes ; formule midi semaine 20 €, plats 14-20 € ; été fermé lun, hors saison le midi uniquement lun-sam). Que ce soit dehors (superbe terrasse avec vue) ou dans l'agréable salle en intérieur les jours de mauvais temps, cette Pause Tourrettane est tout à fait bienvenue avec ses plats de saison, bien concoctés et joliment présentés.

Seillans

Coup de cœur pour Seillans, dont les belles demeures se cramponnent sur une colline coiffée d'un château féodal. Ses ruelles étroites et pavées, ses passages voûtés, sa délicieuse place du Thouron ombragée par des platanes et ponctuée d'une fontaine ainsi que ses ateliers d'artistes ne vous donneront qu'une seule envie : celle de vous y installer, comme l'avait fait le peintre surréaliste Max Ernst. Une collection de lithographies de ce dernier est visible à la **maison Waldberg** (☎04 94 76 85 91 € ; pl . du Thouron, au 1er étage du bureau d'information touristique ; mi-juin à mi-sept mar-sam 9h30-12h30 et 14h30-17h30, reste de l'année jeu 9h-12h et 13h-17h).

À 2 km de Seillans, sur la D2 en direction de Fayence, la **chapelle Notre-Dame-de-l'Ormeau** mérite le coup d'œil pour son retable en bois polychrome du XVIe siècle (visite guidée couplée avec celle de Seillans le jeudi matin ; réserver au ☎04 94 19 10 60).

Où se loger et se restaurer

Les Deux Rocs Hôtel-restaurant €€

(☎04 94 76 87 32 ; www.hoteldeuxrocs.com ; 1 pl. Font-d'Amont ; d 75-155 € selon ch et saison, petit-déj 15 € ; plats 18-28 €, menu midi semaine 23 € ; ⌚mi-mars à mi-nov, restaurant fermé lun-mar ;). Face à la porte sarrasine, cet établissement a l'allure d'une belle bastide. Un grand escalier un peu de guingois mène aux 14 chambres, décorées de meubles anciens, de boutis ou de toile de Jouy. Elles possèdent un charme rustique et l'atmosphère d'une maison de famille. Le restaurant, qui s'installe en été autour de la fontaine d'Amont, propose une fine cuisine du terroir.

La Magnanerie de Seillans Chambres d'hôtes €€€

(☎04 94 50 83 56 ou 06 20 13 73 67 ; www.lamagnaneriedeseillans.fr ; 12 ancien chemin de Fayence ; d 120-190 €, petit-déj inclus ; P). Un lieu chargé d'histoire. Au bas du village, cette longue et impressionnante bâtisse du XIXe siècle abrita une manufacture de coton puis une magnanerie (élevage des vers à soie). Aujourd'hui, ces espaces industriels ont cédé la place à trois chambres d'hôtes et deux appartements, aménagés dans un esprit alliant le moderne et l'ancien (béton ciré, poutres d'époque). Galerie d'art contemporain au rez-de-chaussée. Petite piscine-jacuzzi dans le jardin.

La Gloire de mon Père Cuisine provençale €€

(☎04 94 60 18 65 ; www.lagloiredemonpere.fr ; 1 pl. du Thouron ; plats 19-36 €, formule déj semaine 24 €, menus 32/42 € ; ⌚tlj sauf mer). Une belle adresse, dans un décor à la Pagnol : une superbe place villageoise ombragée par des platanes centenaires, une fontaine qui glougloute... Dans l'assiette, une cuisine provençale traditionnelle de bonne tenue. On vous conseille les plats végétariens (la panacotta au basilic notamment), au meilleur rapport qualité/prix que le reste de la carte.

Chez Hugo Bistronomique €€

(☎04 94 85 54 70 ; www.chezhugo.fr ; rue de l'Hospice ; plats 17,50-19,50 € ; ⌚tlj juin-sept fermé lun, mar midi et sam midi, reste de l'année fermé lun-mar, fermé en jan). Sa terrasse tout en longueur en surplomb de la rue ne compose pas un cadre très bucolique. Mais grâce à des plats traditionnels mâtinés de touches exotiques, qui lorgnent du côté de la cuisine fusion, Hugo s'est taillé une belle réputation dans le secteur. Le tout à prix mesurés (plat du jour le midi à 13,50 €) !

Mons

Sans doute le plus beau panorama du pays de Fayence. Juché sur un éperon rocheux à 800 m d'altitude, Mons est un séduisant village. En hiver, lorsque souffle le vent du nord, la vue porte jusqu'à la Corse ! Les pittoresques ruelles caladées, aux noms évocateurs ("traverse Serre-Coude", "caladon Rompe-Cul") et aux vieilles enseignes accrochées aux murs, ajoutent une note de charme supplémentaire, tout comme l'église du XIIIe siècle.

Pour un panorama, cette fois, sur les gorges de la Siagnole, prenez la direction de La Roche Taillée, un **aqueduc romain** creusé en pleine roche pour alimenter Fréjus en eau potable. Il se trouve à 7 km environ, par la D56 en direction de Caillan.

Où se loger et se restaurer

Roubiès Chambres d'hôtes €

(☎04 94 85 36 49, 06 86 57 61 53 ; www.roubies.com ; lieu-dit Roubies, 2070 route de Callian ; s/d 60/80 €, petit-déj inclus, table d'hôtes 30 € ; P). À l'écart du village, ce mas aux volets bleus occupe une propriété aménagée en restanques (les terrasses provençales), avec une superbe vue dégagée et une belle piscine. Les chambres sont douillettes et agréables. Petit-déjeuner copieux et table d'hôtes sur réservation. Avertissement, mieux vaut aimer les chiens car le dogue de la maison peut se montrer un peu collant.

La Lézardière Chambres d'hôtes €

(☎04 94 76 39 54 ou 06 72 90 01 42 ; www.la-lezardiere-mons.fr/ ; route de Riens, Mons ; s/d 55/68 € lit suppl 15 €, petit-déj inclus ;). Depuis la terrasse, la vue sur les tuiles de Mons avec la Grande Bleue en arrière-plan est splendide. Les trois chambres ne sont séparées de leur salle de bains (douche à l'italienne) que par un simple rideau, mais elles sont spacieuses, fraîches et confortables. Une adresse sympathique et bon marché à mettre entre toutes les mains.

L'Auberge Provençale Cuisine régionale avec vue €€

(☎04 94 76 38 33 ; 7 rue du Rempart-du-Midi ; plats 17-22 €, menus 28/38 € ; juin-août tlj midi et soir sauf mer, reste de l'année 9h-18h30, fermé en nov). Avec sa terrasse panoramique qui s'avance en balcon au-dessus d'un ravin, ce restaurant offre une vue imprenable sur le pays de Fayence, le massif de l'Estérel et la Méditerranée en toile de fond. Les papilles ne sont pas en reste, avec une belle sélection de plats qui honorent les produits régionaux. Fait également bar et salon de thé.

Callian

À 8 km à l'est de Fayence, Callian a fière allure, avec ses ruelles en spirale qui mènent au château féodal, en haut du village. Dans la montée, remarquez la tête de cochon sculptée, nichée dans l'imposante tour de l'Horloge et porte-bonheur des Calliannais. Au détour des ruelles, le charme opère, entre ateliers d'artistes, portes anciennes sculptées et demeures cossues restaurées. Le village a inspiré de nombreux artistes tels Nadia et Fernand Léger, Édouard Goerg ou le couturier Christian Dior qui y est enterré, au côté de Sœur Emmanuelle.

Seillans

Callian

Où se loger et se restaurer

Carpe Diem Chambres d'hôtes €€
(☎04 94 70 71 29 ; www.carpediem-provence.com ; chemin des Touars ; d avec petit-déj, basse/haute saison 89/99 €, pers. supp. 21 €, tarif dégressif à partir de 4 nuits, table d'hôtes adulte/enfant 29/15 € ;). Un point de chute attachant, dans une maison moderne nichée dans un parc planté d'oliviers, à un quart d'heure à pied du village. Les 3 chambres aux tons pastel, attenantes et de plain-pied, présentent un confort irréprochable. L'une peut accueillir 4 personnes, avec un lit en mezzanine. Piscine au fond du jardin, trampoline, ping-pong et cuisine d'été à disposition des hôtes. Petits-déjeuners bio et table d'hôtes certains soirs.

Le Bellevue Brasserie €
(☎04 94 50 84 76, 09 66 97 84 76 ; 2 pl. Honoré-Bourguignon ; plats 9,50-26 €). Comme son nom l'indique, l'adresse cache une petite terrasse avec vue imprenable sur les environs. À réserver, car il n'y a que 20 couverts. Sinon, vous profiterez les soirs d'été d'une grande terrasse (la rue est bloquée pour l'occasion) pour déguster pizzas, salades ou burgers au très bon rapport qualité/prix.

Montauroux

Montauroux se dresse en face de Callian, dont il est séparé par un profond vallon verdoyant. Le village est assis sur un rebord de plateau, étagé en gradins rocheux. Des vieilles maisons pleines de cachet, une belle église romane, des venelles pavées, des rampes et des montées pittoresques, une atmosphère paisible... Montauroux laisse un excellent souvenir. En haut du village ne ratez pas la chapelle Saint-Barthélemy, recouverte du sol au plafond de belles fresques sur bois. Legs de Christian Dior (qui possédait un domaine en bas du village) à la municipalité, elle jouxte un ancien cimetière, d'où l'on embrasse une belle vue sur le village voisin.

Pour un bain revigorant dans les gorges de la Siagne, rejoignez le site naturel du

pont des Tuves (direction du stade et du cinéma, le pont est alors indiqué). Depuis le parking, comptez 45 minutes de descente.

Où se restaurer

Le Marina Cuisine familiale **€€**
(04 94 76 43 33 ; 2 rue de la Rouguière ; plats 15-22 €, menu 34 € ; fermé lun). Sur une placette au cœur du vieux village, les tables à manger cernent une jolie fontaine.... Difficile de résister à l'attrait de la terrasse du Marina qui se distingue autrement que par son emplacement privilégié. Cuisinière hors pair, Véronique y mijote une cuisine locale des plus savoureuses. Parce qu'elle les met souvent à l'ardoise, on se permet de vous conseiller son porcelet aux raviolis maison et, en dessert, sa tarte au citron meringuée.

Lac de Saint-Cassien

Ce lac de retenue de 420 ha, mis en eau en 1967, partage les faveurs des pêcheurs, des amateurs de sports nautiques (aviron, voile, planche à voile, canoë, pédalo...) et de baignade. Aux beaux jours, les berges arborées sont prises d'assaut. C'est le site le plus touristique du pays de Fayence, et sa porte d'entrée si on arrive de l'A8. Récemment aménagée, la **maison du lac de Saint-Cassien** (07 86 11 69 83 ; RD 37 ; tlj 10h-18h) est à la fois un point d'information touristique et un lieu d'interprétation du territoire, avec une exposition "Au fil de l'eau". Elle est accolée à la **brasserie Le Ponton** (06 68 34 49 89 ; juin-sept lun-mer et dim 9h-18h et jeu-sam 9h-23h) dont la terrasse permet de profiter du point de vue sur le lac, plus beau lorsqu'il est haut (ce qui est toujours le cas en haute saison). L'**école de voile** (06 68 34 49 89 ; www.voilesaintcassien.fr ; mai-oct) est installée à côté. Parmi les plages aménagées, celle de l'Américain, sur un bras du lac à l'écart de la D37, est la plus agréable. À proximité, se trouve la **base d'aviron** (06 89 32 39 72 ; www.avironstcassien.com). Possibilité, pour les rameurs débutants, de prendre le matin une leçon de découverte. Quant aux loueurs d'embarcation, ils se situent de part et d'autre du pont de Pré-Claou.

Où se loger

Les Gîtes du Lac Chambres avec vue **€€**
(04 94 39 84 17, 06 16 48 61 44 ; www.lesgitesdulac.com ; Le Gabinet, D37 ; d/f avec petit-déj 70-95/90-110 € selon la saison, gîtes 380-580 €/semaine selon saison). Une adresse tout indiquée si vous souhaitez profiter des joies du lac de Saint-Cassien, à seulement 10 minutes à pied. Les 4 chambres, assez petites, avec entrée indépendante et terrasse commune, sont orientées face au lac et sont décorées dans un style orientalo-provençal. L'une peut accueillir une famille, les parents étant cette fois en mezzanine. Une vraie cuisine fonctionnelle est à disposition des hôtes. Trois gîtes sont aussi loués, le "Lantana" profitant d'un petit jardin ombragé. Pas de Wi-Fi mais la 4G fonctionne.

PAYS DU VERDON (CÔTÉ VAR)

Un pied dans le Var, l'autre dans les Alpes-de-Haute-Provence, ce grand seigneur de la géographie provençale qu'est le Verdon vous subjuguera au premier coup d'œil. Courant sur 175 km de long, cette rivière livre ses paysages les plus spectaculaires entre le pont de l'Artuby et le lac de Sainte-Croix ; sur ce tronçon, le Verdon a creusé son lit dans les massifs calcaires et ciselé une entaille franche d'une sublime majesté. Cette partie constitue les gorges du Verdon à proprement parler, longues d'environ 21 km, au fond desquelles coule le filet couleur jade de la rivière (une coloration due au fluor). Elles sont les plus profondes d'Europe, avec un dénivelé atteignant 700 m. À hauteur d'Aiguines, les falaises disparaissent comme par enchantement et le Verdon débouche sur le lac de Sainte-Croix. Une magnifique route touristique longe les deux rives du Verdon.

En partant de la gauche : Aiguines, lac de Sainte-Croix et gorges du Verdon

Activités

Baignade et activités nautiques

En été, des zones de baignade surveillées sont aménagées sur le lac à Aiguines (plage du Galetas), aux Salles-sur-Verdon (sous le village) et à Bauduen (sous le village). Des bases nautiques sont aussi présentes sur ces trois communes, qui permettent de pratiquer la voile et de louer des embarcations (pédalos, paddles, kayaks, bateaux électriques sans permis, etc.).

Eau vive et escalade

De nombreux sports d'aventure sont pratiqués dans les gorges du Verdon, notamment le rafting, le canyoning, l'escalade, la spéléo, la nage en eau vive, l'hydrospeed, la randonnée aquatique. Parmi la vingtaine de prestataires officiant autour du lac et dans les gorges, les **guides du Verdon** (☎ 04 94 84 22 55 ; rue Margaridon) ont un bureau de proximité aux Salles-sur-Verdon. Mais vous pouvez aussi contacter la **Maison des Guides du Verdon** (☎ 04 92 77 30 50 ; www.escalade-verdon.fr/), à La Palud-sur-Verdon, ou vous renseigner auprès des bureaux d'information touristique.

Randonnée pédestre et VTT

Un GR de Pays a été aménagé pour faire le tour du lac de Sainte-Croix. Le parcourir dans sa totalité (70 km) prend 5 jours. Vous trouverez des renseignements notamment auprès du **parc naturel régional du Verdon** (☎ 04 92 74 68 00 ; www.parcduverdon.fr). Pour les itinéraires vélos et VTT, contactez **Vélo Loisir Provence** (☎ 04 92 82 20 13 ; www.veloloisirprovence.com). Deux chemins pédestres assez sportifs permettent d'approcher les gorges du Verdon au plus près : le **sentier de l'Imbut** (départ au bord de la D71 au parking de l'hôtel-restaurant Les Cavaliers) et le **sentier Blanc Martel** qui longe le canyon jusqu'au Point Sublime sur 15 km (6 heures de marche). En été, une **navette** (☎ 04 92 74 68 00 ; 8/6 €) au départ de La Palud-sur-Verdon vous permet de relier les points de départ et d'arrivée. Baskets ou chaussures de rando obligatoire !

Gorges du Verdon

La Corniche sublime

Sur la rive sud du Verdon – ou rive gauche –, côté Var, les paysages sont au moins aussi grandioses que ceux de la rive droite et possèdent un caractère sauvage encore plus marqué. Au départ de **Comps-sur-Artuby**, empruntez la D71 et laissez la magie opérer au fil des kilomètres et des points de vue époustouflants. Aux **balcons de la Mescla**, on voit les eaux de l'Artuby se mêler à celles du Verdon, à 250 m en contrebas – impressionnant ! La route descend ensuite jusqu'au **pont de l'Artuby**, superbe ouvrage d'art qui domine la rivière de 180 m et d'où il est possible de se jeter dans le vide, accroché à un élastique. La D71 entame ensuite une remontée progressive, traverse les **tunnels de Fayet** puis gagne la vertigineuse **falaise des Cavaliers**. À partir de là, la route longe le précipice en corniche sur une dizaine de kilomètres. Cet extraordinaire tronçon a d'ailleurs reçu le nom, bien mérité, de **Corniche sublime**. Difficile en effet d'imaginer une route aussi impressionnante, qui flirte avec le vide. La montée jusqu'au **cirque de Vaumale** (1 202 m) est progressive. Suit le **col d'Illoire** (967 m), puis une franche descente jusqu'à Aiguines.

Lac de Sainte-Croix

Quel incroyable changement de décor et d'ambiance ! Après les paysages spectaculaires de la Corniche sublime, le relief s'assagit, la végétation se fait plus méditerranéenne et le paysage prend des allures plus balnéaires. Le Verdon débouche sur le lac de Sainte-Croix, une retenue artificielle de 15 km de long et large de 2 km, mise en eau en 1973. La rive sud de cette magnifique nappe turquoise appartient au département du Var, sa rive nord aux Alpes-de-Haute-Provence.

Aiguines

Accroché au pied du Grand Margès (1 577 m), Aiguines est à la fois un belvédère imprenable sur le lac de Sainte-Croix et une porte d'accès aux gorges du Verdon. Ce vieux et charmant village est dominé par un curieux château hérissé de poivrières polychromes, qu'on dirait sorti d'un conte de fées (en fait, de la Renaissance) flanqué d'une église romane : une jolie carte postale, sur le bleu-vert du lac de Sainte-Croix et le plateau de Valensole en arrière-plan. D'Aiguines part la Corniche sublime, qui longe la rive gauche du Verdon jusqu'à Trigance (mais empruntez-la de préférence dans l'autre sens, pour bénéficier des panoramas les plus flatteurs).

À voir

Musée des Tourneurs sur bois Savoir-faire

(04 94 70 99 17 ; www.museedestourneurssurbois.com ; pl. de la Résistance ; entrée 3,50 €, gratuit -7 ans ; juil-août tlj 10h30-18h30, mai-juin et sept-oct lun-ven 10h30-18h30). Le tournage sur bois et plus particulièrement la fabrication des boules cloutées en racine de buis – les ancêtres des boules de pétanque – ont longtemps fait la renommée du village. Le ferrage était dévolu aux femmes et aux jeunes filles, pas une mince affaire comme on peut en faire l'expérience en demandant un clou à l'accueil (20 centimes). La visite de ce musée offre un passionnant voyage dans le temps. En été, des démonstrations gratuites ont lieu. Sous le bâtiment moderne du musée, une galerie artisanale réunit des artisans potiers et des artisans du bois. Et pour les passionnés, l'**école Escoulen de tournage sur bois** (04 94 76 55 24 ; www.escoulen.com ; allée des Tilleuls) propose stages d'initiation et formations longues.

Où se loger et se restaurer

Camping de l'Aigle Lodges et roulottes €

(04 94 84 23 75 , 06 73 07 73 61 ; quartier Saint-Pierre, Aiguines ; 43-125 € selon logements et saison ; plats 14,50-16 €, petit-déj 5 € ; mai-sept ; P). À 5 minutes à pied au-dessus du village, ce camping propose des hébergements en dur à la nuitée : lodges et grandes roulottes pour les familles, adorables huttes en bois 2 places, avec moquette et électricité, pour les amoureux. Les sanitaires sont propres. La brasserie du camping (qui sert copieuses salades, bonne viande et frites maison) dispose d'une terrasse panoramique avec vue imprenable sur le lac.

La Rive Gauche Provençal €

(04 94 84 23 11, 06 01 71 99 38 ; pl. de la Fontaine ; menus 16-24 €, plats 9,50-18 € ; mars-nov, fermé mer, lun et mar soir). On pourrait prendre cette petite table, opportunément installée au plein centre du village pour un attrape-touristes. Au lieu de quoi, on vous gratifiera ici d'un accueil chaleureux et d'une sympathique cuisine traditionnelle. Les tagliatelles fraîches sont cuisinées à toutes les sauces maison. Une escale charmante, en fait, surtout si vous profitez de la terrasse.

Les Salles-sur-Verdon

La création du barrage de Sainte-Croix en 1974 a bouleversé la vie des Sallois. Elle a entraîné la disparition de leur village, rasé puis reconstruit au-dessus des eaux. Malgré ce traumatisme, encore très présent dans la mémoire des habitants, le village moderne est accueillant et bénéficie d'excellentes infrastructures touristiques au milieu d'un cadre grandiose. À l'ouest du village, le lac est parsemé de jolies criques à découvrir en pédalo ou en kayak.

Où se loger et se restaurer

Au Soleil Levant Chambre d'hôtes €€

(04 94 84 22 40, 06 45 50 42 13 ; 15 bd de la Tuilière ; d avec petit-déj 75 €, 15 € per supl ; mai-sept ; P). Une heureuse surprise, dans un mas récent, à seulement 10 minutes à pied du lac. Il n'y a qu'une chambre, d'une propreté impeccable, dotée d'une salle de bains immaculée, avec entrée indépendante et petite

terrasse privative où le propriétaire, très accueillant, sert le petit-déjeuner (bio) en été.

Auberge des Salles Hôtel sur lac €€
(04 94 70 20 04 ; aubergedessalles.com ; 18 rue Sainte-Catherine ; d 78-98 €, qua 134-144 € selon ch et saison, petit-déj-buffet 12 € ; Pâques-sept ;). Si vous cherchez une couche avec fenêtre sur le lac, vous êtes au bon endroit ! 22 des 30 chambres de cet hôtel familial bénéficient d'une terrasse donnant sur le Grand Bleu turquoise. La seule couleur à même de décorer les lieux car les pièces propres et confortables arborent des murs blancs exempts de toute déco. Sentier privé pour se rendre à la plage.

La Plancha Grillades au feu de bois €€
(04 94 84 78 85 ; www.restaurantlaplancha.fr ; 8 pl. Garuby ; plats 16-28,50 € ; fermé lun). Cet établissement est réputé pour ses grillades (côtelette d'agneau de pays, entrecôte et côte de bœuf, brochette de Pata Negra...) au feu de bois accompagnées de gratins ou de frites maison, que l'on déguste sur la terrasse dotée de mobilier en fer forgé. Poisson frais le vendredi. En dessert, goûtez aux profiteroles maison.

L'Escapade Cuisine régionale €€
(04 94 70 20 36 ; www.verdon-escapade.fr ; 2 rue Pierre-Blanche ; plats 16-22 €, menus 24/35 € ; fermé mer midi). Valeur sûre dans le secteur, L'Escapade fait la part belle aux produits du terroir local. La spécialité, l'épaule d'agneau de Sisteron confite sept heures et sa ratatouille fait l'unanimité.

Bauduen

Coup de cœur pour cet adorable village en cul-de-sac, le troisième qui borde le lac de Sainte-Croix côté Var. Ses façades blondes se reflètent dans les eaux du lac, tandis que les ruelles étagées à flanc de falaise découvrent les vestiges de son patrimoine médiéval (tour de guet, église romane, remparts, vieilles fontaines). Lors de la mise en eau du barrage de Sainte-Croix, en 1973, Bauduen a abandonné sa vocation agricole pour se

Bauduen

VAUT LE DÉTOUR
Les gorges de Baudinard

L'une des pépites de la région du Verdon ! Vous rejoindrez ce site spectaculaire et encore peu touristique en suivant à pied le sentier des Basses Gorges (circuit de 7 km), à partir du lieu-dit Saint-Jaume, ou en louant un canoë en contrebas du village de Montpezat : **Aquatitude** (06 79 21 03 77 ; www.aquatitude.com ou base Yannick (06 08 54 50 02 ; www.canoe-verdon.fr). Vous y admirerez le canyon de Baudinard, qui forme la première partie des basses gorges du Verdon, et sépare le département du Var de celui des Alpes-de-Haute-Provence. C'est un couloir bordé de falaises en à-pic ou en surplomb de 100 à 150 m de hauteur, tapissées de mousses et de fougères. Les parois de calcaire sont percées de nombreuses grottes, certaines formant des labyrinthes souterrains. Elles ont servi d'abris, depuis la préhistoire jusqu'à la Seconde Guerre mondiale.

tourner vers le tourisme – le village est le point de départ de balades pédestres et abrite plage et base nautique. Petite distraction en chemin : le visage de Saint-Lambert, le patron du village, qui se dessine dans la roche sur la droite, sur la route avant d'entrer dans le village. En été, marchés artisanaux nocturnes le mardi à partir de 19h.

Où se restaurer

L'O à la bouche — Burgers avec vue sur le lac €€

(07 61 27 35 22 ; quartier des Aires ; plats 13-23 €, menu du jour 15 € ; tlj midi et soir, mars-sept). Proche du centre nautique, ce spot est géré par une jeune équipe. La terrasse surplombe le lac, les lampions s'allument en soirée, le cadre est tout indiqué pour savourer tartares (6 au choix), bons burgers (large choix également) et autres salades.

Renseignements

Bureaux d'informations touristiques

Aiguines (04 94 70 21 64 ; www.lacs-gorges-verdon.fr ; allée des Tilleuls)

Salles-sur-Verdon (04 94 70 21 84 ; www.lacs-gorges-verdon.fr ; pl. Font-Freye)

Bauduen (04 94 84 39 02 ; www.lacs-gorges-verdon.fr ; 60 rue Grande)

HAUT VAR

Plus tout à fait le pays du Verdon, pas encore la Dracénie, et à l'orée de la Provence verte… Le Haut Var désigne cet espace de transition qui s'interpose entre ces différents territoires. Certains des villages qui le composent dégagent un charme fou qu'il serait dommage d'ignorer : de joyeuses ripailles et de superbes balades sont au programme.

Aups

Aups possède un titre prestigieux : celui de capitale de la truffe noire. Le marché consacré au savoureux champignon, qui se tient tous les jeudis de fin novembre à fin février, est le troisième du genre en France. Ce bourg médiéval dynamique, installé sur les premiers contreforts des Alpes (dont il tire son nom) et aux portes du Verdon (les gorges sont à 30 km), se distingue également par son patrimoine architectural de toute beauté : tour de l'Horloge (avec son campanile), tour sarrasine, vestiges des remparts, fenêtres à meneaux, moulin à huile, fontaines anciennes…

À voir

Collégiale Saint-Pancrace — Église

(pl. Martin-Bidouré). Édifiée au tournant du XVIe siècle dans le style gothique provençal et dotée d'une façade Renaissance, la collégiale Saint-Pancrace possède un intérieur richement orné et renferme, dans la salle du trésor, le reliquaire en argent de saint Pancrace.

Maison de la Truffe Musée

(☎04 94 84 00 69 ; www.maisondelatruffe-verdon.fr ; pl. Martin-Bidouré ; tarif plein/réduit 2,50/1,50 €, gratuit -12 ans, visite avec dégustation 9 € ; ⏲lun-mar et jeu-ven 9h-12h et 14h-17h, mer et sam 9h-12h). Cet espace muséographique récent et bien conçu répondra à toutes les questions que vous vous posez sur la trufficulture et la dégustation de la truffe. En saison, la plupart des restaurants du secteur la proposent dans leurs menus.

Où se loger et se restaurer

Le Grand Hôtel Hôtel-restaurant €

(☎04 94 70 10 82, 06 10 25 90 53 ; www.grand-hotel-aups.com ; 2 pl. du Gendarme-Duchatel ; s/d 49-56/52-62 € selon saison, petit-déj 6 €, formule midi 15 €, menus 25,50-32,50 € ; ⏲fermé mi-fév à mi mars ; ❄📶P). En plein centre du bourg, ce deux-étoiles dispose de chambres rénovées au confort correct et pratique des tarifs raisonnables. Également restaurant.

Le Provençal Bon rapport qualité/prix €

(☎04 94 70 00 24 ; www.hotelrestaurantleprovencal.fr/ ; 2 pl. Martin-Bidouré ; s/d/tr 46/60/78 €, demi-pension d 100 €, petit-déj 8 €, menus 20-26 €, plats 13-28 € ; ⏲tlj, fermé jeu soir et dim soir en saison ; ❄📶P). Des chambres petites mais impeccables, pouvant accueillir une famille de 4 personnes avec ses lits superposés, et bien insonorisées du restaurant, qui fait le plein avec sa généreuse cuisine provençale et son agréable terrasse, autour d'un mûrier bicentenaire.

Le Saint-Marc Cuisine du marché €€

(☎ 04 94 70 06 08 ; www.hotel-restaurant-lesaintmarc83.com ; 7 rue Jean-Pierre-Aloisi ; formule midi semaine 12 €, menus 28/36 € ; d 65-90 € selon la chambre ; ⏲juil-août tlj, mai-juin fermé mar, oct-avr fermé lun soir-mar). Une bonne option que ce Saint-Marc qui convainc avec, côté terre, une délicieuse côte de veau et gnocchis morilles et côté mer, la blanquette de lotte… toujours aux morilles. En sus, une agréable terrasse sous tonnelle. L'adresse propose aussi cinq chambres aérées, rénovées en 2017 dans les tons beige chocolat. Toutes donnent sur le clocher de la collégiale, la plus chère possédant sa terrasse privative.

L'Aiguière Cuisine régionale €€

(☎04 94 70 12 40 ; www.restaurant-var-aups-laiguierecom.webself.net ; 6 pl. du Maréchal-Joffre ; plats 17-35 €, menus 30/40 € ; ⏲tte l'année). Valeur sûre à Aups, L'Aiguière sert une cuisine variée (viandes, poissons, pâtes), aux influences italiennes, qui contentera tous les goûts. Très bonne ravioles à la truffe.

La Truffe Bonne table €€€

(☎04 94 67 02 41 ; www.restaurantlatruffe.com ; 10 rue du Maréchal-Foch ; plats 24-35 €, menus 33/39/65 € ; ⏲ été fermé lun, midi mar, jeu et dim, hiver midi mar-dim, soir ven-sam). Comme il se doit, le diamant noir est traité avec tous les égards dans cet excellent restaurant aux allures de bistrot chic. D'excellentes viandes et des pâtes de qualité sont également proposées. De la salle à manger, une verrière permet de voir le chef à l'œuvre, ainsi que sa pâtissière d'épouse qui concocte les délicieux desserts de la carte.

Renseignements

Bureau d'information touristique

(☎04 94 84 00 69 ; www.aups-tourisme.com ; pl. Martin-Bidouré)

Sillans-la-Cascade

Hameau médiéval de 500 âmes, resserré autour de son château (reconstruit au XVIIIe siècle), Sillans s'inscrit dans un écrin de prairies et de bois. Sa curiosité majeure est une magnifique cascade, située à un quart d'heure de marche du village par un agréable sentier qui plonge

JULIEN / STOCK.ADOBE.COM ©

Sillans-la-Cascade

dans un vallon. Depuis la falaise de tuf, la Bresque se jette d'une hauteur de 40 m dans un beau bassin émeraude. La baignade est cependant interdite pour des raisons de sécurité. On peut toutefois admirer le site depuis le belvédère aménagé face à la cascade. En saison, parkings payants autour du village (5 € les 3 heures).

Salernes

Salernes est la capitale de la tomette, le petit carreau rouge hexagonal qui recouvre le sol des maisons provençales. Accroché à sa colline et dominé par les ruines de son château médiéval, le village surplombe la jolie vallée de la Bresque. À sa vocation agricole, reposant sur l'olivier et la vigne, Salernes a ajouté très tôt l'industrie de la terre cuite, grâce à laquelle le village connaît depuis le XIXe siècle une renommée internationale. Une quinzaine de potiers et d'artisans sont en activité (une salle d'exposition, en accès libre, leur est dédiée à Terra Rossa, où vous trouverez toutes leurs coordonnées).

À voir

Terra Rossa Musée de la céramique

(04 98 10 43 90 ; www.terrarossasalernes.fr ; quartier des Launes ; tarif plein/réduit 4/3 €, gratuit - 12 ans ; juil-août tlj sf mar 10h-13h et 15h-19h, avr-juin et sept lun 15h-18h, mer-dim 10h-13h et 15h-18h). Installé dans une ancienne usine de tomettes, cet ambitieux musée retrace la tradition céramiste locale depuis les premières poteries préhistoriques retrouvées dans le canton. Vous saurez tout sur la fabrication des tomettes et l'histoire de cette industrie qui a fait la fortune de Salernes. Également une remarquable collection de carreaux décorés du Moyen Âge au XIXe siècle.

Villecroze

Adossé aux premiers contreforts des Alpes, à 350 m d'altitude, Villecroze est un village au charme inégalable. Ne manquez pas d'arpenter les ruelles piétonnes du village médiéval, où vous découvrirez une succession de passages voûtés, d'arcades, de placettes fleuries et de fontaines. Villecroze est également célèbre pour ses spectaculaires falaises de tuf et les habitations troglodytiques qu'elles abritent.

À voir

Parc et habitations troglodytiques

Site naturel

À l'orée du village s'étire un parc ravissant (entrée libre, ouvert toute l'année), planté d'essences rares. Créé dans les années 1930 par de riches Américains, il a été racheté par la ville en 1969. Les allées bordées de roseraies et de lauriers-roses mènent à une cascade de 35 m de haut et aux falaises de tuf, percées de plusieurs grottes aménagées au XVIe siècle par un seigneur local en repaire inexpugnable. Ouvertes à la visite (4 €, gratuit -12 ans ; avr-nov, tlj juil-sept, horaires variables, se renseigner au bureau d'information touristique), elles s'étendent sur 5 niveaux, reliés par des escaliers et des couloirs taillés dans le roc.

Renseignements

Bureau d'information touristique

(04 94 67 50 00 ; www.villecroze-tourisme.com ; 12 rue Ambroise-Croizat)

Tourtour

Surnommé "village dans le ciel", Tourtour est sans conteste le fleuron du haut Var. Perché à 650 m, il offre des panoramas splendides sur la région. Sur cet escarpement se déploient des rues en dédales, des placettes fleuries, des porches et passages voûtés et de belles façades Renaissance, le tout baigné par la somptueuse lumière de la Provence. Sous des airs un peu snobs, le village cache une authentique âme provençale. La lucane et le papillon en bronze dressés sur le parvis du château communal du XVIIe siècle (qui abrite la mairie et l'office du tourisme), ont été sculptés par Bernard Buffet (1928-1999) qui passa les dernières années de sa vie dans ce village inspirant.

SI VOUS AIMEZ...

Les vins de Provence

- **Château Thuerry** (www.chateauthuerry.com). Au carrefour de trois communes (Flayosc, Tourtour et Villecroze), à 400 m d'altitude. Produit trois appellations : AOC côtes-de-provence, AOC coteaux-varois-en-provence et IGP var-coteaux-du-verdon. Rosé et rouge.
- **La Rose des Vents** (www.domainelarosedesvents.fr). À Roquebrussanne, ce domaine de 40 ha produit des vins bio d'appellation côtes-de-provence et coteaux-varois-en-provence. Le rosé de référence de la Provence verte.
- **Château de l'Escarelle** (www.escarelle.fr). À La Celle, au cœur de la Provence verte. Le plus grand domaine de l'appellation coteaux-varois-en-provence. Rosé, rouge et blanc.
- **Domaine Triennes** (www.triennes.com). Au nord de Nans-les-Pins, à l'abri de la Sainte-Baume, une adresse atypique (des Bourguignons en sont à l'origine) classée en vin de pays du Var. Rosé, rouge et blanc.
- **Domaine de Valcolombe** (www.domaine-valcolombe.com/). À Villecroze, ce domaine, le plus au nord de l'appellation coteaux-varois-en-provence (rosé et rouge), produit aussi un blanc (viognier) en IGP du Var.
- **Château Margillière** (www.chateau-margilliere.com). Un domaine bio à Brignoles, en AOC coteaux-varois-en-provence. Deux cuvées prestigieuses dans les 3 couleurs, et des vins de pays.
- **Château Font du Broc** (www.chateau-fontdubroc.com). À Arc-sur-Argens. Vin AOC côtes-de-provence, 3 cuvées, dans les 3 couleurs.
- **Domaine Gavoty** (www.gavoty.com). Domaine des côtes-de-provence tenu par une femme. Réputé pour son vin blanc cuvée Clarendon.

Où se loger et se restaurer

Le Mas de Collines Hôtel €€

(04 94 70 59 30 ; www.lemasdescollines.fr ; quartier Camp-Fournier, chemin des Collines, Tourtour ; s/d 80-105/90-140 € selon saison, petit-déj 10 € ;). Quel calme ! Au bout d'une voie sans issue en contrebas du village, on n'entend guère ici que le frou-frou des cigales et le souffle du vent dans les arbres. Les chambres décorées à la provençale (couvre-lit et rideaux fleuris, tomettes dans la salle de bains) disposent d'un balcon pour profiter de la vue sur le massif des Maures. La piscine, nichée en contrebas du parc, au milieu des ifs et des lauriers-roses vient parfaire le décor.

La Table Cuisine inventive €€

(04 94 70 55 95 ; www.latable.fr ; 1 traverse du Jas, Les Ribas ; menus 36/43/78 €, menu végétarien 29 €, plats 33-49 € ; fermé mar en été, lun-mar en hiver). La table de référence à Tourtour. Pas d'ostentation dans la déco, le raffinement est dans l'assiette, avec des compositions audacieuses qui viennent s'ajouter à des spécialités plus classiques. La carte change régulièrement, excepté le duo de noix de Saint-Jacques et le moelleux au chocolat avec sa glace à l'huile d'olive pour lesquels on reviendra. Le menu végétarien réserve de belles surprises gourmandes. Réservez car en fonction du temps, on mange à l'extérieur ou à l'intérieur où il n'y a que 18 couverts.

Renseignements

Bureau d'information touristique

(04 94 70 59 47 ; www.tourtour.org)

PROVENCE VERTE

Cette région, qui se déploie entre le Verdon au nord et la Sainte-Baume au sud doit sa luxuriance aux nappes souterraines alimentées par les Alpes. Le paysage est en effet façonné par l'eau, présente partout, par ses sources, ses rivières et par l'Argens, le fleuve qui traverse ce vert paradis d'ouest en est avant de filer vers la Méditerranée – descendre l'Argens en canoë-kayak fait partie des activités incontournables, à faire en famille. La végétation y est riche, le climat doux et le patrimoine provençal s'y exprime dans toute son authenticité. Cette région est également le berceau du rosé.

Brignoles

Épicentre de la Provence verte, Brignoles est bien plus qu'une ville-étape. Riche d'une histoire féconde, elle mérite qu'on s'y attarde pour découvrir le centre-ville médiéval. Vieilles pierres, villas bourgeoises, placettes, tours, portes anciennes, fontaines et lavoirs donnent son cachet à ce quartier. Au cœur de ce dédale de rues se tient le palais des comtes de Provence, fondé au XIIe siècle, qui leur servit de résidence d'été jusqu'au XVe siècle, mais aussi de berceau : les comtesses venaient à Brignoles pour accoucher et élever les "enfants de la Couronne".

Où se loger et se restaurer

La Cordeline Chambres d'hôtes €€

(04 94 59 18 66 ; 14 rue des Cordeliers ; d 85-105 € selon ch, petit-déj inclus ;). Un délicieux cocon urbain. Dans une belle demeure bourgeoise du XVIe siècle, au cœur de la vieille ville, 3 grandes chambres meublées dans un style provençal à la fois sobre et raffiné donnent sur la petite place du Collège ou sur le jardin pour l'une d'elles. Jacuzzi extérieur. Bon accueil.

La Craie des Mets Cuisine régionale €€

(04 94 69 04 64 ; 90 rue de la République ; formule midi 18,50 €, plats 17-26 €, menu 29 € ; fermé dim soir). Aux abords du quartier historique, cette adresse dotée d'une jolie terrasse (qui diffuse de la vapeur d'eau en cas de fortes chaleurs) propose des plats copieux où spécialités provençales (daube de poulpe, souris d'agneau confite

Brignoles

au thym) côtoient des propositions plus exotiques (courgettes façon rougail, tartare de thon sauce soja et gingembre, gambas au curry crème coco citron). Pensez à réserver le midi.

Renseignements

Office du tourisme (☎ 04 94 72 04 21 ; www.la-provence-verte.net ; carrefour de l'Europe)

Depuis/vers Brignoles

Le réseau de bus **Zou** (zou.maregionsud.fr) assure des liaisons régulières avec plusieurs localités du département, comme Toulon (ligne 4801), Draguignan (ligne 4201) ou Cotignac (ligne 4223).

Correns

Paradis vert, premier village (autoproclamé) bio de France, Correns est réputé pour sa qualité de vie. Le centre compte quelques ruelles bordées de grandes demeures blondes et un peu biscornues resserrées autour de la place du Général-de-Gaulle, tandis que les alentours, avec le merveilleux **vallon Sourn**, offrent un cadre exceptionnel pour toutes sortes d'activités de plein air (randonnée, VTT, canoë-kayak, escalade, sans oublier la baignade). Autre raison de s'y attarder : Correns est un haut lieu de la production viticole provençale, classée en bio donc. Pas moins de 5 domaines – dont le célèbre château de Miraval, propriété d'Angelina Jolie et de Brad Pitt –, et la cave des vignerons de Correns (☎ 04 94 59 59 46, chemin de l'Église ; ⏲ lun-sam 9h30-12h30 14h30-19h dim 9h30-12h30) y produisent d'excellents rosés et blancs (appellations coteaux-varois-en-provence et côtes-de-provence).

Activités

K-Noé Balade sur l'Argens
(☎ 06 85 73 38 07 ; www.k-noe.com ; monoplace/biplace 22/38 € ; ⏲ mi-avr à mi-sept). Sorties (non encadrées) en canoë-kayak sur l'Argens, dans les romantiques gorges du vallon Sourn. Comptez une demi-journée.

À NE PAS MANQUER

Le massif de la Sainte-Baume

À cheval sur le Var et les Bouches-du-Rhône, le massif de la Sainte-Baume est une curiosité géologique, qui se présente sous la forme d'une impressionnante barre calcaire culminant à 1148 mètres au **Joug de l'Aigle** et au **Signal des Béguines**. Labellisée "forêt d'exception", elle offre de nombreux sentiers balisés qui traversent l'épais manteau forestier et permettent de rejoindre la ligne des crêtes.

La **grotte de Marie-Madeleine** (accès libre ; avr-oct tlj 7h30-18h30, nov-mars 8h30-17h), creusée dans la falaise, à 860 m d'altitude, rend hommage à Marie-Madeleine qui, selon la tradition provençale, y aurait passé trente ans dans la solitude et la contemplation. Le seul moyen de s'y rendre est la marche. Au départ de l'Hostellerie de la Sainte-Baume (comptez 45 minutes), suivez le GR®9 ou le chemin des Roy à travers la forêt domaniale. Lors de notre passage à l'été 2020, l'accès de la grotte était barré en raison d'un risque d'éboulis. Se renseigner auprès de l'**office du tourisme** (04 42 72 32 72). Une centaine de mètres avant la grotte, vous pourrez rejoindre, en 30 minutes par un sentier abrupt, le **Saint-Pilon**, d'où la vue sur la région et la Méditerranée est splendide.

Infos pratiques

Hostellerie de la Sainte-Baume (04 42 04 54 84 ; www.saintebaume.org ; Plan-d'Aups ; ch 25-43 €). Une pension conventuelle tenue par des frères dominicains, qui fournissent d'utiles informations sur le massif. Possibilité de restauration (repas 13-16 €).

Lou Pebre d'Aï (04 42 04 50 42 ; www.loupebredai.com ; 60 av de la Libération, Plan-d'Aups ; d 66-85 € ; plats 15-27 €, menus 28-38 € ; fermé jan à mi-fév ; P). Une bonne table provençale, avec 13 chambres coquettes dans un parc au cœur du village.

Chambres d'hôtes Maison Rouge (06 72 74 70 47 ; www.mamaisonrouge.com ; route de Nans, Plan-d'Aups ; d 75-109 €, petit-déj inclus ; fermé jan à mi-fév ; P). Cinq chambres de charme dans une attrayante maison rouge.

Où se loger et se restaurer

Le Grand Jardin Lodges €

(☎ 06 17 83 48 21 ; www.campingdecorrens.com ; tente 2 pers 15-17 € selon saison bungalow/lodge d 50-70 €, per suppl 7 € ; fermé déc-fev). Ce mini-camping à l'entrée du village (quand on vient de Brignoles) contient une dizaine de lodges-safari et de bungalows pouvant contenir jusqu'à 5 personnes. Sanitaires propres, coin barbecue-lecture à l'abri du soleil et terrain de tennis à disposition.

Auberge de Correns Hôtel-restaurant €€

(☎ 04 94 59 53 52 ou 06 20 29 06 56 ; www.aubergedecorrens.fr ; 34 pl. du Général-de-Gaulle ; d 90-100 €, pers suppl 20 € petit-déj 12 €, menus 26/36/46 €, plats 15-20 € ; restaurant fermé mar-mer hors saison ;). L'hôtel de charme du village, avec 5 grandes chambres à la déco personnalisée (dont quatre donnent sur le jardin avec piscine à l'arrière), se double d'une table de qualité, qui fait la part belle aux produits locaux, à déguster dans le parc ou dans les salles au décor théâtral et aux accents italo-provençaux rococo. Menu bio. Soirée barbecue-dégustation de vins locaux le vendredi soir.

Montfort-sur-Argens

Perché sur un promontoire surplombant les rives de l'Argens, le petit village de Montfort est dominé par son château du XIIe siècle, une ancienne commanderie des Templiers. Dans ce bourg accueillant, réputé pour la salubrité de son climat, les ruelles du quartier médiéval, au pied du château, dégagent tout le charme de la Provence et conduisent à un beau panorama de la plaine.

Où se loger et se restaurer

Le Chat Luthier Chambres d'hôtes €

(☎ 04 94 59 51 01 ; le.chat.luthier.pagesperso-orange.fr ; 4 rue du Barri ; d 50/65 € selon ch, petit-déj inclus, 15 € pers suppl, table d'hôtes 25 €, vin compris ;). Au pied des ruelles qui montent au château, cette belle maison de maître abrite 3 chambres personnalisées : deux meublées à l'ancienne dans un style Empire et Grand Siècle, et l'une plus petite sur le thème voyageur (cette dernière avec salle de bains extérieure). Les repas sont servis dans la cave voûtée agrémentée d'une fontaine et d'un bassin (et de souvenirs de voyage). Bon accueil de Fabrice et Pierre, amateurs de musique et de chat, qui font volontiers un tour de village avec vous, et sont de bon conseil pour la visite des domaines viticoles !

VAUT LE DÉTOUR
La basilique Marie-Madeleine

Située au cœur de la ville de Saint-Maximin-la-Sainte-Baume, cette basilique est le plus grand édifice gothique de Provence (région où l'art roman règne en maître). Elle fut bâtie à partir de 1295 sur un mausolée gallo-romain contenant quatre sarcophages. Dans l'un d'entre eux, Charles II d'Anjou, comte de Provence, retrouva en 1279 les restes de Marie Madeleine (voir p. 150), enfouis en 710 pour échapper au pillage des Sarrasins. Il fut alors décidé d'édifier ce gigantesque vaisseau en guise de reliquaire pour la sainte dont on peut voir aujourd'hui le crâne supposé dans un reliquaire. Adossé à la basilique, le couvent royal est en travaux pour une durée indéterminée. Mais on peut avoir un aperçu de son magnifique cloître planté de cèdres centenaires en rentrant dans l'office du tourisme (☎ 04 94 59 82 95).

Carcès

Au confluent du Caramy et de l'Argens, ce village typiquement provençal s'est développé en colimaçon autour d'une forteresse construite au XIe siècle sur un piton rocheux. Carcès se distingue par ses quelques maisons aux belles façades en écailles vernissées datant du XVIIe siècle, réalisées en faïence de Salernes. Avec son lac de 100 ha enchâssé dans de verdoyantes collines qui rappellent la Suisse, Carcès est aussi un paradis pour les pêcheurs qui trouveront infos et bons conseils à la Maison de la pêche (06 77 00 85 24). Si vous êtes amateurs de vin, ne repartez pas de Carcès sans être allé faire un tour à la **cave coopérative** (04 94 04 50 04 ; www.hameaudecarces.com ; 64 av. Ferrandin ; juil-août lun-sam 9h-13h et 15h-19h, mar-sam 9h-12h et 14h-18h reste de l'année). De bonne réputation, elle produit des vins d'appellation côtes-de-provence et vins de pays, en rosé essentiellement, mais aussi en rouge et en blanc.

Où se restaurer

Les Chineurs Restaurant-pizzeria €
(04 94 04 31 99 ; 66 av. Ferrandin ; menu 28 €, plats 13-21 € ; été tlj sf dim, le soir uniquement, hiver midi et soir mer-sam). À côté de la cave coopérative, une adresse conviviale et sans prétention, pour manger, sur une terrasse en retrait de la rue, pizzas, viandes (faux-filet et escalope de dinde) et une dizaine de types de moules-frites, grande spécialité de la maison.

Entrecasteaux

Au beau milieu de ce paisible bourg méridional, enchâssé entre deux gorges, se dresse un imposant château Grand Siècle. Le village entier, accroché à un éperon dominant le cours de la Bresque, est un site classé, où il fait bon flâner au gré des vieilles rues pavées et des escaliers, bordés de longues et étroites façades. Une calade grimpe jusqu'à la chapelle Sainte-Anne, qui révèle une vue saisissante sur le village, le château et les alentours, et où vous attendent des tables en bois à l'ombre des chênes verts pour un pique-nique panoramique.

À voir et à faire

Château d'Entrecasteaux Château
(04 94 04 43 95 ; www.chateau-entrecasteaux.com ; tarif plein/réduit 10/5 € ; mi-juin à fin sept tlj sf sam, visite à 16h, et une visite en plus à 11h30 en août, Pâques à mi-juin dim visite à 16h). Ancienne forteresse du XIe siècle, modifiée jusqu'au XVIIe siècle, ce château, l'un des plus grands du Var, a été entièrement repeuplé d'objets d'époque (meubles, tapisseries d'Aubusson, tableaux, lettre de Charlotte Corday, clé authentique de la Bastille...), chinés par le châtelain. Ce dernier conduit avec emphase et passion la visite de ce joyeux bric-à-brac qui vous mènera des oubliettes aux cabinets de curiosités, en passant par les cuisines du XVIe siècle et le salon de musique baroque.

Natur'Evasion Canoë-kayak
(06 79 60 94 94, 04 94 80 28 44 ; www.naturevasion.com ; RD562, Le Plan de Pardigon ; location de canoë à partir de 20/12 € adulte/5-17 ans ; avr-oct). Non loin du village coule l'Argens, qui se prête à la descente en canoë-kayak, dans un cadre sauvage. Ce prestataire propose divers parcours adaptés à tous les niveaux.

Cotignac

Labellisée "village de caractère", cette petite cité lovée au pied d'une majestueuse falaise de tuf ne manque pas d'allure. La côte de Cotignac ne cesse de grimper. C'est devenu un endroit très couru, comme en témoignent les nombreuses boutiques d'artisans qui jalonnent ces ruelles. Ne ratez pas le marché du mardi, toujours très vivant.

À voir

Le **cours Gambetta**, bordé de splendides façades des XVIe et XVIIe siècles, est le centre névralgique du village. De là, vous rejoindrez l'**église Saint-Pierre**, de style roman (XVIe siècle, mais très remaniée au XIXe), au bel intérieur, puis la place de la Mairie où, sur la tour de l'Horloge de 1496, trône l'un des plus beaux campaniles du Var. Vous arrivez ensuite au théâtre de verdure et au jardin du Rocher. Se dresse alors devant vous une barre rocheuse large de 400 m et haute de 80 m, dominée par

Château d'Entrecasteaux

deux **tours sarrasines**. Cette spectaculaire masse de tuf sculpté par les eaux abrite des **grottes**, qui ont été fortifiées en 1350 et où les villageois stockaient leurs provisions pour les préserver des pillards. La promenade du Rocher (2 €, gratuit -10 ans ; juil-août tlj 10h-12h 15h 19h, avr-juin sept-oct 14h-18h) et les grottes offrent de superbes perspectives sur le village, où certaines maisons sont encore troglodytiques.

Où se loger et se restaurer

La Maison du Bonheur — Chambres d'hôtes €

(06 15 75 38 02 ou 06 15 86 17 42 ; 39 rue des Maréchaux ; d 60-80 € selon chambre, petit-déj inclus ;). Au cœur du village, Catherine et Pascal réservent à leurs hôtes les trois premiers étages de la belle et haute maison qu'ils ont acquise en avril 2019. Les cinq chambres aux murs blancs, pavées de tomettes, contiennent toutes leurs petites salles de bains en béton ciré. La literie est neuve et la climatisation bienvenue en août. On prend le petit-déjeuner dans la salle à manger ou dans la cour sous une pergola, en fonction du temps. Un bon rapport qualité-prix.

Le Mas de Cotignac — Restaurant et chambres d'hôtes €€€

(06 80 30 36 55 ; www.lemasdecotignac.fr ; 2930 route de Carcès ; d/suite 105-130/120-150 € selon saison, petit déj inclus, menu unique 32 € ; restaurant mar-sam soir ; P). Deux chambres et deux suites, tout confort et de plain-pied, pour une prestation haut de gamme réservée aux couples (l'établissement n'accueille pas les enfants) : belles salles de bains en céramique de Salerne, plateau de courtoisie, peignoir et tongs pour profiter du sauna, hammam et Jacuzzi et de la piscine à l'année (elle est couverte et chauffée l'hiver). Les propriétaires, ex-patrons d'une bonne table lilloise proposent le soir un dîner gastronomique. À 3 km de Cotignac.

Restaurant du Cours — Cuisine régionale €€

(04 94 04 78 50 ; www.restaurant-hotelducours.fr ; 18 cours Gambetta ; menu midi

semaine 16 €, menus 23/26 €, plats 14-24 € ; fermé mer midi et sam midi en été, fermé mar soir et mer hors saison, fermé mi-déc à fin fév). L'un des rares restaurants du centre de Cotignac qui s'en sorte avec les honneurs, grâce à une cuisine familiale sans chichis mais maîtrisée et à des tarifs raisonnables. La bonne humeur de Gaby, le patron, n'est pas feinte et ses supions et sa daube sont un régal.

Renseignements

Office du tourisme (04 94 04 61 87 ; www.la-provence-verte.net ; 475 rte de Carcès)

Fox-Amphoux

À visiter pour son vieux village, perché sur une butte boisée qui émerge au milieu d'une plaine. L'église romane, flanquée de son vénérable micocoulier, les étroites ruelles ponctuées de porches, les vestiges de remparts et du château féodal composent une adorable miniature provençale.

Où se loger et se restaurer

Auberge du Vieux Fox Chambres d'hôtes **€€€**
(04 94 80 71 69 ; pl. de l'Église ; d 85-125 € selon ch, lit suppl 35 €, petit-déj inclus ; jan-nov). Un établissement atypique, au cœur du village. Datant du Moyen Âge, l'imposante bâtisse accolée à l'église a longtemps fait office de prieuré, puis d'école et enfin d'auberge. Les 5 chambres offrent un confort simple et rustique (mobilier ancien, poutres apparentes, moquette colorée) ; un rafraîchissement leur ferait du bien. La plupart ont une vue splendide sur Sainte-Baume et la Sainte-Victoire. Belle terrasse pour les petits-déjeuners.

La Table de Fanette Fine cuisine régionale **€€**
(04 94 80 72 03 ; www.tabledefanette.com ; Le Petit Pouvet Le Mas d'Aimé ; menus 32-56 € ; fermé dim soir et lun). À l'écart du centre du village, sur un chemin, cet établissement bénéficie d'un excellent bouche-à-oreille. Le cadre – une salle en pierres blondes dans un vaste domaine agricole – et la qualité de la cuisine, enracinée dans le terroir mais revisitée avec inventivité, y sont pour beaucoup. Menu avec les truffes (d'été ou d'automne) déterrées sous les chênes de la propriété.

Barjols

Arrosé par trois rivières, ses 32 fontaines et 12 lavoirs, Barjols est un bourg… rafraîchissant. Cette eau a fait la fortune de Barjols au XIXe siècle, qui devint la capitale française du cuir avec 24 tanneries, sur la route de Brignoles. En contrebas du village, qui a conservé une physionomie typiquement provençale, des friches industrielles, investies pour certaines par des résidences d'artistes, témoignent de cette période prospère. L'eau est aussi à l'origine du succès populaire de la promenade ombragée du vallon des Carmes sur les hauteurs du village. Un sentier mène à deux piscines naturelles aux eaux turquoise en passant par un surprenant couvent troglodyte du XVIIe siècle.

Où se loger et se restaurer

Le Pont d'Or Hôtel-restaurant **€**
(04 94 77 05 23 ; www.hotel-barjols.com ; route de Saint-Maximin ; s/d/f 55/68/66-100 €, petit-déj 10 € ; formule déj 15 €, menus 19-29-35 € ; restaurant fermé dim soir, lun et mar soir ;). Ancien relais de poste, dans le centre du village, tenu par la même famille depuis 3 générations, le Pont d'Or fait partie de ces adresses dans leur jus qui transportent dans une autre époque. Il propose une cuisine provençale classique dans un décor d'auberge de campagne. Également 12 chambres, toutes différentes, au confort très simple mais convenables (préférez celles qui donnent à l'arrière, pour la vue). Garage privé (7 €/nuit).

Chez Chiffon Méditerranéo-exotique **€**
(06 52 18 03 34 ; 6 pl. Capitaine-Vincens ; plats 10-15 €, menu 23 € ; fermé mer et jeu

EVELYNE / STOCK.ADOBE.COM ©

L'une des nombreuses fontaines de Barjols

midi). Sur la petite place de la mairie, à l'ombre des platanes, vous dégusterez ici de généreuses assiettes "en rouge et vert" qui marient avec succès légumes du pays et fruits exotiques. Menu unique, en plus des salades et de l'omelette maison. La fraîcheur se retrouve dans le service souriant et affable.

Varages

Juché sur une falaise de tuf et assis sur d'importants gisements d'argile à poterie, Varages est une cité faïencière depuis 1695. La production locale est toujours présente sur le marché mondial et le village garde fidèlement cette mémoire à travers son **musée des Faïences** (☎04 94 77 60 39 ; www.musee-faience-varages.fr/ ; 12 pl. de la Libération ; entrée 2,50 €, gratuit -12 ans ; ⏲mer-dim 14h-17h fév-mai et oct-déc, jusqu'à 18h sept et juin, tlj 10h-12h et 15h-19h juil-août), deux ateliers artisanaux et sa dernière faïencerie en activité : vous pouvez vous rendre au **magasin d'usine** (☎04 94 80 73 06 ; www.varages.com ; 28 rue de la Paix ; ⏲tlj 9h-18h, jusqu'à 17h30 oct-mars) pour ramener de la vaisselle. L'huile d'olive La Varageoise est l'autre fierté du village : vous la trouverez dans les commerces du village, ou directement au **moulin** (☎04 94 77 86 07 ; 8 pl. de la Libération ; ⏲lun-sam 10h-12h et 15h30-18h30 juil-août, lun, jeu et sam 9h-12h le reste de l'année), qui, l'été, propose une visite-dégustation.

Où se loger

Domaine de la Blaque — Chambres d'hôtes et studios €€

(☎04 94 77 86 91 ; www.lablaque.com ; domaine de la Blaque ; d 88-110 €, petit-déj inclus ; 🏊). Une adresse idéale pour amateurs de calme champêtre, à 2,5 km de Varages. Cette bastide du XVIIIe siècle est sertie dans un domaine de 300 ha de champs et de forêt agrémenté d'une belle piscine et d'un observatoire d'astronomie. Les deux chambres, avec entrée indépendante et kitchenette, sont fraîches et pimpantes. Wi-Fi à la demande pour préserver les personnes électro-sensibles. Également des gîtes en location.

DE CANNES À VENCE

Le littoral des Alpes-Maritimes s'étend depuis les roches rouges de l'Estérel jusqu'aux portes de Nice. Entre Cannes et Vence, une déambulation invite à suivre les traces de centaines d'artistes, venus, dès le XIXe siècle, chercher l'inspiration sur cette terre baignée de soleil aux couleurs enchanteresses. Au-delà de la mythique Croisette, parée de palaces et de boutiques de luxe, ou du cap d'Antibes, aux fastueuses villas, le bassin cannois offre aussi des richesses plus accessibles. À quelques encablures des plages, les villages provençaux séduisent par leurs ruelles fleuries, leurs tables réputées ou leur effervescence artistique : Mougins, Valbonne, Vallauris... Dominant la côte cannoise, Grasse entretient sa réputation de capitale mondiale du parfum, tandis que Vence et Saint-Paul offrent au visiteur leurs vestiges médiévaux et leurs trésors artistiques. Annonçant les Alpes, l'arrière-pays cache de superbes villages perchés.

Baie de Cannes
STEVANZZ / STOCK.ADOBE.COM ©

Castellane (15 km)
Draguignan (20 km)
Domaine du Haut-Thorenc
Montagne du Cheiron
Thorenc
Gréolières
Coursegoules
Séranon
ALPES-MARITIMES
VAR
Loup
Caussols
Plateau de Caussols
Gourdon (p. 179)
Gorges du Loup
Col de Vence
Baou de Saint-Jeannet (800 m)
Saint-Jeannet
Gattières
Baou des-Blancs (673 m)
Chapelle du Rosaire
Vence
La Gaude
Pont-du-Loup
Le Bar-sur-Loup
Tourrettes-sur-Loup (p. 180)
Saint-Paul de Vence
Fondation Maeght (p. 198)
NICE
Saint-Laurent-du-Var
La Colle-sur-Loup
Cagnes-sur-Mer
Var
Saint-Vallier-de-Thiey
Grotte de Baume Obscure
Grottes des Audides
Grottes de Saint-Cézaire
Siagne
Musée de la Parfumerie (p. 176)
Opio
Cabris
Grasse
Valbonne
Villeneuve-Loubet
Baie des Anges
Saint-Cézaire-sur-Siagne
Camiole
Mouans-Sartoux
Brague
Biot
Sophia-Antipolis
Parc départemental de Vaugrenier
Vieil Antibes et Musée Picasso (p. 182)
Auribeau-sur-Siagne
Mougins
Notre Dame-de-Vie
Parc départemental de la Valmasque
Antibes
Lac de Saint-Cassien
Pégomas
Vallauris
Le Cannet
Golfe-Juan
Juan-les-Pins
MER MÉDITERRANÉE
Parc forestier de la Croix-des-gardes
Cannes (p. 159)
Eilen Roc
Cap-d'Antibes
Mandelieu-la-Napoule
Golfe de Napoule
Île Sainte-Marguerite
Îles de Lérins (p. 164)
Criques de galets
Théoule-sur-Mer
Parc naturel de la Pointe de l'Aiguille
Île Saint-Honorat
Miramar
0
10 km
D802
D2
D3
D8
D6202
D5
D12
N85
D18
D2085
D3
D9
D6185
D103
D562
D109
A8
N7
D6098

BAIE DE CANNES

Entre les roches rouges de l'Estérel et les premières plages de Golfe-Juan, la baie déploie une longue ligne sablonneuse au milieu de laquelle trône la ville de Cannes. À l'ouest, Théoule-sur-Mer et Mandelieu-La Napoule se nichent entre les falaises, découvrant quelques belles criques de galets cuivrés. Où que l'on soit, la vue sur les îles de Lérins est un ravissement.

Cannes

Son festival, ses palaces, sa Croisette... Les paillettes ne quittent jamais vraiment cette cité aux hôtels légendaires, villas de stars et adresses luxueuses. Pourtant, Cannes révèle aussi une réalité plus paisible du côté de la rue Meynadier et du quartier du Suquet.

Jusqu'au début du XIXe siècle, ce village paisible et peu convoité vivait surtout de la pêche. C'est l'Anglais lord Brougham (1778-1868) qui dévoila la ville au monde. Tandis qu'il souhaitait se rendre en Italie avec sa fille, il fut, à cause du choléra, bloqué aux portes de Nice. Henry Brougham descendit alors à l'auberge Pinchinat, à Cannes. Charmé par l'endroit, il décida de s'y fixer. Il fit bâtir une superbe demeure et convia les aristocrates britanniques résidant à Nice à découvrir le site. Arrivèrent ensuite l'aristocratie russe, puis toute l'Europe fortunée. Les artistes furent aussi de la partie. Prosper Mérimée tomba amoureux de la ville. En 1838, un port fut construit. Le 10 avril 1863, la gare était inaugurée. Devenue plus attrayante, la ville se transforma également en station estivale à partir des années 1940. Ce fut à cette époque que naquit le Festival de Cannes.

À voir

Palais des Festivals — 7e art

On est souvent déçu par le Palais qui, sans son tapis rouge et sans sa horde de photographes, de fans et de stars, semble bien banal. Au sol demeurent les empreintes de mains de stars moulées dans des dalles (il y a même celles de Mickey et de la Panthère Rose). Néanmoins, le Palais vit toute l'année, à travers une riche programmation d'événements et de spectacles.

La Croisette — Promenade

D'un côté, l'azur scintillant et les îles de Lérins. De l'autre, les palaces et toutes les boutiques de luxe. Parmi les hôtels, le **Majestic** édifié entre 1924 et 1926 et le **Martinez** ouvert en 1929 illustrent le style Art déco. Au n°58, le **Carlton**, ouvert en 1912, est une œuvre architecturale de style éclectique très XIXe, dont une partie est classée Monument historique. Les deux dômes qui le surmontent auraient été réalisés sur le modèle des seins de la Belle Otero, cocotte célèbre de la Belle Époque.

La Malmaison — Centre d'art

(☎ 04 97 06 45 21 ; 47 bd de la Croisette ; tarif plein/réduit 6/3 € ; ⏱ juil-sept tlj 11h-20h, oct-avr mar-dim 10h-13h et 14h-18h, fermé en mai-juin). Sur la Croisette, cette superbe villa Belle Époque est l'ancien salon de thé du Grand Hôtel, établissement aujourd'hui disparu. Chaque année, elle accueille trois expositions temporaires de peintres réputés, voire de vedettes mondiales (Braque, Miró, César, Moya, Picasso...).

Le Suquet — Quartier perché

Terrasses de restaurants et ateliers-galeries parsèment la colline de ce Montmartre cannois. Des ruelles accidentées partent à l'assaut de ses flancs. Au sommet, la place de la Castre, à l'ombre des pins,

Bon plan

L'été, le Cannes Pass Expo permet, pour 10 €, d'accéder aux expositions du centre d'art de La Malmaison, de la villa Domergue, du musée de la Castre et du musée de la Mer sur l'île de Sainte-Marguerite. Le Pass est disponible dans ces quatre lieux ainsi qu'à l'office du tourisme.

Cannes

offre une vue panoramique sur la ville, sur les luxueuses villas de la Californie et sur les îles de Lérins.

Musée de la Castre — Ethnologie

(☎04 89 82 26 26 ; pl. de la Castre ; tarif plein/réduit 6/3 €, gratuit -18 ans ; ⏱juil-août tlj 10h-19h jusqu'à 21h mer, avr-juin et sept tlj sauf lun 10h-13h et 14h-18h, oct-mars tlj sauf lun 10h-13h et 14h-17h). Installé dans les vestiges d'un château, le musée dévoile de belles collections de masques, d'instruments de musique et d'objets de la vie quotidienne venus d'Océanie, de l'Himalaya et des Amériques, ainsi qu'un riche fonds d'antiquités méditerranéennes et précolombiennes. Sublime panorama du haut de la tour carrée.

Place de l'Étang — Pétanque

À la pointe de la Croisette, cette place récemment rénovée offre de beaux terrains de pétanque. Les perdants pourront aller embrasser Fanny… en relief sur fond jaune au centre de la place. Ici, se cache aussi la villa Syracuse qu'avait achetée Henri Salvador avec les premiers cachets de la chanson du même nom. Au bout de l'avenue de Lérins, le célèbre **Palm Beach** (☎04 92 18 86 86 ; www.palmbeach.fr), ancien casino reconverti en lieu festif avec plage et club, donne sur la mer.

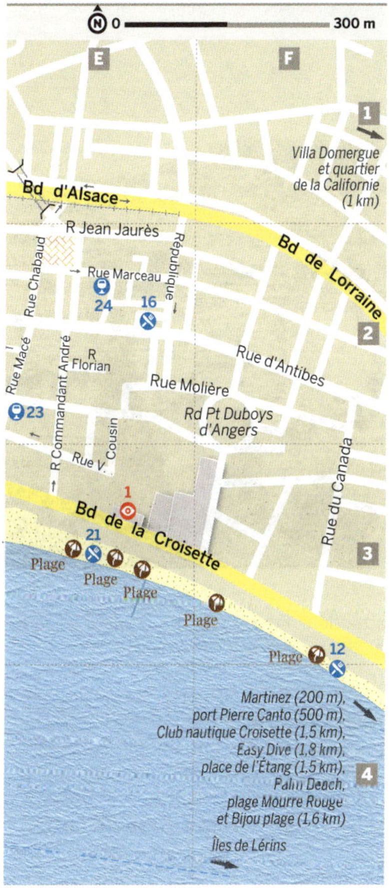

Cannes

À voir

1 La Malmaison E3
2 Musée de la Castre A3
3 Palais des Festivals C3
4 Le Suquet des Artistes A2

Activités

5 Plongée club de Cannes B3
6 Thermes marins de Cannes A3
7 Trans Côte d'Azur B3

Où se loger

8 Hôtel Alnea C2
9 Hôtel des Allées B2
10 Idéal Séjour B1
11 Okko Hôtel D1

Où se restaurer

12 3.14 La Plage F4
13 Astoux et Brun B2
14 Aux Bons Enfants B2
15 Da Laura D2
16 Il Teatro E2
17 Le Bistrot gourmand A2
18 Le Cirque D2
19 Le Pompon B2
20 Le Salon des Indépendants A3
21 Mademoiselle Gray E3
22 Phil Cat B2

Où prendre un verre

23 Coco Loco E2
24 Le Bar à vin E2
25 L'Île de la Glace C1

Achats

26 Marché Forville D2

Renseignements

27 Office du tourisme C2

Transports

28 Départ îles de Lérins B4
29 Gare routière B3
30 Gare SNCF D1

Cimetière du Grand Jas Cimetière
(04 97 06 41 52 ; 205 av. de Grasse). C'est l'un des cimetières les plus remarquables du sud de la France. Dans ses allées impeccables, sur 9 ha en étages, on revit les étapes de l'histoire de la ville, à travers les tombes de grands hommes et d'artistes : Jean-Gabriel Domergue, Georges Guétary, Prosper Mérimée...

Quartier de la Californie Villas de luxe
À l'est de Cannes, dans cette zone résidentielle sur les hauteurs, les villas rivalisent de beauté et de luxe. Parmi elles, la **villa Domergue** (04 97 06 44 90 ; 15 av. Fiesole ; tarif plein/réduit 6/3 € ; juil-sept tlj 11h-19h), superbe demeure d'artiste aux jardins en cascades, accueille l'été des expositions d'art contemporain.

Le Suquet des Artistes Création contemporaine
(04 97 06 44 90 ; 7 rue Saint-Dizier ; entrée libre ; juil-août tlj 10h-18h, juin et sept-déc mar-ven 13h-17h sam-dim 10h-13h et 14h-18h, jan-juin sam-dim 10h-13h et 14h-18h). Inauguré en 2016, ce lieu a pour vocation de promouvoir la création plastique

Vue sur le port de Cannes

ALEXANDRE LENOIR ©

contemporaine. Installé dans une ancienne morgue, il accueille, sur 350 m², des 'expositions et des ateliers d'artistes.

Activités

Plages

Ici, le sable est roi ! 31 plages, en majorité privées, bordent la Croisette. Élargies et réensablées, elles ont aussi subit un vaste programme d'embellissement. Une dizaine de plages sont publiques et gratuites : celle du **Mourre Rouge**, à l'extrême est de la ville, au calme, ponctuée de pontons et de petits ports de pêche ; sur la croisette, les plages **Zamenhoff** et **Macé**, souvent bondées, ou celle de **La Bocca** d'où la vue sur l'Estérel est superbe.

Promenade

Sur les hauteurs de Cannes, le parc forestier de la Croix des Gardes est le "poumon vert" de la ville. Sur place, au milieu de 80 ha de végétation méditerranéenne, un arboretum dédié aux mimosas, un parcours de santé et des sentiers balisés ponctués de belvédères sur la baie de Cannes et l'Estérel vous attendent. Pour s'y rendre, on peut se garer dans l'avenue Jean-de-Noailles.

Promenades en mer

Trans Côte d'Azur (☎ 04 92 98 71 30, 06 19 20 49 73 ; www.trans-cote-azur.com ; quai Saint-Pierre). Au départ du Vieux Port, assure des croisières sur la journée avec escale à Monaco (adulte/enfant -10 ans 55/42 €, gratuit -4 ans) ou Saint-Tropez (53/42 €). Également une croisière (2h) vers la Corniche d'Or, c'est-à-dire les calanques de l'Esterel (28/18 €) et des navettes vers l'île Sainte-Marguerite. Réservation impérative.

Sur la pointe de la Croisette, le **Club Nautique Croisette** (☎ 04 93 43 09 40, 06 68 61 01 23 ; www.club-nautique-croisette.fr ; square de Verdun) propose des stages de voile pendant les vacances scolaires pour enfants et adolescents, des cours collectifs et particuliers et la location de paddle (15 €), kayak (13 €) ou pédalo (20 €) à l'heure.

Plongée

Protégée, la baie offre de très beaux paysages sous-marins, que l'on peut admirer en snorkeling en autonomie. Pour des initiations de plongée avec bouteille :

Plongée club de Cannes (☎06 11 81 76 17 ; www.plongee-cannes.com ; quai Saint-Pierre, Vieux Port ; baptême 65 € ; tlj sauf dim après-midi) ou **Easy Dive** (☎04 93 43 40 42 ; www.easydive.fr ; 2 rue Esprit-Violet ; baptême 65 €).

Thermalisme

Fonctionnant à l'eau de mer et, à ce titre, uniques sur la Côte d'Azur, les **Thermes marins de Cannes** (☎04 92 99 50 10 ; www.lesthermesmarins-cannes.com ; 47 rue Georges-Clemenceau ; soins 30-225 €, escale journée 295 € ; tlj 9h-20h) offrent 3 niveaux dédiés au bien-être, avec piscine intérieure et extérieure, le tout avec vue sur la mer.

Où se loger

Durant la seconde quinzaine de mai, le Festival de Cannes entraîne avec lui une envolée indécente des tarifs hôteliers. Tout au long de l'année, d'autres festivals et congrès, comme le MIPCOM (mi-octobre), entraînent également une forte hausse. En dehors de ces périodes, les tarifs ne sont pas plus élevés qu'ailleurs sur la Côte d'Azur.

Idéal Séjour — Hôtel littéraire €€

(☎04 93 39 16 66 ; www.ideal-sejour.com ; 6 allée du Parc-des-Vallergues ; d/tr 72-130/105 230 € ;). Un peu en hauteur, dans le quartier résidentiel des Vallergues (à 15 minutes à pied du centre), cette ancienne villa profite du calme et d'un jardin. Atypique et cosy, cette adresse révèle une grande bibliothèque, des couloirs tapissés de citations et 16 chambres dont la décoration revisite, à chaque fois, l'univers d'un écrivain ou d'un genre littéraire. Accueil aux petits soins.

Hôtel Alnea — Central €€

(☎04 93 68 77 77 ; www.hotel-alnea.com ; 20 rue Jean-de-Riouffe ; d 56-103/71-108 € ;). À 5 minutes à pied de la Croisette, ce petit hôtel de charme est une adresse moderne, tenu par un jeune couple accueillant. Les 14 chambres sont sobres et confortables. Un espace cuisine est à disposition. Les propriétaires possèdent également un autre établissement, Le 7e Art, situé à 100 mètres à peine et offrant le même type de prestation.

Découvrir Cannes avec les cannois !

Les Greeters, c'est une poignée d'habitants passionnés qui proposent gratuitement de vous faire découvrir leur ville ! Certains membres sont dignes d'un guide conférencier. Belles expériences et moments de partage en vue... Info et réservation sur : www.cannesgreeters.fr

Hôtel des Allées — Central €€

(☎04 93 39 53 90 ; www.hotel-des-allees.com ; 6 rue Émile-Négrin ; s/d 79-119/118-158 € ;). Stratégiquement placé entre la rue piétonne Meynadier et les Allées (où l'on joue à la pétanque), cet établissement familial propose des chambres petites mais très silencieuses. Certaines, avec balcon, ont vue sur le vieux port.

Okko Hôtel — Contemporain €€€

(☎04 92 98 30 30 ; www.okkohotels.com ; 6 bis pl. de la Gare ; d 76-115 € ;). Idéalement placé en centre ville, l'Okko hôtel est une adresse ultra design. Chambres contemporaines au confort sans faille et beaux espaces communs.

Où se restaurer

Cannes ne manque pas de belles tables, portées par des chefs emblématiques : Christian Sinicropi (deux étoiles Michelin pour **La Palme d'Or** du Martinez), mais aussi Nicole Rubi et Pierre Gagnaire (au **Paradiso** du Majetic), ou encore Yiannis Kioroglou (à **La Petite Maison**).

En ville

Phil Cat — Snack €

(☎04 93 38 43 42 ; promenade de la Pantiero ; sandwichs 4-8 € ; lun-dim 7h-19h). Le meilleur des kiosques installés face au vieux port. Pains bagnats, salades à composer soi-même et desserts faits maison. Idéal pour un pique-nique bon marché.

À NE PAS MANQUER

Les îles de Lérins

Sainte-Marguerite et Saint-Honorat : elles sont deux, à une vingtaine de minutes de bateau de Cannes. Deux grains de beauté sur la Méditerranée, où la faune et la flore sont préservées. Vous devrez néanmoins les aborder chacune leur tour, car il n'y a pas de navettes entre les deux.

Sainte-Marguerite est la plus grande, la plus proche du continent et sans doute la plus fréquentée. Elle est peut-être aussi la plus célèbre : son fort royal abrite le **musée de la Mer** (fort Sainte-Marguerite ; 04 89 82 26 26 ; tarif plein/réduit 6,50/3,50 € ; mi-juin à mi-sept tlj 10h-17h45, avr-mai mar-dim 10h30-13h15 et 14h15-17h45, oct-mars mar-dim 10h30-13h15 et 14h15-16h45) dont les murs gardent le mystère de l'Homme au masque de fer. L'identité de ce dernier n'a jamais été révélée. Elle souleva par contre des dizaines d'hypothèses, dont la plus romanesque affirme qu'il était le jumeau de Louis XIV. De Voltaire à Victor Hugo en passant par Alexandre Dumas, l'énigme inspira nombre de romans et de films. Vous verrez aussi les objets retrouvés dans des épaves qui témoignent de l'intense trafic maritime à l'époque antique. À l'extérieur, un sentier botanique aménagé permet de découvrir les criques de l'île. Vous trouverez deux restaurants, dont **La Guérite** (04 93 43 49 30 ; mi-avr à fin sept), très prisée de la Jet Set : attention, tarifs stratosphériques !

Petit bijou de calme et de verdure, l'**île Saint-Honorat** a notre préférence. Elle est habitée et entretenue par la vingtaine de moines cisterciens de l'**abbaye de Lérins** (04 92 99 54 00 ; www.abbayedelerins.com). Il est possible d'assister à des offices, d'y effectuer une retraite, en toute liberté spirituelle, et, enfin, de déguster leurs excellents produits : des vins réputés, d'excellentes liqueurs et de l'huile d'olive. Tout est cultivé à la main, avec grand soin et en agriculture biologique. Si l'**ancien monastère fortifié** est actuellement fermé pour travaux, vous pouvez facilement faire le tour de l'île et admirer ses quatre chapelles, dont celle de la Trinité, des Xe-XIe siècles. Pour une baignade rafraîchissante, à vous de dénicher votre petit coin secret ! Pour déjeuner, **La Tonnelle** (04 92 99 54 08 ; www.tonnelle-abbayedelerins.fr ; tte l'année) est une excellente adresse, tant par son cadre enchanteur que par la qualité de sa cuisine, à majorité bio et locale.

Infos pratiques

Sainte-Marguerite est accessible via la **Compagnie Trans Côte d'Azur** (04 92 98 71 30 ; www.trans-cote-azur.com ; quai Saint-Pierre ; tarif plein/enfant 5-10 ans 15,30/9,70 €, gratuit -5 ans) ou **Riviera Lines** (04 92 98 71 31 ; www.riviera-lines.com ; quai Saint-Pierre ; tarif plein/enfant 5-10 ans 15,30/9,70 €).

Pour Saint-Honorat, les moines gèrent eux-mêmes la **Compagnie Planaria** (04 92 98 71 38 ; www.cannes-ilesdelerins.com ; quai des Îles ; tarif plein/réduit/13-18 ans/8-13 ans/4-8 ans 16,50/14,50/13,50/9/6 €, gratuit -4 ans).

Le Cirque — Bistronomie €

(☎ 04 93 30 02 38 ; www.lecirquecannes.com ; 30 rue Hoche ; plats 18-29 € ; ⏲ lun-sam 8h-minuit). Au cœur du "carré d'or", ce restaurant branché propose des plats inventifs dans une ambiance de bistrot chic. Les produits sont frais et la carte change régulièrement. Ambiance détendue.

Le Pompom — Bistronomie €

(☎ 04 93 30 31 23 ; www.lepomponcannes.com ; 4 rue Émile-Négrin ; plats 12-16 € ; ⏲ mar-sam). À deux pas du Palais, cette mini-adresse propose de petites portions à partager, parfaitement gourmandes, évoluant au gré du marché. Un régal.

Il Teatro — Italien €€

(☎ 04 93 38 09 08 ; www.il-teatro.fr ; 5 rue des Gabres ; formule 13,50 €, pizza 12-17 €, plats 13,50-27 € ; ⏲ tlj sauf dim). Dans une ruelle parallèle à la rue d'Antibes, ce restaurant sent bon l'Italie. Idéal pour savourer pâtes, carpaccios, bruschettas, risottos, poissons et viandes.

Da Laura — Italien €€

(☎ 04 93 38 40 51 ; 8 rue du 24-Août ; plats 12-24 € ; ⏲ midi mar-sam). Une cuisine italienne authentique à savourer dans le restaurant de Laura Merlo où les serveurs s'invectivent dans la langue de Dante. À la carte : vaste sélection de pâtes, risotto, raviolis, plats végétariens, jambons à la coupe… mais pas de pizzas ! Le raffinement des assiettes se retrouve dans la salle mêlant bois et touches végétales. Agréable terrasse donnant sur une rue piétonne. Épicerie italienne attenante au restaurant.

Aux Bons Enfants — Familial €€

(☎ 06 18 81 37 47 ; www.aux-bons-enfants-cannes.com ; 80 rue Meynadier ; menu 33 €, plats 19 € ; ⏲ tlj sauf dim et lun). C'est, en effet, dans une ambiance bon enfant que l'on s'installe sur les tables alignées le long de la rue pour se régaler de petits plats concoctés avec soin : sardines grillées, terrines originales, foie de veau, poisson du jour. Attention, on paye en espèces uniquement !

Le Salon des Indépendants — Provençal €€

(☎ 06 59 11 74 29 ; le-salon-des-independants-cannes.eatbu.com ; 11 rue Périssol, Suquet ; menus avec/sans boissons 49/35 € ; ⏲ tlj soir). Au cœur du Suquet, cet endroit atypique remporte un franc succès. Dans un décor rétro, le patron assure l'ambiance musicale à la guitare. Toujours soigné, le menu unique (viande ou poisson) évite les déconvenues.

Côté jardin — Gastronomie française €€

(☎ 04 93 38 60 28 ; 12 av. Saint-Louis ; plats 12-22 €, menu 28 € ; ⏲ tlj sauf dim-lun). À l'écart du centre-ville et de ses mondanités, ce restaurant, repris en 2017 par Christophe Ferré, vous accueille dans une salle à la déco contemporaine, prolongée d'une verrière et d'un coquet jardin. On y sert une cuisine simple et plutôt bon marché mêlant viandes, poissons, pâtes et soupes de saison.

Le Bistrot Gourmand — Provençal revisité €€€

(☎ 04 93 68 72 02 ; www.bistrotgourmandcannes.fr ; 10 rue du Dr-Gazagnaire ; formule midi 21 €, menu midi/soir 28/48 €, plats 19-25 € ; ⏲ tlj sauf dim soir et lun). Pour revisiter avec brio ses recettes méridionales, le chef Guillaume Arragon, maître restaurateur, s'approvisionne au marché Forville tout proche. Les plats changent quotidiennement. À déguster dans une belle salle lumineuse ou en terrasse.

Astoux et Brun — Brasserie iodée €€€

(☎ 04 93 39 21 87 ; www.astouxbrun.com ; 27 rue Félix-Faure ; plats 18-49 € ; ⏲ tlj). Depuis 1953, cette adresse est une institution. Les plateaux de fruits de mer et la soupe de poissons de roche sont à la hauteur de la réputation. Pour plus de raffinement, préférez le restaurant de la même maison, situé au 41 de la même rue.

Sur la plage

Pour un déjeuner (ou dîner) les pieds dans le sable, directions les nombreuses plages privées de la Croisette. Outre celles des iconiques Martinez ou Carlton, on aime bien le décor bohème chic de **Mademoiselle Gray** (☎04 92 99 79 79 ; www.hotelsbarriere.com) ainsi que le très branché **3.14 La Plage** (☎04 93 94 25 43 ; www.314plage.com ; 63 bvd de la Croisette ; plats 21-38 € ; ⏰tlj avr-oct) dont la cuisine est bio, sans gluten et locavore.

Où prendre un verre et faire la fête

Pour découvrir les nuits cannoises, il faut s'immerger dans le "carré d'or", rue des Frères-Pradignac et alentour. En été, les plages privées deviennent aussi des spots ultra prisés.

L'Île de la Glace — Glacier

(☎04 93 68 43 08 ; 2 av. de Grasse ; ⏰12h-20h30 tlj, fermé nov-mars). Jusqu'à 140 parfums au choix selon les saisons et de délicieuses glaces italiennes.

Coco Loco — Rhumerie

(☎04 97 06 31 90 ; 4 rue des Frères-Pradignac ; cocktails 13-15 € ; ⏰juin-oct tlj 18h30-2h30, nov-avr fermé dim). Yolène et son rire communicatif vous attendent avec une farandole de cocktails, alcoolisés ou non.

Le Bar à Vin — Bar à vins

(☎06 23 73 44 43 ; 10 rue Marceau ; ⏰18h-2h30 lun-sam). Discret et sympathique, ce bar propose une carte des vins fournie, à déguster autour de grands tonneaux. Assiettes de charcuteries et fromages.

Achats

Marché Forville — Marché

(www.marcheforville.com ; ⏰mar-dim 7h-14h30). Cœur populaire de la cité cannoise, loin des strass et des paillettes, cet immense marché couvert accueille les étals des maraîchers et des pêcheurs locaux.

Renseignements

Office du tourisme (☎04 92 99 84 22 ; www.cannes.travel ; Palais des festivals, 1 bd de la Croisette)

Depuis/vers Cannes

BUS

Le réseau **Lignes d'Azur** (www.departement06.fr) relie Cannes à Nice en passant par Antibes, Cannes à Grasse en passant par Mouans-Sartoux.

TRAIN

La **gare ferroviaire** (rue Jean-Jaurès) est desservie par le TGV et des TER.

Le Cannet

Sur les hauteurs de Cannes, le centre historique du Cannet offre une vue panoramique sur la baie. En contrebas de la place Bellevue, sur la gauche, le **Mur des Amoureux**, signé Raymond Peynet, représente un couple s'envolant au-dessus du jardin d'Eden... C'est un passage obligé pour les photographies de mariage ! Un peu plus loin, ne manquez pas la **chapelle Saint-Sauveur** décorée par l'artiste Tobiasse, avec des fresques aux couleurs éclatantes.

À voir

Musée Bonnard — Peinture

(☎04 93 94 06 06 ; www.museebonnard.fr ; 16 bd Sadi-Carnot ; collection permanente 5/3,50 €, famille 10 €, expo tarif plein/réduit 7/5 €, famille 14 €, gratuit -12 ans ; ⏰juil-août tlj sauf lun 10h-20h, sept-juin 10h-18h). Sur cinq niveaux, ce musée est dédié à Pierre Bonnard. Le peintre habita 22 ans au Cannet, de 1926 à 1947, et y peignit plus de 300 toiles. La collection permanente rassemble des peintures de paysages de la Côte d'Azur et des scènes d'intérieur. Le lieu accueille également des expositions temporaires de belle facture. Au-dehors, un **parcours pédestre** (2 heures, 4,5 km), ponctué de lutrins avec des reproductions d'œuvres de Bonnard, part du musée et rejoint sa maison du Bosquet sur les hauteurs de la ville (plan-guide à disposition au musée).

Renseignements

Office du tourisme (☎04 93 45 34 27 ; www.lecannet-tourisme.fr ; 73 av. du Campon)

ALEXANDRE LENOIR ©

Le *Mur des Amoureux*, de Raymond Peynet, au Cannet

Théoule-sur-Mer

Nichée au cœur des roches rouges de l'Estérel, cette petite station balnéaire semble loin de l'ostentation cannoise. On y trouve des plages de sable et de tranquilles petites criques à l'eau translucide. Sur les hauteurs, le panorama est à couper le souffle.

À voir

Palais Bulles Architecture

(33 bd de l'Estérel, à 4 km du centre-ville en suivant la Corniche d'Or, la D6098 ; www.palaisbulles.com). Ses 1 000 hublots scintillant sous le soleil dominent la mer. Le Palais Bulles semble appartenir à un autre monde... Dans les années 1970, le couturier Pierre Cardin commande à l'architecte Antti Lovag cette résidence hors du commun. Sur 8 500 m^2, bassins, piscine, cascades, terrasses sphériques, amphithéâtre de 500 places et jardins surplombent un paysage de rêve. À l'intérieur, tout est rond, même les meubles, créés pour les lieux par des artistes contemporains. Le palais ne se visite pas, mais des manifestations y sont régulièrement organisées. Il reste toutefois visible depuis le bord de la route.

Activités

Plages

Au cœur de la station, le sable règne en maître. De la pointe de l'Aiguille jusqu'à la pointe Saint-Marc, il existe des zones où le naturisme est toléré (accès par la D6098). Des criques de galets rouges sont aussi accessibles, notamment sur la partie de la côte nommée Le Trayas.

Plongée

Depuis la plage de la pointe de l'Aiguille, de mi-juin à mi-septembre, un **sentier de découverte sous-marin** est praticable en autonomie pour qui possède masque et tuba. Moyennant une caution de 10 €, l'office du tourisme prête une plaquette descriptive plastifiée. Accès via un sentier de 800 m à partir du parking "La Porte de l'an 2000".

Dune Estérel (☎04 28 70 89 28 ; www.dune-esterel.com ; port des Figueirettes ; baptême 60 €, sortie snorkeling 30 €/pers ; ⏲tlj) propose des plongées avec bouteilles pour tous niveaux et des sorties snorkeling.

Promenade

De nombreuses promenades pédestres, circuits de VTT et aires de pique-nique jalonnent la **forêt domaniale de l'Estérel** et le **parc naturel de la Pointe de l'Aiguille** surplombant Théoule (carte disponible à l'office du tourisme). De janvier à mars, les collines recouvertes de mimosa offrent un spectacle unique.

Où se loger et se restaurer

Le Patio Hôtel-restaurant €
(☎04 93 75 00 23 ; www.lepatio.fr ; 48 av. Miramar ; d 65-105 € selon saison, petit-déj 8,50 €, menu 19/30 € ; ⏲restaurant lun-sam ;). Un hôtel tout en fleurs, proche du port des Figueirettes, au-dessus de la route. L'ambiance est bon enfant, chacune des 14 chambres a son propre style, dans les tons pastel. Dans un bâtiment voisin, le restaurant avec ses nappes vichy et sa déco brocante offre un cadre chaleureux pour déguster une cuisine familiale de bonne facture. Terrasse fleurie et piscine. À 5 km du centre-ville vers Saint-Raphaël.

Les Ingrédients Cuisine de marché €€
(☎04 93 47 92 76 ; 2 av. de la Corniche d'Or ; formule midi 20 €, menus midi /soir 24/26 €, plats 15-29 € ; ⏲merc-dim). Carte réduite, produits de saisons et cuisine maison : voici le trio gagnant de cette sympathique adresse. En bonus, une excellente carte des vins (la patronne possède aussi la cave à vin, juste en face).

Le Coup de Fourchette Restaurant traditionnel €€
(☎04 93 93 50 05 ; 15 av. Charles-Dahon ; menus 22/32 €, plats 15-28 € ; ⏲mars-oct tlj sauf mer, fermé nov-fév). L'adresse ne paie pas de mine, mais les plats appétissants affichés sur l'ardoise – pluma de porc à la plancha, aïoli de lieu, jarret d'agneau dans son jus à l'ail, soupe de poisson avec rouille maison – tiennent tous leurs promesses. Très bon rapport qualité/prix, accueil sympathique.

La Maréa Restaurant gastronomique €€€
(☎04 93 75 19 03 ; www.lamarea.fr ; 16 av. du Trayas ; formule midi 29 €, menus 39 €, plats 22-49 € ; ⏲mer-dim ;). Poissons, coquillages et crustacés sont ici les vedettes ! La carte met en effet les produits de la mer à l'honneur avec homard, poulpes ou bouillabaisse d'une extrême fraîcheur. Une grande attention est portée aux producteurs et fournisseurs, locaux bien entendu ! Face au port des Figueirettes, cette table a une très belle vue sur la mer (malgré sa situation en bord de route).

Renseignements

Office du tourisme (☎04 93 49 28 28 ; www.theoule-sur-mer.org ; 2 bd de la Corniche-d'Or)

Mandelieu-La Napoule

Mitoyenne de Cannes, cette commune est éclatée en différents quartiers bien distincts. Celui de La Napoule est situé en bord de mer. On y va pour profiter de ses plages et pour flâner le long de ses deux ports maritimes ou sur les berges de la Siagne.

À voir

Château de La Napoule Néomédiéval
(☎04 93 49 95 05 ; www.chateau-lanapoule.com ; bd Henry-Clews ; visite guidée du château tarif plein/réduit 6/4 €, gratuit -7 ans, jardins seuls 4 € ; ⏲fév-oct tlj 10h-18h, nov-jan lun-ven 14h-17h, sam-dim 10h-17h). Ses pierres rouges et ses tours semblent sorties d'un conte. Henry et Mary Clews, un couple d'artistes américains, firent rebâtir cette demeure dans un style néomédiéval au début du XXe siècle. À l'intérieur, on découvre les gravures, les sculptures satiriques et l'atelier de Henry. Partout dans le château se cachent des symboles, et des inscriptions dédiées à son épouse. Les jardins, où les enfants peuvent participer à une chasse au trésor gratuite, sont un ravissement. À la belle saison, **salon**

GANCARLO LIGUORI / STOCK.ADOBE.COM ©

Château de La Napoule

de thé (avr-août 11h-17h) sur la terrasse surplombant la mer.

Activités

Plages

Coup de cœur pour les mojitos de la petite **plage des îles** (04 93 93 34 94, 06 22 77 70 28 ; port de la Rague ; matelas demi-journée/journée 11-12/16-18 €), près du port de La Rague. Également location de paddle (15 €/h). La **plage publique** mitoyenne bénéficie des mêmes atouts.

Balades et randonnées

De nombreuses options s'offrent aux adeptes de la randonnée. Il est possible d'établir soi-même son itinéraire (cartes en vente à l'office du tourisme).

Pour des randonnées à thème (faune, flore, aventure) dans les massifs de l'Estérel ou du Tanneron, contactez **Nature Essentielle** (06 63 48 56 53 ; www.nature-essentielle.fr). L'équipe propose aussi des sorties de plongée et d'observation des baleines.

Dans un esprit plus tranquille, le **sentier botanique du San Peyre** (1 heure) offre de formidables points de vue. Le départ se fait depuis le parking du cimetière du Bon-Puits (bd du Bon-Puits).

La jolie promenade du littoral (2 heures aller-retour maximum) part du château de La Napoule jusqu'au port de La Rague. Le retour se fait par le même itinéraire mais cette fois-ci avec vue sur la baie de Cannes.

Golf

Le premier golf de la Côte d'Azur, l'**Old Course** (04 92 97 32 00 ; www.golfoldcourse.com ; route du Golf), a vu le jour en 1892 par la volonté du grand-duc Michel de Russie. C'est aujourd'hui l'un des plus fréquentés de France.

Plongée

Pour découvrir les fonds sous-marins du parc maritime d'Estérel-Théoule ou les tombants des îles de Lérins, contacter le **Centre de plongée de La Rague** (04 93 49 74 33 ; www.rague-plongee.com ; baptême à partir de 59 €, port de La Rague) qui propose des plongées avec bouteille, du snorkeling et des initiations à l'apnée.

Saga mimosa

Si vous êtes sur la Côte d'Azur entre janvier et mars, ne manquez pas le tableau extraordinaire qu'offrent les collines de Mandelieu et de Théoule-sur-Mer, entièrement recouvertes de mimosa. Les boutons dorés de ces arbustes entrent dans la composition de nombreux parfums, dont Byzance de Rochas ou Amarige de Givenchy. Tout commence au XIXe siècle, lorsque des botanistes tentent de les importer sur la Côte d'Azur à partir de l'Australie. L'essai est rapidement transformé, le mimosa s'adaptant fort bien au soleil azuréen. L'activité des mimosistes est florissante, jusqu'à ce que sévissent, en février 1929, le gel et la neige. Les arbustes se meurent, mais les producteurs se battent et finissent par sauver leur activité. Deux ans plus tard, le 16 février 1931, pour fêter la renaissance des boutons dorés, la fête du Mimosa fait son apparition à Mandelieu-La Napoule. La tradition s'est perpétuée jusqu'aujourd'hui avec une semaine en février d'animations et de corsos fleuris.

Où se loger

Hôtel La Calanque Hôtel-restaurant **€€**
(☎ 04 93 49 95 11 ; 404 av. Henri-Clews ; s/d/tr/qua 100-140/120-160/150-200/170-220 € ; ⏰ fermé nov-jan, restaurant mar-dim ; Wifi, P). Proche d'une voie passante, mais à côté du château de La Napoule, des plages et des restaurants, l'hôtel vaut avant tout pour sa situation centrale et sa belle terrasse sous les platanes. Demandez les chambres avec vue sur la mer et terrasse, même si elles se payent au prix fort. Également une chambre familiale pour 4 personnes. Demi-pension possible.

Où se restaurer

Les Bartavelles Bistronomie **€€**
(☎ 04 93 49 95 15 ; www.restaurantlesbartavelles.com ; 1 pl. du Château ; menus 32 €, formules 20-23 €, plats 18-28 € ; ⏰ tlj sf mar midi et merc midi). Une adresse raffinée, juste en face du château. On y déguste des poissons frais, savoureusement préparés, et de délicieux desserts. Si le temps le permet, profitez de la jolie terrasse.

Le Bistrot 21 Sur le port **€€**
(☎ 04 93 90 83 47 ; Port Mandelieu ; menus 31 €, plats 15-22 € ; ⏰ tlj sf mar soir et merc). Sur le port, ce bistrot contemporain profite d'une belle terrasse à l'étage : vue mer garantie ! À la carte, une cuisine créative, un brin sophistiquée et relevée de pointes exotique (comme un dos de cabillaud au curry rouge).

Renseignements

Office du tourisme (☎ 04 93 93 64 64 ; www.ot-mandelieu.fr ; 806 av. de Cannes)

ARRIÈRE-PAYS CANNOIS

À moins d'une demi-heure de Cannes, les villages de l'arrière-pays rivalisent de charme... Ils feraient presque de l'ombre à leur voisine du littoral !

Mougins

C'est le village un peu chic à l'ouest des Alpes-Maritimes. Au détour d'étroites ruelles piétonnes, on y trouve plusieurs adresses gastronomiques de renom et moult ateliers d'artistes. Avant eux, Picasso, Éluard, Cocteau, Brel, Dior ou Piaf avaient d'abord succombé au charme et au romantisme de ce petit bijou perché de l'arrière-pays cannois.

Chaque année, le célèbre festival **Les Étoiles de Mougins** est dédié à la gastronomie. De mars à septembre a aussi lieu **Mougins Monumental**, avec des œuvres monumentales exposées in situ.

À voir

Vieux village — Sur les pas des artistes

Entre galeries d'art, ateliers d'artistes et restaurants chics, le vieux village invite à une déambulation sur les pas de grands noms de l'art, de la politique, du cinéma ou de la photographie (Winston Chrurchill, Lucien Clergue, Picasso, Jean Cocteau, Man Ray, etc.). Sur la place des Patriotes, vous serez d'ailleurs accueillis par la sculpture monumentale **Pablo** de l'artiste Gabriël Sterk. Non loin se dresse l'ancien hôtel **Vaste Horizon**, où Picasso posa ses valises en 1936. Plus loin, ne manquez pas une halte au très beau **lavoir**, qui accueille fréquemment des expositions temporaires. Au cœur du village, le **clocher** est accessible sur réservation à l'office de tourisme (groupe 5 €). Près de l'église, le **Centre de la Photographie** (porte Sarrazine) devrait aussi avoir ouvert ses espaces, dédiés à la photographie contemporaine.

Musée d'Art classique de Mougins — Insolite

(04 93 75 18 22 ; www.mouginsmusee.com ; 32 rue Commandeur ; tarif plein/sénior/étudiant/10-17 ans 14/9/7/5 €, gratuit -10 ans et handicapés ; 21 juin-sept tlj 10h-20h, oct-juin tlj 10h-18h). Oubliez vos préjugés sur les musées, celui est d'un autre genre ! Totalement privé, il établit un étrange dialogue entre antiquité et modernité à travers une collection éclectique. Sur 4 niveaux, des collections d'antiquités égyptiennes, grecques et romaines (avec la plus grande collection privée au monde de casques et d'armures gréco-romaines) côtoient dessins, peintures ou sculptures de grands peintres modernes : Picasso, Chagall, Matisse, Cézanne, Dalí ou Rodin. C'est petit, mais très fourni.

Dans les environs

Chapelle Notre-Dame-de-Vie — Insolite

(04 93 75 18 65 ; chemin de la Chapelle, puis étroit chemin fléché ; entrée libre ; juil-août tlj 10h-12h30 et 14h-19h, mai-juin et sept sam-dim 10h-12h30 et 14h-19h, oct-avr dim 10h-16h). À 2 km du vieux village, cette chapelle du XVIIe siècle, encadrée par des cyprès quadricentenaires, est un ancien sanctuaire à répit où l'on baptisait les enfants mort-nés (remarquez la stèle dans le jardin derrière l'édifice). Un petit musée présente des vestiges gallo-romains, ainsi que des photos de Pablo Picasso lorsqu'il habitait dans la villa mitoyenne de la chapelle, rebaptisée depuis l'**Antre du Minotaure**. Difficile de ne pas jeter un regard par-dessus les grilles !

Étang de Fontmerle — Balade au vert

Dans le parc départemental de la Valmasque, les forêts, prairies, parcours de santé, jeux, aires de pique-nique s'étendent sur 427 ha, à cheval sur les communes de Mougins et de Valbonne. L'une de ses portes d'entrée est l'étang de Fontmerle : recouvert de la plus importante colonie de lotus d'Europe (ils fleurissent en juillet) et

Étang de Fontmerle, Mougins

COMADIE / STOCK.ADOBE.COM ©

parsemé de cyprès évoquant la Toscane, le site est très prisé des promeneurs.

Où se loger

Les Liserons de Mougins Familial €€
(☎04 93 75 50 31 ; www.hotel-liserons-mougins.com ; 608 av. Saint-Martin, vers Mouans-Sartoux ; s 50/80 €, d 50/125 € basse/haute saison ; 📶 P). Un peu à l'écart du village, cet hôtel est logé dans une grande maison provençale avec piscine et véranda. Les chambres, à la déco un peu fanée, sont propres et calmes. Tarifs abordables.

Où se restaurer

Le Resto des Arts Provençal €€
(☎04 93 75 60 03 ; 20 rue du Maréchal-Foch ; menu 19 €, plats du jour 13-15 €, plats 13-28 € ; ⏲tlj sauf dim-lun). On aime les petits plats de Denise et l'accueil de Greg dans ce charmant établissement tout à la gloire de la cuisine locale : de la daube provençale au stouffi d'agneau en passant par l'aïoli et les petits farcis.

Aux Trois Étages Cuisine du terroir €€€
(☎04 93 75 19 65 ; 10 pl. du Commandant-Lamy ; menus 29-39 €, plats 14-28 €, formule midi 18,50 € ; ⏲tlj sj jeu). Des tables dressées avec goût et une présentation délicate : le cadre est idéal pour apprécier les plats raffinés aux saveurs méditerranéennes (comme le risotto de Saint-Jacques et gambas au caviar de citron) !

L'Amandier Gastronomique €€€
(☎04 93 90 00 91 ; www.amandier.fr ; pl. des Patriotes ; menu midi/soir 25/38-60 €, plats 28-38 € ; ⏲tlj). Une très bonne adresse. Dans un ancien moulin à huile, on déguste une cuisine raffinée et inventive, allant du rouget aux graines de fenouil au carré d'agneau rôti aux gousses d'ail, toujours accompagnés de légumes de saison. Les glaces maison sont délicieuses. Terrasse panoramique à l'étage.

Renseignements

Office du tourisme (☎04 92 92 14 00 ; www.mougins-tourisme.fr ; pl. des Patriotes)

Mouans-Sartoux

Entre Mougins et Grasse, Mouans-Sartoux offre un petit centre ancien, et un joli parc autour de son château.

À voir

Jardins du musée international de la Parfumerie Plantes à parfum
(☎04 92 98 92 69 ; 979 ch. des Gourettes ; 4 € ; ⏲juin-août tlj 10h-19h, avril-mai et sept-nov tlj sauf mar 10h30-17h30, fermé le reste de l'année). À l'écart du centre, ne manquez pas ces beaux jardins botaniques dédiés à la culture des fleurs, qui dépendent du musée de Grasse (voir p. 176). Sur près de 2 ha, ils dévoilent le travail des producteurs de fleurs à parfum. On peut suivre, par exemple, un parcours olfactif balisé entre rosiers et jasmins. L'entrée donne accès à un billet demi-tarif au musée international de la Parfumerie de Grasse.

Espace de l'Art concret Centre d'art
(☎04 93 75 71 50 ; www.espacedelartconcret.fr ; château de Mouans ; tarif plein/réduit visite guidée 7/5/9 €, gratuit -18 ans ; ⏲juil-août tlj 11h-19h, sept-juin mer-dim 13h-18h). Installée dans une singulière architecture vert anis, la **collection Albers-Honegger** comprend plus de 700 œuvres du Mouvement de l'art concret, signées Aurélie Nemours, Bernar Venet, Max Bill ou encore François Morellet. Ce mouvement né dans les années 1930, cherche à créer un langage universel à base de formes géométriques, sans sentimentalité ni interprétation.

Où se loger et se restaurer

Hôtel Casabella Hôtel central €€
(☎04 92 98 63 43 ; www.hotel-casabella.com ; 45 av. de Cannes ; plats 18-29 €, menus 35-45 € ; ⏲tlj sauf sam midi et dim). Face à la place principale, cet hôtel central offre une base confortable et abordable pour rayonner dans la région. Uniquement 20 chambres ou suites contemporaines et une terrasse sur les toits, à l'arrière, pour prendre son petit-déjeuner au calme.

La Cantina Restaurant méditerranéen €€

(☎04 92 28 10 60 ; www.restaurantlacantina.com ; 1 pl. Jean Jaurès ; plats 18-29 €, menus 35-45 € ; ⏲tlj sauf sam midi et dim). Il y a d'abord la terrasse ombragée, en hauteur, qui est un délice de fraîcheur. Puis les tables sur la place, les salles intérieures voûtées... et, bien sûr, la belle cuisine méditerranéenne, gourmande comme il faut, à l'image de ces "encornets farcis à la calabraise" ou ces "cannellonis ricotta et fricassée de gambas, concassé de tomates".

Renseignements

Office du tourisme (☎04 93 75 75 16 ; www.mouans-sartoux.fr ; 258 av. de Cannes)

Valbonne

Le vieux village est resté quasi intact depuis sa création, vers 1520. Avec Vallauris, il est le seul à être construit en damier : à l'époque, les épidémies de peste décimant la population de la région avaient convaincu l'évêque de Grasse de construire un nouveau bourg pour repeupler le territoire. Depuis, la place des Arcades n'a pas pris une ride. Entièrement piéton, le cœur de la vieille ville attire de nombreux ateliers et galeries d'art. L'atmosphère y est tranquille et authentique, le village étant resté quelque peu à l'écart des flux touristiques.

Le village fut longtemps réputé pour son servan, un raisin de table haut de gamme, à vendanges tardives, qui était conservé au frais durant tout l'hiver. Il est encore fêté à la Saint-Blaise, le dernier week-end de janvier.

Lors du **marché** hebdomadaire du vendredi matin, un espace est réservé aux producteurs locaux, sur la place de l'église.

À voir

N'hésitez pas à pousser les portes de la surprenante **Verrerie d'art Loumani** (☎04 93 12 97 04 ; www.loumani.fr ; pl. de l'Église ; ⏲tlj 10h30-13h et 16h-20h), labellisée EPV (Entreprise du Patrimoine Vivant), qui présente les œuvres d'Ada Loumani, dont la technique originale permet de transposer des tableaux dans le verre. Installée dans l'ancien moulin des moines, elle jouxte

Valbonne

l'ancienne abbaye du XIIe siècle, celle-là même autour de laquelle fut construit le village. Attenante à l'église, la **salle Saint-Esprit** (04 93 42 04 56 ; www.art-tisse.com ; entrée libre ; lun-mar 14h-18h, sam-dim 10h-13h et 14h-18h) accueille de belles expositions originales de peintures, céramiques et poteries. En face, devant l'Hôtel de Ville, vous verrez aussi un joli jardin des Simples, avec des herbes médicinales, ainsi qu'une sculpture de Roger Capron.

Activités

Sept sentiers de petites randonnées invitent à découvrir les alentours du village. Ils varient de 3,5 km à 12,5 km. Un des plus agréables et accessibles est le **sentier de la Brague**, qui longe la rivière et mène jusqu'à Biot (voir p. 191). Vous le rejoindrez facilement en contrebas de l'Hôtel de Ville.

Le **Golf d'Opio Valbonne** (04 93 12 00 08 ; www.opengolfclub.com ; château de la Bégude, route de Roquefort-les-Pins ; green fee 61-85 €) doit sa réputation à ses 220 ha vallonnés, à l'ombre d'arbres centenaires, où se niche même un aqueduc gallo-romain. Le parcours de 18 trous est l'un des plus anciens de la région. Le **Victoria Golf Club** (04 93 12 23 26 ; www.victoria-golf.com ; 1223 ch. du Val-Martin ; green fee 35 €) contient un petit parcours de 9 trous, technique et vallonné, parfois difficile.

Où se loger et se restaurer

Le Rocher Demeure et table d'hôte €€€
(04 92 28 17 45 ; www.lerocher-valbonne.fr ; 2 rue du Pontis ; d/ste 130-140/160 € ;). Au cœur du village, cette belle demeure offre 4 chambres et suites raffinées, entre œuvres d'art et mobilier signé. Dans la belle salle à manger l'hiver, ou sur les tables en terrasse aux beaux jours, on profite aussi de la délicieuse table d'hôtes (ouverte aux réservations extérieures).

La Table by Richard Mebkhout Gastronomique €€€
(06 08 93 65 08 ; 6 rue de la Fontaine ; menu midi/soir 17-25/41-59 € ; midi mar-dim, soir ven-dim). Dans une petite salle repeinte à la chaux, cette adresse de poche se hisse néanmoins à l'excellence, grâce à son chef Richard Mebkhout, passé chez les "grands" et signant ici une belle cuisine de marché.

Renseignements

Office du tourisme (04 93 12 34 50 ; www.tourisme-valbonne.com ; 1 pl. de l'Hôtel-de-Ville). Marché nocturne d'artisanat les mercredis soirs en été, ainsi que des projections en plein air le dimanche.

GRASSE ET L'ARRIÈRE-PAYS GRASSOIS

Élégamment agencée en gradins à flanc de colline, Grasse, du haut de ses 400 m, est la porte d'entrée du moyen pays azuréen. Ici, les vues sur la mer sont magnifiques. Dans l'arrière-pays, ce sont déjà les plaisirs de la montagne qui vous attendent.

Grasse

En situant l'intrigue de son chef-d'œuvre *Le Parfum* à Grasse, Patrick Süskind a conforté la renommée internationale de la capitale du parfum.

Au Moyen Âge, Grasse était surtout réputée pour ses cuirs. Mais le tannage engendrait de bien mauvaises odeurs... Molinard, tanneur à Grasse, eut l'idée, au XVIIe siècle, de créer des gants en cuir parfumé. Il en offrit une paire à Catherine de Médicis, qui apprécia l'offrande. Ce fut un premier pas vers la parfumerie, d'autant que l'industrie grassoise du tannage déclinait. Les producteurs oublièrent alors les peaux et se spécialisèrent dans le parfum. La population s'embourgeoisa et d'élégants hôtels particuliers furent construits. Aujourd'hui, le bassin de Grasse représente toujours près de la moitié de l'activité française de la parfumerie et des arômes, autour de 10% de l'activité mondiale.

À voir

Arpenter le centre-ville de Grasse, c'est s'immerger dans l'architecture des XVIIe, XVIIIe et XIXe siècles. Les immeubles et les ruelles étroites cohabitent avec des hôtels particuliers, souvenirs des premiers hôtes de marque de la ville, dont plusieurs accueillent des musées passionnants. Derrière la porte sculptée de la **cathédrale Notre-Dame-du-Puy**, du XIIIe siècle, on peut voir trois toiles de Rubens, ainsi que l'unique tableau religieux de Jean Honoré Fragonard, *Le Lavement des pieds*. Édifiée en pierres blanches, la cathédrale présente de massifs piliers cylindriques.

Musée international de la Parfumerie — Musée sensoriel

(04 97 05 58 00 ; www.museesdegrasse.com ; 2 bd du Jeu-de-Ballon ; tarif plein/réduit 4/2 €, 6/3 € avec expo, gratuit -18 ans, ticket valable pour le MAHP et demi-tarif aux Jardins et à la Villa Fragonard ; mai-sept tlj 10h-19h, oct-avr tlj sauf mar 10h-17h30). Au cœur de la vieille ville, ce musée dévoile de manière passionnante tous les aspects de ce produit familier et pourtant méconnu : son histoire, sa fabrication, des objets qui lui sont associés. Parmi eux, l'incroyable nécessaire de voyage de Marie-Antoinette et certaines pièces insolites comme le gratte-langue, le flacon de parfum en forme de tank ou le flacon-tube (que l'on glissait dans ses bottes). Les salles de l'ancien hôtel particulier de Ponteves sont prolongées par une extension d'architecture contemporaine et donnent ensuite accès aux jardins. Ne passez pas à côté du jardin d'addiction diffusant l'odeur de l'opium, de la cocaïne et du LSD ! L'entrée donne accès à un billet demi-tarif pour les jardins du musée situés à Mouans-Sartoux (p. 172).

Musée Fragonard — Art

(04 93 36 02 07 ; www.fragonard.com ; 14 rue Jean-Ossola ; entrée libre ; juil-août tlj 10h-18h, fermé dim de nov à fév). À deux pas du musée de la Parfumerie, il présente une vingtaine d'œuvres du célèbre peintre né à Grasse en 1732, Jean Honoré Fragonard (qui n'a rien à voir avec le parfumeur). Le rez-de-chaussée accueille de belles expositions temporaires.

Cathédrale de Grasse

ALEXANDRE LENOIR ©

À NE PAS MANQUER

Les parfums et les parfumeurs

À **Grasse**, trois grandes maisons de parfumeurs ont encore pignon sur rue. Situé à l'écart du centre-ville, **Galimard** permet d'éviter les embouteillages et les problèmes de stationnement. L'usine historique de **Fragonard** est, elle, située dans une vieille bâtisse du centre-ville, avec son musée retraçant l'histoire du parfum et de la maison. Enfin, non loin de là, se trouve **Molinard**. Toutes les trois proposent des visites gratuites de leurs locaux ainsi que des ateliers pour créer son propre parfum (sur rdv). Pour cette expérience, vraiment intéressante, nous vous conseillons ceux de Galimard, qui ont lieu autour d'un véritable "orgue" à parfum. Dans le centre, vous pouvez aussi contacter **Rosa Rosae** (06 49 49 57 58 ; atelierrosarose.com ; 1 rue des Fabreries), où Laurence Fanuel propose des ateliers de création toute l'année.

Ne manquez pas le **musée international de la Parfumerie** (voir ci-contre), dont la visite peut être combinée avec celle des **jardins du musée international de la Parfumerie** (p. 172) à Mouans-Sartoux qui proposent une promenade olfactive. L'occasion de découvrir la rose Centifolia ou "rose de mai", dont les pétales dégagent une odeur sensuelle et forte, très recherchée... Autre balade bucolique à 10 minutes de Grasse, le **domaine de Manon** (06 12 18 02 69 ; domainedemanongrasse.com ; 36 ch. du Servan, Plascassier), ferme de plantes à parfum qui propose des balades (sur rdv) au milieu des champs de fleurs. Vous pourrez ainsi visiter un champ de roses Centifolia (mai à mi-juin) ou de jasmin (août-oct).

Infos pratiques

- **Galimard** 04 93 09 20 00 ; www.galimard.com ; entrée libre ; usine, 73 rte de Cannes ; atelier de création, 5 rte de Pégomas ; tlj, juil-août 9h-18h30, avr-juin 9h-18h, sept-mars 9h-12h et 14h-18h
- **Fragonard** 04 93 36 44 65 ; www.fragonard.com ; entrée libre ; 20 bd Fragonard ; tlj, juil-août 9h-19h, sept-oct et fév-juin 9h-18h, nov-jan 9h-12h30 et 14h-18h
- **Molinard** 04 93 36 01 62 ; www.molinard.com ; entrée libre ; 60 bd Victor-Hugo ; été tlj 9h30-19h, hiver lun-sam 9h30-13h et 14h-18h30

Villa Fragonard — Art

(04 97 05 50 49 ; www.museesdegrasse.com ; 23 bd Fragonard ; 2 €, entrée combinée avec le musée d'Art et d'Histoire de Provence ; tlj pd vac. scol. mai-sept 13h-18h45, oct-avr 13h-17h15). À l'écart du centre, cette demeure présente quelques toiles de Fragonard père, mais vaut surtout pour le trompe-l'œil de la cage d'escalier peint par son fils Alexandre-Évariste. Le sous-sol abrite un petit musée de la Marine.

Musée d'Art et d'Histoire de Provence — Demeure historique

(04 93 36 80 20 ; www.museesdegrasse.com ; 2 rue Mirabeau ; 2 €, entrée combinée avec la villa Fragonard ; mai-sept tlj 10h-19h, oct-avr tlj sauf mar 10h-17h30). Agrémenté d'un jardin à la française, il mérite une visite essentiellement pour son cadre, une élégante demeure du XVIIIe siècle. Plusieurs pièces ont été reconstituées à l'aide de mobilier et d'ustensiles d'époque.

Où se restaurer

Lou Pignatoun — Restaurant-traiteur €

(04 93 36 11 80 ; www.lou-pignatoun.com ; 12 rue de l'oratoire ; formules 16,50/18/20 €, plat du jour 12 € ; lun-ven midi). La meilleure cantine provençale de la vieille ville. Les trois plats au choix de la formule, toujours goûtus, changent tous les jours. Aïoli le vendredi et *fassum* le mercredi (une spécialité locale à base de chou farci).

Le Café des Musées — Sur le pouce €

(04 92 60 99 00 ; 1 rue Jean-Ossola ; plats 9-21 € ; tlj 9h-18h30, fermé dim en hiver). Le lieu idéal pour une pause gourmande à l'entrée de la vieille ville. À la carte : salades, tartes salées et suggestions à l'ardoise à déguster dans une belle salle voûtée à la déco contemporaine ou en terrasse, à l'ombre de la tonnelle. Également des formules petit-déj (8 €) et goûter (6 €).

Lougolin — Semi-gastro €€

(04 93 60 14 44 ; www.lougolin.com ; 381 route de Plascassier ; formule 22 €, menu midi/soir 29/34 € ; tlj sf lun soir et dim). À l'écart de la ville, c'est la belle table de Grasse, tant par le décor que par les assiettes. D'abord, on profite de la vaste terrasse, à l'ombre des tilleuls et avec un superbe panorama sur la côte. Puis on savoure les mets sophistiqués du chef Xavier Malandran, comme cet exquis "ataki de thon, foie gras poêlé, sauce ponzu, tartare de légumes, perles du Japon, algues, wakamé, sésame" ! Coin de jeux pour les enfants.

Achats

Goûtez à la fougassette, la spécialité locale de la **Maison Venturini** (voir p.190). Parmi les nombreuses boutiques de parfumerie du centre-ville, **Didier Gaglewski** (06 82 66 01 22 ; www.gaglewski.com ; 12 rue de l'Oratoire), artisan parfumeur, est toujours partant pour vous révéler quelques-uns de ses secrets de fabrication.

Renseignements

Office du tourisme (04 93 36 66 66 ; www.grasse.fr ; pl de la Buanderie)

Depuis/vers Grasse

Une ligne de TER relie Grasse à la côte. En bus, la ligne n°500 du réseau Lignes d'Azur assure une liaison avec la gare routière de Nice tandis que les lignes n°600 et 610 desservent Cannes.

Cabris

A 10 minutes de Grasse, ce village au joli centre ancien est un camp de base idéal pour rayonner sur la Côte d'Azur. La place Mirabeau offre une superbe perspective sur le cap Ferrat, Toulon, les îles de Lérins, le lac de Saint-Cassien et, par matin très clair, la Corse ! Préservé des flots de touristes, le village attira de nombreux artistes tels Antoine de Saint-Exupéry, André Gide, Albert Camus, ou encore Jean Marais…

Où se loger et se restaurer

Restaurant Le Petit Prince — Provençal €€

(04 93 60 63 14 ; www.lepetitprince-cabris.fr ; 15 rue Frédéric-Mistral ; plats 17-45 €, menu 29 € ;

VAUT LE DÉTOUR
Au fil de la Siagne

À l'ouest de Grasse, le village perché de **Saint-Cézaire-sur-Siagne** (office du tourisme ☎04 93 60 84 30 ; www.saintcezairesursiagne.fr) est parcouru par de charmantes ruelles et placettes qui vous mèneront jusqu'au point de vue de la voie romaine, au bout de la rue Saint-Ferréol. Un peu avant le village, en venant de Grasse, ne manquez pas les **grottes de Saint-Cézaire** (☎04 93 60 22 35 ; www.grotte-saintecezaire.com ; 1481 route des Grottes ; visite guidée ; adulte/enfant 8/5,50 € ; ⏲fév-mai et sept-mi-nov tlj 10h-12h et 14h-17h, juin-août tlj 10h-18h), vieilles de 6 millions d'années et recouvertes de concrétions aux formes spectaculaires.

À quelque 8 km au nord-est de Saint-Cézaire, le village provençal de **Saint-Vallier-de-Thiey** est connu pour les saucissons et les fromages de son marché du dimanche matin. Il offre une autre balade souterraine, à effectuer sans guide (muni d'une lampe torche) à travers le **Souterroscope de la grotte de Baume obscure** (☎04 93 42 61 63 ; www.baumeobscure.com ; ch. Sainte-Anne ; adulte/enf 9-12,50/7-9,50 € selon options ; ⏲juil-août tlj 10h-18h, sept-juin mar-dim 10h-17h, fermé déc-fév). Les enfants seront ravis d'y participer à une chasse au trésor.

⏲tlj sauf jeu en saison, tlj sf merc et jeu le reste de l'année). On s'installe sur la belle terrasse ombragée, donnant sur la place principale du village, ou dans le cadre chaleureux de la salle aux pierres et poutres apparentes. On y déguste des plats généreux, qu'il s'agisse des raviolis d'aubergine ou de la poêlée de crustacés.

Auberge du Vieux Château Gastronomique et chambres **€€€**

(☎04 93 60 50 12 ; www.aubergeduvieuxchateau.com ; 7 montée du Château ; menu midi/soir 35-39/49-69 € ; d 89-139 € selon saison et vue ; ⏲mer-dim,). La terrasse offre un cadre vraiment extraordinaire, sur une placette cernée par des vestiges en pierre et l'église Saint-Roch. Dans les assiettes, une cuisine gastronomique soignée : retour de pêche juste saisi à la plancha, dos de dorade au chorizo, filet d'agneau poêlé... Même excellence côté chambres, avec une décoration raffinée, tendance provençale.

Renseignements

Office du tourisme (ot-cabris0.webnode.fr ; 9 rue F. Mistral)

Gorges et vallée du Loup

Au nord-est de Grasse, les gorges abruptes creusées par le Loup sont impressionnantes. Autour se découvrent quelques agréables villages, qui n'ont de "Loup" que le nom (car la rivière n'y passe pas) !

Gorges du Loup

Ici, le Loup se faufile à travers d'impressionnantes parois rocheuses, jaillit en de vertigineuses cascades avant de s'assagir autour de vasques sublimes. Classées en zone Natura 2000, ces gorges pittoresques sont accessibles depuis le hameau du **Pont-au-Loup**, point de départ des activités de canyoning (voir plus bas). Attention, à l'heure où nous écrivons ces lignes, un arrêté interdisait l'accès au sentier longeant les gorges (pour cause d'éboulement, puis par recours des riverains). Renseignez-vous avant d'emprunter le chemin. Notez aussi, à Pont-du-Loup, la **Confiserie Florian** (voir p. 190). Depuis le hameau, la D6 serpente entre les falaises de pierre grise jusqu'à Bramafan et croise, au passage, de belles **cascades** : celle de **Courmes**, puis celles du **Saut-du-Loup** (☎04 93 09 68 88 ; 1€ ; ⏲tlj 10h-19h), dont le site est aménagé pour la visite avec, en outre, un agréable café-restaurant. Sachez qu'il est presque impossible de stationner dans les gorges.

Activités

Fun Trip Canyoning et aqua-rando

(☎06 19 66 03 65 ; funtrip-canyoning.fr ; lieu-dit Pont-du-Loup, 11-13 rte de Grasse, Tourrettes-sur-Loup ; activités 45-80 € ; tte l'année). La meilleure option pour pénétrer au plus près des gorges ! Vous serez ébloui de la succession de vasques naturelles aux eaux turquoise. Yannick, enfant du pays, vous fera descendre le Loup en douceur, en mode canyoning (50 €/pers. ; à partir de 10 ans) ou aqua-rando (45 €/pers ; à partir de 8 ans). Également de la spéléologie, des rando-aventure, de l'escalade et de la via ferrata dans la région.

Où se loger et se restaurer

La Cascade Chambres d'hôtes €€
(04 93 09 65 85, 06 14 16 15 65 ; www.gitedelacascade.com ; 635 ch de la Cascade, Courmes, D503 ; d/tr 65-90/80-100 € selon confort et saison ; repas tout compris 27 € ;). Qu'il fait bon vivre dans cette ancienne bergerie perdue au-dessus des gorges du Loup en pleine nature. L'accueil, les conseils de Bruno et la cuisine d'Éric y sont pour beaucoup. Il faut dire que le lieu ne manque pas d'atouts : piscine, terrain de pétanque, étang, panorama sur les gorges du Loup et beaucoup d'espace pour les amoureux de la nature...

L'École des Filles Gastronomique €€
(04 93 09 40 20 ; 380 av. Amiral-de-Grasse, Le Bar-sur-Loup ; formule midi 26 €, menus 35-45 € ; tlj sf mer et jeu midi). De la bonne cuisine provençale, dans le cadre original d'une ancienne école primaire ! On mange dans la cour de récré aux beaux jours, sous le tilleul, ou dans l'une des deux salles de classe. Bien sûr, les ardoises sont de mise, la carte change toutes les semaines en fonction du marché. Service appliqué.

Gourdon

Ce village classé parmi les plus beaux de France mérite le détour. Perché sur un pic vertigineux à 760 m d'altitude, son château médiéval domine toute la vallée. La place Victoria offre une vue unique sur la Côte d'Azur, de Théoule à Nice. Dans le village, vous croiserez la boutique d'un souffleurs de verre d'art : la **Verrerie Balembois** (04 93 77 60 50 ; www.verrerie-balembois.com ; rue Pincipale).

INSOLITE !

Le bison de retour en Provence

La **réserve biologique des Monts d'Azur** (04 93 60 00 78, 09 65 03 49 68 ; www.haut-thorenc.com ; 2651 route des Châteaux, Thorenc-Andon ; safari à pied/en calèche adulte 15,50-23/20-23 €, 12-18 ans 13,50-20/17-20 €, -12 ans 10-12/12 €, séjour avec repas du soir et petit-déj + safari calèche adulte/enf 129,50/75 € ; avr à mi-nov mer-dim 10h-17h, déc-mars merc-dim 10h-16h30, vacances scolaires tlj 10h-18h) est un lieu unique, à 1 000 m d'altitude et à 45 minutes de Grasse. Cette réserve animalière d'environ 800 ha est la première en Europe visant à réintroduire en totale liberté des espèces naturelles ancestrales. Elle répond aux expérimentations de "ré-ensauvagement" . Depuis 2005, un troupeau de bisons d'Europe provenant de Pologne a ainsi été réintroduit. Aujourd'hui, ils sont plus d'une quarantaine à se déplacer en semi-liberté dans ces paysages mêlant anciennes terres agricoles, forêts et biotopes de montagne. À côté de cet herbivore massif, d'autres animaux sauvages ont été réintroduits, comme le cheval de Przewalski, jamais dompté par l'homme. Avec le bison, il côtoie les cerfs, les chevreuils, les sangliers et les chamois présents dans la réserve. Sur place sont étudiés les impacts de cette faune sauvage sur la forêt. Pour aborder ce temple de la nature vivante, mieux vaut opter pour les safaris à pied, en compagnie d'un guide qui vous expliquera tous les aspects de la démarche. Préférez, si possible, une visite le matin tôt ou la fin de journée. Vous pouvez aussi y passer la nuit, dans des écolodges bien pensés. Réservation hautement conseillée.

Activités

Les balcons de la Côte d'Azur — Randonnée

(départ Gourdon ; aller 2h15 ; balisage rouge et blanc). Également appelée "Canal du Foulon", cette balade suit le tracé du GR51 sur un itinéraire en balcon (mais assez plat) dominant le Loup. Panoramas somptueux garantis ! Suivez tout d'abord le "Chemin du Paradis" jusqu'au canal du Foulon, puis longez ce dernier. Vous traverserez de nombreux tunnels (prévoir une lampe torche). Le circuit va jusqu'à Bramafan mais vous pouvez arrêter avant (ou prévoir une navette pour le retour). L'itinéraire est déconseillé aux personnes ayant le vertige.

Où se restaurer

Au Vieux Four — Provençal €€

(04 93 09 68 60 ; rue Basse, Gourdon ; menu 26 €, plats 15-19,50 € ; midi ven-mar, soir sur réservation ven-sam). Dans une ruelle pentue du village, une salle rustique en sous-sol et quelques tables en bois en extérieur. Aux fourneaux, le chef Anthony Geai élabore une cuisine créative de saison : truite bio du Foulon meunière, pièce du boucher à la fleur de thym, risotto piémontais. Mention spéciale pour les desserts maison.

Renseignements

Office du tourisme (04 89 87 73 31 ; www.gourdon06.fr ; 1 pl. Victoria)

Tourrettes-sur-Loup

Dans ce hameau, les champs de violettes fleurissent depuis près d'un siècle : la culture de cette fleur constitue l'une des principales activités du village. Faites un passage par la **Bastide aux Violettes** (04 93 59 06 97 ; quartier de la Ferrage, Tourrettes-sur-Loup ; entrée libre ; mar-sam 10h-12h30 et 14h-18h), à la fois musée et espace de production, qui retrace l'histoire de la culture de cette fleur à Tourrettes, l'ensemble de ces utilisations et ses différentes méthodes de culture en terre et hors sol (notez que la période de floraison est d'octobre à mars). Les magnifiques ruelles du village sont aussi animées par une trentaine de galeries et d'artisans d'art.

Tourrettes-sur-Loup

Où se loger et se restaurer

Le Cinq Bistronomie

(☎09 81 89 25 69 ; 5 rue de la Bourgade, Tourrettes-sur-Loup ; plats 11-17 €, menus 30-40 € ; ven-mar). Caché derrière l'église, ce restaurant à la carte minimaliste sert une cuisine à base de produits locaux. Si les intitulés des plats sont parfois énigmatiques : porcelet/pistache/parmesan, thon/cébette/gingembre ou carotte/espelette/chèvre, le résultat dans l'assiette est souvent excellent ! L'adresse se double, au 10 de la même rue, d'un bar à vins.

Renseignements

Bureau d'information touristique (☎04 93 24 18 93 ; 2 pl. de la Libération)

GOLFE-JUAN ET LE CAP D'ANTIBES

Pointe caractéristique de la Côte d'Azur, le cap d'Antibes est l'objet de toutes les convoitises... Il protège ses rivages méditerranéens non loin de la vieille ville d'Antibes, dominée par le monumental Fort carré. À l'ouest s'étendent les stations balnéaires de Juan-les-Pins et de Golfe-Juan. Dans l'arrière-pays, Vallauris et Biot sont connus pour leur artisanat d'art, respectivement la verrerie et la poterie.

Antibes – Juan-les-Pins

Pablo Picasso, Sidney Bechet, Raymond Peynet, Jacques Prévert... De nombreux artistes ont succombé au charme d'Antibes. Une vieille ville typiquement méditerranéenne et une station balnéaire (Juan-les-Pins) à l'esprit festif, sont les deux facettes de cette cité.

Au Moyen Âge, Antibes devint une place forte importante pour le royaume de France en raison de sa position frontalière. Les nombreux travaux de fortification aidèrent la ville à résister à toutes les offensives pendant des siècles. Après le rattachement à la France du comté de Nice en 1860, la démolition d'une partie des remparts permit à la cité de s'étendre et de se moderniser. La station balnéaire de Juan-les-Pins vit le jour à la fin du XIXe siècle. Après avoir attiré de nombreux écrivains (George Sand, Flaubert, Maupassant, Jules Verne...), elle connut son heure de gloire durant les Années folles et l'entre-deux-guerres avec les fêtes endiablées organisées notamment par l'auteur de *Gatsby le Magnifique*, Francis Scott Fitzgerald et sa femme Zelda. Plus tard, de nombreux peintres (Picasso, Picabia, Man Ray, Chagall, Nicolas de Staël et Hans Hartung) et auteurs (Louis Aragon, Jean Cocteau, Jacques Prévert ou encore Graham Greene) vinrent y chercher l'inspiration.

En juillet 1960, Juan-les-Pins lance le premier Festival européen de jazz, à l'origine de l'incontournable festival **Jazz à Juan** (www.jazzajuan.com), l'un des plus réputés du monde.

À voir

C'est dans l'ancienne partie fortifiée de la ville qu'il faut flâner, humer les odeurs, lever les yeux. Déambulez dans le vieux quartier du Safranier, le long du **cours Masséna** et de son marché couvert où l'on peut dîner le soir. Arrêtez-vous devant la **cathédrale Notre-Dame-de-l'Immaculée-Conception**, avec sa façade baroque de couleur ocre et son retable du primitif niçois Louis Brea. Par l'une des portes des remparts, on accède à la **plage de la Gravette**, ainsi qu'au bastion Saint-Jaume, où se dresse la sculpture monumentale le **Nomade** de Jaume Plensa. Derrière, le Vieux Port, puis le **port Vauban,** sont dominés par le **Fort carré** (☎04 92 90 52 13 ; av. du 11-Novembre ; tarif plein/réduit 3/1,50 € ; juin-août mar-dim 11h-17h30, 10h-16h le reste de l'année). Immortalisé sur de nombreuses peintures, cet ancien bâtiment militaire construit au milieu du XVIe siècle fait partie des trésors antibois. Du haut des remparts, on jouit d'une vue superbe qui permettait

autrefois de surveiller la frontière avec le comté de Nice, propriété du duc de Savoie.

Musée Picasso – Château Grimaldi — Art et architecture

(☎04 92 90 54 20, 04 92 90 54 28 ; pl. Mariejol ; tarif plein/réduit 8/6 €, billet combiné musées municipaux 10 € ; ⏲15 juin-15 sept mar-dim 10h-18h, reste de l'année 10h-13h et 14h-18h, nocturne jusqu'à 20h mer et ven en juil-août). Dans ce superbe édifice, Picasso installa son atelier durant quelques mois de l'année 1946. Il abrite encore les quelques 23 peintures et 44 dessins que le peintre a laissés en dépôt à la ville. Mais il dévoile également une belle collection d'œuvres de Nicolas de Staël (dont l'œuvre magistrale Le Concert), d'Hans Hartung ou encore de Miró. Une magnifique terrasse s'ouvre sur la mer.

Musée d'Archéologie — Antiquités

(☎04 93 95 85 98 ; bastion Saint-André, 4 rue des Cordiers ; tarif plein/réduit 3/1,50 €, billet combiné musées municipaux 10 € ; ⏲nov-jan mar-sam 10h-13h et 14h-17h, fév-oct mar-dim 10h-12h30 et 14h-18h). Dans un bastion des remparts, le musée présente des objets découverts lors des fouilles effectuées dans la région témoignant de l'occupation ligure, grecque, puis romaine. Outre les nombreuses poteries, les fragments de mosaïques et de fresques, un espace est

Antibes

À voir

1	Cathédrale Notre-Dame-de-l'Immaculée-Conception	C3
2	Musée d'Archéologie	C4
3	Musée Peynet	C3
4	Musée Picasso – Château Grimaldi	C3
5	Nomades	D1

Où se loger

6	Le Relais du Postillon	B2

Où se restaurer

7	Albert Ier	B4
8	Choopy's	B2
9	L'Aubergine	C3
10	Le Bistrot du Coin	C3
11	Le Figuier de Saint-Esprit	C2
12	Le Petit cageot	B2
13	Lilian Bonnefoi	C3

Où prendre un verre

14	L'Absinthe Bar	C3

Renseignements

15	Office du tourisme	A1

Transports

16	Gare routière	B3

dévolu aux rites funéraires. Belle vue sur le cap d'Antibes depuis la terrasse.

Musée Peynet et du Dessin humoristique — Dessin

(04 92 90 54 30 ; pl. Nationale ; tarif plein/réduit 3/1,50 €, billet combiné musées municipaux 10 € ; nov-jan mar-sam 10h-13h et 14h-17h, fév-oct mar-dim 10h-12h30 et 14h-18h). Ce petit musée présente les caricatures et autres croquis sarcastiques que Peynet (qui vécut à Antibes de 1946 à 1976), le père des fameux "Amoureux", réalisa pour la presse durant ses soixante ans de carrière. L'endroit est très prisé des Japonais friands du "diplôme d'amour" signé Raymond Peynet que l'on reçoit quand on se marie à Antibes. Le musée accueille aussi des expositions temporaires d'autres humoristes.

Activités

Plages

La commune offre un large choix de plages. Du côté d'Antibes, au-delà du Fort carré, vous trouverez une longue plage publique de galets flanquant la route du Bord-de-Mer ainsi que la petite anse de la **Gravette**, bondée l'été. Au sud s'étendent des plages de sable fin, plus grandes : celles du **Ponteil** et de la **Salis**. Le long du cap d'Antibes, quelques criques sont accessibles, comme celle de l'anse de la **Garoupe** (chemin de la Garoupe) : attention, en été, elle est accaparée par des plages privées, hors de prix et où chaque centimètre est exploité. Du côté de Juan-les-Pins, vous trouverez plutôt des plages privées.

Promenade sur le cap d'Antibes

Le **sentier touristique de Tire-Poil** offre une superbe balade le long du cap d'Antibes, accessible à tous (2 heures aller-retour). Il longe le littoral de la **plage de la Garoupe** (parking av. Andrée-Sella) jusqu'à la célèbre **villa Eilenroc** (04 93 67 74 33 ; 2 € ; mer, 1er et 3e sam du mois 14h-17h), palais néoclassique édifié sur les plans de Charles Garnier et qui connut comme prestigieux occupants Léopold II de Belgique et le roi d'Égypte Farouk. La villa est actuellement fermée pour travaux.

Activités nautiques

Blue Drop — Pagaies

(06 31 48 30 90 ; blue-drop.fr ; port Galice, bd Baudouin ; location 1h paddle/kayak 16-18/16-26 €). Paddle et kayak sont une bonne option pour faire le tour du cap à son rythme !

Easy Dive — Plongée

(04 93 61 26 07 ; www.easydive.fr ; port Galice, Juan ; baptême 65 €, 35-60 € la plongée sur réservation).

Visiobulle — Exploration marine

(04 93 67 02 11, 06 36 65 50 08 ; www.visiobulle.com ; ponton Courbet, bd Charles-Guillaumont, Juan-les-Pins ; adulte/enfant 15/7 € ; avr-sept tlj). Ce bateau à la coque vitrée vous permet d'explorer les fonds marins durant 1 heure sans vous mouiller.

Parc de loisirs

Marineland — Parc aquatique

(04 93 33 49 49 ; www.marineland.fr ; 306 av. Mozart ; tarif plein/réduit 39/32 € ; tlj 10h-22h

Antibes

juil-août, jusqu'à 19h avr-juin et sept, jusqu'à 17h hiver, fermé jan). Orques, dauphins, otaries, ours polaires font ici le spectacle. Également sur le site, une ferme, un minigolf et un Aquasplash.

Où se loger

Antibes

Le Ponteil Hôtel au calme €€

(04 93 34 67 92 ; www.leponteil.com ; 11 imp. Jean-Mensier ; s/d/f 75-115/85-120/115-185 €, petit-déj et parking compris ; fermé nov à mars ;). Sise dans une villa provençale des années 1920, cette adresse a gardé tout son charme. Non loin du vieil Antibes et des plages, au bout d'une impasse fleurie, elle profite du calme et d'une jolie terrasse ombragée. Les chambres y sont coquettes et confortables.

Le Relais du Postillon Central €€

(04 93 34 20 77 ; www.relaisdupostillon.com ; 8 rue Championnet ; d 90-115 € ; fermé mi-déc à début jan ;). Au cœur de la vieille ville, cet ancien relais de poste offre des chambres au calme, dont certaines possèdent un balcon ou une petite terrasse privative. Personnel dynamique et accueillant, bar cosy avec cheminée au rez-de-chaussée et terrasse en extérieur.

Juan-Les-Pins – Cap d'Antibes

Hôtel Le Sud Tendance €€

(04 92 93 32 60 ; www.hotellesud.com ; 5 rue Marcel Paul ; d/qua 76-144/190-240 € ;). Non loin de la gare, cette adresse récente joue la carte d'une décoration épurée et élégante (objets chinés, céramiques, cannage, etc.). Belle atmosphère dans les 29 chambres, dont certaines disposent d'une petite terrasse. Au rez-de-chaussée, le bar tendance se double d'un agréable jardin. Délicieux petit-déj "maison". Dernier atout : l'adresse est à mi-chemin des plages et du vieil Antibes.

Hôtel Éden Front de mer €€

(04 93 61 05 20 ; www.edenhoteljuan.com ; 16 av. Louis-Gallet ; s/d/tr 71-89/95-130/115-175 € ; fermé nov à mi-mars ;). Les atouts phares des lieux : sa situation en front de mer et sa délicieuse architecture des années 1930. Entièrement rénovées dans

les tons beige et chocolat, les chambres profitent parfois d'une belle vue sur la mer. Jolie terrasse ombragée, accueil très chaleureux et excellent rapport qualité/prix.

La Marjolaine Central €€
(☎04 93 61 06 60 ; 15 rue du Dr-Fabre ; s/d 55-75/70-100 € ; fermé nov-déc ;). Bien que centrale, cette grande villa est au calme. Tenue par un couple charmant, elle dévoile un style provençal, affirmé dès le salon-bibliothèque rustique. Le charme se prolonge dans les étages. Vue dégagée depuis les chambres. Parking 9 € par jour.

Hôtel Mademoiselle Tendance €€€
(☎04 93 61 31 34 ; www.hotelmademoisellejuan.com ; 12 av. du Dr-Dautheville ; d/tr 100-250/130-280 € ;). Dans une rue piétonne, l'adresse tendance du coin se repère à sa façade rose bonbon. Confortables et stylées, les chambres répondent au critère de confort de ce quatre-étoiles : privilégiez néanmoins celles donnant sur la terrasse, à l'arrière. Petits déjeuners à base de pâtisseries maison et salon de thé l'après-midi.

Où se restaurer

Antibes

Lilian Bonnefoi Gourmandises €
(☎04 93 33 90 74 ; www.lilianbonnefoi.com ; 2 pl. du Safranier ; formules 8,50-19 € ; tlj juil-août, reste de l'année mar-sam). Le chef pâtissier de l'hôtel du Cap-Eden Roc propose ici de savourer ses excellentes créations gourmandes. Également des formules breakfast, brunch ou déjeuner, ainsi que des cours de pâtisserie.

Choopy's Pause fraîcheur €
(☎04 93 64 90 68 ; www.choopys.com ; 19 rue du Marc ; plats 10,90-21 € ; tlj juil-août, reste de l'année mar-sam). Dans une ruelle du vieil Antibes, ce petit restaurant à la déco acidulée propose thé, chocolat chaud et restauration d'inspiration anglo-saxonne : bagels, salade, pancake, cookie... Sélection de plats sans gluten.

Quand le jazz est là

Depuis 1960, durant dix jours au mois de juillet, Juan-les-Pins se transforme en capitale mondiale du jazz en accueillant le festival **Jazz à Juan** (☎04 22 10 60 01 ; www.jazzajuan.com). Tout sauf un hasard. Il faut remonter à 1923, l'année où Louis Armstrong enregistre à Chicago ses premiers disques. Cette année-là, les Murphy, un jeune couple d'Américains, s'installent au cap d'Antibes. Ils ont dans leurs bagages une collection des meilleurs 78 tours de blues, de ragtime, de negro-spirituals et de jazz qu'ils font découvrir à leurs visiteurs. Les soirées données par les Murphy inspireront le roman *Tendre est la nuit* à Francis Scott Fitzgerald, et le couple lui servira de modèle pour son recueil de nouvelles *Les Enfants du jazz*. Dès 1927, l'Auberge du Pin Doré accueille à Juan-les-Pins le Blue Lagoon Orchestra. Dans les années 1930, les jazz-bands se succèdent au casino de la station balnéaire, et Sidney Bechet tombe amoureux de la région. En 1951, son mariage donne lieu à une fête démesurée dans les rues d'Antibes. Il y reviendra ensuite tous les étés. Après sa mort, les plus grands jazzmen viendront à Juan-les-Pins pour le festival. Et c'est toujours le cas aujourd'hui...

Le Bistrot du Coin Tapas €
(☎04 92 96 04 11 ; 14 rue du Saint-Esprit ; plat 7-16 € ; mer-dim). On vient piocher ici dans les séduisantes portions aux influences corses : charcuterie et fromages font frétiller les papilles, tout comme l'option végétarienne ! Une bonne adresse, aussi discrète que sympathique.

L'Aubergine Méditerranéen €€
(☎04 93 34 55 93, 06 84 19 04 60 ; 7 Impasse Sade ; menus 25/31,50 €/ bouillabaisse 35 € ; tlj sauf mer). Dans une rue typique, cette

Plage de Juan-les-Pins

adresse douillette décline salle intime, tables colorées et décoration soignée. On y goûte des spécialités provençales ou italiennes et des desserts maison, le tout préparé avec amour.

Albert Ier — Spécialités de la mer €€

(☎ 04 93 34 33 54 ; www.restaurant-albert-1er.com ; 46 bd Albert-Ier ; formules midi 17,90-18,90 €, menus 29/35 € ; ⏲ tlj). Face à la mer, cette maison familiale, au décor classique, sert de savoureux plats de poisson : friture maison, soupe maison de poisson et crabe vert, noix de Saint-Jacques, plateau de fruits de mer... Vente au détail de poisson frais.

Le Petit Cageot — Bistronomie €€€

(☎ 04 89 68 48 66 ; www.restaurantleptitcageot.fr ; 5 rue Dr-Rostand ; menus midi/soir 30/37-57 €, formule 25 € ; ⏲ mar-sam). L'adresse en vogue des ruelles piétonnes du vieil Antibes. Dans une salle toute simple mêlant pierre et bois, Arnaud Lacombe propose une cuisine du marché à base de produits frais parfaitement exécutée. La carte change quotidiennement et si vous n'arrivez pas à vous décider, le chef propose un menu "surprise". Belle carte des vins qui fait la part belle aux vignerons indépendants.

De Bacon — Spécialités de la mer €€€

(☎ 04 93 61 50 02 ; www.restaurantdebacon.com ; 664 bd de Bacon, Cap d'Antibes ; menus 70 €, plats à partir de 30 € ; ⏲ tlj). La renommée des plats de poisson de la famille Sordello s'étend sur toute la Côte d'Azur et au-delà. Outre ces délicieuses spécialités de la mer, on profite également d'un cadre superbe, avec une vue superbe sur la Méditerranée et le vieil Antibes.

Le Figuier de Saint-Esprit — Gastronomique €€€

(☎ 04 93 34 50 12 ; www.restaurant-figuier-saint-esprit.com ; 14 rue du Saint-Esprit ; menus midi/soir 42/55-148 € ; ⏲ mai-oct tlj sauf mar, lun midi et mer midi, nov-avr jeu-lun). Christian Morisset, honoré de deux étoiles au Michelin, vous accueille dans ce magnifique restaurant articulé autour d'un patio piqué d'un figuier. On a ici l'assurance de goûter une cuisine gastronomique succulente qui justifie son prix. Dans une petite ruelle à deux pas du musée Picasso.

Juan-les-Pins

Le J. Bistronomique €€

(04 93 74 15 14 ; www.restaurantlej.fr ; 17 av. du Dr-Dautheville ; plats 24-28 €, 15 € le midi ; tlj sf dim). Quatre plats raffinés qui changent tous les 15 jours selon les produits de saison et les envies d'un jeune chef inventif ayant bourlingué aux quatre coins du monde. Une très bonne table.

Où prendre un verre et faire la fête

Antibes

L'Absinthe Bar Cave enchanteresse

(04 93 34 93 00 ; 25 cours Masséna ; tlj 9h-minuit sauf dim et lun soir). Sur le cours Masséna, dans la cave voûtée d'un magasin de produits du terroir, se cache un bar délicieusement rétro où il est possible de déguster une cinquantaine de variétés de fée verte (liqueur d'absinthe !). Concert à l'occasion.

La Siesta Club Club sur la plage

(04 93 33 31 31 ; www.joa-casino.com ; 2000 route du Bord-de-Mer ; 20 € ; mai-sept mer-dim 19h-2h, fermé le reste de l'année). Au milieu d'un complexe comprenant un restaurant et le Joacasino (tlj 10h-3h) cette boîte reste mythique. Ses diverses pistes de danse s'ouvrent sur la plage de galets. DJ résidents et soirées spéciales. À 10 minutes en voiture du centre.

Juan-les-Pins

Pam-Pam Rhumerie

(04 93 61 11 05 ; www.pampam.fr ; 137 bd Wilson ; tlj 15h-4h30). L'un des établissements emblématiques de la station balnéaire. Cocktails un peu chers (10-13,80 €), mais généreux.

Le Village Club

(04 92 93 90 00 ; 1 bd de la Pinède ; à partir de 12 € ; en été tlj à partir de minuit, sam-dim le reste de l'année). Une discothèque à la déco d'inspiration mexicaine. Dans le même bâtiment, les Colonies Britanniques et sa musique des années 1980 est fréquenté par les trentenaires. Ambiance des îles le soir avec des musiciens et des danseuses brésiliennes. Portions généreuses.

Renseignements

Office du tourisme d'Antibes
(04 22 10 60 10 ; www.antibesjuanlespins.com ; 42 av. Robert-Soleau, Antibes)

Office du tourisme de Juan-les-Pins
(04 22 10 60 01 ; 60 chemin des Sables, Juan-les-Pins)

Depuis/vers Antibes et Juan-les-Pins

Gare routière (pl. Guynemer). À Antibes. Le réseau **Envibus** (04 89 87 72 00 ; www.envibus.fr) permet de rejoindre Juan-les-Pins, Vallauris et Valbonne. Ligne n°200 du réseau **Lignes d'Azur** (www.departement06.fr) pour rejoindre Cannes ou Nice.

Gare SNCF (av. Robert-Soleau). Elle est située au centre d'Antibes.

Golfe-Juan

Rattaché à la commune de Vallauris (voir p. 188), cette petite station balnéaire aux belles plages de sable fin attire un public familial. C'est ici que débarqua Napoléon Ier, en 1815, avant d'emprunter la route qui porte aujourd'hui son nom. En séjournant à Golfe-Juan, George Sand et Juliette Adam, égérie des milieux littéraires et politiques parisiens, contribuèrent à la réputation de la station au milieu du XIXe siècle.

Les longues plages de sable encadrent les deux ports mitoyens : le Vieux-Port et le port Camille-Rayon, bordé de cafés et de restaurants. Sur les **plages du Soleil**, en direction de Cannes, on a vue sur les îles de Lérins d'un côté et sur les yachts du Vieux-Port de l'autre. À l'est, en direction d'Antibes, ce sont les **plages du Midi**. D'un côté comme de l'autre, plages privées et publiques alternent.

Renseignements

Office de tourisme (☎04 93 63 73 12 ; www.vallaurisgolfejuan-tourisme.fr ; parking du Vieux-Port)

Vallauris

Le vieux quartier de Vallauris est l'un des rares villages (avec Valbonne) construit en damier, sur un plan établi en 1501. Mais, dès que l'on dit Vallauris, on pense aux poteries, aux céramiques et, immanquablement, à Picasso… qui produisit ici-même quelque 3 500 œuvres ! À la suite de sa rencontre avec l'atelier Madoura, il s'installa en effet à Vallauris en 1948 et y resta jusqu'en 1955. Il connut ici quelques années de bonheur avec sa femme Françoise Gilot. Après leur rupture, il y épousa, en 1961, Jacqueline Roque, sa dernière femme. L'activité du génie espagnol a durablement marqué la vie de la commune et on en oublierait presque l'âme de Jean Marais, qui continue de planer au-dessus du village où il est enterré. Il faut dire qu'aujourd'hui encore, la ville vit autour de la céramique : elle compte plus de quatre-vingts ateliers et boutiques d'artistes céramistes et d'artisans potiers, ainsi qu'une école renommée.

Avenue Georges-Clemenceau, on admire la façade baroque de l'**église Sainte-Anne**, qui recèle une superbe chaire en bois (XVIIe siècle). Sur la place se dresse la sculpture de bronze, **L'Homme au mouton**, signée Picasso et offerte par l'artiste à la ville en 1950. C'est l'une des rares œuvres de l'artiste exposée en plein air : il voulait quelle vive avec les Vallauriens !

À voir

Château-musée — Trois musées en un !

(☎04 93 64 71 83 ; pl. de la Libération ; tarif plein/réduit 6/3 €, gratuit -18 ans ; ⌚juil à mi-sept tlj 10h-12h30 et 14h-18h, mi-sept à juin mer-lun 10h-12h15 et 14h-17h). Le château de Vallauris, ancien prieuré de l'abbaye de Lérins, est surnommé le château-musée, car il abrite trois musées : le musée national Picasso, le musée Magnelli et le musée de la Céramique. Le **musée national Picasso** est le plus emblématique. On y admire une œuvre majeure du maître, **La Guerre et la Paix** (1952), composition monumentale de plus de 100 m² réalisée dans son atelier vallaurien du Fournas et installée sur les murs de la chapelle romane. À l'origine, Picasso souhaitait que l'on découvre cette œuvre dans la pénombre, à la lueur de bougies, pour voir les formes bouger, comme dans une caverne. Les deux autres musées, le **musée de la Céramique** et le **musée Magnelli**, présentent les grandes étapes de l'histoire de la céramique à Vallauris et l'importante donation d'Alberto Magnelli – peintures, gravures et collages allant du semi-figuratif à l'abstraction.

Balade autour de la céramique — Céramiques contemporaines

(plan disponible à l'office du tourisme). Avec plus de 57 lieux dédiés à la céramique, Vallauris mérite son label de "Ville et métier d'Art" ! L'occasion d'une déambulation à la rencontre de ces jeunes artisans et artistes, dont les boutiques sont la plupart du temps aussi leurs ateliers. Leurs styles sont particulièrement variés : tendance poétique chez **Les Petites Porcelaines** (5 rue Clément-Bel), très design chez **Jonathan Reynaud** (21 av. Georges-Clémenceau), "cousu main" chez **MSG Céramique** (61 av. Georges-Clémenceau) ou encore transfigurant un héritage chez **Julien Capron** (49 rue Clément-Bel), petit-fils de Roger. Faites aussi halte à la salle Arias de l'association **A.V.E.C.** (35 av. Georges-Clémenceau) qui fédère l'ensemble des artistes. Vous pouvez aussi vous arrêter à l'excellente **Galerie Agnès Sandahl** (☎04 93 64 65 71 ; www.galerie-agnes-sandahl.com ; 65 av. Georges-Clemenceau). Notez que chaque premier jeudi du mois ont lieu les vernissages. Enfin, l'**atelier Madoura** (dans laquelle

Picasso fit ses premiers pas en tant que céramiste) était fermé pour une durée indéterminée lors de nos rercherches.

Où se restaurer

Le Café du Coin Brasserie €

(☎04 92 90 27 79 ; 16 pl. Jules-Lisnard ; formule 16,50 € ; plats 13,50-26,50 € ; ⏲tlj sauf dim soir et lun, fermé mar et dim soir en hiver). Sur une placette de la vieille ville, cette adresse vaut le détour. Les produits sont frais, tout est fait maison et la bouillabaisse tient ses promesses. Accueil très sympathique.

Les Dilettants Resto-potager hors du centre €€

(☎04 93 33 99 59 ; 1193 chemin de Saint-Bernard ; plats 19-22 €, formules 26-28, menu 32 € ; ⏲midi lun-sam, soir ven-sam). Une pépite à l'écart du centre ! C'est la promesse d'une dégustation en direct du potager : ici Thomas Filiaggi veille sur ses légumes afin de pouvoir les servir au gré d'un menu plutôt verdoyant ! Belles compositions, notes exotiques et mets orchestrés avec brio. On déguste le tout sous la tonnelle du jardin ou dans une agréable salle contemporaine, tendance bleu nuit.

Achat

Nérolium Coopérative locale

(☎04 93 64 27 54 ; nerolium.fr ; 16 bis av. Georges-Clemenceau). En plein centre de Vallauris, cette coopérative agricole cultive, depuis 1906, la fleur d'oranger bigaradier, une variété locale d'oranges amères, qui eut ses heures de gloire. Récoltées au mois de mai, les fleurs sont distillées et produisent le néroli. Vous trouverez ici cette huile essentielle, mais aussi des eaux florales, des confitures, ainsi que d'autres productions artisanales et régionales. Autre boutique, doublée d'un éco-musée à Golfe Juan.

Renseignements

Office de tourisme (☎04 93 63 18 38 ; www.vallaurisgolfejuan-tourisme.fr ; 4 av. Clemenceau). Liste disponible des ateliers d'artisans potiers et céramistes de la ville et des visites gratuites d'ateliers de poterie.

Vallauris

SI VOUS AIMEZ...

Les spécialités provençales

Ne passez pas à côté de certaines trouvailles culinaires inspirées par les cultures de la région.

Les confiseries Florian

Pour tout connaître sur la fabrication de ses orangettes, ses chocolats et ses fruits confits, la **confiserie Florian** (04 93 59 32 91 ; Pont-du-Loup, Tourrettes-sur-Loup ; visite guidée gratuite ; tlj 9h-12h30 et 14h-18h) des gorges du Loup ouvre ses portes au public. Vous trouverez également une boutique à Gourdon et à Grasse.

L'huile d'Opio

À 2 km de Valbonne, le **moulin d'Opio** (04 93 77 23 03 ; www.moulin-opio.com ; 2 route de Châteauneuf, Opio ; avr-sept mar-sam 10h-13h et 15h-19h, oct-mars 9h30-12h30 et 14h30-18h30) est une véritable institution dans le domaine de l'huile d'olive. Produisant 700 tonnes d'olives par an, c'est le plus important producteur de la région et le troisième en France ! Visite gratuite du moulin sur réservation.

Le Craquelin de Palanque

Pâtisserie emblématique de Vence, cette brioche mêlant miel, amande et crème caramélisée a été inventée en 1927 dans la boulangerie **Palanque** (04 93 58 02 24 ; 37 av. Marcellin-Maurel, Vence ; mar-dim 6h30-19h).

Les Fougassettes de Grasse

Pour goûter à la fougassette, une spécialité de Grasse, direction la **Maison Venturini** (04 93 36 20 47 ; 1 rue Marcel Journet).

La Socca... cannoise

Au marché Forville, à Cannes, **Axel** (06 34 24 20 16 ; www.soccannes.fr ; mar-dim) avec sa remorque équipée d'un four à bois, adapte la célèbre galette niçoise à la mode cannoise.

Biot

Capitale des souffleurs de verre (après avoir été celle de la poterie), ce joli village perché a un charme fou. Fernand Léger y élut domicile et y laissa une grande partie de son œuvre. Égayées par les plantes et les fleurs, les ruelles pentues de la vieille ville mènent jusqu'à sa superbe place des Arcades ouvrant sur l'**église Sainte-Marie-Madeleine** qui recèle un beau retable du peintre niçois Louis Brea.

À voir

Verrerie de Biot — Artisanat d'art

(04 93 65 03 00 ; www.verreriebiot.com ; 5 ch. des Combes ; musée tarif plein/réduit 3/1,50 €, visite guidée 6/3 € ; lun-sam 10h-18h, dim 10h30-13h30 et 14h30-18h30). La verrerie de Biot est l'un de ses principaux centres d'intérêt, la ville étant labélisée "Ville et métier d'art" pour le verre. On raconte que cette tradition serait née d'une histoire d'amour entre la fille du potier et un créateur verrier. La tradition du verre s'implante en effet à Biot en 1956, quand Éloi Monod et sa femme, Lucette, fondent leur verrerie. Ils y inventent le fameux "verre bullé" (qui consiste à emprisonner les bulles d'air entre deux couches de verre grâce à du bicarbonate de soude). Dans la **halle des verriers**, on peut assister au travail des souffleurs de verre. À côté, l'**écomusée du Verre** vous apprendra l'histoire de cette technique ancestrale, dont les origines remontent aux Égyptiens. La verrerie est située au pied du vieux village.

Musée national Fernand Léger — Cubisme

(04 92 91 50 30 ; www.musee-fernandleger.fr ; ch. du Val-de-Pôme ; tarif plein/réduit 7,50/6 €, gratuit -26 ans ; mai-oct tlj sauf mar 10h-18h, nov-avr 10h-17h). Fernand Léger découvre le village de Biot vers la fin de sa vie, en 1949. Il y achète un terrain en 1955 avant de décéder quelques semaines plus tard, alors qu'il travaillait à une étude pour la façade du nouveau stade-vélodrome à Hanovre : cette immense mosaïque a décidé de l'architecture du musée, œuvre

Biot

monumentale en lui-même ! À travers plus de 300 œuvres, les intérieurs retracent l'évolution de l'artiste : des prémices du cubisme aux toiles de son séjour américain en passant par sa période abstraite. Des expositions temporaires d'envergure sont également organisées. Dans le jardin, la **Table du musée** (☎07 85 83 23 66) offre une halte très sympathique et de qualité.

Pierini verre contemporain — Galerie d'art verrier

(☎04 93 65 01 14, 06 13 22 55 66 ; www.pierini.fr ; 9 chemin du Plan ; entrée libre ; ⏲mer-sam 10h-13h et 15h-18h30). Robert Pierini, dont les œuvres tout en rondeur sont renommées internationalement, ouvre ses portes pour les visiteurs souhaitant découvrir son savoir-faire et ses réalisations.

Musée d'Histoire et de Céramiques biotoises — Musée local

(☎04 93 65 54 54 ; www.musee-de-biot.fr ; 9 rue Saint-Sébastien ; 4/2 €, gratuit -16 ans ; ⏲juill-sept mer-dim 10h-18h, oct-juin 14h-18h). En plein centre-ville, ce musée associatif met en lumière deux types d'objets ayant fait la renommée de Biot au XVIIIe siècle : les jarres, expédiées jusqu'en Amérique, et les fontaines d'appartement en céramique vernissée. Dans l'ancienne chapelle sont organisées des expositions temporaires.

Activités

Golf

Le **Golf de Biot** (☎04 93 65 08 48 ; www.golfdebiot.fr ; 1379 route d'Antibes) propose un parcours 18 trous, des practices éclairés et des postes chauffés.

Promenade

Le **sentier de la Vallée de la Brague** (durée 3h environ ; le bus n°10 du réseau Envibus ramène au village) invite à une agréable promenade le long de la rivière, qui vous mènera jusqu'au village de Valbonne (voir p. 173).

Où se loger et se restaurer

Restaurant-galerie des Arcades — Hôtel-restaurant €€

(☎04 93 65 01 04 ; www.hotel-restaurant-les-arcades.com ; 16 pl. des Arcades ; menu 36 €, plats 18-27 € ; ch 60-100 € ; 15 juin-15 sept mar-dim, fermé aussi dim soir le reste de l'année). Sous de belles arcades médiévales se niche cette institution locale, où passèrent tous les artistes de la région. On peut y déguster, comme autrefois, d'authentiques spécialités provençales (soupe au pistou, aïoli, bourride). Les 11 chambres, un brin désuètes, possèdent un charme unique, notamment les 3 restées dans leur jus, dont l'une dispose d'une petite terrasse sur les toits ! Si vous montrez patte blanche, peut-être pourrez-vous visiter l'étonnante galerie d'art privé qui occupe les caves...

Renseignements

Office du tourisme (04 93 65 78 00 ; www.biot-tourisme.com ; 4 Chemin-Neuf)

BAIE DES ANGES ET PAYS VENÇOIS

Entre Antibes et Nice, les longues plages recouvertes de galets sont bordées par d'innombrables constructions, dont la plus fameuse, et la plus controversée, la Marina Baie des Anges. Offrant de formidables points de vue sur la côte et ponctués de villages perchés, l'arrière-pays est sublime. Pas étonnant que Vence, Saint-Paul-de-Vence ou Cagnes-sur-Mer aient inspiré tant d'artistes.

Villeneuve-Loubet

Cette cité a vu naître Auguste Escoffier, le "roi des cuisiniers". Il faut grimper les ruelles du vieux village pour atteindre la très belle **forteresse médiévale** (visite guidée tarif plein/réduit 7/5 €, inscriptions à l'office du tourisme) qui appartient à la famille Panisse-Passis depuis 1742.

C'est aussi la ville de la **Marina Baie des Anges**, quatre pyramides immaculées, hautes de 70 m, qui se voient depuis Antibes. Il aura fallu près de 25 ans pour bâtir ces singuliers immeubles de luxe, reconnus patrimoine architectural du XXe siècle, mais dont l'esthétique fait débat.

À voir

Musée de l'Art culinaire Auguste Escoffier Musée de chef
(04 93 20 80 51 ; www.musee-escoffier.com ; 3 rue Auguste-Escoffier ; tarif plein/réduit 6/4 €, gratuit -11 ans ; tlj 10h-13h et 14h-18h, jusqu'à 19h en juil-août, fermé nov-jan). Dans la maison natale du grand chef Escoffier (1846-1935), inventeur de la pêche Melba (créée pour la soprano Nellie Melba), des souvenirs personnels, des ustensiles culinaires d'époque ou des exemples de menus. Une visite qui met l'eau à la bouche !

Activités

Parc départemental de Vaugrenier Espace naturel
(accès par la D6007, puis entrées av. du Logis-de-Bonneau, av. Dr-Lefebvre, bd des Groules ou ch. de Vaugrenier). Une centaine d'hectares de nature, 6 km de sentiers, des tables de pique-nique, un parcours de santé, un lac... à quelques mètres de la Méditerranée. De quoi ravir les amoureux de loisirs en plein air.

Renseignements

Office du tourisme (04 92 02 66 16 ; www.villeneuve-tourisme.com ; av. de la Mer)

Cagnes-sur-Mer

Renoir vécut ses dernières années à Cagnes-sur-Mer et, jusque dans les années 1960, les Hauts-de-Cagnes, le "petit Montmartre de la Côte d'Azur", attiraient les plus grandes célébrités, comme le romancier Georges Simenon ou la chanteuse Suzy Solidor. Aujourd'hui, si la ville de Cagnes-sur-Mer vaut surtout pour le musée dédié à Renoir, la vieille ville perchée sur une colline, en revanche, reste un trésor bien caché. Ses pierres chargées d'histoire offrent des points de vue insolites sur la mer d'un côté et sur les montagnes de l'autre. Sur la grande place du château bordée de restaurants, l'**Espace Solidor** (04 93 73 14 42 ; entrée libre ; mar-dim juil-août 14h-18h, avr-sept mer-dim 14h-18h, oct-mars mer-dim 14h-17h), ancien magasin d'antiquités de la chanteuse, a été transformé en galerie consacrée aux bijoux contemporains. Juste à côté, la **Maison des artistes** (04 93 14 48 19 ; entrée libre ; mer-dim 14h-18h en été, se rens. Le reste de l'année) abrite des expositions temporaires d'art contemporain. Vous trouverez aussi une dizaine de panneaux du parcours "La Côte d'Azur des peintres".

En été, des concerts de Jazz sont organisés sur la place tous les vendredis soirs (Jazz au Château).

À voir

Musée Renoir — Demeure historique

(04 93 20 61 07 ; ch. des Collettes ; 6 €, gratuit -26 ans ; juin-sept tlj sauf mar 10h-13h et 14h-18h, avr et mai 10h-12h et 14h-18h, jusqu'à 17h oct-mars). Visite impérative ! Habitée par le peintre jusqu'à sa mort, cette ferme fabuleuse – datant du XVIIIe siècle et achetée en 1907 – est entourée d'un magnifique parc de 8 ha aux tilleuls tricentenaires et oliviers ancestraux. Auguste Renoir y avait aménagé un atelier extérieur, aujourd'hui réhabilité. Dans les intérieurs, on approche un peu de l'intimité du peintre, à travers sa chambre, ses objets familiers, ses deux ateliers ainsi que quatorze toiles originales, dont les célèbres *Grandes Baigneuses*.

Château-musée Grimaldi — Palais-musée

(04 92 02 47 30 ; 4/2 €, gratuit -26 ans ; juil-août tlj sauf mar 10h-13h et 14h-18h, avr-juin et sept 10h-12h et 14h-18h, oct-mars 10h-12h et 14h-17h). Trônant au-dessus du bourg, le château est une forteresse médiévale construite au XIVe siècle par la famille Grimaldi, puis remanié au XVIIe en demeure seigneuriale aux fortes influences du baroque italien (escalier monumental, plafond en trompe l'œil, etc.). Aujourd'hui, le château accueille à la fois le **musée ethnographique de l'Olivier**, le **musée d'art moderne méditerranéen** et la **donation Suzy Solidor**. Cette dernière (1900-1983) fut une égérie des années 1930 et fut modèle de nombreux peintres, dont Cocteau ou Picabia. Sa collection, qui comprend notamment 40 portraits, est regroupée ici.

Château-musée Grimaldi, Cagnes-sur-Mer

Activités

Courses hippiques

Hippodrome Côte-d'Azur (04 92 02 44 44 ; www.hippodrome-cotedazur.fr ; bd Kennedy ; 5 €, gratuit -18 ans ; meetings hiver déc-mars, été juil-août). Ouvert il y a plus de 50 ans, cet hippodrome est le lieu emblématique de la ville. Le spectacle, notamment en nocturne est saisissant. On peut l'observer depuis les tribunes ou l'un des restaurants panoramiques (gastronomique, brasserie, snack). Un moment de loisir original en couple ou en famille.

Activités nautiques

Club Moana Plongée
(04 93 31 88 19 ; www.clubmoana.fr ; port abri du Cros). Cours de plongée et sorties en mer le week-end.

Wake Spot Glisse
(06 21 71 12 98 ; www.wake-spot.com ; rue du Capitaine-de-Frégate-Henri-Vial ; 15 juin-15 sept tlj). Cours de ski nautique, locations de paddle et de pédalos.

Où se loger et se restaurer

Hôtel Grimaldi Chambres de charme €
(04 93 08 67 12 ; pl. du Château ; d 80-130 € selon saison ;). Un trois-étoiles de charme posté directement sur la place du Château ! Pour vivre les Haut-de-Cagnes au cœur... Les 5 chambres sont joliment apprêtées. Mention spéciale à la “suite médiévale” du dernier étage, en sous-pente, mais disposant d'une terrasse sur les toits.

Les Baux Cuisine maison €
(04 93 73 14 00 ; 2 pl. du Château ; formule midi 14 €, plats 17-20 € ; mer-dim). Au pied du château, cet établissement coquet, égayé par un immense bougainvillier violet, propose des plats simples mais savoureux, accompagnés de purée maison et de légumes frais. Un excellent rapport qualité/prix.

Renseignements

Office du tourisme (04 93 20 61 64 ; www.cagnes-tourisme.com ; 6 bd du Maréchal-Juin). Également une antenne dans les Hauts-de-Cagnes (04 92 02 85 05 ; pl. du Docteur Maurel ; juin-sept)

Depuis/vers Cagnes-sur-Mer

Le **bus** n°400 du réseau Lignes d'Azur relie la commune à Nice, Saint-Laurent-du-Var, La Colle-sur-Loup, Saint-Paul-de-Vence et Vence. Une navette gratuite (n°44) pour Haut-de-Cagnes part toutes les 15 minutes de la **gare routière** (tlj 7h-22h30, jusqu'à 0h30 en juil-août).

La **gare SNCF** se situe avenue de la Gare.

Vence

Tout respire l'authenticité dans cette commune du Moyen Pays, loin de l'effervescence côtière. Aucun ingrédient de la vie provençale ne manque : le soleil, les montagnes, les artistes, la place pour jouer à la pétanque, les terrasses de café. Mais ici, on sent qu'ils ne sont pas là pour la façade. Certes, Vence est un peu moins coquet que d'autres villages à la réputation très touristique, mais les beautés cachées sont souvent les plus savoureuses.

À voir

La **place du Grand-Jardin** constitue un bon point de départ avant d'entrer dans la vieille ville. Cette place accueille à la mi-juillet le festival de musique du monde les **Nuits du Sud**, la grande manifestation culturelle vençoise.

De là, on entre au cœur de la cité fortifiée par l'une de ses cinq portes. Au gré des ruelles aux pavés usés par le temps, se révèle le passé antique et médiéval de la ville. À l'image de ces stèles romaines du IIIe siècle encadrant l'entrée de la **cathédrale Notre-Dame-de-la-Nativité** dotée d'une impressionnante tour romane du XIIe siècle. À l'intérieur, une admirable mosaïque signée Marc Chagall, *Moïse sauvé des eaux*, décore le baptistère (l'artiste a séjourné à Vence de 1950 à 1966).

Devant le château et sa tour datant du XIIe siècle, l'esplanade Fernand-Moutet (rue du Docteur-Binet) offre une magnifique vue sur l'arrière-pays vençois, notamment sur les baous des Blancs, des Noirs, de la Gaude et de Saint-Jeannet (voir p. 196).

Chapelle du Rosaire Chapelle Matisse

(☎ 04 93 58 03 26 ; 466 av. Matisse ; tarif plein/réduit 7/6 €, gratuit -12 ans ; ⏲ mars-oct mer et sam 14h-18h, mar-jeu-ven 10h-12h et 14h-18h, nov-fév, mar-jeu-ven 10h-12h et 14h-17h, mer et sam 14h-17h). Entièrement conçue par Henri Matisse de 1948 à 1951, cette chapelle unique au monde était considérée par l'artiste comme son chef-d'oeuvre. À l'origine du projet, Monique Bourgeois, l'infirmière devenue sœur dominicaine qui s'occupait de lui alors qu'il habitait à Nice (avant qu'il ne s'installe, en 1943, à la villa Le Rêve, à Vence). Cette œuvre totale mêle architecture, dessins sur céramiques, vitraux, mobilier et vêtements liturgiques. Un espace muséal adjacent permet de suivre l'important travail préparatoire qu'elle a nécessité, dévoilant notamment la façon dont le trait de l'artiste s'est simplifié. À 15 minutes à pied de la vieille ville.

Clocher de la chapelle des Pénitents blancs, Vence

Musée de Vence Art et Matisse

(☎ 04 93 24 24 23 ; 2 pl. du Frêne ; 6/3 €, gratuit -12 ans ; ⏲ tlj sauf lun 11h-18h). Ancienne demeure des seigneurs de Vence, le château de Villeneuve accueille des expositions temporaires pointues d'œuvres issues de la collection du galeriste Yvon Lambert. Depuis 2018, les lieux accueillent aussi un espace dédié à Henri Matisse, avec des fusains, des lithographies, des planches de l'ouvrage Jazz et des photographies du quotidien de l'artiste réalisées par Henri Cartier-Bresson ou Robert Capa.

Où se loger

La Maison du Frêne Chambres d'Art €€€

(☎ 06 88 90 49 69 ; www.lamaisondufrene.com ; 1 pl. du Frêne ; d 137-155 € petit-déj inclus ; ❄ wifi). On ne peut faire plus central : la demeure fait face à la porte du Peyra, en plein cœur de Vence. Ici, vous serez projetés dans l'univers artistique d'une famille de collectionneurs : salon, salle à manger, escaliers et chambres dévoilent d'innombrables œuvres contemporaines (Arman, César, Fahri, Jeff Koons...), le tout dans un décor feutré. Belles prestations.

Dans les environs

La Colline de Vence Chambres d'hôtes €€

(☎ 04 93 24 03 66 ; www.colline-vence.com ; 808 ch. des Salles ; d 90-155 € selon confort et saison, petit-déj inclus ; piscine wifi P). À 10 minutes du centre, sur les hauteurs de Vence, Kristin et Frédéric vous accueillent chaleureusement dans leur mas provençal. Au choix, cinq chambres

VAUT LE DÉTOUR

Le col de Vence et le pays vençois

Il serait dommage de visiter Vence sans découvrir les villages environnants, où de belles balades vivifiantes offrent des panoramas sublimes sur le littoral.

Perché à 1 000 m d'altitude, le **col de Vence** (www.coldevence.com) dévoile un paysage quasi lunaire que l'on peut parcourir à pied, mais aussi à cheval ou à poney avec **Fort Apache** (☎04 93 58 91 43 ; www.fortapache.ffe.com). Pour l'anecdote, le site est fréquenté par les ufologues de la région qui affirment apercevoir régulièrement dans ce paysage des événements insolites et inexplicables.

Dans les ruelles chargées d'histoire de **Saint-Jeannet** (www.saintjeannet.com), vous comprendrez pourquoi Dufy, Poussin ou encore Hitchcock sont tombés sous le charme de ce bourg provençal, situé au pied du monumental **Baou** ("massif rocheux" en provençal). Pour vous loger, voir p. 195.

Autre hameau pittoresque du Moyen Pays, **La Gaude** (office du tourisme ☎04 93 59 41 52 ; www.lagaude.fr) où Marcel Pagnol vécut trente ans. À 2 km du centre du bourg, les amoureux du jazz devront absolument passer une soirée à **La Séguinière** (☎06 88 35 99 22 ; www.seguiniere.com ; 2416 route de Saint-Laurent ; 10 €), temple du jazz de la Côte d'Azur depuis plus de vingt ans.

Ci-dessus : vue sur le Baou, Saint-Jeannet et La Gaude

lumineuses aux tonalités chaudes. La vue depuis la terrasse et autour de la piscine est renversante : la mer d'un côté et le baou de Saint-Jeannet de l'autre.

Le Moulin Camoula — Chambres d'hôtes €€€

(☎06 63 98 76 89 ; www.moulincamoula.fr ; 1120 ancienne route de Vence, Saint-Jeannet ; d 80-140 € selon confort et saison ; ❄ 📶). Dans le petit village de Saint-Jeannet, à 8 km de Vence, cet ancien moulin du XVe est posé au pied du baou (un éperon rocheux), en bord de rivière. Très confortables, les 4 chambres distillent une atmosphère "campagne chic" sobre et réussie. Quelques transats sont disséminés dans le jardin et on peut se baigner dans une sublime vasque naturelle ! Petit-déjeuner à base de produits bio et locaux.

Où se restaurer

Les Agapes — Créatif de haute volée €€

(☎04 93 58 50 64 ; www.les-agapes.net ; 4 pl. Clemenceau ; plat 15-26 €, formule 20 €, menu midi/soir 24/35 € ; ⌚mar-dim midi). Ici, un jeune cuisinier talentueux compose une cuisine créative à base de produits frais, à l'image de ce poisson du moment poché dans une soupe de poisson de roche, tentacule de poulpe snackée à la plancha, légumes et espumas au gout de rouille. Un vrai délice de l'entrée au dessert.

La Farigoule — Provençal €€€

(☎04 93 58 01 27 ; www.lafarigoule-vence.fr ; 15 av. Henri-Isnard ; plats 26-29 €, menus 75 € ; ⌚tlj sauf mar mai-sept, fermé lun et mar oct-avr). Dans un cadre provençal, avec joli patio fleuri à l'arrière, on déguste des produits du terroir très bien mis en valeur, comme ces Saint-Jacques poêlées et risotto à la truffe ou ce Pigeonneau en trois façons.

Renseignements

Office du tourisme (☎04 93 58 06 38 ; www.vence-tourisme.fr ; pl. du Grand-Jardin)

Saint-Paul-de-Vence

En matinée ou en fin de journée, lorsque les visiteurs du monde entier ne l'ont pas encore pris d'assaut, Saint-Paul-de-Vence est un ravissement. On comprend alors pourquoi le village fut le QG de tant de célébrités. Dès 1920, une pléiade d'artistes s'installe à Saint-Paul-de-Vence : des peintres (Matisse, Soutine, Chagall, Renoir, Signac, Modigliani, Dufy), mais également des écrivains (Gide, Giono, Cocteau, Prévert). Dans les années 1950, les rejoignent des cinéastes et scénaristes (Clouzot, Cayatte, Audiard…) suivis d'acteurs français et internationaux tels Lino Ventura, Romy Schneider, Roger Moore, Tony Curtis ou encore Yves Montand et Simone Signoret (qui se marièrent ici)… Ces stars descendent essentiellement à **La Colombe d'Or**, chez Paul Roux (sur la gauche à l'entrée du village, route des Serres). Sous l'égide d'Aimé Maeght et de Marc Chagall, tous deux enterrés au **cimetière des remparts**, une quarantaine d'artistes travaillent et exposent à Saint-Paul-de Vence, contribuant à faire du village un vrai musée à ciel ouvert.

A voir et à faire

Visite du village

Aujourd'hui, le dédale de ruelles entre remparts et maisons médiévales est une invitation à la déambulation. Les galeries et la plupart des ateliers (dont la liste est disponible à l'office du tourisme) sont ouverts au public. Au sommet du village, place de l'église, une imposante tour carrée, seul vestige du château féodal, jouxte l'**église collégiale de la Conversion-de-Saint-Paul**. À côté, ne manquez pas la très belle chapelle des Pénitents-Blancs, dite **chapelle Folon** (pl. de l'Église ; tarif plein/réduit 4/3 €, gratuit -6 ans ; mai-sept tlj 10h-12h30 et 14h-18h, oct-avril tlj 10h30-12h30 et 14h-16h, fermé nov) que l'artiste belge Jean-Michel Folon entreprit de décorer jusqu'à son décès en 2005. Douces et mystiques, ses compositions murales dévoilent notamment une vaste mosaïque centrale. Pour une approche plus patrimoniale du village, vous pouvez aussi suivre le sentier Henri Layet, dont la signalétique didactique vous fera découvrir les remparts du XIVe siècle.

Saint-Paul-de-Vence

ST1909 / STOCK.ADOBE.COM ©

PIERRE THOMAS ©

À NE PAS MANQUER

La Fondation Maeght

Ce temple de l'art contemporain attire chaque année plus de 200 000 adeptes du monde entier. Inauguré en 1964, ce musée abrite l'incomparable collection rassemblée par le marchand d'art Aimé Maeght : 400 peintures, dessins et sculptures réalisés par les plus grands artistes du XXe siècle : Miró, Braque, Giacometti, Calder, Chagall... La fondation comprend en outre un fonds bibliographique de plus de 9 000 œuvres (manuscrits, recueils, livres) et organise régulièrement des expositions. Mais ce qui rend la visite exceptionnelle tient aux œuvres d'art intégrées à l'architecture du bâtiment et des jardins. Peintres et sculpteurs ont en effet dès le départ collaboré avec l'architecte catalan Joseph Lluis Sert et créé des œuvres pensées pour le lieu : les deux *Hommes qui marchent* de la cour Giacometti, les sculptures du labyrinthe Miró, la fontaine vivante de Pol Bury, les mosaïques murales de Chagall, le bassin et le vitrail de la chapelle dessinés par Georges Braque... Bercé par le chant des cigales, avec la Grande Bleue en toile de fond, on évolue dans cet ensemble richissime comme dans une bulle spatio-temporelle.

Infos pratiques

04 93 32 81 63 ; www.fondation-maeght.com ; 623 chemin des Gardettes, Saint-Paul-de-Vence ; tarif plein/réduit 16/11 €, gratuit -10 ans ; juil-août tlj 10h-19h, sept-juin tlj 10h-18h
Le bus n°400 du réseau Lignes d'Azur (www.departement06.fr) part de Nice pour relier Saint-Paul-de-Vence en passant par Vence. Arrêt devant la fondation.

Promenade

Une très jolie balade balisée (2 heures 30 aller-retour) relie Saint-Paul et Vence. Le départ s'effectue à 100 m de l'arrêt de bus sur la D2 en direction de Vence. On emprunte le sentier puis on rejoint

SI VOUS AIMEZ...

La Provence à la montagne

A moins d'une heure de route de la Croisette, des villages chargés d'histoire offrent un grand bol d'air pur aux amateurs de calme... qui pourront se lancer sur les chemins pour une randonnée à pied, à cheval ou à raquettes.

Coursegoules

(www.coursegoules.net). Dans les Préalpes du Sud, au-dessus du col de Vence, le tranquille village de Coursegoules est accroché à un versant de la chaîne du Cheiron. À l'abri de ses remparts, il dévoile, les vestiges d'un château, une église romane du XIIe siècle et une superbe chapelle des Pénitents-Blancs.

Gréolières

(04 93 24 10 79 ; www.greolieres.fr). Tout en haut des gorges du Loup, ce village médiéval conserve les vestiges de deux châteaux, mais doit surtout sa réputation à son domaine skiable de Gréolières-les-Neiges (www.stations-greolieres-audibergue.com).

Thorenc

(www.ville-andon.com). Les chalets et les villas en bois aux toits pointus ont valu à cette station climatique, autrefois prisée des aristocrates anglais et russes, le surnom de Suisse provençale. Un joli lac autour duquel on peut pique-niquer et faire des balades à poney enrichit ce village qui dépend de la commune d'Andon.

Caussols

(www.caussols.fr). À 40 minutes de Grasse, le plateau du village de Caussols et son chemin des Claps ("pierres" en provençal) raviront les promeneurs amoureux de solitude et de paysages lunaires.

le chemin des Messugues, une agréable voie bordée de pins et de chênes verts. Traversez ensuite les bois de la Sine jusqu'au petit pont du Malvan. Un chemin qui monte vous mènera alors jusqu'à Vence. Demandez un plan à l'office du tourisme.

Où se loger

La Villa Saint-Paul Chambres d'hôtes €€

(04 93 72 58 71 ; www.villasaintpauldevence.com ; 293 ch Fontmurado ; d 80-170 € selon saison ;). À 5 minutes à pied du vieux village, cette belle bâtisse provençale est une bonne option : l'accueil est charmant, la literie confortable et les petits-déjeuners (à prendre au bord de la piscine chauffée) sont copieux et faits maison.

Où se restaurer

Le Caruso Méditerranéen €€€

(04 93 24 36 47 ; www.lecarusodesaintpaul.fr ; 1 montée de la Castre ; plats 22-27 €, formule 27 € ; tlj sauf mar soir et mer, fermé mi-jan à mi-mars). Situé près de l'église, Le Caruso, tenu par un jeune couple, propose des plats soignés et originaux, à l'image d'un croustillant d'agneau au couscous de courge ou du thon rouge infusé aux câpres et à l'aïoli. Un bon rapport qualité/prix.

Renseignements

Office du tourisme (04 93 32 86 95 ; www.saint-pauldevence.com ; 2 rue Grande). Nombreuses visites guidées et, en saison, visites nocturnes certains soirs. Nocturne des commerçants le vendredi soir.

NICE ET LA RIVIERA FRANÇAISE

Synonyme de glamour et de luxe, la Riviera française est depuis le XIXe siècle la destination chic par excellence. Les tarifs pratiqués en été sur cette partie du littoral, qui s'étend entre Nice et Menton, ne cesseront de vous le rappeler. Mais Nice, la capitale azuréenne, brille aussi par la diversité de ses musées, de son architecture et, surtout, par sa vieille ville aux accents italiens ; puis la côte escarpée, s'étirant jusqu'à la frontière italienne, plonge dans une mer azur en égrenant ses stations balnéaires toutes plus coquettes les unes que les autres. La mythique enclave de Monaco rompt quelque peu le charme avec ses barres d'immeubles concentrées sur seulement 2 km^2, mais sa place du Casino et son palais princier rayonnent aux quatre coins du monde. Quant aux nombreux et pittoresques villages perchés dans l'arrière-pays, ils recèlent des trésors en leurs églises, de sublimes points de vue et des circuits de randonnée propices à la contemplation.

Menton (p. 240)

ITALIE
ALPES-MARITIMES
MER MÉDITERRANÉE
MENTON
MONACO
NICE
Menton (p. 240)
Peillon (p. 218)
Rocher de Monaco (p. 233)
Èze (p. 230)
Vieux-Nice (p. 203)
Sentier côtier de Saint-Jean-Cap-Ferrat (p. 227)
Duranus
Lucéram
Sospel
Bévéra
Var
Gorges de la Vésubie
Coaraze
Levens
Plan du Var
Gilette
L'Escarène
Gorges du Paillon
Paillon de Contes
Roquette-sur-Var
Saint-Blaise
Saint-Martin-du-Var
Contes
Castagniers
Aspremont
Tourrette-Levens
Sainte-Agnès
Castellar
Peille
Gorbio
Roquebrune-Cap-Martin
Cap Martin
La Turbie
Colomars
Falicon
Parc départemental de la Revère
Gouffre de Simboula
Col d'Èze
Cap-d'Ail
Èze Bord-de-Mer
Villefranche-sur-Mer
Beaulieu-sur-Mer
Saint-Jean-Cap-Ferrat
Cap Ferrat
Baie des Anges
Saint-Laurent-du-Var
Aéroport de Nice Côte d'Azur
D2566
D2204
D15
D19
D6202
0
5 km

NICE

Atypique et grande séductrice devant l'Éternel, "Nissa la bella" sait jouer de ses multiples facettes pour faire tourner la tête à ses visiteurs. Historique du côté des vestiges de Cimiez, culturelle avec ses musées, élégante dans ses palaces, elle se fait balnéaire le long de la promenade des Anglais. Moins jet-set que Cannes ou Monaco, Nice la cosmopolite fait preuve d'un certain dynamisme, appuyé par de récents travaux d'aménagement. De mi-février à début mars, toute la ville vibre au rythme de son **carnaval** (www.nicecarnaval.com), fête azuréenne incontournable.

En l'an 300 av. J.-C., le comptoir commercial de Nikaïa (du grec *niké*, "victoire") fut fondé par les Massaliotes, colons grecs fondateurs de Marseille. À partir de 13 av. J.-C., les Romains construisirent une seconde ville, Cemenelum, se situant sur la colline de Cimiez. Au Vᵉ siècle, cette dernière fut abandonnée au profit de Nikaïa. Vers 1350, ravagée par une épidémie de peste, Nice perdit la moitié de ses habitants. Elle passa sous la protection du comté de Savoie en 1388. L'an 1543 reste gravé dans la mémoire collective, car c'est cette année-là que la ville repoussa vaillamment l'ennemi turc. En 1720, le comté de Savoie devint royaume de Sardaigne. Nice resta sous son autorité jusqu'en 1792, où elle fut prise par les armées révolutionnaires françaises, qui créèrent le département des Alpes-Maritimes.

À la fin du premier Empire, en 1814, Nice retourna dans le giron du royaume de Piémont-Sardaigne jusqu'en 1860, date à laquelle elle fut définitivement rétrocédée à la France.

À voir

Promenade des Anglais

C'est probablement l'un des plus beaux fronts de mer au monde ! D'un côté s'étendent les plages de galets, en majorité publiques. De l'autre, se dressent des établissements mythiques comme le **Negresco**, bâti en 1913, le **Palais de la Méditerranée**, bel édifice Art déco érigé en 1929, le **Casino Ruhl**, son rival de toujours, et de sublimes villas du début du XXᵉ siècle.

Musée Masséna — Histoire de Nice

(04 93 91 19 10 ; 65 rue de France ; 10 € ; tlj sauf mardi 10h-18h mai-oct, 11h-18h nov-avr). Joyau architectural de la promenade des Anglais et monument historique, cette villa construite à la Belle Époque évoque, au travers de ses collections et de son mobilier, l'art et l'histoire de la Riviera à compter du rattachement de Nice à la France jusqu'au début du XXᵉ siècle. On y voit notamment le diadème de Joséphine et le masque mortuaire de Napoléon Iᵉʳ.

Musée des Beaux-Arts Jules Chéret — Art moderne

(04 92 15 28 28 ; www.musee-beaux-arts-nice.org ; 33 av. des Baumettes ; 10 € ; mar-dim 10h-18h). Cette belle demeure expose des œuvres des primitifs niçois, de Corot, du Bronzino (*La Crucifixion*), de Fragonard, mais aussi celles de Bonnard ou Dufy. Sans oublier *Le Baiser* de Rodin et la collection dévolue au peintre et maître de l'affiche Jules Chéret.

Vieux-Nice

C'est l'âme de la ville, l'endroit où l'on ressent le plus vivement la culture "nissarte". Il faut s'en imprégner, arpenter les moindres recoins et surtout lever les yeux pour découvrir les façades colorées si typiquement niçoises, les nombreux palais et églises baroques (voir la promenade p. 210).

Musée de la Photographie Charles Nègre — Photographie

(04 97 13 42 20 ; www.museephotographie.nice.fr ; 1 pl. Pierre-Gautier ; 10 € ; mar-dim 10h-18h). Déménagé en 2016 à deux pas du cours Saleya dans les vastes volumes d'une ancienne usine électrique, ce musée accueille des expositions temporaires des plus grands noms de la photographie. La galerie attenante s'appuie sur le fond du musée et propose des expositions d'artistes régionaux.

Colline du Château

Si vous grimpez l'escalier qui part rue de la Providence, vous vous retrouverez perché à 92 m au-dessus du Vieux-Nice, face à la mer (on peut aussi prendre un **ascenseur** (rue des Ponchettes ; tlj 10h-17h, dernière montée 30 minutes avant fin du service). Après avoir admiré la vue sur la baie des Anges depuis la **tour Bellanda**, dirigez-vous vers la **cascade du Casteu** (installée au XVIIIe siècle) ou flânez au milieu des cyprès et des stèles ornées du **cimetière du Château**, qui date du XVIIIe siècle. Le parc offre des points de vue exceptionnels sur l'ouest et l'est, de la vieille ville jusqu'au port, mais aussi sur le nord et le sud, des Alpes à la Méditerranée.

Place Masséna et environs

Avec ses édifices colorés du XIXe siècle et son dallage en damiers qui incite les enfants à jouer spontanément à la marelle, la place Masséna est un théâtre à ciel ouvert. Presque entièrement piétonne depuis sa réfection, elle est dominée par les personnages de l'œuvre de Jaume Plensa, *Conversation à Nice*. À l'ouest s'étend le **jardin Albert Ier**, le plus ancien de Nice. À l'ouest toujours, mais un peu plus au nord, part une longue voie piétonne et commerçante, la **rue Masséna**. À l'est, deux autres parcs, l'**espace Jacques-Médecin** et la **promenade du Paillon**, longue de 1 km, qui s'étend de la place Masséna au Théâtre national. Les enfants peuvent s'y amuser au milieu des jets d'eau et grimper sur des constructions en bois. Depuis l'**Acropolis** s'étire un beau point de vue sur les montagnes de l'arrière-pays niçois, parfois recouvertes de neige.

Musée d'Art moderne et d'Art contemporain (MAMAC) De Klein à Warhol

(04 97 13 42 01 ; www.mamac-nice.org ; pl. Yves Klein ; 10 € ; mar-dim 10h-18h mai-oct, 11h-18h nov-avr). Le MAMAC expose un fonds important d'œuvres de l'école de Nice. Yves Klein et ses œuvres au bleu puissant, Niki de Saint Phalle, Ben Vautier ou Martial Raysse sont mis à l'honneur aux côtés d'artistes américains comme Andy Warhol ou Keith Haring. Belle vue sur la ville depuis le toit-terrasse.

Front de mer de Nice

Avenue Jean-Médecin et ville moderne

C'est l'artère principale de Nice. Très animée la journée, empruntée par le tramway, elle est relativement calme le soir. Au milieu de la grande avenue, la **basilique Notre-Dame**, édifiée en 1868, est la plus grande église de la ville. On jettera un œil à la **poste Thiers** (21 av. Thiers), à l'étonnante façade Art déco en briques rouges.

Quartier du port Lympia et de la place Garibaldi

On arrive au port depuis le Vieux-Nice en empruntant le **quai Rauba Capeu**, où un gigantesque **mémorial de guerre** creusé dans la roche rend hommage aux Niçois qui périrent durant les deux guerres mondiales. Il est bordé de très beaux immeubles aux façades rouges, jaunes et ocre le long desquels il fait bon flâner.

Entre le port Lympia et l'agréable place Garibaldi s'étend le "Petit Marais niçois", secteur de rues animées, cosmopolites et gay-friendly. La rue Bonaparte, où Napoléon vécut pendant 9 mois en 1794 au n°6, et la place du Pin concentrent un nombre impressionnant de bars branchés, de restaurants tendance et de boutiques insolites ou vintage.

Galerie Lympia Galerie d'art

(☎04 89 04 53 10 ; galerielympia.departement06.fr ; 52 bd Stalingrad ; entrée libre ; ⌚mer 14h-18h, jeu 10h30-21h, ven-dim 10h30-18h ; entrée libre). Inauguré en 2017, ce nouvel espace d'exposition a investi l'ancien bagne du port de Nice. Ses premières expositions ont été consacrées à Alberto Giacometti, Raymond Depardon et au plasticien niçois Patrick Moya.

Quartier de l'Arénas

Le quartier de l'Arénas, face à l'aéroport, est avant tout un centre d'affaires. Mais il cache quelques sites dignes d'intérêt.

Les familles apprécient le **parc Phoenix** (☎04 92 29 77 00 ; www.parc-phoenix.org ; 405 promenade des Anglais ; 5 €, gratuit -12 ans ; ⌚tlj 9h30-19h30 avr-sept, 9h30-18h oct-mars) qui réunit dans une vingtaine de jardins thématiques plus de 2 500 espèces animales et végétales.

Bon plan

Il existe un ticket valable 7 jours et coûtant 20 € (ou 10 € pour 24h) qui donne accès gratuitement aux 14 musées municipaux dont le MAMAC, le musée des Beaux-Arts, le musée Masséna, le musée international d'Art naïf Anatole-Jakovsky, le musée d'Archéologie de Nice-Cimiez, le musée Matisse, le musée de la photographie Charles Nègre, le palais Lascaris... Il est en vente sur place dans les musées participants. Les musées municipaux sont gratuits pour les moins de 18 ans.

Musée des Arts asiatiques Toute l'Asie

(☎04 89 04 55 20 ; www.arts-asiatiques.com ; 405 promenade des Anglais ; entrée libre, cérémonie du thé 10 € ; ⌚tlj sauf mardi 10h-18h juil-août, 10h-17h sept-juin, cérémonie du thé dim 15h toutes les deux semaines). Un véritable temple zen qui met en valeur les civilisations chinoise, japonaise, cambodgienne et indienne. Expositions temporaires.

Musée international d'Art naïf Anatole Jakovsky Art naïf

(☎04 93 71 78 33 ; château Sainte-Hélène, av. de Fabron ; 10 € ; ⌚tlj sauf mardi 10h-12h30 et 13h30-18h). Quelque 600 toiles, dessins, gravures et sculptures retracent l'histoire de l'art naïf, du XVIIIe siècle à nos jours.

Quartier de Cimiez

Perché sur une colline, flirtant avec l'arrière-pays, l'élégant quartier de Cimiez est réputé pour ses villas et ses luxueux hôtels. Ses **arènes** (libre-accès), datant du Ier siècle, sont situées au cœur d'une vaste oliveraie, où il fait bon se reposer, voire pique-niquer.

Nice

Musée d'Archéologie de Nice-Cimiez — Archéologie

(04 93 81 59 57 ; www.musee-archeologique-nice.org ; 160 av. des Arènes ; 10 € ; tlj sauf mardi 10h-18h mai-oct, 10h-17h nov-avr). Juste au-dessous des arènes sur plus de 3 ha, les vestiges du quartier des thermes de Cemenelum constituent l'ensemble de bains le mieux conservé de toute la Gaule ! Vous pourrez également déambuler dans l'une des rares rues dallées datant de cette époque (13 av. J.-C.), le long de ce qui était le centre commercial du complexe thermal. À

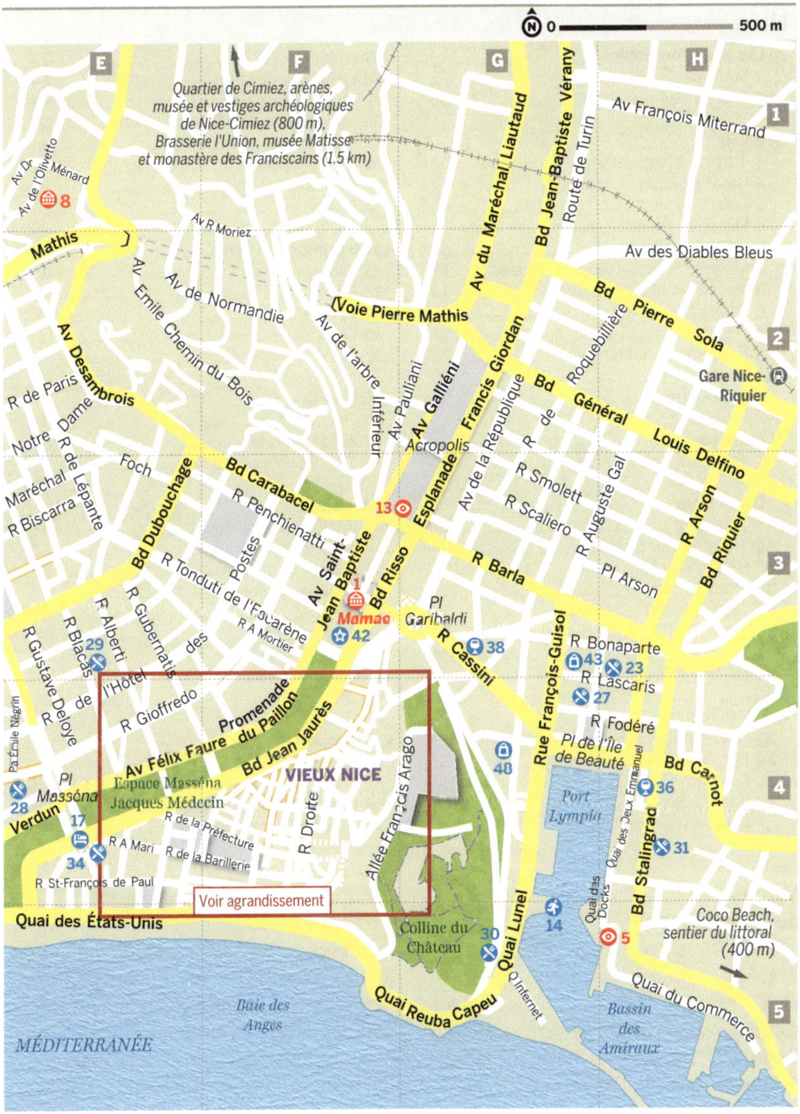

l'intérieur du musée, les résultats des fouilles menées de 1950 à 1969.

Musée Matisse Œuvres du Maître

(☎04 93 81 08 08 ; www.musee-matisse-nice.org ; 164 av. des Arènes ; 10 € ; ⏲tlj sauf mardi 10h-18h mai-oct, 10h-17h nov-avr). Au cœur de l'oliveraie, une belle villa génoise aux façades rouge pompéien abrite le musée Matisse. À ne pas manquer pour ses œuvres majeures (peintures, sculptures, gravures, photos) et les objets personnels légués par l'artiste à la ville. La collection s'est ensuite enrichie de nombreux legs.

Nice

Les incontournables
1 MAMAC ... F3
2 Promenade des Anglais ... A5-D5

À voir
3 Basilique Notre-Dame ... D3
4 Casino Ruhl ... D4
5 Galerie Lympia ... H5
6 Musée de la photographie Charles Nègre ... B2
7 Musée des Beaux-Art Jules Chéret ... A5
8 Musée national Marc Chagall ... E1
9 Musée Massena ... C5
10 Negresco ... C5
11 Palais de la Méditerranée ... D5
12 Poste Thiers ... C3
13 Tête Carrée ... G3

Activités
14 Poseidon Diving Center ... G5

Où se loger
15 Au Picardy ... B1
16 Hôtel Amour Nice ... B4
17 Hôtel de la Mer ... E4
18 Hôtel Les Cigales ... C4
19 Hôtel Rossetti ... B2
20 Hôtel Villa Rivoli ... C4
21 Hôtel Villa Victoria ... C4
22 Le Petit Trianon ... D4

Où se restaurer
23 Chez Pipo ... H3
24 Fenocchio Glacier ... B2
25 Deli Bao ... D4
26 Gare du Sud ... C1
27 L'Uzine ... G4
28 La Maison de Marie ... E4
29 La Popote d'Ondine ... E3
30 Le Bistrot du Port ... G5
31 Les Amoureux ... H4
32 L'Escalinada ... C1
33 Olive & Artichaut ... B2
34 Peixes ... E4

Où prendre un verre
35 Farago on the Roof ... B5
36 Foam ... H4
37 Le Bateleur ... B2
38 Le Café des Chineurs ... G3
39 Les Distilleries Idéales ... B2

Où sortir
40 Opéra de Nice ... A2
41 Théâtre des Oiseaux ... B2
42 Théâtre national de Nice ... F3

Achats
43 Au Bonheur des Cocottes ... H3
44 Confiserie Auer ... A2
45 Marché de la Libération ... D1
46 Marchés du cour Saleya ... B2
47 Alziari Nicolas ... A2
48 Village Ségurane ... G4

Renseignements
49 Office du tourisme ... D5

Transports
50 Gare des chemins de fer de Provence ... C1
51 Gare SNCF de Nice-ville ... C2
52 Gare SNCF de Riquier ... H2

Monastère des Franciscains — Art religieux

(☎04 93 81 00 04 ; pl. du Monastère ; entrée libre ; ⏱musée lun-ven 10h-12h et 15h-17h30, sam 10h-12h, monastère 7h30-18h30). Situé juste à côté de l'oliveraie de Cimiez, le monastère, fondé au XIe siècle par les moines bénédictins de l'abbaye de Saint-Pons et occupé par des franciscains depuis 1546, comprend une église du XVIe siècle, un musée et de somptueux **jardins à l'italienne** offrant une vue imprenable sur Nice.

Musée national Marc Chagall — Peintures bibliques

(☎04 93 53 87 20 ; www.musees-nationaux-alpesmaritimes.fr/chagall ; av. Dr Ménard, angle bd de Cimiez ; tarif plein/réduit 10/8 € ; ⏱tlj sauf mardi 10h-18h mai-oct, 10h-17h nov-avr). Inauguré en 1973 par l'artiste, ce superbe musée expose 17 toiles monumentales consacrées à l'Ancien testament et au Cantique des cantiques. Dans l'auditorium, on découvre La Création du monde, un vitrail qui prend vie avec les rayons du soleil. Le musée accueille aussi des expositions temporaires (Chagall et la musique, Chagall et les revues d'art, etc.).

Activités

Pas moins de 15 plages privées et 20 plages publiques se répartissent sur 7 km.

Promenade

Au départ du cap de Nice (restaurant Coco Beach), on peut rejoindre à pied les rivages de Villefranche à travers un site sauvage et protégé (45 min aller/retour). Vous pouvez aussi vous procurer à l'office du tourisme un dépliant recensant de nombreuses promenades urbaines à la découverte du patrimoine, architectural, historique et naturel des différents quartiers de Nice.

Plongée et snorkeling

Poseidon Diving Center (04 92 00 43 86 ; www.poseidon-nice.com ; quai Lunel). De nombreux sites à Villefranche-sur-Mer.

Où se loger

Centre-ville

Hôtel Amour Nice Design €€

(04 65 27 10 10 ; www.hotelamournice.fr ; 3 av. des Fleurs ; d/studio 71-309/219-349 € ;). Entièrement rénovée en 2019 et bénéficiant de sa propre plage depuis 2020, cette nouvelle adresse proche de la mer propose 38 chambres et un studio dans une ambiance cosy. La déco est soignée : meubles et objets chinés, chambres spacieuses aux couleurs pastel. On ne manquera pas de profiter du rooftop et de sa piscine réservée aux clients, ainsi que du bar et restaurant branché avec sa cour intérieure.

Hôtel Villa Victoria Au calme €€

(04 93 88 39 60 ; www.villa-victoria.com ; 33 bd Victor-Hugo ; d/tr 75-209/113-238 € ; 20 €/jour). Havre de paix en plein centre-ville, l'Hôtel Villa Victoria propose 38 chambres élégantes et raffinées, certaines avec balcons, et un somptueux jardin de 600 m² idéal pour prendre le petit déjeuner en été ou se détendre à toute heure de la journée. Accueil chaleureux. Service impeccable. Un coup de cœur.

Hôtel Les Cigales Design €€

(04 97 03 10 70 ; www.hotel-les-cigales.fr ; 16 rue Dalpozzo ; s/d/tr 80-150/90-190/105-205 € ;). Cet ancien hôtel particulier a bénéficié d'une rénovation complète en 2018. Ses 19 chambres sont élégantes et confortables avec un réel effort sur la décoration, inspirée des couleurs méditerranéennes. Celles du deuxième étage, mansardées, offrent de beaux volumes. *Rooftop* à disposition des clients.

Une terre d'artistes avant-gardistes

Toujours, Nice a inspiré les artistes. "Quand j'ai compris que chaque matin je reverrais cette lumière, je ne pouvais croire à mon bonheur. Je décidai de ne pas quitter Nice", écrivait Henri Matisse en 1917. Le peintre développa ainsi son art dans la capitale azuréenne, précurseur d'autres artistes avant-gardistes, ceux qui ont formé l'école de Nice. Les deux piliers, niçois d'origine, Yves Klein et Arman, se sont rencontrés tout jeunes, à un cours de judo, avant de se lancer dans l'aventure du nouveau réalisme. Avec eux, l'art quitte son piédestal pour se rendre partout, se réaliser à base de n'importe quel matériau. L'essentiel est la quête de l'émotion. Ils seront vite rejoints par d'autres, comme Sacha Sosno dont la trace est désormais indélébile à Nice avec sa fameuse **Tête carrée** (2 pl. Yves-Klein) – un monument-sculpture de 30 m sur 14 m qui accueille la bibliothèque municipale. César rejoignit également le mouvement. Là encore, on peut voir une de ses œuvres emblématiques, son célèbre **Pouce doré** (esplanade Kennedy) – un moulage de son propre doigt agrandi grâce à un pantographe –, dans l'entrée du palais Acropolis. Évoquons enfin le fameux Ben Vautier, qui signe de ses slogans provocateurs vos répertoires, tasses et cahiers d'école. Arrivé à Nice à l'âge de 14 ans, il occupe aujourd'hui une **maison unique** (103 route de Saint-Pancrace), illustrant à merveille son art. N'hésitez pas à passer devant.

Flânerie dans le Vieux-Nice

Ce quartier, qui porte les traces du passé italien de Nice, est l'âme de la ville. Perdez-vous dans ses ruelles ou suivez cet itinéraire complet pour découvrir ses places, ses façades colorées, ses palais et ses églises.

Distance 1 km
Durée 2 heures

Départ Cours Saleya

Arrivée Église Saint-Martin-Saint-Augustin

Ruelle du Vieux-Nice

MATTHIEU JOSEPH-AIMÉ ©

❶ Cours Saleya

L'artère la plus connue du Vieux-Nice, fermée à l'est par la belle façade ocre du palais Caïs de Pierla qu'occupa le peintre Matisse de 1921 à 1938. Ici se tient, tous les jours sauf le lundi, le fameux marché aux fleurs et aux primeurs. Le soir, les terrasses des cafés prennent le relais. La chapelle de la Miséricorde, joyau baroque de 1736, tout en dorures et en courbes, domine l'ensemble.

❷ Palais de la Préfecture

Juste derrière le cours Saleya, cet ancien palais royal, construit au début du XVIIe siècle sert depuis 1860 de résidence au président du conseil général et au préfet. À gauche, la place du Palais-de-Justice abrite le palais, de style néoclassique. Celui-ci veille sur une vaste zone piétonne où se sont installés plusieurs cafés, très prisés à l'heure de l'apéro ! Remarquez la tour Rusca, ou tour de l'Horloge, qui date de 1504.

❸ Rue de la Préfecture

Au n°18 se dresse une très belle maison du XVIe siècle. Tout près, rue de la Poissonnerie, la maison d'Adam et Ève montre un bas-relief de 1584 les représentant nus dans le jardin d'Éden ; au n°1, remarquez l'église de l'Annonciation, dite de Sainte-Rita, la patronne des causes désespérées.

❹ Place Rossetti

L'un des endroits les plus animés de la ville, avec ses terrasses de restaurants et de glaciers réputés, placées sous la protection de la cathédrale Sainte-Réparate.

❺ Placette du Gésu

La curiosité en est l'église baroque du même nom, coincée entre des habitations mais néanmoins majestueuse avec sa façade teintée de gris et de jaune. Le campanile, de goût presque rococo, s'élance au-dessus de l'étroite ruelle.

❻ Palais Lascaris

En remontant la rue Droite vers le nord, on tombe, au n°15, sur le palais Lascaris. Classé Monument historique, ce palais de style baroque et génois se visite (☎04 93 62 72 40 ; 15 rue Droite ; 10 € ; ⏲tlj sauf mardi 10h-18h). L'intérieur est de toute beauté. Un escalier monumental orné de fresques mène à des salons luxueusement décorés où l'on découvre peintures, estampes, mobilier et instruments de musique des XVIIe et XVIIIe siècle.

❼ Place Saint-François

On arrive ensuite sur une place qui résonne du cri des marchands de poissons (tous les matins sauf lundi). Là, se trouve également la Bourse du travail, édifiée en 1580.

❽ Place Garibaldi

Dans la continuité de la rue Droite, la pittoresque rue Pairolière ("chaudronnerie" en référence aux artisans qui y étaient installés) débouche sur la place Garibaldi, bordée de beaux immeubles à arcades d'inspiration piémontaise. Vaste et non piétonne, elle marque la fin du Vieux-Nice dans son côté nord-est. Restaurants, cafés et cinéma en font le centre névralgique du quartier.

❾ Église Saint-Martin-Saint-Augustin

En revenant sur vos pas, la rue Neuve mène jusqu'à la plus ancienne paroisse de Nice – dans laquelle on découvre un bel ensemble baroque et une *Pietà* attribuée à Louis Bréa.

Les marchés du cours Saleya

Le cours Saleya s'étire sur 250 m le long des ponchettes, ces maisons basses qui donnent sur la Méditerranée, sous la colline historique du château. C'est en 1861 qu'un marché aux fruits, légumes et fleurs s'y est installé. Le peintre Henri Matisse se plaisait à en observer l'animation depuis la fenêtre de son atelier place Charles-Félix (dans l'édifice doré situé à l'extrémité est du cours Saleya). Depuis, plusieurs marchés se tiennent sur cette artère emblématique du Vieux-Nice.

Le lundi, c'est le jour de la **brocante** (7h-18h). On y trouve aussi bien des meubles que des bijoux anciens, des timbres, du cristal et de la vaisselle. Du mardi au dimanche, le **marché aux fruits et légumes** (6h-13h30) occupe deux rangées d'étals sur le cours Saleya. Le week-end, des agriculteurs viennent de l'arrière-pays pour vendre fromages de brebis et de chèvre. Les vendeurs du marché alimentaire plient bagage à l'heure du déjeuner, tandis que ceux du **marché aux fleurs** vendent tout l'après-midi aussi bien des roses que des citronniers ou des kumquats miniatures, ainsi que des sachets de lavande et des savons provençaux.

Hôtel Villa Rivoli Palazzo cosy **€€€**

(04 93 88 80 25 ; www.villa-rivoli.com ; 10 rue de Rivoli ; d/tr/q 91-208/183-225/203-254 € ; P 18 €/jour). Dans un style aristo mais pas ostentatoire, on profite de chambres confortables, décorées avec délicatesse : lustres, tapis d'Orient, gravures et miroirs anciens, tableaux, parquet... Jardin et joli salon également à disposition des clients. Une bonne adresse.

Vieux-Nice

Au Picardy Familial **€**

(04 93 85 75 51 ; 10 bd Jean-Jaurès ; d/tr/qua 34-59/59/65-75 € ;). Face à la promenade du Paillon, ce petit hôtel familial séduit par ses chambres à petit prix, dont certaines avec clim et récemment rénovées – demandez la 4 ou la 11. W-C et douches sur le palier pour les moins chères. Un bon plan pour les budgets serrés.

Hôtel de la Mer Design **€€**

(04 93 92 09 10 ; www.hoteldelamernice.com ; 4 pl. Masséna ; d/tr/qua 60-130/90-160/120-180 € ;). Situation idéale sur la place Masséna, dans un immeuble de style italien du XIXe siècle. Ses 12 chambres, dont une avec balcon, vous attendent au premier étage. Décoration moderne mais chaleureuse, belles salles de bains, parquet, double vitrage.

Hôtel Rossetti Au cœur du Vieux-Nice **€€**

(04 97 08 13 97 ; www.hotelrossetti.fr ; 1 rue Sainte-Réparate ; d 65-150 € ;). À deux pas de la place Rossetti, un petit hôtel à la déco contemporaine, sobre et reposante. Les sept chambres, calmes, sont bien équipées : douche à l'italienne, bonne literie, TV... Terrasse avec vue sur la cathédrale Sainte-Réparate pour les petits-déjeuners en été.

Zone piétonne

Le Petit Trianon et le Charme des Suites Suites design **€€**

(04 93 87 50 46 ; www.lepetittrianon.fr ; 11 rue Paradis ; 95-140 € ;). Dans une rue piétonne donnant sur le jardin Albert-1er, à deux pas de la promenade des Anglais, l'immeuble est discret mais les cinq suites au deuxième étage ont été entièrement rénovées avec goût en 2020, dans un style contemporain et épuré, ponctué de touches naturelles comme le bois et le marbre.

Où se restaurer

Vieux-Nice

Olive & Artichaut — Cuisine régionale €€

(☎04 89 14 97 51 ; www.oliveartichaut.com ; 6 rue Sainte-Réparate ; plats 20-32,50 €, menus 33-59 € ; ⏲mar-sam 12h-14h et 19h-22h). Une cuisine savoureuse et gourmande entre mer et montagne exécutée avec brio. Les produits locaux sont à l'honneur, et tout est délicieux : des cocktails maison inventifs et parfaitement dosés, aux poissons et viandes savoureusement tendres, sans oublier les desserts exquis. Service impeccable et souriant. Un sans-faute. Réservation conseillée.

L'Escalinada — Niçois €€

(☎04 93 62 11 71 ; escalinada.com ; 22 rue Pairolière ; plats 11-28 € ; ⏲tlj 11h-15h et 18h30-23h). Farcis niçois, fritures d'encornets, daube à l'ancienne, raviolis et gnocchis faits maison ou encore tourte de blettes : découvrez une délicieuse cuisine locale, préparée sur place depuis près de 50 ans et servie dans un cadre rustique et chaleureux en plein cœur du Vieux-Nice. L'une des meilleures adresses pour goûter de véritables spécialités niçoises.

Peixes — Poisson et fruits de mer €€

(☎04 93 85 96 15 ; 4 rue de l'Opéra ; petites assiettes 9-16 € ; plats 18-31 € ; ⏲mar-sam 12h-14h et 19h-22h). Si vous êtes plutôt poisson, les carpaccios, ceviches, tartares et pêches du jour de Peixes satisferont toutes vos envies. La carte est composée selon les arrivages et les saisons, faisant la part belle à une pêche locale et aux produits frais, préparés à la minute dans une cuisine ouverte. Installez-vous en terrasse ou au comptoir pour observer les chefs au travail.

Fenocchio Glacier — Glacier €

(☎04 93 80 72 52, 04 93 62 88 80, 04 93 88 93 06 ; www.fenocchio.fr ; 2 pl. Rossetti, 6 rue de la Poissonnerie, 28 bd Jean-Jaurès ; 1 boule 2 €, 3 boules 5 € ; ⏲tlj 9h-minuit mar-nov). Le meilleur glacier de Nice tient boutique depuis 1966. Une centaine de parfums sont proposés : tomate basilic, lychee, miel pignon, gingembre... Également des milk-shakes, des granités et des gâteaux glacés.

MATTHIEU JOSEPH-AIMÉ ©

Olive & Artichaut

Quartier du port et Garibaldi

Chez Pipo — Socca & Co €

(☎04 93 55 88 82 ; www.chezpipo.fr ; 13 rue Bavastro ; socca 2,90-5,80 € la part de socca ; ⏲11h30-14h30 et 17h30-22h mar-dim juil-sept, mer-dim oct-juin). Le spécialiste de la socca depuis 1923, *la* spécialité niçoise à base de farine de pois chiches. Également pissaladière, pizzas, tourtes aux blettes sucrées et glaces artisanales.

Les Amoureux — Pizzeria €

(☎04 93 07 59 73 ; www.lesamoureux.com ; 46 bd Stalingrad ; pizzas 9,50-16,90 € ; ⏲mar-sam 19h-22h). Les revues de presse et les locaux l'attestent : la meilleure pizza de Nice vous attend aux Amoureux, une petite pizzeria aux abords discrète, située derrière le port et tenue par un charmant couple de napolitains, Ivan et Monica. Nous confirmons : les pizzas et calzone cuites au feu de bois et garnies d'ingrédients 100% italiens ou bio sont excellentes. Mais préparez-vous à attendre. On ne peut pas réserver !

MATTHIEU JOSEPH-AIMÉ ©

MATTHIEU JOSEPH-AIMÉ ©

En partant de la gauche : rue Bonaparte ; rue de la Préfecture ; place Masséna

L'Uzine Méditerranéen €€

(☎04 93 56 42 39 ; www.luzine-restaurant.com ; 18 rue François-Guisol ; plats 16-34 €, menus déj 18-23 € ; ⏲lun-sam 12h-14h et 19h30-0h30). Les affiches de pop art et la décoration savamment désordonnée donnent le ton dans ce petit établissement tendance du port Lympia, aussi prisé pour déguster les plats de bistrot que pour prendre un verre lors des concerts du week-end. Clientèle très branchée, comme de bien entendu.

Le Bistrot du Port Mer et gibier €€€

(☎04 93 55 21 70 ; 28 quai Lunel ; plats 26-40 €, menu midi/soir 17/43 € ; ⏲jeu-lun 12h15-13h45 et 19h45-21h45). Pour José Orsini, la restauration est une histoire de famille. Entre produits de la mer et gibier, tout est fin, frais et on se régale ! Bouillabaisse et langouste sur commande. Terrasse donnant sur le port, service un peu long en saison.

Centre-ville

La Popote d'Ondine Café brunch €

(☎04 93 62 19 14 ; lapopotedondine.fr ; 2 rue Blacas ; plats 8-14 € ; ⏲tlj 9h-18h). Une deuxième adresse (la première est à quelques pas sur la rue Gioffredo) pour cette cantine fléxitarienne et éco-responsable qui propose des produits frais, bio et des plats vegan : brunch gourmand, végans bowls, bagels, pâtisseries et jus de fruits frais hauts en couleur et en saveurs. Le cadre est lumineux, la déco épurée et relevée de touches vintage, et une grande terrasse permet de profiter des belles journées.

Deli Bao Vietnamien €

(☎09 88 43 23 40 ; 17 rue de la Liberté ; plats 6,50-14 € ; ⏲lun-sam 11h30-21h). Cette nouvelle adresse tenue par une famille vietnamienne en plein centre-ville est une vraie trouvaille. Bo Bun, Com Ba, Bao, soupe Pho et bien plus : ici, la street food vietnamienne aux saveurs fraîches et raffinées est mise à l'honneur. La déco vous transporte en Asie du Sud-Est, avec ses lanternes et tables en bois, et l'accueil est chaleureux.

Zone piétonne

La Maison de Marie Méditerranéen €€

(☎04 93 82 15 93 ; www.lamaisondemarie.com ; 5 rue Masséna ; formules midi 16-20 €, menu niçois 25 €, plats 13-33 € ; ⏲tlj 12h-14h30 et 19h-23h). Dans une jolie cour aménagée, une

bonne cuisine de la mer (poissons grillés, marmite du pêcheur…) et d'autres mets savoureux comme la daube aux cèpes et raviolis niçois, ou l'épaule d'agneau confite aux petits légumes.

Quartier de la Libération

Gare du Sud Food court €

(☎04 93 17 47 71 ; lagaredusud.com ; 35 av. Malausséna ; plats 9-17 € ; ⏲mar-dim 10h-23h, jusqu'à minuit jeu-sam mai-oct). Minutieusement restauré en 2019, le magnifique bâtiment néo-classique de la Gare du Sud accueille aujourd'hui le premier food court de Nice : 31 échoppes à découvrir seul ou à plusieurs dans l'ancien hall d'une gare iconique avec plus d'un siècle d'histoire. Cuisines niçoise, toulousaine, thaï, indienne, scandinave ou encore mexicaine : l'occasion d'un tour du monde gustatif dans un lieu dédié au voyage.

L'Union Familial €€

(☎04 93 84 65 27 ; www.unionrestaurant.fr ; 1 rue Michelet ; plats 15-19 €, menu 32 € ; ⏲tlj 12h-14h et 19h30-22h). Une valeur sûre que cette brasserie niçoise traditionnelle installée depuis 1949 en plein cœur du quartier de la Libération. Les plats sont copieux et goûteux : daube et raviolis niçois faits maison, gnocchis sauce roquefort et noix, tartare de bœuf et pizzas – le tout dans un cadre accueillant avec une jolie terrasse.

Où prendre un verre

Farago on the Roof Bar rooftop

(☎04 93 97 90 90 ; www.faragoontheroof.com ; AC Marriott, 59 promenade des Anglais ; ⏲mar-sam avr-oct 17h-23h, live band 19h-22h). Une nouvelle adresse à ne pas manquer, surtout au coucher du soleil, sur le toit de l'Hôtel AC Marriott, avec ses vues mer et montagne, ses cocktails généreux, ses tapas savoureuses et sa déco palmiers et tables en bois au bord de la piscine de l'hôtel. Un autre atout : le live band à partir de 19h. Réservation conseillée.

Le Bateleur Bar

(☎04 93 81 36 82 ; lebateleur.com ; 12 cours Saleya ; ⏲ven-sam 17h-2h30, dim-jeu 17h-2h). Entre pub, bar à cocktails et restaurant, Le Bateleur deviendra vite un de vos endroits favoris pour boire un verre après une journée bien remplie, avec son accueil chaleureux, sa déco design très soignée et ses deux terrasses côté cours Saleya et cours Jacques-Chirac, à deux pas de la promenade des Anglais. Happy hour 17h-20h.

Foam Bar à bières

(☎04 93 89 53 92 ; www.foamnice.com ; 3 quai des Deux-Emmanuels ; ⌚tlj 11h-0h30). Un nouveau bar à bières situé face au port de Nice et à la colline du Château, au concept innovant et propice à la dégustation en toute convivialité. Le choix de bières artisanales et bio est vaste – locales ou internationales, en bouteille ou à la pression. Vous paierez au centilitre grâce à un système de carte à créditer. Du cidre ainsi que des assiettes à partager sont aussi au menu.

Le Café des Chineurs Bar

(☎04 93 89 09 62 ; 1 rue Cassini ; ⌚lun-sam 11h-minuit). Une clientèle jeune et arty gravite autour de ce bar stratégiquement placé à l'angle de la place Garibaldi et de la rue Bonaparte. L'ambiance se réchauffe à l'heure de l'apéritif et reste effervescente jusqu'à minuit, grâce aux tapas (principalement des en-cas frits, du fromage et de la charcuterie) et au large choix de cocktails.

Les Distilleries Idéales Bar

(☎04 93 62 10 66 ; 24 rue de la Préfecture ; ⌚tlj 9h-0h30). L'une des adresses préférées des Niçois, au cœur de la vieille ville. Dans un décor années 1930, avec un vieil alambic, la carte offre un beau choix de vins et de bières pression, de cocktails et de *shots*. Happy hour 18h-20h.

✪ Où sortir

Théâtre des Oiseaux Café-théâtre

(☎04 93 80 21 93 ; www.theatredesoiseaux.com ; 6 rue de l'Abbaye ; ⌚jeu-sam soir). Mado la Niçoise, alias Noëlle Perna, a commencé par faire rire les clients dans le Bar des Oiseaux attenant, autrefois tenu par ses parents. Dans ce petit Olympia du Sud, on assiste à des spectacles d'humour plein de piquant !

Théâtre national de Nice Théâtre

(☎04 93 13 90 90 ; www.tnn.fr ; promenade des Arts). Théâtre communautaire dans le meilleur sens du terme, le **TNN** rend les arts du spectacle accessibles à tous. En témoignent ses spectacles à regarder en

Gare du Sud

famille et son école de théâtre pour les enfants âgés de 6 à 12 ans.

Opéra de Nice Opéra
(☎04 92 17 40 79 ; www.opera-nice.org ; 4-6 rue Saint-François-de-Paule). Des opéras, des ballets et des concerts de musique classique régalent les spectateurs dans cet édifice majestueux bâti en 1885.

Achats

Marché de la Libération Marché
(pl. du Général-de-Gaulle ; ⏲mar-dim 6h-12h30). Après celui du cours Saleya, il s'agit du plus grand marché de fruits et légumes de Nice. Il est aussi le gage d'une véritable immersion dans la vie du quartier. Quand il bat son plein, les étals s'étirent le long de l'avenue Malausséna, sur la place du Général-de-Gaulle, la place de la Gare du Sud, la rue Clément-Roassal, la rue Veillon et le boulevard Joseph-Garnier.

Nicolas Alziari Huile d'olive
(☎04 93 62 94 03 ; www.alziari.com.fr ; 14 rue Saint-François-de-Paule ; ⏲lun-sam 9h-19h, dim 10h-19h). Depuis 1868, cette maison produit dans son moulin de grands crus d'huile d'olive. Vous pouvez également y trouver vins, olives de Nice, tapenade, anchoïade...

Confiserie Auer Gourmandises
(☎04 93 85 77 98 ; www.maison-auer.com ; 7 rue Saint-François-de-Paule ; ⏲lun-sam 9h-13h30 et 14h-19h). Confiseurs et chocolatiers depuis 1820 ! Cette très belle boutique de style florentin du XIXe siècle est une institution à Nice. Soyez prêt à vous confronter à des cascades de fruits confits, de pâtes de fruits, de marrons glacés et de chocolats maison.

Au Bonheur des Cocottes Vintage
(☎09 53 74 79 15 ; 19 rue Lascaris ; ⏲lun 14h-19h, mar-sam 10h30-19h). Vêtements vintage, bijoux, accessoires et bibelots anciens ne sont qu'une facette de cette adorable boutique nichée parmi les bars et restaurants de la rue Lascaris. Vous trouverez généralement les dynamiques propriétaires occupés à peindre, coudre, broder, réparer ou sublimer leurs dernières trouvailles. Envie de les imiter ? La maison organise également divers ateliers artistiques.

Village Ségurane Antiquités
(rue Antoine Gautier, rue Catherine-Ségurane, rue Emmanuel-Philibert ; ⏲tlj, horaires divers selon les commerces). Passage obligé pour les amateurs d'antiquités, le Village Ségurane et les rues alentour rassemblent des dizaines de vendeurs en un seul endroit, au cœur du quartier du port.

Renseignements

Office du tourisme (☎04 92 14 46 14 ; www.nicetourisme.com ; 5 promenade des Anglais). Une autre antenne se trouve à la gare SNCF de Nice-Ville.

Depuis/vers Nice

AVION

Aéroport Nice Côte d'Azur (☎0 820 423 333 ; www.nice.aeroport.fr). Liaisons avec le centre-ville avec la ligne de **tram 2** (☎08 1006 1006 ; www.lignesdazur.com ; trajet 1,50 €).

TRAIN

La **gare de Nice-Ville** (www.sncf.com/fr ; av. Thiers), située sur l'avenue Thiers au bout de l'avenue Jean-Médecin, est desservie par la ligne de tram 1 (arrêt Gare Thiers). À dix minutes au nord du port, la **gare de Nice-Riquier** peut s'avérer pratique pour prendre un TER sur la ligne Marseille-Vintimille.

Comment circuler

BUS ET TRAM

Les transports de la ville sont assurés par la régie **Lignes d'Azur** (☎08 1006 1006 ; www.lignesdazur.com). La ligne de **tram 1** circule à partir de 4h25, environ toutes les 4 minutes (toutes les 5-6 minutes le week-end). La ligne de **tram 2** reliant le port à l'aéroport de Nice circule à partir de 4h15, environ toutes les 4 minutes (toutes les 5-8 min le week-end). Une centaine de lignes de bus circulent en journée, et 5 la nuit.

VÉLOS ET VOITURES EN LIBRE-SERVICE

Le réseau cyclable s'étant fortement densifié, le vélo est une bonne option pour se déplacer facilement à Nice. **Vélo Bleu** (☎04 93 72 06 06 ; www.velobleu.org) met à disposition 1 550 vélos en libre-service sur 175 stations, 24h/24 et 7j/7. **Renault Mobility** (☎0805 080 217 ; www.renault-mobility.com) assure le même service pour les voitures électriques, sur toute la métropole.

TAXI

Taxi Riviera (☎04 93 13 78 78 ; www.taxis-nice.fr). Service 24h/24 et 7j/7.

VILLAGES DE L'ARRIÈRE-PAYS NIÇOIS

L'un des grands atouts de la Côte d'Azur réside dans la proximité qu'entretiennent la mer et la montagne. Des villages typiques perchés depuis des siècles sur leurs éperons rocheux jalonnent des collines peuplées d'oliviers le long de la vallée du Paillon. Leur patrimoine architectural exceptionnel est aujourd'hui bien mis en valeur.

Peillon

Un spectacle impressionnant s'offre à vous tandis que vous gravissez les sept lacets qui conduisent à Peillon, à 20 km de Nice. Dans ce village perché sur un éperon rocheux déjà occupé au néolithique, les maisons se blottissent les unes contre les autres autour du clocher. Il faut grimper jusqu'au sommet du village, au fil de ruelles escarpées, admirablement restaurées et entretenues, pour découvrir la magnifique vue sur la place de l'Église pavée de galets.

À voir

Chapelle des Pénitents Blancs — Art religieux

(visites guidées sur demande au syndicat d'initiative 2 €/pers ; 0,50 € pour l'éclairage des fresques). Dès l'entrée du village, à côté du parking, cette chapelle du XVe siècle est parée d'émouvantes fresques médiévales qui illustrent, en 10 scènes, la Passion du Christ. Ces fresques servaient autrefois à l'enseignement du catéchisme.

Peillon

Église de la Transfiguration Art roman (pl. de l'Eglise). C'est une église à deux visages. Côté village, elle dresse fièrement sa façade classique ocre qui date du XVIIIe siècle et son clocher aux tuiles bleues. De l'autre côté, l'abside révèle une facette plus ancienne, avec des pierres de taille apparentes. De style roman, elle a été construite autour de l'ancienne tour du donjon du *castrum* médiéval. À l'intérieur de l'édifice, on peut admirer de très belles toiles des XVIIe et XVIIIe siècles et des fresques datant du XVIe siècle dans l'abside romane.

Où se loger et se restaurer

L'Auberge de la Madone Hôtel-restaurant €€€ (04 93 79 91 17 ; www.auberge-madone-peillon.com ; 3 pl. Auguste-Arnulf ; menu bistrot midi 19-25 €, menu gastronomique 40-65 € ; d 110-185 € ; restaurants tlj sauf mercredi, fermé mi-nov à début déc et mi-jan à mi-fév ;). Au pied du village, on grimpe quelques marches avant de découvrir ce bijou. Beaucoup de classe à l'intérieur, un bistrot du terroir (La Table d'Augustine, midi uniquement), une table gastronomique (L'Authentique), une belle terrasse avec vue plongeante sur les gorges du Paillon et 17 chambres coquettes ouvrant sur la montagne. On peut aussi y venir juste pour prendre un verre sous la tonnelle ou manger un sandwich gourmand (à partir de 8 €).

Renseignements

Syndicat d'initiative de Peillon (06 24 97 42 25 ; www.peillon.fr ; 4 rue Centrale)

Depuis/vers Peillon

En voiture, depuis Nice-Est, prendre la D2204 en direction de Sospel. Au niveau du pont de Peille, prendre à droite la direction de Peillon (D21). Après environ 3 km, prendre sur la droite la route du vieux village pour rejoindre ce dernier, perché 3 km au-dessus de la D21.

Peille

Peille est un joyau médiéval à 630 m d'altitude, érigé aux alentours du XIe siècle. Tout comme Léo Ferré, qui a dédié une chanson au village, vous serez séduit par ses belles ruelles et placettes, ses façades d'époque comme celle du **palais des Consuls** (pl. de la Colle), ou de l'ancien tribunal du XIVe siècle où l'on jugeait les affaires des 18 communes sous sa juridiction. Ne manquez pas non plus l'imposant **palais Lascaris** (rue Lascaris), bâti en 1690 sur une partie de l'ancienne citadelle, qui accueillit l'armée des Alpes durant la Seconde Guerre mondiale. Juste derrière, sur la place du monument aux Morts, une très jolie vue embrasse les centaines d'oliviers qui s'étendent au pied du village.

À voir et à faire

Église Sainte-Marie Art religieux (se renseigner au point info pour les visites). C'est surtout le haut clocher de style roman lombard qui attire le regard. Il fut édifié au XIIe siècle lors d'un agrandissement de la petite chapelle d'origine – construite au XIe siècle par les moines de Saint-Pons. À l'intérieur, un christ gisant en bois date du début du XIIe siècle. L'orgue fut offert en 1989 par le prince Rainier de Monaco ; il provient de la chapelle du palais princier. Si l'église est fermée, demandez la clé à la mairie (pl. Carnot).

Où se restaurer

Restaurant Cauvin Chez Nana Provencal €€ (04 93 79 90 41 ; 5 pl. Carnot ; menus 20-28 € ; sam-dim midi, fermé juillet). Une adresse bien connue des Peillois et des Niçois pour sa savoureuse et copieuse cuisine provençale, mais aussi grâce à la chanson *Peille* de Léo Ferré, dont Nana, l'ancienne propriétaire des lieux, fut l'amie. Aujourd'hui c'est sa fille qui a repris le flambeau. Au menu : buffet d'entrées, raviolis, daube, brochettes d'agneau, beignets de légumes... servis à la belle saison sur la place.

Peille

Renseignements

Point info Peille (☎04 93 91 71 71 ; www.peille.fr ; pl. Carnot)

Depuis/vers Peille

En voiture depuis Nice, prendre le même chemin que jusqu'à Peillon. De là, poursuivre sur la D21 jusqu'à La Grave, ou obliquer à droite sur la D53. Peille se trouve environ 6 km plus loin. Depuis Monaco, gagnez La Turbie d'où vous prendrez la D53 plein nord durant une dizaine de kilomètres.

Peille est desservi par le bus n°116 depuis la gare routière de Nice.

L'Escarène

Outre sa magnifique église, les deux superbes vieux ponts construits jadis pour traverser le cours d'eau ajoutent au charme de ce petit bourg né en 1570. Admirez le viaduc avec ses 11 arches de 40 m de hauteur qui supporte la ligne de chemin de fer bâti en 1930.

À voir

Église Saint-Pierre-ès-Liens Art baroque

(pl. Carnot). Cette église du XVIIe siècle, classée Monument historique, est l'une des plus belles de l'arrière-pays. Son éblouissante façade, parée de trompe-l'œil, est ornée de statues de saints placées dans leurs niches. Flanquée de deux chapelles latérales, elle abrite un sublime orgue réalisé par les frères Grinda (1791), célèbres facteurs niçois. Appréciez la finesse des décors et des fresques. Durant la période des fêtes de fin d'année, l'église accueille une très riche exposition de crèches provençales.

Où se restaurer

Auberge du Château Cuisine régionale €

(☎04 93 79 57 13 ; 26 rue du Château ; plats 15-16 €, pizzas 9-13 €, menu 3 plats 28 € ; ⏲lun-mar et jeu 10h-15h, ven-dim 10h-15h et 18h-23h). En bord de route, dans une salle rustique tapissée de lambris, vous dégusterez de copieuses spécialités du pays niçois : des poissons accompagnés de légumes frais, des ravioles à la ricotta et aux épinards, de la daube avec raviolis maison... ou encore des pizzas à manger sur place ou à emporter. Accueil chaleureux.

Renseignements

Point info L'Escarène (☎04 93 79 62 93 ; www.escarene.fr ; 26 pl. Carnot)

Depuis/vers L'Escarène

En voiture depuis Nice, il faut suivre la D2204 sur 15 km.

Si vous n'êtes pas motorisé, le village est desservi au départ de Nice par le bus n°340 (à prendre à la gare routière) et par un TER (à prendre à la gare SNCF de Nice-Ville).

Lucéram

Ancien village d'étape sur la route du sel, situé à 25 km de Nice, Lucéram diffuse un charme incontestable : les façades gothiques aux fenêtres géminées et aux portes en ogive sont soignées, les balcons fleuris, le lavoir est restauré et les édifices baroques sont sublimes. À son sommet s'élèvent les vestiges d'une tour haute de 15 m entourée de remparts, érigés au XIVe siècle. Venez avec de bonnes chaussures car les ruelles sont particulièrement pentues !

À voir

Église Sainte-Marguerite Art baroque

(visite audioguidée, s'adresser à l'office du tourisme ; ⏲mer-sam 14h-18h, dim 10h-12h et 14h-18h). L'église, construite entre 1487 et 1523 sur les ruines de l'ancien château comtal, domine le village, offrant un beau panorama. L'intérieur baroque est remarquable, avec ses 6 retables du XVe siècle réalisés par de grands maîtres de l'école niçoise, comme Louis Bréa ou Jean Canavesio. Dans les chapelles latérales, vous pourrez admirer l'un des plus importants trésors d'orfèvrerie religieuse de France, avec notamment une figurine en argent montrant sainte Marguerite terrassant le dragon.

INSOLITE !
L'art de la crèche

Chaque mois de décembre, ouvre dans le village de Lucéram un **musée de la Crèche** (☎04 93 79 46 50 ; pl. Adrien Barralis ; 2 € ; ⏲déc lun-ven 10h-12h30 et 14h-17h30, sam-dim 10h-17h30, sinon s'adresser à l'office du tourisme). Vous y découvrirez plus de 170 crèches provenant du monde entier, la plus ancienne datant de 1948. On se régale à observer la multitude de santons réalisés avec tous les matériaux possibles et imaginables, y compris avec des pinces à linge ou des allumettes ! Et, durant un mois et demi, c'est le village entier qui se transforme avec le **Circuit des crèches** (déc-mi-jan). Quelque 450 crèches sont exposées un peu partout dans le village et le hameau de Peïra Cava.

Ci-dessus : crèche provençale
NOBLE NATURE / STOCK.ADOBE.COM ©

Où se restaurer

La Boccafina Cuisine méditerranéenne **€€**

(☎06 48 89 44 47 ; 4 pl. Adrien-Barralis ; plats 15-19 €, pizzas 7-14 €, menu Circuit des crèches 20-25 €, ; ⏲tlj juin-sept midi et soir, tlj midi pendant le Circuit des crèches, fermé mi-jan-mai et oct-nov). Derrière la façade du restaurant, on découvre un décor unique, puisque l'on mange dans une grotte aux parois ridées. Un cadre atypique pour déguster une cuisine de terroir, du bon gibier et des pizzas. En été, la terrasse ombragée au pied du village est très plaisante, pour une glace ou un apéro.

Renseignements

Maison de Pays de Lucéram (04 93 79 46 50 ; luceram.fr ; pl. Adrien-Barralis)

Depuis/vers Lucéram

En venant de Nice en voiture, suivre la D2204 jusqu'à L'Escarène où vous bifurquerez à gauche sur la D2566.

Lucéram est desservi par le bus n°340 depuis la gare routière de Nice.

Coaraze

Ce nid d'aigle situé à 25 km de Nice regorge de ruelles pavées et fleuries, et de passages voûtés. Des cadrans solaires réalisés en 1959 par des artistes célèbres (Cocteau, Valentin, Ponce de Léon, Ben...) sont disséminés sur les façades du village. Au fil de votre promenade, vous verrez les anciennes maisons du forgeron et du maçon.

À voir

Église Saint-Jean-Baptiste — Art baroque

(pl. Félix Giordan). Cet imposant bâtiment en pierre flanqué d'une tour carrée du XIVe siècle domine le village. Peu épargnée par les séismes et les guerres, l'église fut trois fois reconstruite. L'exubérance de la décoration baroque intérieure tranche avec la sobriété de la façade : de magnifiques plafonds peints et une multitude d'anges et angelots (118 en tout), donnent une tonalité toute particulière au lieu.

Chapelle Notre-Dame-de-la-Pitié — Art contemporain

(route de la Chapelle Bleue). On la surnomme la "chapelle bleue" depuis que le peintre Angel Ponce de Léon y a réalisé, en 1962, deux fresques magistrales dans un camaïeu de bleus. Elles figurent différents épisodes de la vie du Christ : la Nativité, la Crucifixion et la Résurrection. Un vitrail azur et une pietà bleue font écho aux peintures. L'extérieur de la chapelle est également bleu. Si elle est fermée, demandez la clé à la Maison du Patrimoine ou à la mairie (pl. du Portal).

Chapelle Saint-Sébastien — Art baroque

(hameau Saint-Sébastien). Située 2 km avant le village, elle fut construite en 1530. Dédiée à saint Sébastien dans l'espoir d'éloigner les épidémies de peste, elle vaut le détour pour ses motifs en trompe l'œil dessinés sur les voûtes, et surtout ses fresques d'origine, montrant notamment le martyre de saint Sébastien. Deux représentations très réalistes illustrent l'ensevelissement du corps après sa mort. Demandez les clés à la maison voisine.

Renseignements

Maison du Patrimoine (04 93 79 37 47 ; coaraze.fr ; 7 pl. du Portal)

Depuis/vers Coaraze

En voiture, depuis Nice-Est, prendre la D2204 en direction de Sospel, puis bifurquer à gauche sur la D15 en direction de Contes après 8 km. Poursuivre sur la D15 une dizaine de kilomètres après Contes pour atteindre Coaraze.

En bus, vous pouvez emprunter le n°303 au départ de la gare routière de Nice.

Levens

Levens est le village le plus important et le plus agréable du Canton aux 10 Sourires et le seul à mériter une halte prolongée. Tout en étages, il révèle ses richesses graduellement, au fil de l'ascension.

Un circuit matérialisé par des flèches en bronze sur le sol, partant devant l'office du tourisme, permet de découvrir le patrimoine historique du village.

Lors de la **fête du Cheval** (fin juil), des concours, des démonstrations et des spectacles autour des chevaux se déroulent dans le grand pré.

À voir

Chapelle des Pénitents Blancs — Art baroque

(pl. de la République). Avec sa façade baroque bleu pastel, elle trône majestueusement sur la petite place de la République. Construite en 1775, elle abrite une belle peinture illustrant l'Assomption de la Vierge signée d'un maître de l'école de Crémone. Une autre version de l'Assomption, sculptée celle-ci, datant du XVIIIe siècle, est également superbe.

La Maison du Portal — Galerie d'art

(09 62 66 85 84 ; www.levens.fr ; 1 pl. Victor-Masséglia ; juin-août lun-ven 10h-13h et 14h-18h et sam 9h-12h et 14h30-17h30, le reste de l'année lun-ven 9h-13h et 14h-17h et sam 9h-12h et 14h30-17h30). Cette ancienne demeure bourgeoise du XVIIe siècle abrite des expositions temporaires mais également l'office du tourisme au rez-de-chaussée. En sortant, observez sur la droite le "portal", une porte voûtée du Moyen Âge, vestige des remparts qui furent détruits en 1622.

Chapelle des Pénitents Noirs — Art religieux

(av. du Dr-Faraut). Située face à l'office du tourisme, son fronton cassé, tout comme son clocheton et ses volutes, sont caractéristiques de l'art baroque. À l'intérieur, il faut surtout s'attarder devant un christ gisant en bois polychrome du XVIIIe siècle.

Église Saint Antonin — Art religieux

(pl. Comte-Raynardi-de-Belvédère). De style roman à l'origine, elle a été restaurée en 1905 avec des pierres taillées venant des carrières de La Turbie. À l'intérieur, des têtes en pierre singulières, des XIIe et XIIIe siècles, évoquent des prêtres, un roi et un guerrier. Le chœur baroque avec ses colonnes torses, les fresques des voûtes et la peinture retraçant la vie de saint Antonin sur le retable (1594) valent le coup d'œil.

Où se loger et se restaurer

Le Mas Fleuri — Hôtel-restaurant €€

(04 93 79 70 35 ; www.masfleuri.com ; 1585 av. du Général-de-Gaulle ; menus 24-30 €, d 75 € ;

Coaraze

restaurant ven-sam midi et soir, dim midi, sur réservation). Une belle maison blanche aux volets bleus entourée d'un grand pré. L'accueil est chaleureux, les chambres sont simples et douillettes avec une vue dégagée. Aux fourneaux, un spécialiste de la cuisine niçoise qui se fend aussi de quelques desserts maison.

Renseignements

Office du tourisme (09 62 66 85 84 ; www.levens.fr ; 1 pl. Victor-Masséglia). Dans la Maison du Portal.

Depuis/vers Levens

Levens est situé à 25 km au nord de Nice. En voiture depuis Nice-Est, prendre la direction Saint-André-de-la-Roche, puis Tourrette-Levens par la M19. En venant de Nice-Ouest, suivre la direction Digne par la M6202, puis direction La Roquette-sur-Var par la M20.

En bus, vous pouvez prendre le n°59 à la gare routière de Nice.

Falicon

Situé à 9 km de la capitale azuréenne, c'est le village perché le plus proche de Nice. La reine Victoria aimait venir y prendre son thé en calèche lors de ses séjours à Cimiez, comme le rappelle la place du Thé-de-la-Reine. L'académicien Jules Romains fit de ce nid d'aigle le cadre de son roman *La Douceur de la vie*. Au sommet du village, placez-vous sous le grand chêne pour admirer la baie des Anges. Les amateurs de randonnées pourront rejoindre le GR®5 qui passe non loin du village.

À voir et à faire

Église de la Nativité-de-la-Vierge Art religieux

(pl. de l'Église). La grande originalité de cet édifice, construit en 1624, réside dans sa façade en trompe l'œil réalisée en 1903 : ici, les pilastres et les colonnes ne sont qu'artifices. À l'intérieur, la statue de saint Vincent en bois et stuc le représente de manière peu conventionnelle sous un olivier, alors qu'il est généralement associé à la vigne – ce qui atteste de l'importance de la culture de l'olivier dans la région. Vous verrez, sur les façades de plusieurs maisons dans le village, que l'église a fait des émules. Si l'église est fermée, demandez la clé à la mairie (04 92 07 92 70 ; 3 pl. Marcel-Eusebi).

Renseignements

Mairie de Falicon (04 92 07 92 70 ; www.falicon.fr ; 3 pl. Marcel-Eusébi)

Depuis/vers Falicon

En venant de Nice-Nord en voiture, prendre la direction Gairaut, puis Falicon. En venant de Nice-Est, prendre la direction Saint-André-de-la-Roche, puis Falicon. Du centre-ville de Nice, prendre la direction Cimiez, puis Rimiez et Falicon.

En bus, vous pouvez prendre la ligne n°35 à la gare routière de Nice.

CÔTE DE NICE À MONACO

Villefranche-sur-Mer

La baie de Villefranche est probablement l'une des plus belles du monde ! Avec sa mer turquoise, ses ports aux yachts luxueux et ses somptueuses villas qui s'égrènent sur les collines, son cadre ne peut laisser indifférent. La vieille ville, très italienne, est parcourue de ruelles sinueuses bordées de façades colorées.

À voir

Ne manquez pas l'étonnante **rue Obscure**, couverte sur une centaine de mètres, qui servait de refuge aux habitants. Un peu plus bas, la promenade est agréable le long du petit **port de la Santé**. Le **port de la Darse** accueille un chantier naval traditionnel. À une centaine de mètres derrière le port il y a un observatoire océanologique.

MATTHIEU JOSEPH-AIMÉ ©

Villefranche-sur-Mer

L'**église Saint-Michel**, de style baroque (1732-1757), abrite, elle, deux curiosités majeures : le Christ gisant et l'orgue, l'un des plus anciens des Alpes-Maritimes.

Citadelle Ouvrage militaire et musées

(☎04 93 76 33 27 ; entrée libre, visite de groupe sur réservation ; ⏲musée juin-sept 10h-12h et 15h-18h30, dim 15h-18h30, oct-mai 10h-12h et 14h30-17h30, dim 14h-17h30, fermé nov ; entrée libre). La Citadelle est sans conteste le plus beau monument de la commune. Édifiée en 1557, elle comprend plusieurs musées et une adorable roseraie. Le **musée Volti** présente les peintures et sculptures de l'artiste d'origine villefranchoise Voltigerno Antoniucci (1915-1989). Dans le musée Goetz-Boumeester, vous trouverez les œuvres d'Henri Goetz et de Christine Boumeester. Le musée Roux abrite des figurines en céramique reconstituant des scènes du Moyen Âge et de la Renaissance.

Chapelle Saint-Pierre Chapelle Cocteau

(☎04 93 76 90 70 ; quai de l'Amiral-Courbet ; 3 €, gratuit -15 ans ; ⏲mer-dim 9h30-12h30 et 14h15-18h, fermé mi-nov à mi-déc). C'est Jean Cocteau qui l'a entièrement décorée en 1956-1957 en illustrant des passages de la vie de l'apôtre Pierre, avec l'aide de nombreux artisans et artistes locaux. Elle abrite le siège de la prud'homie des pêcheurs. Derrière l'autel, façonné dans un seul bloc de pierre, on reconnaît le visage de Jean Marais, le compagnon de Cocteau.

Activités

Acti Loisirs Sorties en mer

(☎06 03 78 30 85, 06 01 33 42 68 ; www.dauphin-mediterranee.com ; quai de l'Amiral-Courbet ; adulte/13-17 ans/enfant 50/40/36 € ; ⏲9h30-13h30, juil-août mercredi et samedi, juin et sept samedi). Sorties d'observation (4 heures) des baleines et dauphins sur une vedette de 20 m. Attention, les sorties peuvent être annulées le jour même en fonction des conditions météo.

Rand'eau évasion Plongée

(☎06 18 79 62 33 ; www.randeauevasion.com ; port de la Darse ; baptême plongée 70 €, rando

CORALIE MODSCHIEDLER ©

GIANCARLO LIGUORI / STOCK.ADOBE.COM ©

En partant de la gauche : chapelle Saint-Pierre ; cap Ferrat ; Villa Ephrussi de Rothschild

subaquatique, avec guide 38 €, sans guide 25 € ; tlj mai-nov, le week-end et sur réservation le reste de l'année). Randonnées subaquatiques de 2 heures à partir de 8 ans sur un sentier sous-marin et plongée classique.

Où se loger

Hôtel de la Darse Sur le port **€€**

(04 93 01 72 54 ; www.hoteldeladarse.com ; 32 av. du Général-de-Gaulle ; d/tr 62-113/97-128 € ; fermé nov-fev ;). Face au port de la Darse, 21 chambres soignées et lumineuses ; certaines ont un balcon et vue sur la mer ou le port, les autres donnent sur un jardin coquet. L'hôtel a été récemment rénové. Agréable terrasse avec vue sur les bateaux.

Hôtel La Villa Patricia Au calme **€€**

(04 93 01 06 70 ; www.hotel-patricia.riviera.fr ; 310 av. de l'Ange-Gardien ; d/tr 78-125/110-150 € ; P). Dans une atmosphère chaleureuse, 9 chambres coquettes et colorées. Agréable jardin planté de palmiers, Jacuzzi, rooftop, petit-déj bio (10 €) et plage à 10 minutes à pied. Parking privé payant (5 €).

Où se restaurer

La Grignotière Méditerranéen **€**

(04 93 76 79 83 ; 3 rue du Poilu ; menu 19,50 €, plats 13-25 € ; tlj). Quelques tables dans une ruelle, une atmosphère cosy et souriante : c'est la recette gagnante de ce charmant établissement, où l'on déguste poissons à la plancha, entrecôtes, spaghetti aux gambas, pizzas...

L'Aparté Créatif **€€**

(04 93 01 84 88 ; www.laparte-villefranche-sur-mer.com ; 1 rue Obscure ; menus 38-44 €, plats 25-30 € ; soir tlj sauf mardi). Un petit bistrot caché sous les voûtes de la rue Obscure. À l'ardoise, des plats créatifs préparés avec amour : magret de canard aux fruits rouges, tartare de loup aux agrumes, risotto au homard...

La Mère Germaine Bouillabaisse **€€€**

(04 93 01 71 39 ; www.meregermaine.com ; 7 quai de l'Amiral-Courbet ; menu midi en semaine 36 €, menu 51 €, plats 34-68 € ; tlj, fermé mi-nov à mi-déc). Une institution depuis 1938. Spécialités de la mer, dont la bouillabaisse la plus réputée de la Riviera. Terrasse en front de mer. Réservez.

SANTOSHA57 / STOCK.ADOBE.COM ©

Renseignements

Office du tourisme (☎04 93 01 73 68 ; www.tourisme-villefranche-sur-mer.com ; jardin François-Binon)

Depuis/vers Villefranche-sur-Mer

En voiture depuis Nice, prendre la Basse Corniche (M6098). Se garer dans les parkings autour de la citadelle. En bus, outre le n°100 (p. 228), le n°15 circule entre Nice et Saint-Jean Cap-Ferrat via Villefranche.

La gare SNCF se situe avenue Georges-Clemenceau.

Saint-Jean-Cap-Ferrat

Tout comme le cap d'Antibes, le cap Ferrat constitue un écrin pour les domaines et les villas de luxe cachées dans d'épaisses pinèdes. Un endroit privilégié, bercé par le clapotis de la mer, qui attire depuis toujours les grands de ce monde et les célébrités.

À voir

Villa Ephrussi de Rothschild — Demeure historique

(☎04 93 01 33 09 ; www.villa-ephrussi.com ; cap Ferrat ; adulte/18-25 ans 15/10 € ; ⏱tlj fév-juin 10h-18h, juil-août 10h-19h, sept-oct 10h-18h, nov-jan lun-ven 14h-18h et sam-dim 10h-18h). Bijou architectural construit en 1910, ce palais aux façades roses surplombe le cap Ferrat et abrite quelque 5 000 objets d'art : des mosaïques antiques aux tableaux impressionnistes, en passant par des tapisseries des Gobelins ou la table de jeu de Marie-Antoinette. Somptueux parc avec 9 jardins exotiques et des vues magnifiques. Audioguide gratuit. Salon de thé-restaurant ouvert toute l'année.

Activités

Plages

Sur la pointe Saint-Hospice, la **plage des Fosses** et la plage **des Fossettes** sont publiques et sans doute les plus tranquilles. À l'est, la plage de la **Paloma** est une superbe crique baignée par des eaux translucides.

La côte sans voiture

Le réseau commun au département est nommé Lignes d'Azur, mais les informations se retrouvent sur les sites Internet des compagnies qui participent à ce service (TAM, RCA...). Quelques lignes de la **RCA** (☎0820 423 333 ; www.rca.tm.fr) sont particulièrement pratiques pour la portion de côte entre Nice et Menton :

La ligne 100 circule sur la côte (attention, elle ne monte pas dans les villages perchés) entre Nice et Menton tous les jours (de 5h55 à 20h30, toutes les 15 min, 1,50 €) en desservant notamment Villefranche-sur-Mer, Beaulieu, Èze-sur-Mer, Cap-d'Ail, Monaco, Roquebrune-Cap-Martin.

Les bus express de la ligne n°100X relient 9 fois par jour Monaco et l'aéroport de Nice en 30 min (lun-ven de 6h15 à 17h25 depuis Nice, de 7h05 à 18h30 depuis Monaco, 4 €).

La ligne 110 (Nice aéroport-Monaco-Menton) passe par la départementale (20 départs/jour, 22 €, 33 € eller-retour, 16,5 € -26 ans, 5 € -12 ans).

Plongée

Cap Ferrat Diving (☎06 89 26 95 25 ; www.capferratdiving.com ; quai Lindbergh ; baptêmes 25/45 min 69/129 €, plongée exploration 45-60 €). Propose des randonnées snorkeling, des stages pour enfants et des formations de plongée.

Promenades

Le **tour du cap** (2 heures) est une balade idéale pour explorer le cap depuis le port. On peut également faire le tour de la **pointe Saint-Hospice** (40 min) depuis le prestigieux hôtel La Voile d'Or qui surplombe le port ; un léger détour permet d'admirer la chapelle Saint-Hospice et sa statue à la Vierge haute de 11 m. Enfin, la très jolie **promenade Maurice-Rouvier** (30 min aller, retour possible en bus) permet de rejoindre Beaulieu-sur-Mer.

Promenades en mer

Grâce à l'association de protection des mammifères marins, **SOS Grand Bleu** (☎04 93 76 17 61 ; www.sosgrandbleu.asso.fr ; départ au bout de la jetée ; journée cétacés adulte/-12 ans 60/40 €, demi-journée Trois Caps 30/20 € ; ⏲mi-avr à mi-nov 9h-17h), partez en mer à bord d'un voilier pour apprendre à manœuvrer un vieux gréement, le *Santo Sospir*, entre le cap Martin et le cap d'Antibes, et observer des cétacés à proximité du sanctuaire Pelagos (voir l'encadré p. 329).

Où se restaurer

Capitaine Cook Méditerranéen **€€**
(☎04 93 76 02 66 ; 11 av. Jean-Mermoz ; menus 30-34 €, plats 19-39 € ; ⏲tlj sauf mercredi et jeudi). Sous une haie de bougainvilliers, près du port et dans une atmosphère désuète, on voyage autour de la Méditerranée : fruits de mer, soupes, poissons, ravioles... Assurément le restaurant préféré des Saint-Jeannois, pour la constante qualité de sa cuisine.

Bar-restaurant du Port Familial **€€**
(☎04 93 76 04 46 ; 7 av. Jean-Mermoz ; plats 21-39 € ; ⏲tlj, sauf lundi en hiver). Dans une salle attenante au bar où se concentrent les habitués ou sur une petite terrasse surplombant le port, on déguste une cuisine simple d'inspiration méditerranéenne : beignets aux fleurs de courgette, gnocchis à la sarde, linguines au poulpe, sardines grillées ou friture de calamars. Une des rares adresses bon marché du secteur.

Renseignements

Office du tourisme (☎04 93 76 08 90 ; www.saintjeancapferrat-tourisme.fr ; 59 av. Denis-Séméria)

Depuis/vers Saint-Jean-Cap-Ferrat

On accède à Saint-Jean-Cap-Ferrat en voiture par Villefranche-sur-Mer ou Beaulieu-sur-Mer, par la Basse Corniche (M6098). On peut parcourir le cap en voiture.

En bus, le n°15 circule entre Nice et Saint-Jean Cap-Ferrat.

La gare SNCF de Beaulieu-sur-Mer est la plus proche.

Beaulieu-sur-Mer

Un cadre exceptionnel protégé par de majestueuses falaises et un lieu très prisé autrefois par l'aristocratie européenne et les voyageurs fortunés. Aujourd'hui, le calme règne dans les ruelles du petit centre-ville où se répandent les massifs de bougainvilliers. Côté mer, le petit port de pêche, le casino récemment rénové et la somptueuse **rotonde** (av. Fernand-Duan), ancien palace Belle Époque qui servit d'hôpital militaire durant la Seconde Guerre mondiale, mais aussi à l'est le nouveau port et ses 800 anneaux. Au-delà, la longue **plage de la Petite Afrique** (à cause de son microclimat toujours plus chaud que sur le reste de la côte) regroupe tous les atouts : sable fin, superbe panorama, petite forêt de pins et de palmiers.

À voir

Villa Kérylos Villa grecque

(☎04 93 01 01 44 ; www.villakerylos.fr ; 7 impasse Gustave-Eiffel ; 11,50 €, gratuit pour -18 ans ; tlj mai-août 10h-18h, sept-avr 10h-17h). Dressé au bout d'un cap, cet édifice est la copie d'un luxueux palais de l'île de Délos, du IIe siècle av. J.-C. Son nom "kérylos" désigne l'hirondelle de mer, oiseau de légende qui surgissait des flots en signe de bon présage. Érigée en 1908 par Théodore Reinach, passionné par les civilisations helléniques, la demeure abrite peintures murales, mosaïques, fresques, meubles raffinés, salons éblouissants... Les jardins regroupent une étonnante collection d'essences méditerranéennes, et la galerie des Antiques, en sous-sol au raz de l'eau, présente des moulages grandeur nature de célèbres statues gréco-romaines. Audioguide gratuit.

Où se loger et se restaurer

Le Havre Bleu Familial €€

(☎04 93 01 01 40 ; www.lehavrebleu.com ; 29 bd Maréchal-Joffre ; s/d/tr 65-89/72-106/100-

Plage de la Petite-Afrique, Beaulieu-sur-Mer

CORALIE MODSCHIEDLER ©

154 € ; ❄📶P). Une adresse familiale et accueillante, où les chambres affichent un style moderne et épuré. Pas de vue mer mais à 300 m de la plage de la baie des Fourmis. Superbe cactus euphorbe de 15 m de haut à l'entrée. Parking 12 €/jour.

Hôtel Riviera Central **€€**
(☎04 93 01 04 92 ; 6 rue Paul-Doumer ; d 65-105 € ; ⌚fermé oct-déc ; ❄📶). À 150 m de la mer, cette maison 1930 située dans une rue assez calme offre des chambres petites mais chaleureuses et propres. Petit patio.

Les Vents d'Ange Méditerranéen **€€**
(☎04 93 01 35 77 ; 15 bd Maréchal-Joffre ; plats 14-25 €, formule midi 16 € ; ⌚mar-sam). C'est le petit resto qui a la cote : dans une salle chaleureuse où les serveurs s'affairent midi et soir, une cuisine simple mais efficace : moules gratinées, cuisses de grenouilles, filet mignon de veau… et surtout d'excellentes pizzas au feu de bois.

Renseignements

Office du tourisme (☎04 93 01 02 21 ; www.beaulieusurmer.fr ; pl. Georges-Clemenceau)

Depuis/vers Beaulieu-sur-Mer

On accède à Beaulieu-sur-Mer en voiture par Villefranche-sur-Mer ou Èze, par la Basse Corniche (M6098).

En bus, outre la ligne n°100 (encadré p. 228), le n°15 circule entre Nice et Saint-Jean-Cap-Ferrat via Beaulieu.

Au centre-ville, la **gare SNCF** (pl. Georges-Clemenceau) permet d'accéder facilement à Beaulieu-sur-Mer en venant de Villefranche-sur-Mer, Nice ou Monaco.

Èze

Niché dans un merveilleux écrin naturel, le village d'Èze s'étire sur la basse, la moyenne et la grande corniche, ce qui le pare d'indéniables atouts : son cœur médiéval perché au-dessus de la mer offre fraîcheur et pureté d'une nature intacte, tandis que son littoral jouit d'une jolie plage aux eaux turquoise. Du coup, le site est littéralement envahi en été – préférez les premières heures de la matinée ou la fin d'après-midi, quand le village retrouve un peu de tranquillité.

Un sentier de randonnée, le **chemin de Nietzsche**, relie le village au bord de mer en 45 minutes (chaussures de randonnée nécessaires). Le philosophe, qui séjourna plusieurs fois à Nice serait venu à Èze, où il aurait conçu une partie d'*Ainsi parlait Zarathoustra* en parcourant ce chemin.

À voir

Flânez au fil des ruelles fleuries et admirablement entretenues du village, bordées de maisons médiévales, boutiques et galeries d'artistes, et faites un tour dans son magnifique **jardin exotique** (☎04 93 41 26 00 ; www.jardinexotique-eze.fr ; 6 €, gratuit -12 ans ; ⌚tlj juil-sept 9h-19h30, avr-juin et oct 9h-18h30, jan-mar et nov-déc 9h-16h30), suspendu à 429 m d'altitude, réserve un enivrant panorama. La quiétude des lieux et les trésors botaniques qu'ils contiennent offrent l'occasion d'une agréable promenade. Ne manquez pas l'**église Notre-Dame-de-l'Assomption** (rue de l'Église), construite entre 1764 et 1778, à l'intérieur baroque et théâtral. En face, dans le **cimetière**, repose Francis Blanche. Juste au-dessus, la **chapelle des Pénitents Blancs**, construite au XIVe siècle, abrite des œuvres du peintre Michel-Marie Poulain (1906-1991, inhumé à Èze), visibles à travers les grilles d'un portail.

Activités

Dans le **parc départemental de la Revère** (accès par la rte de la Revère en venant du village), on découvre les forts de La Drette et de la Revère (ne se visitent pas), construits en 1870, en plus de magnifiques panoramas sur le village d'Èze et la Riviera. En contrebas, se dresse un observatoire pour regarder

CORALIE MODSCHIEDLER ©

Vue depuis le jardin exotique d'Èze

les oiseaux et la **Maison de la nature** (04 89 04 54 80 ; entrée libre ; tlj sauf lundi 10h-12h et 14h-17h30), qui présente des expositions sur la géologie, la faune et la flore de la région. À proximité, deux sentiers d'interprétation et le **gouffre de Simboula**.

Où se loger et se restaurer

Èze Hermitage — Hôtel-restaurant €€

(04 93 41 00 68 ; www.ezehermitage.com ; 1951 av. des Diables-Bleus ; d/tr/ste 80-195/115-215/160-310 € ; plats 18-39 €, demi-pension 55 €/pers ;). Perché au-dessus du village médiéval, en pleine nature, un havre de paix au charme provençal, récemment rénové. Les chambres sont décorées avec goût et élégance. Au rez-de-chaussée, le **restaurant Gaston** (04 93 57 43 63) propose dans un cadre moderne une cuisine travaillée d'inspiration provençale : coquillettes au jambon et à la truffe d'été, filet de loup accompagné de légumes du sud, côte d'agneau avec pommes grenailles à la braise... Belle carte des vins. Parking gratuit.

Le Nid d'Aigle — Resto-snack €€

(04 93 41 19 08 ; www.leniddaigle-eze.com ; 1 rue du Château ; menu 30 €, plats 12,50-22 € ; tlj sauf mercredi juil-août midi et soir, sept-juin midi). En haut du village, on déguste de copieuses salades et omelettes, des pâtes, des viandes ou du poisson, dans une salle voûtée ou en terrasse sous la tonnelle. Snack l'après-midi.

Anjuna Beach — Méditerranéen €€

(04 93 01 58 21 ; www.anjunabay.com ; plage d'Èze, 28 av. de la Liberté ; plats 26-45 € ; matelas 20 €/jour ; avr-sept tlj 10h-23h). Cette paillote-bar, installée sur la petite plage d'Èze, invite à un voyage exotique, avec son caillebotis en teck, sa charpente turquoise, ses masques balinais, son perroquet et ses palmiers. Tarifs un peu élevés mais le site a les pieds dans l'eau... Concerts dimanche midi.

Renseignements

Office du tourisme (04 93 41 26 00 ; www.eze-tourisme.com ; pl. du Général-de-Gaulle)

Depuis/vers Èze

Accès à Èze-Bord-de-Mer par la Basse Corniche (M6098), accès au vieux village par la Moyenne Corniche (M6007), accès au col d'Èze par la Grande Corniche (M2564). La M46 et la M45 relient la Grande et la Moyenne Corniche. Pour rejoindre la Basse Corniche, prendre la M45, bretelle de Saint-Laurent-d'Èze.

Un bus (ligne n°83) relie les 3 corniches (7/jour). Pour venir à Èze depuis Nice : ligne n°112 ou n°82 pour le col d'Èze et le vieux village, ligne n°100 pour le bord de mer.

La gare SNCF de Èze-sur-Mer est la plus proche.

Cap-d'Ail

À l'ouest de Monaco, la ville côtière de Cap-d'Ail est avant tout réputée pour ses plages, parmi les plus belles de la Riviera et sa promenade en bord de mer. La commune recèle quelque 70 villas Belle Époque dont certaines se visitent, comme le **château des Terrasses** (1 av. Général de Gaulle), autrefois occupé par la famille du tsar de Russie, où la municipalité organise concerts et expositions, ou la **Villa Les Camélias** (17 av. Raymond-Gramaglia), qui abrite un musée dédié au peintre basque Ramiro Arrue (1892-1971).

Activités

Ne quittez pas le Cap-d'Ail sans avoir profité de ses plages. Très fréquentée l'été, la **plage Marquet** jouxte le port de Cap-d'Ail ; plusieurs établissements y louent des matelas et proposent des services de restauration. La plage de la **pointe des Douaniers** est située au creux d'un site volcanique sauvage. Coincée dans un écrin rocheux, la **plage de la Mala** est recouverte de galets et de sable fin. Depuis la Basse Corniche, il faut prendre un petit chemin pour arriver à la **crique des Pissarelles**. Pour longer ces sites, depuis la plage Marquet jusqu'à Mala, suivez le **sentier du littoral**, une magnifique promenade aménagée en bord de mer.

Où se restaurer

Vous trouverez plusieurs restaurants au bord de l'eau, notamment **Le Lamparo** (☎04 92 10 70 75 ; www.lamparoplage.com ; plats 19-35 €, pizzas 13-23 € ; ⏱tlj mar-nov) sur la plage Marquet.

Renseignements

Office du tourisme (☎04 93 78 02 33 ; cap-dail.fr ; 87 bis av. du 3-Septembre)

Depuis/vers Cap-d'Ail

On accède à Cap-d'Ail en voiture par Èze-Bord-de-Mer ou Monaco, par la Basse Corniche (M6098).

En bus, le n°100 circule entre Nice et Menton via Cap-d'Ail.

La gare SNCF de Cap-d'Ail est la plus proche.

PRINCIPAUTÉ DE MONACO

Fief de la jet-set internationale et paradis fiscal, la principauté de Monaco – deuxième plus petit pays du monde – est une enclave minuscule sur le littoral azuréen, blottie entre le cap-d'Ail et le cap Martin. Pourtant, la beauté et le glamour ne sautent pas aux yeux lorsque l'on arrive à Monaco, bien que l'incroyable concentration de Ferrari et autres voitures de luxe vous mette rapidement la puce à l'oreille ! Hormis sa densité d'immeubles, ses paysages ressemblent au reste de la côte, avec des plages de sable et des rochers tombant à pic dans la Méditerranée. Après s'être placée sous la protection de différentes puissances dont l'Espagne, l'Italie ou la France, Monaco fut finalement annexée par la France sous la Révolution mais accéda à l'indépendance grâce au traité franco-monégasque de 1861 ; elle devint une monarchie constitutionnelle en 1911 sous le règne du prince Albert Ier.

À voir

Monte-Carlo

Pour en saisir le côté mythique, il faut attendre d'être arrivé sur la fameuse **place du Casino**, qui accueille le légendaire **casino de Monte-Carlo** (00 377 98 06 21 21 ; www.montecarlosbm.com/fr/casino-monaco ; entrée salles de jeux 10 €, accès salons privés 10 € supp ; tlj 14h-6h), réalisé en 1878 par Charles Garnier, qui lui adjoindra un **Opéra** (www.opera.mc) à l'identique de celui de Paris. À gauche du casino, l'**Hôtel de Paris** est l'un des plus beaux et des plus anciens palaces de la principauté. En face, vous trouverez le **Café de Paris**, tout aussi mythique avec sa façade 1900. C'est principalement dans ce quartier que s'affichent les enseignes de luxe (au centre commercial Le Métropole, ou boulevard du Moulin...).

Le Rocher-Monaco-ville

Les ruelles moyenâgeuses et passages voûtés de la vieille ville font penser au Vieux-Nice. La **cathédrale de Monaco** (00 377 99 99 14 00 ; diocese.mc/fr/paroisses/cathedrale ; av. Saint-Martin ; mai-sept tlj 8h-19h, oct-avr tlj 9h-18h), de style romano-byzantin, date du XIXe siècle et abrite les sépultures des princes défunts dont Rainier III et Grace de Monaco. Vous pourrez voir également la chapelle de la Miséricorde (1639), le palais de justice (1930) et le **fort Antoine** (XVIIIe siècle). Suspendus à la façade sud-est du Rocher, les **jardins Saint-Martin et Sainte-Barbe** (aménagés en 1830) abritent une flore méditerranéenne sauvage et des essences exotiques.

Palais princier Demeure royale

(00 377 93 25 18 31 ; www.palais.mc ; pl. du Palais ; adulte/enfant 10/5 € ; juil-août tlj 10h-19h, avr-oct tlj 10h-18h, fermé nov-mars). Sur le Rocher trône le palais princier, bâti au XIIIe siècle et remanié à la Renaissance, dans lequel il est possible de visiter les Grands Appartements (visite libre avec audioguide). On y découvre la galerie à l'italienne et ses fresques, le salon Louis XV tout de jaune et or, les boiseries colorées du salon Mazarin, la salle du Trône avec sa cheminée Renaissance, la chapelle palatine du XVIIe siècle, la tour Sainte-Marie en pierre blanche de La Turbie, et enfin

Casino de Monte Carlo

ANDREI NEKRASSOV / STOCK.ADOBE.COM ©

Monaco

0
200 m
A
B
C
D
1
2
3
4
5
6
Larvotto
Bay Casino (200 m)
Moyenne Corniche
FRANCE
(Beausoleil)
Bd d'Italie
Bd du Larvotto
Bd du Général Leclerc
Av Princesse Grace
Av de la République
Av de Grande-Bretagne
Bd des Moulins
Bd de France
Anse du Portier
Jardin japonais
Monte-Carlo
Jardins du Casino
Av de la Madone
Pl du Casino
R de Roqueville
Bd Princesse Charlotte
Av Princesse Alice
Bd de Suisse
Av de la Costa
Av de Monte Carlo
Av d'Ostende
Bd Louis-II
Av Président JF Kennedy
La Condamine
Port Hercule
Digue de l'Avant Port
Av Hector Otto
Bd de Belgique
Bd Rainier III
R Bretelle Auréglia
R Grimaldi
R Louis Notari
Bd Albert 1er
Q Albert 1er
Jardin exotique
Av du Jardin exotique
Av Prince Pierre
R Princesse Caroline
Q Antoine 1er
Pl d'Armes
Av du Port
Av de la Quarantaine
Av de la Porte Neuve
Pl de la Visitation
Ciappaira
Av des Pins
Palais princier
Monaco Ville
R Basse
Pl du Palais
Musée océanographique
Av St-Martin
Av Pasteur
Bd Charles III
Av de Fontvieille
Av Albert II
Pointe Ste-Barbe
Port de Fontvieille
Jardins St-Martin
Pointe St-Martin
R du Gabian
Av des Papalins
Quai Jean-Charles Rey
Av des Castelans
Fontvieille
Parc Fontvieille
MER MÉDITERRANÉE
FRANCE
1
2
3
4
5
6
7
8
9
10
11
12
13
14
15
16
17
18
19
20
21
22
23
24
25
26
27
28
29
30
31
32

Monaco

Les incontournables
1 Musée océanographique C5
2 Palais princier B5

À voir
3 Café de Paris C3
4 Casino de Monte-Carlo C3
5 Cathédrale de Monaco B5
6 Chemin des Sculptures A6
7 Collection de voitures anciennes C5
8 Fort Antoine C4
9 Grotte de l'Observatoire A5
10 Hôtel de Paris C3
11 Jardin exotique A4
12 Jardins Saint-Martin et Sainte-Barbe B5
13 Musée d'Anthropologie A5
14 Musée des Timbres et des Monnaies A5
15 Musée naval A5
Opéra ....(voir 4)
16 Roseraie Princesse-Grace B6
17 Stade Louis II A6
18 Villa Paloma D2
19 Villa Sauber A5

Activités
20 École Bleue C4
21 Stade nautique Rainier III B4

Où se loger
22 Hôtel de France B4

Où se restaurer
23 Beefbar B6
24 Il Terrazzino C3
25 La Note Bleue D1
26 Le Huit et Demi B4

Où prendre un verre
27 Gerhard's Cave B6
28 Le Buddha Bar C3

Achats
29 Marché de la Condamine B5

Renseignements
30 Office du tourisme C3

Transports
31 Gare SNCF B3
32 Parking des Pêcheurs C5

la cour d'Honneur dotée d'un escalier en marbre de Carrare. Ne manquez pas la relève de la garde des carabiniers du prince qui se déroule tous les jours (sauf en cas d'intempéries) à 11h55 précises devant le palais.

La Condamine et le port Hercule

Depuis l'esplanade de La Condamine, on voit la rampe Major et ses deux portes du XVIe montant vers le Rocher, et le **port Hercule**. La balade le long de la large jetée est agréable, et permet d'admirer les méga-yachts qui y sont amarrés. En avant du port, la nouvelle digue est équipée d'échelles de bain permettant de se mettre à l'eau.

Ne ratez pas non plus le **marché de la Condamine** (place d'Armes ; marché tlj 6h-14h, halle gourmande mar-sam 18h-23h) au pied de Monaco-Ville et les étals colorés de ses producteurs de fruits et légumes à l'extérieur. Sous les halles, de nombreux stands permettent de déguster des spécialités locales : socca, barbajuans (raviolis aux blettes), fritto misto à petit prix !

Fontvieille

C'est un quartier totalement construit sur la mer. Les rues en elles-mêmes n'ont pas vraiment de charme, mais il s'y cache un **chemin des Sculptures**, au fil duquel vous admirerez de très belles œuvres signées Arman, Blake, Botero, Calder et César.

Pour les amateurs de football ou d'athlétisme, c'est aussi le quartier où l'on peut visiter le **stade Louis II** (00 377 92 05 40 10 ; www.stadelouis2.mc ; 7 av. des Castelans ; 5,20 €), construit en 1985.

Jardin exotique — Cactus & Cie

(00 377 93 15 29 80 ; www.jardin-exotique.mc ; 62 bd du Jardin-Exotique ; adulte/enfant 7,40/3,90 € ; tlj mai-sept 9h-19h, fév-avr et oct 9h-18h, nov-jan 9h-17h). Au gré des lacets aménagés en 1933 à flanc de rochers, vous découvrirez des milliers d'espèces de plantes exotiques, dites succulentes ou grasses, dont certaines aux formes et tailles étonnantes. Il offre en plus une vue plongeante sur la mer. Lors de notre dernière visite néanmoins, les lieux étaient en travaux ; renseignez-vous avant votre visite.

CORALIE MODSCHIEDLER ©

À NE PAS MANQUER

Le Musée océanographique

Si vous ne deviez faire qu'une seule visite à Monaco, ce serait celle-là ! Le superbe bâtiment construit avec la fameuse pierre blanche de La Turbie domine la mer 85 m en contrebas. Le musée fut inauguré en 1910 par le prince Albert Ier, grand explorateur et amoureux du monde marin, et placé sous la direction du commandant Cousteau de 1957 à 1989. Au sous-sol, l'aquarium est l'un des plus importants d'Europe. Des milliers d'espèces y évoluent derrière les vitres de 90 bassins. Quant au fameux "lagon aux requins" (un bassin géant de 450 m^3 décoré de récifs naturels), il est presque hypnotisant. Le rez-de-chaussée accueille un bassin de corail aux couleurs fluorescentes. Au premier étage se trouvent les expositions permanentes et temporaires, ainsi qu'un immense cabinet de curiosités : instruments de mesure, cartes, spécimens en bocaux, maquettes de bateaux et squelettes d'animaux qui planent au-dessus de nos têtes... Un espace interactif "Monaco et l'océan" rend hommage aux liens ténus qui unissent Monaco et l'exploration maritime depuis le début du XXe siècle. Sur la terrasse, un restaurant-bar offre un panorama vertigineux.

Infos pratiques

00 377 93 15 36 00 ; musee.oceano.org ; av. Saint-Martin ; adulte/4-17 ans 16/10 €, gratuit -4 ans ; tlj juil-août 9h30-20h, avr-juin et sept 10h-19h, jan-mars et oct-déc 10h-18h

Grotte de l'Observatoire Géologie et préhistoire

La visite du Jardin exotique donne accès à cette grotte, ouverte au public en 1950, qui descend presque jusqu'au niveau de la mer. Stalactites et stalagmites y créent un décor fantastique que vous parcourrez en compagnie d'un guide, au fil de quelque 300 marches. Pour continuer de remonter le temps, ne manquez pas, sur le même site, le **musée d'Anthropologie** (map-mc.org). Les collections proviennent principalement des fouilles réalisées dans la grotte de l'Observatoire.

Roseraie Princesse-Grace Balade romantique

(roseraie.mc ; terre-plein de Fontvieille ; accès libre lever-coucher du soleil). Quelque 4 000 rosiers, que la princesse aimait tant, sont disposés en forme de cœur et offrent une balade des plus parfumées. À côté, vous trouverez un petit lac bordé de palmiers et d'oliviers. Un petit paradis bucolique !

Musée naval Maquettes de bateaux

(00 377 92 05 28 48 ; 1 terrasses de Fontvieille ; 4/2,50 € ; tlj 10h-18h). Vous pourrez y voir quelque 250 maquettes (dont la réplique du *Titanic*, du *Normandie* ou de la *Calypso*), des tableaux et des objets relatifs à la marine.

Collection de voitures anciennes Histoire de l'automobile

(00 377 92 05 28 56 ; www.mtcc.mc ; 5 terrasses de Fontvieille ; adulte/enfant 8/4 € ; tlj 10h-18h). Fruit de la passion de Rainier III pour l'automobile, ce musée réunit une centaine de véhicules de tous âges, issus des plus grandes firmes d'Europe et d'Amérique. On y voit même des carrosses rutilants. Autre grande collection du prince, celle présentée au **musée des Timbres et des Monnaies** (00 377 98 98 41 50 ; www.mtm-monaco.mc ; 11 terrasses de Fontvieille ; adulte/enfant 3/1,50 € ; tlj, juil-août 9h30-18h, sept-juin 9h30-17h).

Nouveau musée national de Monaco Art contemporain

(00 377 98 98 19 62 ; www.nmnm.mc ; Villa Sauber, 17 av. Princesse-Grace ; Villa Paloma, 56 bd du Jardin-Exotique ; tarif NMNM Villa Paloma + Villa Sauber 6 € ; tlj 10h-18h). Un musée dispersé dans deux écrins monégasques qui valent à eux seul la visite : la **Villa Sauber**, à l'est de la ville, une des dernières villas Belle Époque de Monaco, et la **Villa Paloma** située à proximité du Jardin exotique. Les deux villas accueillent plusieurs expositions d'art contemporain par an, de manière simultanée ou dans un seul des deux lieux. Pour vous y rendre, les lignes de bus n°2 et n°3 desservent la Villa Paloma, la ligne n°5 la Villa Sauber. Entrée gratuite tous les dimanches.

Activités

Larvotto Plages

Les plages publiques, recouvertes d'un fin gravier, et surveillées de mi-mai à fin septembre, alternent avec les plages privées, serrées dans une même anse. En pleine saison, elles sont toutes rapidement bondées. Sur la promenade du Larvotto, désormais appelée "promenade des Champions", le long du bord de mer, on peut voir les empreintes de pieds moulées de quelques-uns des plus grands footballeurs du monde : Platini, Zidane, Maradona... Un "Walk of Fame" du ballon rond !

L'École Bleue Plongée

(06 78 63 50 52 ; www.academiemonegasquedelamer.com ; Académie Monégasque de la Mer CSAPM, quai Rainier-Ier ; 60 € le baptême adulte, 50 € la plongée simple ; tlj 8h30-17h30). Cette structure sérieuse, fondée par un quadruple recordman du monde en apnée, propose des stages de plongée pour tous les âges, et une sensibilisation à l'environnement pour les enfants à partir de 8 ans, sur une trentaine de sites. L'apnée est bien sûr au programme !

Stade nautique Rainier-III Piscine

(00 377 93 30 64 83 ; www.mairie.mc ; quai Albert-Ier ; 2,70-6,20 €, forfait journée avec transat et parasol 16 € ; juin-juil lun 7h-18h, mar-ven 7h-20h et sam-dim 9h-20h, août lun 9h-18h et mar-dim 9h-20h, mai et sept-oct tlj 9h-18h). Sur la promenade du port, vous trouverez une piscine olympique en plein air avec de l'eau de mer traitée et chauffée à 27°C, agrémentée d'un toboggan de 45 m de long et plusieurs plongeoirs. Elle se transforme en patinoire de décembre à mars.

Où se loger

Le prix des hôtels étant plutôt prohibitif à Monaco, il est plus intéressant de séjourner à l'extérieur de la Principauté et de s'y rendre pour la journée.

Hôtel de France Bien placé €€

(00 377 93 30 24 64 ; www.hoteldefrance.mc ; 6 rue de La Turbie ; s/d/tr 95-125/105-170/

125-190 € ;). Bonne situation dans le centre-ville, dans une jolie rue calme non loin du palais princier, du port Hercule et de la gare. Cet hôtel de 26 chambres aux couleurs gaies, bien tenu, propose, outre un accueil très aimable, un excellent rapport qualité/prix.

Où se restaurer

La Condamine et port Hercule

Le Huit et Demi Tendance **€€**
(00 377 93 50 97 02 ; www.huit-et-demi-restaurant-italien-monaco.com ; 7 rue Princesse-Caroline ; plats 22,50-38.50 € ; tlj 12h-14h45 et 19h-23h15). Un peu en retrait dans une rue calme mais vivante. Terrasse agréable, et décor soigné mettant le cinéma à l'honneur. Les plats sont appétissants : tartare de daurade et noix de Saint-Jacques aux agrumes, risotto aux artichauts, magret de canard rôti à l'orange, wok de gambas et ses nouilles chinoises…

Fontvieille

Beefbar Viande **€€**
(00 377 97 77 09 29 ; www.beefbar.com ; 42 quai Jean-Charles-Rey ; plats 19-69 €, menus midi 21-39 € ; tlj 12h-14h30 et 20h-23h, ven-sam jusqu'à 23h30). Dans un coin tranquille sur le port de Fontvieille, une adresse branchée, avec une ambiance chic mais détendue, pour les amoureux de viande. Les formules du midi sont particulièrement alléchantes, avec entrée, plat, frites maison et verre de vin inclus. Laissez-vous tenter par le chateaubriand de bœuf Angus : tendre et fondant, il est généreusement nappé de la sauce spéciale "Relais de Paris" au beurre et aux fines herbes. Un régal.

Monte-Carlo

Il Terrazzino Italien **€€€**
(00 377 93 50 24 27 ; www.il-terrazzino.com ; 2 rue des Iris ; plats 15-24 €, menus 19-45 € ; tlj sauf dimanche 12h-14h30 et 19h30-23h). Un étal de légumes vous accueille à l'entrée, annonçant une nourriture saine. Les saveurs napolitaines sont à l'honneur. Laissez-vous séduire par les succulents antipasti ou le risotto parfumé à l'écorce de citron ! Assiettes généreuses, accueil charmant et jolie terrasse-véranda.

Larvotto

La Note Bleue Restaurant branché **€€**
(00 377 93 50 05 02 ; www.lanotebleue.mc ; plage du Larvotto ; plats 19-36 € ; tlj 8h30-minuit, fermé fin nov-début mars). Sur une plage privée, une déco contemporaine, avec mobilier en teck, parasols blancs, oliviers en pots. À la carte, des plats d'inspirations asiatique et italienne : tempura de gambas, pad thaï au poulet, risotto à la truffe et aux Saint-Jacques… De juin à août, concerts de jazz, soul, funk ou musique brésilienne, du mercredi au samedi soir.

Où prendre un verre

Le Buddha-Bar Zen et chic
(00 377 98 06 19 19 ; www.montecarlosbm.com ; pl. du Casino ; mar-sam 18h-2h). Dans le casino de Monte-Carlo, la célèbre enseigne de restaurants-bars lounges, présente partout dans le monde, offre aux amoureux des ambiances exotiques et chics avec son décor reconnaissable. Au bar, situé dans la mezzanine qui surplombe la salle à manger, on profite des fameuses compilations maison.

Gerhard's Cave Bar à vins
(00 377 99 90 71 91 ; www.gerhardscave.com ; 42 quai Jean-Charles-Rey ; lun-ven 12h-1h, sam-dim 17h-1h). Des petits domaines aux grand crus, découvrez une large sélection de vins des quatre coins du monde. Avec pas moins d'une centaine de références, il y en a pour tous les goûts et tous les budgets. La clientèle est hétéroclite, le cadre est chic et cosy (banquettes rouges, tables en bois, ampoules suspendues) et la vue sur le Rocher de Monaco et les yachts amarrés dans le port de Fontvieille est imprenable. Le service pourrait être plus chaleureux mais le cadre vaut le détour.

ALEX TIHONOV / STOCK.ADOBE.COM ©

Port Hercule

Où sortir

Monte Carlo Bay Casino Casino

(☎00 377 98 06 07 81 ; www.montecarlosbm.com/fr/casino-monaco ; Monte Carlo Bay Hotel & Resort, 40 av. de la Princesse-Grace ; entrée libre ; ⏲tlj 24h/24). Parmi les innombrables casinos que compte la Principauté, le Monte Carlo Bay Casino, au design contemporain, permet de jouer à partir d'un centime d'euro sur les 145 machines à sous.

Renseignements

Office du tourisme (☎00 377 92 16 61 66 ; www.visitmonaco.com ; 2a bd des Moulins)

Depuis/vers Monaco

BUS

Monaco est desservie par les lignes n°100 et 100X (voir p. 218). Prendre la ligne n°114 pour rejoindre La Turbie. Les bus fonctionnent tous les jours de 6h à 20h. Le Noctambus N100 relie Nice à Menton via Monaco le jeudi, le vendredi, le samedi et les veilles de jours fériés (de 22h à 2h30 depuis l'aéroport de Nice, de 23h40 à 4h10 depuis Monaco).

TRAIN

Gare de Monaco-Monte-Carlo (☎00 377 93 10 60 05 ; pl. Sainte Dévote). Des TER assurent plusieurs fois par jour la desserte interurbaine des villes de la Côte d'Azur.

VOITURE

Vous pouvez arriver par la Basse, la Moyenne ou la Haute Corniche, voire par l'autoroute A8 (sortie 56 ou 57). Attention, l'accès à Monaco-Ville est limité aux seuls usagers dont le véhicule est immatriculé à Monaco et dans les Alpes-Maritimes. Un agent filtre l'accès place d'Armes, au pied du Rocher. Vous devrez vous garer au parking des Pêcheurs dont l'accès piéton permet de rejoindre le centre en quelques minutes.

Comment circuler

Sur place, les 6 lignes de la **Compagnie des autobus de Monaco** (☎00 377 97 70 22 22 ; www.cam.mc ; 3 av. du Président-Kennedy ; ticket 2 €, pass 24h 5,5 €, carte 6 voyages 11 €)

s'avèrent utiles pour relier les principaux sites de Monaco. La ligne n°1 (un bus toutes les 10 minutes de 7h à 20h30, toutes les 15 minutes le week-end) relie Monaco-Ville au quartier de Larvotto en passant par Port Hercule et Monte-Carlo. La ligne n°2 permet de relier Monaco-Ville au Jardin exotique en passant par le port Hercule et Monte-Carlo (bus toutes les 10 minutes de 7h à 20h30, toutes les 15 minutes le week-end). Il existe également deux lignes de bus de nuit reliant Fontvieille à Larvotto et entre Monaco-Ville et le Jardin exotique.

PAYS MENTONNAIS

De très belles plages de sable et de galets bordent le littoral mentonnais. Tout au bout de la promenade de Garavan, une avancée rocheuse marque la frontière avec l'Italie. Une proximité qui se ressent dans la gastronomie, la culture et l'architecture de ce "pays".

Menton

Nichée entre Monaco et l'Italie, Menton est un petit bout de France qui jouit des mêmes atouts que ses voisines côtières avec, en plus, une exceptionnelle douceur de vivre. Même si le musée Jean Cocteau (p. 244) lui assure une nouvelle notoriété, ce sont surtout les parfums sucrés des agrumes lors de la fête du Citron, en février, qui font la réputation de la cité. Avec ses vieilles maisons aux teintes ocre délavées, le faste de ses anciens palaces, ses ruelles tortueuses et colorées, ses plages où chantonne l'accent italien, et ses flâneries le soir venu le long des quais, la ville respire un art de vivre typiquement méditerranéen.

À voir

En bord de mer, l'**esplanade Francis-Palmero** offre une très pittoresque vue d'ensemble sur les façades de la vieille ville. C'est un bon point de départ avant de pénétrer au cœur des ruelles tortueuses et colorées, ponctuées de placettes et de fontaines. En face de l'élégant palais Pretti, des marches vous hisseront sur le parvis de la basilique (composé de près de 250 000 galets !) face à la **chapelle de l'Immaculée Conception** (visite lun et sam 15h-17h). Vous profiterez d'un décor baroque majestueux et d'un beau point de vue sur la plage des Sablettes. Une autre vue exceptionnelle s'étire depuis le **cimetière du Vieux-Château**, au sommet de la vieille ville. En redescendant, arrêtez-vous rue de Bréa où logea Napoléon Bonaparte, au n°3.

Basilique Saint-Michel-Archange Art baroque
(parvis Saint-Michel ; lun, mer et ven 15-17h). Un des plus beaux et des plus impressionnants édifices sacrés de la région. On y accède par des rampes majestueuses, sa façade baroque à deux étages, peinte en vert, est ornée de colonnes. Sur le côté droit, une aile est surmontée d'un clocher qui s'élève à 53 m de hauteur. À l'intérieur, admirez les lustres et les fresques au plafond mettant en scène saint Michel. Sur la droite, arrêtez-vous devant le précieux retable réalisé en 1565 par le peintre mentonnais Antoine Manchello.

Palais de Carnolès Musée
(04 93 35 49 71 ; 3 av. de la Madone ; entrée libre ; tlj sauf mardi 10h-12h et 14h-18h). Ce joli palais rose et blanc accueille le musée des Beaux-Arts de Menton. Entouré d'un superbe parc, il fut autrefois la résidence d'été des princes de Monaco. Aujourd'hui, on y trouve des toiles des primitifs italiens (XIIIe siècle), des écoles flamande et hollandaise des XVIIe et XVIIIe siècles. Lors de notre dernière visite, le palais (mais pas les jardins) était fermé au public pour cause de rénovation sans date de réouverture programmée. Renseignez-vous sur place.

Hôtel Adhémar de Lantagnac Patrimoine
(04 92 10 97 10 ; 24 rue Saint-Michel ; mar-sam 10h-12h30 et 14h-17h, fermé nov). C'est dans cet hôtel du XVIIIe siècle qu'est installé le service du patrimoine de la ville de Menton. À l'intérieur, les éléments de décoration sont éblouissants et ont justifié l'inscription du bâtiment comme Monument historique en

ALEXANDRE LENOIR ©

À NE PAS MANQUER

L'empreinte de Cocteau à Menton

Artiste aux multiples facettes – il fut tour à tour poète, illustrateur, dramaturge et cinéaste –, Jean Cocteau (1889-1963) a toujours entretenu une relation privilégiée avec la ville de Menton. Ne manquez pas le **musée Jean Cocteau – collection Séverin Wunderman**, ouvert en 2011 et conçu par le célèbre architecte Rudy Ricciotti, qui consacre 2 700 m^2 à l'œuvre de l'artiste sous toutes ses facettes, depuis les premiers autoportraits des années 1910 jusqu'à la période "méditerranéenne" de la fin de sa vie, peu connue du grand public, et propose une exposition temporaire tous les 6 mois. Sur les 1 800 pièces que compte la collection, 300 nouvelles sont exposées chaque année. Complétez la visite par le **musée du Bastion**, fortin du XVIIe siècle, aménagé par Cocteau lui-même, qui abrite des mosaïques de l'artiste, ses célèbres dessins des Innamorati, les études pour les décors de la salle des mariages ainsi que les poteries. Victimes d'importantes inondations en octobre 2018, le musée Jean Cocteau était toujours fermé pour restauration lors de notre dernière visite. Aucune date de réouverture n'étant programmée à l'heure où nous écrivons ces lignes, renseignez-vous sur place. La **salle des mariages de l'hôtel de ville**, décorée par l'artiste, se visite également.

Infos pratiques

Musée Jean Cocteau – collection Séverin Wunderman (www.museecocteaumenton.fr ; 2 quai de Monléon)

Musée du Bastion (04 93 18 82 61 ; www.museecocteaumenton.fr ; quai Napoléon-III ; 8 € avec la collection Wunderman ; tlj sauf mardi 10h-18h)

Salle des mariages de l'hôtel de ville (04 92 10 50 00 ; mairie de Menton, pl. Ardoïno ; 2 € ; lun-ven 8h30-12h et 14h-16h30)

Menton

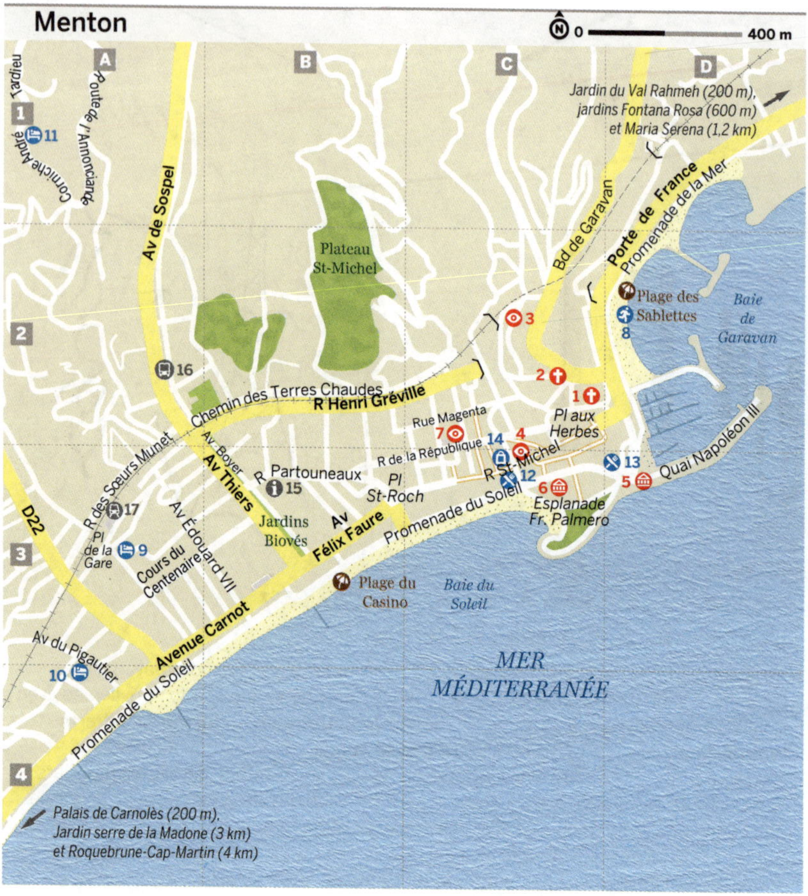

Menton

À voir

1 Basilique Saint-Michel-Archange C2
2 Chapelle de l'Immaculée-Conception C2
3 Cimetière du Vieux-Château C2
4 Hôtel Adhémar de Lantagnac C2
5 Musée du Bastion D3
6 Musée Jean Cocteau – collection Séverin-Wunderman C3
7 Salle des mariages de l'hôtel de ville C2

Activités

8 Centre nautique D2

Où se loger

9 Hôtel Lemon A3
10 Hôtel Pavillon Impérial A4
11 Villa Les Mimosas A1

Où se restaurer

12 Cali C3
13 Le Petit Port D3

Achats

14 Confitures Herbin C3

Renseignements

15 Office du tourisme B3

Transports

16 Gare routière A2
17 Gare SNCF A3

CORALIE MODSCHIEDLER ©

Menton

1977. Des expositions temporaires y sont organisées ainsi que des visites guidées des jardins et de Menton. Librairie sur place.

Activités

Promenade

Ici, il y a de quoi savourer la brise marine ! Tout le bord de mer est aménagé, pour une balade qui peut aller de Roquebrune-Cap-Martin jusqu'aux falaises abruptes qui marquent la frontière avec l'Italie.

Activités nautiques

Le **centre nautique de la ville de Menton** (☎04 93 35 49 70 ; www.voile-menton.fr ; promenade de la mer) propose des cours, des stages et la location à l'heure de kayak, paddle, Optimist, Hobie Cat, Laser, wakeboard, ski nautique ou planche à voile.

Où se loger

Hôtel Lemon Pension €

(☎04 93 28 63 63 ; www.hotel-lemon.com ; 10 rue Albert-Ier ; s/d/tr/f 45-60/50-70/65-85/95-125 € ; 📶). Près de la gare, au calme, l'hôtel a un emplacement idéal, à 15 minutes à pied du centre-ville. Entièrement rénové dans un style contemporain et épuré, qui se marie élégamment à cette belle villa centenaire. Autre atout : un agréable jardin, planté de palmiers et de bougainvilliers. Rapport qualité/prix imbattable dans les environs ; dommage que certaines chambres soient mal insonorisées.

Hôtel Pavillon Impérial Bord de mer €€

(☎04 93 35 75 69 ; hotel-pavillon-imperial.com ; 9 av. de la Madone ; d/tr/qua 55-115/70-105/80-135 € ; ❄📶P). Une atmosphère accueillante, 17 chambres récemment rénovées, classiques mais chaleureuses, un jardin sympathique et une belle situation face à la plage. Un peu trop proche de la route tout de même. Parking 12 €/jour.

Villa les Mimosas Chambres d'hôtes €€

(☎04 93 41 32 82 ; www.villalesmimosas.com ; 2221 route de l'Annonciade ; d avec petit-déj 105-120 € ; ❄≋📶P). Sur les collines, atmosphère conviviale dans cette jolie maison jaune aux volets verts.

Les diamants verts de Menton

Un microclimat d'une exceptionnelle douceur et 316 jours de soleil par an : voilà ce qui a attiré de tout temps les botanistes à Menton.

Jardin botanique exotique du Val Rahmeh (04 93 35 86 72 ; av. Saint-Jacques ; adulte/enfant 7/5 € ; avr-sept 9h30-12h30 et 14h-18h, oct-mars 9h30-12h30 et 14h-17h). Un vrai paradis bucolique, où l'on découvre 1 700 espèces, dont la plupart exotiques et certaines rares – comme le *Sophora Toromiro*, endémique de l'île de Pâques, qui n'a réussi à s'acclimater qu'à Menton – et de jolis kiosques noyés sous la verdure. Possibilité de visites guidées le lundi à 15h (11 €) et le jeudi avec le jardinier à 10h (9,50€).

Jardin Fontana Rosa (av. Blasco-Ibañez ; 6 € ; 10h lun et ven à 10h, visite guidée uniquement). Classé Monument historique en 1990, ce jardin d'ambiance est l'œuvre de Vicente Blasco-Ibañez (1867-1928), romancier espagnol qui s'était installé à Menton en 1921. Il fait l'objet d'une longue restauration et mieux vaut vous renseigner si vous souhaitez le visiter.

Jardin Maria Serena (21 promenade Reine-Astrid ; 6 € ; mar 10h et ven 14h30, visite guidée uniquement). La température ne descend jamais au-dessous de 5°C dans ce jardin réputé comme étant le plus tempéré de France. Les palmiers y sont légion.

Jardin serre de la Madone (04 93 57 73 90 ; www.serredelamadone.com ; 74 route de Gorbio ; adulte/enfant 8/4 €, visite guidée à 15h ; avr-oct mar-dim 10h-18h, jan-mars 10h-17h, fermé nov-déc, visite guidée 15h). Plus de 3 ha de terrasses naturelles, ponctuées de bassins, de statues, de palmiers, de cyprès, d'essences méditerranéennes et exotiques (iris, mahonias, podocarpus africains...).

Jardins du palais de Carnolès (3 av. de la Madone ; entrée libre ; tlj 8h-18h). La plus importante collection d'agrumes d'Europe avec 137 variétés. Parmi les allées de palmiers se cachent aussi quelque 70 sculptures, classiques ou plus contemporaines.

Les 4 chambres spacieuses et coquettes donnent sur un parc à la végétation tropicale. Une piscine en demi-lune complète ce paysage idyllique. Pour un séjour au calme, 2 nuits au minimum (5 en juillet-août). Depuis l'autoroute, l'accès se fait par la corniche André-Tardieu. Pas de carte bancaire.

Où se restaurer

Cali Méditerranéen et bio **€€**
(04 93 51 85 62 ; calimenton.com ; 3 rue Trenca ; plats 21-24 €, menus midi/soir 19-25/29-48 € ; mar-sam midi et soir). Proche du bord de mer et de la vieille ville, cette nouvelle adresse mentonnaise propose une cuisine méditerranéenne raffinée à base de produits locaux, régionaux et au maximum bio : velouté de coco de Paimpol, filet de daurade à la niçoise, épaule d'agneau de l'Adret confite. La carte change régulièrement selon les produits et les saisons. Les vins sont majoritairement bio ou biodynamiques. Le cadre est lumineux et accueillant. Une belle adresse. Réservation conseillée.

Le Petit Port Méditerranéen **€€€**
(04 93 35 82 62 ; 4 rue du Jonquier ; plats 26-40 € ; juil-août tlj le soir, sept-juin lun et jeu-dim midi et soir). À côté du bastion, sur une belle place piétonne, une excellente cuisine très inspirée par la Grande Bleue : friture de supions ou de calamars, salade de poulpe, dorade royale... L'une des rares adresses authentiques de la vieille ville, mais malheureusement un peu chère.

Achats

Confitures Herbin Confitures & Co
(☎04 93 57 20 29 ; www.confitures-herbin.com ; 2 rue du Vieux-Collège ; ⏲lun-sam 9h30-12h30 et 14h-19h, dim 10h30-12h30 et 14h30-17h30). La maison Herbin labellisée "entreprise du patrimoine vivant" propose plus de 100 parfums de confiture artisanale, des agrumes bien sûr : citron, orange, pamplemousse, mandarine... mais aussi des fleurs : pétales de rose, violettes, lavande et des inclassables comme la confiture à la barbe à papa. Également sucreries, moutarde et condiments maison. Possibilité de visiter gratuitement la fabrique adossée au magasin.

Renseignements

Office du tourisme communautaire Menton, Riviera & Merveilles (☎04 83 93 70 20 ; www.menton-riviera-merveilles.fr ; 8 av. Boyer, palais de l'Europe)

Depuis/vers Menton

En voiture, vous arrivez par l'autoroute A8 en prenant la sortie 59 (Menton), ou par le bord de mer (N98) en venant de Monaco et Roquebrune-Cap-Martin.

Le bus n°100 circule entre Menton et la gare routière de Nice, via Roquebrune, Monaco, Èze, Beaulieu et Villefranche.

Une gare SNCF se situe avenue Albert-Ier.

Roquebrune-Cap-Martin

Lovée entre Menton et Monaco, la commune est une véritable pépite azuréenne. Tout comme Èze, elle s'étage sur plusieurs niveaux, conjuguant les charmes de son village médiéval perché avec ceux de son agréable station balnéaire et de son cap.

À voir

Perché à 300 m, le village a été construit sur un poudingue, un mélange de galets et de sable, a priori très fragile. Et pourtant, voilà des siècles que Roquebrune repose solidement dessus ! Lors de votre visite, vous découvrirez au détour des rues les charmes médiévaux et les formidables points de vue qu'offre le village. L'**église Sainte-Marguerite** (rue de l'Église), chapelle du XIIIe siècle baroquisée à plusieurs reprises, possède une majestueuse façade ocre et jaune, et au sommet du village, il reste de beaux vestiges du **château** (☎04 93 35 07 22 ; pl. William-Ingram ; adulte/enfant 5/3 € avec audioguide ; ⏲tlj 10h-13h et 15h-18h). À visiter pour la vue vertigineuse, le donjon et quelques salles assez bien conservées. Un immense olivier millénaire vous attend à la sortie du village, sur le chemin de Menton descendant vers Carnolès. Au 4-6 impasse Scarouget, on voit la maison où l'écrivain Romain Gary vécut de 1950 à 1957.

Fort Maginot Édifice militaire
(☎04 93 35 62 87 ; allée Marie-Henriette, cap Martin ; adulte/enfant 6/3 €, gratuit -6 ans ; ⏲visite guidée juin-sept mer et sam 14h30, mars-mai et oct-nov sam 14h30, réservation office du tourisme). Composé de trois blocs de combat, le fort du cap Martin fait partie de la fameuse ligne de défense, mise en place à partir des années 1920 par André Maginot. Il permettait à 350 soldats de vivre en autarcie. Une bonne forme physique est recommandée pour le visiter (nombreux escaliers).

Activités

Plages

Les plages de galets de **Carnolès** sont familiales et assez fréquentées. À l'ouest du cap Martin, la **plage de Buse** est plus dépaysante et bordée d'eaux translucides ; celle du **Golfe Bleu** est en partie naturiste.

Parapente

Azur Parapente (☎06 80 13 59 15 ; www.azur-parapente.fr ; baptême 90 €). Après 700 m de dénivelé et 20 min de vol, l'arrivée, majestueuse, se fait sur la plage du Golfe Bleu.

CORALIE MODSCHIEDLERL ©

Roquebrune-Cap-Martin

Où se loger et se restaurer

Hôtel Victoria — Front de mer €€€

(☎04 93 35 65 90 ; www.hotel-victoria.fr ; 7 promenade du Cap-Martin ; d 100-250 € ; ❄ 📶 P). Il est idéalement situé, face à la plage. Certes, son imposante façade est peu engageante ; mais sa décoration design, évoquant les architectes Le Corbusier et Eileen Gray, est chaleureuse et plutôt réussie, et le service impeccable. 32 chambres dont 17 vue mer avec terrasse.

Madame Bleue — Méditerranéen-fusion €€

(☎04 93 83 87 85 ; www.madamebleue.fr ; 25 promenade du Cap-Martin ; plats 16-34 € ; ⏲tlj midi et soir). Tartare de saumon à la mangue et au gingembre, carré d'agneau des Alpilles ou dos de cabillaud à la japonaise façon black cod : cette nouvelle adresse en bord de mer propose des produits frais, des saveurs méditerranéennes et une touche d'exotisme dans un cadre propice à la détente… chaises en osier, palmiers et service chaleureux. Service de voiturier à partir de 18h30.

Au Grand Inquisiteur — Méditerranéen €€

(☎04 93 35 05 37 ; www.augrandinquisiteur.com ; 18 rue du Château ; menus 29-39 € ; ⏲tlj soir sauf mercredi). Au cœur du village de Roquebrune, derrière une belle façade recouverte de lierre, un décor médiéval et des mets variés relevés de saveurs provençales : tatin de lapin et sa tapenade, cuisse de canette confite au miel, noix de Saint-Jacques et pommes flambées… Belle carte des vins.

Renseignements

Office du tourisme (☎04 93 35 62 87 ; www.rcm-tourisme.com ; 218 av. Aristide-Briand)

Depuis/vers Roquebrune-Cap-Martin

En voiture, par la Basse, la Moyenne ou la Grande Corniche. Par l'autoroute A8 prendre la sortie 57 (La Turbie) en venant de Nice, ou la 58 (Roquebrune) en venant de Menton.

La ligne de bus n°100 (p. 218) dessert Roquebrune. La ligne de bus n°21, qui relie

Menton à Monaco par Roquebrune permet de monter au vieux village de Roquebrune.

La **gare SNCF de Roquebrune-Cap-Martin** (pl. de la Gare) est idéale pour se rendre aux plages du Golfe Bleu et de la Buse. Celle de **Carnolès** (av. Profondeville) est située dans le centre-ville.

Gorbio

Dès l'arrivée sur la place de la République, vous trouverez un orme planté en 1713. C'est au travers des ruelles étroites pavées de galets que vous découvrirez les autres richesses du bourg. Le vieux château des Lascaris, l'édifice le plus ancien de ce village médiéval, en fait partie.

À voir

Vieux château des Lascaris Demeure historique (entrée libre ; tlj sauf mardi 15h-19h). Remarquablement restauré, c'est l'édifice le plus ancien du village. Construit au XIIe siècle, il fut la propriété des Lascaris, comtes de Vintimille. Aujourd'hui, on en visite la tour principale et plusieurs salles, transformées annuellement en musée accueillant les œuvres d'un peintre de la région.

Église Saint-Barthélemy Art baroque (rue Garibaldi). Derrière sa façade orangée en trompe l'œil, son intérieur vaut aussi un coup d'œil. Plusieurs peintures du XVIIe siècle ornent les parois, et l'on remarque une statue de la Vierge en bois polychrome, ainsi qu'un bénitier en marbre noir. En face, la **chapelle des Pénitents Blancs**, construite en 1445, est toujours utilisée par ceux-ci, notamment lors de célébrations annuelles comme la procession des Limaces.

Activités

Escalade

Pour les amateurs d'ascension verticale, le **vallon du Ray**, qui domine le chemin de Sainte-Agnès constitue un beau site d'escalade (environ 200 voies aménagées).

VAUT LE DÉTOUR

Cap moderne : un site architectural emblématique

La baie de Roquebrune-Cap-Martin fut dans l'entre-deux guerres le terrain d'expérimentation de l'architecte designer Eileen Gray et de son compagnon Jean Badovici qui y construisirent la **Villa E-1027**, icône du mouvement moderne de l'époque. Ouverte au public au printemps 2015, elle abrite meubles et luminaires dessinés par Eileen, ainsi que des peintures murales de Le Corbusier qui y séjourna en 1939. Ce dernier bâtit non loin un **cabanon** en rondins, où il passa tous ses étés de 1952 jusqu'à sa mort en 1965, et qui attire aujourd'hui encore les étudiants en architecture du monde entier. Il est mitoyen du bar-restaurant **L'Étoile de Mer**, qu'il décora de peintures murales, et de 5 **unités de camping** de 8 m² sur pilotis, qu'il conçut en 1957 dans le cadre de ses recherches sur les habitats de loisirs modulaires bon marché adaptés au tourisme balnéaire de masse. Ce site entièrement dédié à l'architecture moderne a reçu le nom de **Cap moderne** (capmoderne.com / capmoderne.monuments-nationaux.fr ; promenade Le Corbusier ; 9 € ; visites commentées mai-oct mer et dim 9h30, 11h, 14h et 15h30). Il couvre 2 970 m² et se visite uniquement sur réservation. L'accueil et le départ des visites se font depuis un hangar de la gare SNCF de Cap-Martin-Roquebrune (billetterie, librairie et exposition temporaire sur place). Le site se rejoint à pied. On peut aussi l'admirer à distance au cours d'une balade le long du sentier Le Corbusier (2 heures 30 de la pointe du cap Martin aux portes de Monaco).

SI VOUS AIMEZ...
La randonnée

De Sainte-Agnès à Gorbio par le col de Bausson (3 heures, 8,5 km, dénivelé 550 m, balisage rectangle jaune). Départ à la fontaine de Sainte-Agnès, située dans le petit parc au pied du village. Prendre le sentier qui monte vers le pic du Baudon, puis à la balise celui de gauche, qui rejoint une piste que l'on emprunte sur 200 m. Un sentier monte ensuite sur la gauche jusqu'au col de Bausson. Après la descente, traverser la D22 pour emprunter le sentier qui descend dans le vallon du Ray jusqu'au pont puis au village de Gorbio. Remontée à Sainte-Agnès par le GR®51 (chemin du Curé-Rochas).

Le chemin de Sainte-Agnès (1 heure 45, 5,5 km, dénivelé 43 m). Il relie le village de Sainte-Agnès à Menton par le col de Garde. Départ de la place Saint-Sébastien et montée par le chemin du lavoir. Redescendre 10 m à droite et prendre la route d'accès nord au village, puis à gauche la rue des Comtes-Léonardi, la rue Pellallaïra, la route d'accès sud au village, et enfin le sentier du même nom. À l'Orméa, prendre le sentier balisé jusqu'au col de Garde, puis continuer sur la route goudronnée qui s'achève à Menton.

Sainte-Agnès-Monti-Castellar (2 heures 30, 7,5 km, dénivelé 246 m). Au croisement des GR®51 et 52 (voir p. 326), Castellar est une étape bien connue des randonneurs. On le rejoint en empruntant le GR®51 depuis la chapelle de Sainte-Agnès : il descend dans le vallon, traverse une passerelle sur le Borrigo, passe par la Virette puis la crête de Rencurel, oblique vers le nord pour redescendre vers le hameau de Monti. Pour retraverser la D2566 on prend sur la gauche devant l'église et on rejoint la route par un passage protégé devant un abribus. Le GR®51 reprend devant une cabine téléphonique et traverse le torrent du Careï.

Où se restaurer

Restaurant Beauséjour Cuisine méditerranéenne €€
(04 93 41 46 15 ; 14 pl. de la République ; plats 8-28 €, menus 29-40 € ; tlj midi sauf mercredi, fermé nov-mars). Voilà une pépite qui vaut le détour pour son accueil, son cadre douillet et fleuri, les improvisations au piano du patron et ses mets relevés d'herbes ou de condiments maison : farandole de barbajuans (friands monégasques), beignets de fleurs de courgettes, lapin sauté à la marjolaine... Pas de carte bancaire.

Renseignements

Mairie (04 92 10 66 50 ; www.gorbio.fr ; 30 rue Garibaldi)

L'**office du tourisme de Menton** (voir p. 245) organise des excursions jusqu'à Gorbio.

Depuis/vers Gorbio

Le village se trouve à 7 km de Menton. Par l'autoroute A8, prendre la sortie 59 (Menton), puis suivre la D23.

La ligne de bus n°7 relie la gare routière de Menton au village.

Sainte-Agnès

Classé comme l'un des "plus beaux villages de France" et le "village littoral le plus haut d'Europe", Sainte-Agnès, souvent perdu dans la brume, surplombe Menton à 800 m d'altitude et offre de magnifiques points de vue. À l'entrée de ce nid d'aigle, l'église Notre-Dame-des-Neiges accueille le visiteur de sa jolie façade ocre.

À voir

Jardin et château fort médiéval Demeure historique
(06 73 58 10 84 ; entrée libre, don apprécié). Il faut grimper une dizaine de minutes avant d'atteindre les vestiges de ce château du XIIe siècle. En contrebas, le jardin médiéval tente de recréer le cadre des chansons de

Village médiéval de Gorbio

geste d'autrefois avec différents espaces thématiques (paradis, enfer, goût, odeurs, vices, vertus...). Du sommet de la tour, érigée en l'an mil, la vue est époustouflante.

Fort de Sainte-Agnès Édifice militaire
(06 88 75 70 89 ; adulte/enfant 6/3 € ; visites guidées juil-sept mar-dim 10h30, 14h30 et 16h, oct-juin sam-dim 14h30 et 16h, tlj 14h30 et 16h pendant la fête du Citron). Voici le dernier bastion au sud de la fameuse ligne Maginot. Dans ce fort de 2 000 m² aménagé sous les rochers, des mises en scène expliquent comment 300 hommes vécurent plusieurs mois en autarcie.

Où se loger et se restaurer

Hôtel-Restaurant Le Saint-Yves Cuisine du terroir €
(04 93 35 91 45 ; www.le-saint-yves.fr ; 76 rue des Sarrasins ; d/qua 54/108 €, demi-pension 55 €/pers, menus 20-43 €, plats 11.50-14 € ; tlj midi et soir sauf vendredi). Un hôtel familial au centre du village, à l'ambiance montagnarde, calme et chaleureuse. Les 15 chambres sont simples, mais propres, et offrent une belle vue sur la vallée, parfois même sur la mer. Sur la terrasse panoramique, on déguste une cuisine régionale : daube de sanglier, truite aux amandes, lapin aux herbes...

Renseignements

Office du tourisme de Menton (voir p. 245). Il organise des excursions jusqu'à Sainte-Agnès.

Depuis/vers Sainte-Agnès

Le village se trouve à 10 km de Menton. Par l'autoroute A8, prendre la sortie n°59 (Menton), puis suivre la direction de Sainte-Agnès par la D22.

Les bus n°10 relient la gare routière de Menton au village.

La Turbie

Surplombant Monaco, ce petit village médiéval est un balcon suspendu à 500 m au-dessus de la mer, réputé pour son panorama étourdissant. Situé sur la Via Julia Augusta, l'ancienne voie romaine, il possède des trésors antiques dont le majestueux Trophée d'Auguste, construit sous Octave Auguste, fils adoptif de Jules César. L'entrée dans le village par l'avenue du Général-de-Gaulle n'a rien d'extraordinaire ; pourtant les ruelles fleuries réservent bien des surprises, comme la chapelle Saint-Jean (sur la place du même nom), le portail du Réduit, place Mitto, ou encore la rue Comte-de-Cessole et sa porte médiévale, et la rue Dominique Durandy avec ses fenêtres géminées aux n°4-6, caractéristiques du Moyen Âge.

À voir

Trophée d'Auguste Vestige romain

(☎04 93 41 20 84 ; www.trophee-auguste.fr ; av. Albert-Ier ; 6 €, gratuit -26 ans ; ⏱tlj sauf lundi, mi-mai à mi-sept 9h30-13h et 14h30-18h30, mi-sept à mi-mai 10h-13h30 et 14h30-17h). "Gloire à l'Empire romain !" Voilà ce que clame aujourd'hui encore cet impressionnant vestige de 35 m de hauteur (le monument mesurait 49 m à l'origine) aux colonnes immaculées, qui surplombe le village ; c'est le seul édifice de ce type existant encore de nos jours. Achevé par les Romains en l'an 6 av. J.-C., il commémore la victoire de l'empereur Auguste sur les Celto-Ligures. Il perdit de son éclat sous le coup des invasions barbares, avant de devenir une forteresse au Moyen Âge puis d'être quasi démoli au XVIIIe siècle. Des travaux de rénovation ont été entrepris entre 1929 et 1933, détaillés dans un intéressant musée construit sur le site, qui offre une vue unique sur toute la Riviera. Visite commentée sur demande.

Église Saint-Michel Baroque rococo

(☎04 93 78 40 63 ; pl. de l'Église ; ⏱tlj 7h-18h, s'adresser à l'office du tourisme pour les visites guidées). On remarque sa façade incurvée à deux étages. Bâtie entre 1764 et 1777, l'église Saint-Michel est l'œuvre d'un fameux architecte de l'époque, Antoine Spinelli, qui utilisa certaines pierres du Trophée d'Auguste alors en ruine. Ses marbres, ses statues et les 6 chapelles latérales, dont les plafonds et les alcôves sont admirablement travaillés, éblouissent. Dans le chœur, on voit

La Turbie

deux très beaux triptyques datés de 1621 ; quant au maître-autel, il est incrusté de 17 marbres différents.

Activités

Tour de la crête de la Tête de Chien — Randonnée

(environ 2 heures aller-retour). C'est l'une des plus jolies balades du coin. Depuis La Turbie, par la route de Cap-d'Ail, puis la route de la Pinède, gagnez la piste à flanc de colline qui contourne la crête. Savourez la vue sur Monaco. Remontez ensuite jusqu'à l'ancien fort de la Tête de Chien, d'où vous pourrez voir jusqu'au golfe de Saint-Tropez. Pour le retour, prenez la même route.

Où se loger et se restaurer

Café de la Fontaine — Bistronomique €€

(04 93 28 52 79 ; 4 av. du Général-de-Gaulle ; formule midi 18 €, plats 14-24 € ; tlj midi et soir). Ce "bistrot de village" tout droit sorti de la Belle Époque est l'adresse bon marché de l'Hostellerie Jérôme, avec qui elle partage son chef. La carte, savoureuse et maîtrisée, est renouvelée chaque jour à partir des produits du marché : raviolis frais aux courgettes trompettes, brandade de morue aux poivrons doux, tarte aux abricots...

Hostellerie Jérôme — Gastronomique €€€

(04 92 41 51 51 ; www.hostellerie-jerome.com ; 20 rue Comte-de-Cessole ; menus 110-159 € ; d 180-220 € ; mars-sept mar-sam soir, fermé oct-fév ;). On tombe sous le charme des lieux à la seule vue de la façade en pierre recouverte de lierre. Dans cet ancien presbytère cistercien, sous des voûtes en ogive, on déguste

La pierre de La Turbie

C'est dans les carrières du mont Justicier que l'on extrait depuis l'époque romaine la pierre si caractéristique de La Turbie. Un calcaire blanc, la "colombine claire", qui a la caractéristique, lorsqu'il est poli, de garder sa couleur blanche à travers les siècles. C'est avec cette pierre que fut construit le Trophée d'Auguste mais aussi, bien plus tard, quelques-uns des plus beaux édifices monégasques, comme le casino ou le Musée océanographique.

les créations du chef Bruno Cirino qui s'approvisionne régulièrement sur les marchés italiens : pigeonneau au vin de Bandol, langoustines à la citronnelle et au jasmin... Quant aux 3 chambres, récemment rénovées, elles sont douillettes et de grand confort.

Renseignements

Point information tourisme (04 83 93 95 31 ; www.ville-la-turbie.fr ; 2 pl. Detras)

Depuis/vers La Turbie

Depuis Nice, on peut accéder à La Turbie par la Grande Corniche (M2564) en suivant la direction Monaco/Menton. Par l'autoroute A8, prendre la sortie 57 (La Turbie) en venant de Nice ou bien la sortie 58 (Roquebrune) en venant de Menton.

La ligne de bus n°116 relie Nice au village. Depuis Monaco, il faudra prendre la ligne n°11. La ligne 100X relie Nice à Monaco via La Turbie.

ALPES D'AZUR

Entre atmosphère méditerranéenne et relief alpin, cette région, bien que située aux portes de la métropole niçoise, offre un dépaysement total. Autant le littoral est très fréquenté, autant la partie plus montagneuse du département, sillonnée de routes vertigineuses, est peu peuplée, rurale, et encore secrète. Coiffées par le massif du Mercantour, les Alpes d'Azur s'étendent de la vallée de la Roya, aux portes de l'Italie, jusqu'à la haute vallée du Var, à l'ouest. Les parcourir, c'est découvrir une mosaïque de paysages, entre les forêts de conifères de la Haute Vésubie, les gorges rougeoyantes du Cians ou de Daluis, les plateaux calcaires de la vallée de l'Estéron ou le paysage minéral de la Vallée des Merveilles. Paradis pour les randonneurs et les amateurs de sport de plein air, ce territoire fascine aussi par ses petits villages perchés, qui cachent des chefs-d'œuvre baroques.

Parc du Mercantour (p. 272)

Col de la Cayolle
Source du Var
Estenc
Entraunes
Val-Pelens
Saint-Martin-d'Entraunes
Châteauneuf-d'Entraunes
Péone
Villeneuve-d'Entraunes
D2202
Var
Guillaumes
Sauze
D28
Valberg
Beuil
D30
Roubion
Roure
Saint-Sauveur-sur-Tinée
Parc national du Mercantour
Gorges du Cians
Gorges de Daluis (p. 279)
Gorges de Daluis
Illonse
Marie
D2205
Clans
ALPES-DE-HAUTE-PROVENCE
D28
Saint-Léger
La Croix-sur-Roudoule
Puget-Rostang
Bairols
Vallée du Var (p. 274)
D2202
Roudoule
D6202
Touët-sur-Var
Villars-sur-Var
Puget-Théniers
Var
Entrevaux (p. 277)
La Penne
Malaussène
Ascros
Toudon
Revest-les-Roches
Vieux-Pierrefeu
Sigale
Roquesteron
Pierrefeu
D17
Gilette
ALPES-MARITIMES
Coursegoules
Vence
Grasse

0
10 km
ITALIE
Vallée des Merveilles (p. 265)
Le Boréon
Madone de Fenestre
Lac Autier
Cascade de l'Estrech
Casterino
Tende
Notre-Dame-des-Fontaines
Saint-Dalmas-de-Valdeblore
Saint-Martin-Vésubie
Vallée des Merveilles
Mont Bégo 2 872 m
D6204
La Brigue
Saint-Dalmas-de-Tende
Cime du Diable 2 685 m
Granile
Venanson
Vallée de la Gordolasque
Cascade du Ray
ALPES-MARITIMES
Terres Rouges 1 520 m
Belvédère
L'Authion
Roquebillière
Saorge (p. 260)
Gorges de Saorge
La Bollène-Vésubie
D70
Col de Turini
Lantosque
D332
D2565
Breil-sur-Roya
D2566
Roya
Col de Brouis
Peïra-Cava
Vallée de la Bévéra
Utelle
Pont de la Mescla
Madone d'Utelle
Gorges de la Vésubie
D2566
ITALIE
Sospel
Bonson
D27
L'Escarène
Saint-Martin-du-Var
MER MÉDITERRANÉE
Nice

SOSPEL ET LA VALLÉE DE LA BÉVÉRA

À 20 km au nord de Menton, Sospel s'étire tranquillement sur les deux rives de la Bévéra au milieu d'un vaste cirque verdoyant. Tranquille hors saison, très animée aux beaux jours, la cité charme par le tableau qu'offre son cœur historique : un pont fortifié, le pont-vieux, enjambant la rivière, des façades baroques en trompe-l'œil et des ruelles médiévales qui dégagent un parfum d'Italie. La ville, 3 600 habitants, constitue une halte incontournable avant de rejoindre Saorge et la vallée de la Roya, ou, à l'ouest, la vallée de la Bévéra. La route de cette dernière mène au **col de Turini**, bien connu des amateurs du rallye de Monte-Carlo, cerné par une vaste forêt de 3 500 ha, mêlant feuillus et conifères. Plus haut, le **massif de l'Authion**, bastion naturel culminant à plus de 2 000 m et longtemps utilisé à des fins stratégiques, fera le bonheur des randonneurs.

Sospel

Sur la route royale reliant Nice à Turin, où transitait le commerce du sel, Sospel, nichée au cœur de la plaine de la Bévéra, au pied des montagnes, était jadis la deuxième cité la plus importante du comté de Nice. Devenue française en 1861, elle offre un témoignage particulièrement bien préservé de sa prospérité révolue : places à arcades, architecture baroque, façades ocre ou jaune pâle à la génoise, trompe-l'œil, ancienne cathédrale monumentale…

À voir et à faire

Pont-vieux et rive gauche — Ouvrage d'art

Fier emblème de Sospel, ce solide ouvrage fortifié à deux arches enjambe magnifiquement la Bévéra. Il fut bâti sur la voie Nice-Piémont au XIIIe siècle et sa tour servait de poste à péage sur la route du sel. Détruit durant la Seconde Guerre mondiale, il a été reconstruit à l'identique – en utilisant les pierres d'origine – dans les années 1950. Depuis le pont-vieux, vous profiterez d'un beau panorama des façades colorées, ornées de trompe-l'œil, suspendues au bord de la rivière. Le pont donne accès à la rive gauche et à la **place Saint-Nicolas**, une ravissante placette médiévale autour de laquelle se tiennent l'ancien palais communal à arcades du XIIe siècle et une fontaine du XVe siècle. Plus au nord, sur la **place Sainte-Croix** se dresse la chapelle des Pénitents-Blancs (XVIe siècle).

Cathédrale Saint-Jean — Baroque

Dominant, rive droite, la magnifique **place Saint-Michel**, pavée de galets et bordée de maisons à arcades, ce sanctuaire constitue la plus grande église des Alpes-Maritimes. Édifié de 1641 à 1762, ce chef-d'œuvre d'art baroque a conservé son clocher roman du XIIe siècle, . Dans la chapelle à gauche du chœur, la cathédrale abrite le retable de la Vierge Immaculée, signé François Bréa en 1520 (voir l'encadré p. 258), et une pietà anonyme du XVe siècle qui possède une des plus anciennes représentations de pénitents. À voir également, la tribune et son orgue des frères Agati (1843), réalisée par de fameux facteurs toscans.

Activités

5 Sens rando — Randonnées accompagnées

(06 50 47 47 52 ; www.5sensrando.com ; 3 pl. Auguste-Cotta). Chloé et Frédéric vous accompagnent au cœur du Mercantour pour des randonnées pédestres (35 € la journée, 25 € la demi-journée), des randonnées en VTT à assistance électrique (35 € la journée, la location du VTT n'est pas incluse) et même pour une semaine ou des week-ends multi activités (à partir de 135 €). Toute l'année sur réservation uniquement.

Où se loger et se restaurer

Hostellerie du Pont Vieux — Hôtel central €

(04 93 01 01 32, 06 72 52 25 20 ; 3 av. Jean-Médecin ; s/d/tr 74/95/120 €, petit-déj 9 € ;

tte l'année ;). Repris en 2018 par une nouvelle propriétaire après des travaux d'embellissement, cet établissement a l'avantage d'être idéalement situé, presque en face du pont-vieux. Il dispose toujours de sept chambres très convenables, claires et bien insonorisées, dans les murs d'une ancienne abbaye du XIVe siècle.

L'Auberge Provençale — Hôtel panoramique €€

(04 93 04 00 31 ; www.aubergeprovencale.fr ; route du col de Castillon ; s/d/tr 70/90-110/140 € ; tte l'année). Sur les hauteurs de Sospel, une des rares options d'hébergements comprenant 8 chambres double moderne mais à la décoration quelconque et 4 chambres familiales situées dans une annexe. L'atout de l'établissement est indéniablement sa superbe terrasse surplombant Sospel. Préférez les chambres donnant sur la vallée. Le restaurant (sur réservation) est spécialisé dans les plats rôtis à la broche.

Le Picoun — Pizzeria €€

(04 93 04 00 06 ; 15 av. Jean-Médecin ; plat du jour 11 €, carte 8,50-22,50 €, menu enfant 10 € ; fermé déc-fév). Au cœur de Sospel, une sympathique adresse au décor chaleureux et cosy. Au centre de la salle, le pizzaiolo s'active autour du four à pizza. Vous pourrez également y déguster des salades, des pâtes, un filet de bœuf ou quelques plats asiatiques. Service rapide et sympathique. Terrasse au bord de la Bévéra avec vue sur le pont vieux. Concerts régulièrement proposés l'été.

Le Relais du Sel — Semi-gastronomique €€

(04 93 04 00 43, 06 72 72 48 07 ; www.relaisdusel.fr ; 3 bd de Verdun ; plat du jour 12 €, menu 25-32 €, menu enfant 12 € ; mar-sam midi et soir, dim midi). La meilleure adresse sospelloise où la gastronomie française est mise à l'honneur avec raffinement : escargots de Bourgogne, terrine de foie gras au Rivesaltes, filet de bar à la provençale... En saison, belle terrasse ombragée au bord de la Bévéra. Il est prudent de réserver.

Pont vieux de Sospel

PIERRE THOMAS ©

Les Bréa, primitifs niçois

Parmi ceux qu'on appelle les "primitifs niçois" figure une grande famille de peintres originaire d'Italie et établie à Nice : les Bréa, très actifs aux XVe et XVIe siècles. Leurs monumentales œuvres religieuses – retables, fresques, polyptyques... – ornent de nombreux édifices du comté de Nice. Ludovico (Louis) Bréa est le plus connu, car il est le premier à s'affranchir de la tradition gothique pour s'engager sur la voie de la Renaissance. Son neveu, Francesco (François) Bréa, a signé le *Christ aux Cinq Plaies* de l'église Saint-Nicolas de Châteauneuf-d'Entraunes ou encore la *Vierge Immaculée* de la cathédrale de Sospel. Une route touristique est dédiée aux Bréa à travers le département des Alpes-Maritimes.

Renseignements

Office du tourisme (04 93 04 15 80 ; www.sospel-tourisme.com ; 1 pl. Saint-Pierre ; lun-sam 9h30-12h30 et 13h30-17h). Vous y trouverez nombre de dépliants détaillant les randonnées à effectuer dans les alentours.

Depuis/vers Sospel

De fréquents TER relient Nice à Sospel en une heure environ (voir l'encadré p. 266). La ligne 15 du réseau **Zest** (www.zestbus.fr) assure également une desserte de la ville depuis Menton.

Vallée de la Bévéra

C'est la vallée la plus méridionale des Alpes-Maritimes. Depuis Sospel, la D2566 remonte la Bévéra jusqu'à sa source, dans le massif de l'Authion, à proximité du col de Turini. Serpentant dans un paysage d'oliveraies, puis de mélèzes et d'épicéas, cette route stratégique compte de nombreux ouvrages militaires, édifiés aux XIXe et XXe siècles.

À voir et à faire

Fort Saint-Roch — Ouvrage militaire

(04 93 04 14 41 ; tarif plein/réduit 9/6 €, pas de carte bancaire, gratuit -5 ans ; juil-août mar-dim 14h-17h30, juin et sept sam-dim 14h-17h30). À 1 km de Sospel, sur la route de Nice, cet ouvrage militaire de la ligne Maginot fut construit dans les années 1930 pour verrouiller la vallée de la Bévéra et protéger la voie ferrée Sospel-Breil. Le fort, organisé en quatre blocs de béton armé, a abrité près de 250 hommes en 1939-1940. Il renferme un musée sur l'histoire de la ligne Maginot alpine et la Résistance durant Seconde Guerre mondiale. Prévoir une petite veste.

Notre-Dame-de-la-Menour — Chapelle perchée

Sur la route du col de Turini, sur la commune de Molinet, cette insolite petite chapelle romane, haut lieu de pèlerinage dans la région, surplombe les gorges de la Bévéra. Notre-Dame-de-la-Menour est reliée à la route par un imposant et magnifique pont-escalier qui n'est pas sans rappeler, à une échelle certes beaucoup plus modeste, la grande muraille de Chine ! À 13 km de Sospel.

Turini-Camp d'Argent — Sports d'hiver

C'est la plus proche station de sports d'hiver de la Côte d'Azur, sur un versant de la cime de Tueis, entre 1 600 et 1 920 m. Dans un cadre d'exception, on y fait du ski alpin ou des raquettes. Cette station, avant tout familiale, est considérée comme l'endroit idéal pour initier les plus jeunes. En été, la station propose de nombreuses activités : jeux gonflables pour enfants, kart sur herbe, randonnées pédestres et en vélo électrique...

Où se loger et se restaurer

Les Chamois — Motel €€

(04 93 91 58 31 ; www.hotel-les-chamois.com ; col de Turini, La Bollène-Vésubie ; ch 49-60 € selon saison, demi-pension 55-60 €, petit-déjeuner 7 € ; menus 17-19-25 € ; tlj en été, fermé mer et jeu le reste de l'année).

Posée au col de Turini, cette sympathique adresse est une halte des motards, des randonneurs et des cyclistes. La cuisine y est locale : civet de sanglier, lapin à la provençale, fromages du pays Vésubie… L'établissement compte onze chambres spacieuses et somme toute basiques.

VALLÉE DE LA ROYA

C'est la vallée la plus orientale de France, reliant la Côte d'Azur au Piémont par le col de Tende. Lors du rattachement du comté de Nice à la France en 1860, elle demeura en partie italienne, à la demande du roi Victor-Emmanuel II de Savoie qui voulait conserver ses territoires de chasse du Mercantour… Elle ne devint entièrement française qu'en 1947 à la suite d'un référendum. En sillonnant la vallée, vous découvrirez quelques chefs-d'œuvre des primitifs niçois et des joyaux de l'art baroque dans des villages lovés le long de la rivière ou perchés à l'abri des cimes alpines, parmi les plus beaux des Alpes-Maritimes. En octobre 2020, la vallée de la Roya a été sinistrée par le passage de la tempête Alex. Plusieurs villages ont été très durement touchés par des crues exceptionnelles.

Breil-sur-Roya

De Sospel, la D2204 relie la vallée de la Bévéra à celle de la Roya par le très panoramique col de Brouis et débouche sur ce village italianisant, blotti entre le sommet de l'Arpette (1 600 m) et un méandre de la rivière. Breil a longtemps vécu de l'industrie oléicole et du commerce entre l'Italie et la Provence, avant de se tourner vers le tourisme. C'est aujourd'hui une station verte offrant en été de multiples activités en plein air. Les eaux torrentueuses de la Roya se prêtent aux sports d'eau vive. Lors du passage de la tempête Alex en octobre 2020, plusieurs quartiers de Breil ont été inondés, une route a été emportée, et des commerces détruits par la crue de la Roya.

À voir

Bâti en arc de cercle, rive gauche de la Roya, le vieux village a conservé son plan d'origine médiévale, avec ses pittoresques ruelles étroites et ses "courréon" – corridor en breillois – transversaux, ses places à arcades et ses façades colorées. Dominant l'ensemble, l'**église paroissiale Sancta-Maria-in-Albis**, à la façade rose, a acquis son aspect actuel au XVIIe siècle. Le mur du chevet conserve les trous de boulins, utilisés lors de la mise en place de l'échafaudage. L'intérieur, richement décoré, comprend un buffet d'orgue du XVIIIe siècle et un triptyque de style primitif consacré à saint Pierre (vers 1500).

Écomusée de Breil — Histoire du transport

(☎ 04 93 04 42 75 ; plateau de la Gare ; adulte/enfant 3 €/gratuit ; ⏲ mai-sept tlj 14h-18h30). Dans un ancien dépôt de locomotives jouxtant la gare de Breil, à 10 minutes à pied du cœur de ville, cet écomusée a été conçu par des bénévoles. Ils ont rassemblé une collection de véhicules (locomotives,

Ruelle de Breil-sur-Roya

PASCAL 06 / STOCK.ADOBE.COM ©

tramways des années 1920, bus...) ayant marqué l'histoire des transports.

Activités

Roya Evasion Plein air

(☎04 93 04 91 46 ; www.royaevasion.com ; 11 bd Rouvier ; 🕐avr à oct). Un prestataire sérieux proposant une large gamme d'activités sportives à effectuer dans la vallée de la Roya, en compagnie de guides qualifiés : kayak, canyoning, rafting, via ferrata, randonnée, VTT. Comptez 70 € par personne pour le canyon de la Maglia en canyoning.

Mat & Eau Sports d'eau vive

(☎06 81 56 21 56 ; www.nicerafting.com ; 31 route des Combattants-en-AFN ; demi-journée canoë, kayak et raft, à partir de 40 €, canyoning 70 € la journée ; 🕐avr à fin oct). Outre le canoë et le kayak, cette agence offre la possibilité de pratiquer de nombreuses activités nautiques (canyoning, hydro-speed, nage en eau vive etc.) dans la vallée de la Roya. Vous pourrez découvrir le magnifique canyon de la Maglia.

Où se loger et se restaurer

Hôtel Le Roya Central €€

(☎04 93 04 48 10 ; www.hotebreilsurroya.fr ; pl. Biancheri ; d/tr/qua 70-80/92-102/122 € ; petit-déjeuner 9,50 € ; 🕐tte l'année). Situé au centre du village, l'établissement est reconnaissable à sa façade rose. Certaines chambres donnent sur le lac et les montagnes. La patronne se montre très disponible.

La Bonne Auberge Traditionnel €

(☎04 93 04 41 50 ; www.hotel-breil.com ; 52 rue Pasteur ; plat du jour 10 € ; plat enfant 6 € ; s/d / qua 48/55-71/79 € ; 🕐lun-sam). Probablement l'adresse la plus renommée de Breil. Au cœur du village, dans une rue étroite, une adresse typique où l'on vient déguster les spécialités régionales inscrites sur un grand tableau : *suggeli* (pâtes fraîches faites à la main), tourtes de courgette... Les chambres de cet hôtel familial sentent bon l'authenticité. Possibilité de demi-pension ou de pension complète.

Renseignements

Office municipal du tourisme de Breil-sur-Roya

(☎04 83 93 98 34 ; www.breil-sur-roya.fr ; 17 pl. Biancheri ; 🕐lun-sam 9h-12h30 et 14h-18h, dim 9h-12h30 ; oct-avr lun-ven 9h-12h30 et 14h-17h)

Depuis/vers Breil-sur-Roya

La gare de Breil est desservie par des TER en direction de Nice et par des trains de la ligne Vintimille-Coni (voir l'encadré sur le train des Merveilles p. 266).

Saorge

C'est incontestablement le plus beau et le plus spectaculaire des villages qui parsèment la vallée de la Roya. Ancienne place forte, Saorge ne peut qu'impressionner le visiteur avec ses maisons, cramponnées à la montagne, qui s'imbriquent tout en verticalité, sur plusieurs niveaux, tel un Lego. Ce bourg médiéval coiffé de lauzes de couleur parme et hérissé de flèches baroques se déploie majestueusement en amphithéâtre au-dessus de la vallée. Il vous faudra laisser votre voiture à l'entrée du village, car on ne s'y déplace qu'à pied.

À voir

Dédale de ruelles voûtées, en escaliers, le bourg présente un ensemble de bâtisses bien préservées, dont de belles maisons construites entre le XVe et le XVIIe siècle, aux linteaux sculptés, notamment rue Doumergue. L'église Saint-Sauveur domine l'ensemble avec son clocher à bulbe. Le sanctuaire paroissial a été construit vers 1500, puis décoré dans un style baroque (stucs, trompe-l'œil peints). Il garde un maître-autel en marbre et un bel orgue italien du XIXe siècle.

Monastère de Saorge Ancien couvent

(☎04 93 04 55 55 ; saorge.monuments-nationaux.fr ; tarif plein/-18 ans 5 €/gratuit ; 🕐juin-sept tlj 10h-12h30 et 14h30-18h30, fév-mai et oct tlj sauf mardi 10h-12h30 et

14h30-17h30, fermé nov-jan et 1er mai). Sur les hauteurs du village, un magnifique couvent franciscain fondé en 1633 est aujourd'hui propriété de l'État. Ce monastère constitue un rare exemple d'architecture monastique baroque de la région. L'église Notre-Dame-des-Miracles est de style baroque italien et le cloître, rectangulaire, s'enorgueillit d'un exceptionnel ensemble de fresques racontant la vie de saint François d'Assise, peintes vers 1760. Vous pourrez flâner dans son adorable jardin, où poussent des plantes médicinales et aromatiques, qui fleurent bon la Provence (romarin, thym, lavande...). Vous pourrez peut-être même y croiser un des écrivains en résidence. Visite guidée recommandée.

Où se loger et se restaurer

La Petite Épicerie Bistrot locavore €
(09 67 38 10 83 ; 68 rue du Lieutenant-Revelli ; carte 3-15,50 € ; juil-août tlj 8h-21h, sept-juin tlj 8h-14h et 17h30-20h30 sauf mer, fermé jan-mars). Une épicerie qui fait également office de bistrot au cœur du village. Cette adresse conviviale est fréquentée par les habitants comme par les touristes pour un café le matin ou un apéro en terrasse autour de tapas, d'un verre de vin bio ou d'une bière bio brassée dans la région. On peut y savourer quelques plats privilégiant les produits locaux : assiette dégustation (tourte saorgienne, mesclun, fromage, pâte d'olive), dahl de lentilles corail et butternut, ravioli de la mer...

Ca' da Barrerea Chambres d'hôtes €€
(06 16 44 08 26 ; www.chambresdhotes-saorge.fr ; esplanade Charles-de-Gaulle ; d 90 € petit-déj inclus, tables d'hôtes le soir 25 €/pers ; tte l'année). À l'entrée de Saorge, cette chambre d'hôtes sise dans l'ancienne école et mairie de Saorge propose cinq chambres spacieuses tout en confort (douche italienne, lit king size) et en raffinement. Trois chambres possèdent un petit balcon avec vue plongeante sur la vallée. Salle commune et cuisine à disposition avec frigo.

Saorge

MILAN VACHAL / STOCK.ADOBE.COM ©

La Brigue

Une fois passé les sauvages gorges de Bergue et de Paganin, taillées dans un schiste vert et violet, puis le village de Saint-Delmas-de-Tende, vous arriverez à La Brigue. Ce beau village médiéval, à 770 m d'altitude, a été touché par la tempête Alex. Riche en monuments, son territoire abrite notamment l'incontournable Notre-Dame-des-Fontaines.

À voir

Collégiale Saint-Martin Roman

(entrée libre ; avr-sept tlj 9h-18h, oct-mars 10h-17h). Au cœur du village, cette collégiale fut édifiée entre 1484 et 1509 dans le style romano-lombard, puis "baroquisée" aux XVIIe et XVIIIe siècles. Elle renferme plusieurs chefs-d'œuvre de primitifs niçois, dont *L'Adoration de l'Enfant*, attribué à Louis Bréa, et *L'Assomption de la Vierge*, de l'atelier Bréa. L'église est flanquée de deux chapelles de pénitents (XVIIIe), dans le style baroque : la **chapelle de l'Annonciation** au clocher génois, et la **chapelle de l'Assomption** (fermée au public).

Maison du Patrimoine Traditions

(04 93 85 26 13 ; patrimoine-labrigue.no-ip.fr ; 26 av. du Général-de-Gaulle ; tarif plein/réduit 4/2 € ; juin-sept tlj sauf mar 10h-12h et 15h-19h, avr, mai et oct sam-dim et jours fériés 10h-12h et 15h-19 h, fermé nov-avr). Installé dans une belle maison, ce petit musée local conçu par des bénévoles retrace la vie brigasque d'autrefois à travers une vaste collection d'objets et d'outils, des scènes reconstituées et des bornes interactives. Le travail des apiculteurs, des viticulteurs ou des éleveurs est ainsi présenté. Le dernier étage est consacré aux orgues des vallées de la Roya et de la Bévéra.

Galerie de la Chapelle Néoclassique et contemporain

(06 82 34 19 28 ; www.galeriedelachapelle.fr ; 20 rue Louis-Bourguet ; chapelle 1 €, expos entrée libre ; sur rdv). Élevée au milieu d'un jardin, dédiée à Sainte-Anne, cette insolite chapelle circulaire surmontée d'une coupole a été construite en 1935 dans un style néoclassique par l'architecte italien Angela Guesco pour le propriétaire d'alors : Jean-Baptiste Pachiaudi, qui souhaitait rendre hommage à une parente. Cette petite folie architecturale, propriété privée, est dotée, à l'arrière, d'une galerie présentant, en saison, des expositions d'art contemporain, prisées des connaisseurs.

Où se loger et se restaurer

Le Mirval Hôtel-restaurant **€€**

(04 93 04 63 71 ; www.lemirval.com ; 3 rue Saint-Vincent-Ferrier, d/tr/qua 52-65-79/85/95 € selon confort ; petit déjeuner 9 € ; avr-oct, restaurant lun-ven soir, sam-dim midi et soir ; P). À l'entrée de La Brigue, cette belle demeure est située au calme au bord de la capricieuse Levensa, au débouché d'un petit pont de pierre. Cette institution locale (l'hôtel date de 1893), tenue par la même famille depuis trois générations, a été élégamment rénovée ces dernières années. Les 18 chambres sont modernes, lumineuses et parfois équipées d'un balcon. Dans la salle panoramique, vous savourerez une cuisine du Sud, mâtinée d'accents italiens et niçois... Demi-pension possible. À noter que les propriétaires proposent également des excursions en 4x4 pour la vallée des Merveilles ou même en gyropode Segway pour découvrir La Brigue !

Renseignements

Bureau d'information touristique de La Brigue (04 83 93 95 49; www.labrigue.fr ; pl. Saint-Martin ; tlj juillet-août, lun-ven oct/avr 9h-12h30 13h30-17h). Bien documenté, il propose différents circuits de randonnée au départ du village.

Tende et ses environs

Entre ciel et Roya, la cité a quelque chose... d'himalayen. Cernée par les montagnes,

À NE PAS MANQUER

Chapelle Notre-Dame-des-Fontaines

Surnommée la "chapelle Sixtine des Alpes méridionales", cette église dédiée à la Vierge Marie a été élevée au XIIe siècle dans le vallon de la Lévenza, à 4 km de La Brigue. Selon la légende locale, lorsque les sources de la Brigue se tarirent, les villageois promirent d'ériger une chapelle à la Vierge si elle rendait l'eau nécessaire à leurs cultures. Ce qui arriva ! Si le sanctuaire Notre-Dame-des-Fontaines ne paye pas de mine à l'extérieur, l'intérieur subjugue : il est entièrement recouvert de fresques peintes à la fin du XVe siècle par deux artistes piémontais, Jean Canavesio (la nef et le mur ouest) et Jean Baleison (le chœur). On y découvre quelque 220 m² de peintures sur la vie de Marie et l'enfance de Jésus, la Passion du Christ et le Jugement dernier. Ce pur joyau de l'art primitif niçois présente des fresques colorées très expressives, d'une grande modernité, et parfois d'une violence crue reflétant les troubles de l'époque. Attention, le sanctuaire n'est pas éclairé : il est préférable de visiter en journée, par temps clair.

Infos pratiques

04 83 93 95 50 ; www.labrigue.fr ; tarif plein/réduit 4/3 € ; tlj sauf jeudi 1er mai-30 septembre, 10h-12h30 et 14h-17h30 ; sur réservation le reste de l'année. Possibilité de visites commentées de 1 heure 30, sur rdv, 6 /4 €.

aux confins de la Provence et aux portes de l'Italie, Tende est probablement le site le plus impressionnant de la vallée de la Roya, avec Saorge. Ancienne cité marchande sur la route du sel, ce gros bourg étage au flanc d'un coteau ses hautes maisons de schiste vert, couronnées de lauze, et compose un tableau saisissant où se mêlent architecture gothique et baroque. Tende fut le chef-lieu des puissants comtes de Lascaris-Vintimille, qui s'enrichirent en faisant payer un droit de passage sur la route du sel, entre Piémont et Provence, avant de passer en 1575 sous la houlette du comté de Savoie. Devenue française seulement en 1947, Tende est la plus vaste commune des Alpes-Maritimes. En octobre 2020, le village a été touché par les inondations lors du passage de la tempête Alex. Le cimetière a notamment été détruit.

À voir et à faire

Deux portes gardent encore l'entrée du cœur médiéval. En remontant la rue de France, vous pourrez admirer des façades en trompe l'œil et des maisons alpines à galeries ou balcons finement ouvragées, à la solide toiture de lauze et aux linteaux de porte sculptés. Le bourg compte aussi plusieurs chapelles de pénitents blancs et noirs, de style baroque. Au cœur du village, la **collégiale Notre-Dame-de-l'Assomption**, consacrée en 1518, est dominée par un haut clocher carré rose. Sa façade Renaissance s'orne d'un portail en schiste vert représentant le Christ et les douze apôtres. Les escaliers de la rue Béatrice vous mènent au sommet du village où trônent les vestiges du château des comtes Lascaris (XIVe siècle), démantelé en 1692. Il ne reste aujourd'hui qu'un spectaculaire et fragile pan de muraille du **donjon** ainsi qu'une tour ronde transformée au XIXe siècle en horloge. Il sert aujourd'hui d'enceinte à un mystérieux **cimetière à étages** doté d'imposantes chapelles funéraires.

Musée des Merveilles — Ethnologie et archéologie

(☎ 04 89 04 57 00 ; www.museedesmerveilles.com ; av. du 16-Septembre-1947 ; gratuit ; réservation obligatoire ; 16 juin-15 sept 10h-18h, 16 sept-15 juin 10h-17h, fermé le mardi, fermé du 13 au 15 novembre). Ce vaste musée départemental, logé dans un bâtiment à l'architecture audacieuse, constitue l'introduction idéale avant de vous rendre dans la vallée des Merveilles. Il revient sur l'histoire du site du mont Bégo qui fut vénéré par les hommes à l'âge du cuivre et du bronze. Ils y ont exécuté d'innombrables gravures, faisant du lieu l'un des sites rupestres les plus impressionnants d'Europe. Moderne, pédagogique et ludique, le musée se compose de trois volets : le premier aborde l'histoire naturelle et la géologie de la vallée, le deuxième est consacré à l'archéologie qui permet de comprendre la vie quotidienne à l'âge du bronze, le dernier montre la persistance de la gravure sur le mont Bégo chez les bergers. Vous admirerez des moulages de roches gravées. Fréquentes expositions temporaires.

Casterino — Hameau perché

Aux portes du parc national du Mercantour, à 5 km au-dessus du lac des Mesches, ce hameau de la commune de Tende, situé à 1 550 m d'altitude, se rejoint en empruntant la D91 depuis Saint-Dalmas, longtemps coupée à la circulation après les intempéries exceptionnelles d'octobre 2020. Le site somptueux, entouré des monts Sainte-Marie (2 740 m), Chajol (2 293 m) et Agnelet (2 201 m), est l'un des points de départ privilégiés pour la vallée des Merveilles et, surtout, plus près, pour la vallée de Fontanalbe, au nord-ouest du mont Bégo, elle aussi riche en gravures rupestres. Vous trouverez plusieurs hébergements sur place, du trois-étoiles au gîte rustique si vous souhaitez passer la nuit au milieu des montagnes.

Activités

Merveilles, gravures et découvertes — Excursions

(☎ 04 93 04 89 72, 06 86 03 90 13 ; www.vallee-merveilles.com ; 10 montée des Fleurs, Tende). Ce syndicat local regroupe une vingtaine d'accompagnateurs en montagne qui assurent les visites guidées des zones archéologiques dans la vallée des Merveilles, mais aussi celles de Fontanalbe. Pour ces deux sites, une réservation préalable en ligne est obligatoire. Visite des gravures de Fontanalbe ou de la Vallée des Merveilles : 15 €, 5 € pour les 12-17 ans. Gratuit pour les moins de 12 ans. Portez des tenues adaptées à la marche en montagne. L'utilisation de bâton de marche et de cannes à embout en fer est interdite : pensez à vous munir d'embouts en caoutchouc.

À NE PAS MANQUER

La vallée des Merveilles

À l'extrémité est du parc national du Mercantour, dans un paysage minéral façonné par les glaciers du quaternaire, cette vallée s'étire au pied du mont Bégo. À l'âge du cuivre et au début du bronze (3200-1700 avant notre ère), les paysans et les bergers se rendaient en pèlerinage sur ce mont sacré culminant à 2 872 m, pour célébrer leurs divinités : "dieu-taureau", "déesse-terre", etc. À la pointe du silex, ils ont gravé pendant des milliers d'années des bovidés stylisés, des armes et outils, des figures géométriques, des créatures anthropomorphes, et des signes dont la signification nous échappe encore. Le résultat est impressionnant : près de 40 000 gravures rupestres sur quelque 3 600 dalles rocheuses, formant la collection à ciel ouvert la plus importante du genre en Europe. À ces gravures s'ajoutent des représentations dites "linéaires", datant de l'époque romaine jusqu'à nos jours : symboles protestants rappelant le passage des Vaudois, signes de sorcellerie ou graffitis plus récents...

L'accès à cette Vallée des Merveilles, qui occupe environ 600 ha, est strictement réglementé. Vous pourrez explorer une partie de la vallée par vous-même en suivant les sentiers thématiques officiels, mais vous ne pourrez visiter les zones protégées qu'en compagnie d'un guide agréé ou au cours d'une randonnée encadrée par un professionnel de la montagne. Les visites guidées de la vallée des Merveilles sont organisées depuis le refuge des Merveilles, qui se trouve à environ 3 heures à pied du lac des Mesches, où on laisse son véhicule. Avec le **circuit guidé de découverte des gravures** (15 juin-30 sept tlj) et le retour, il faut compter 6 heures de marche. Les moins sportifs pourront rejoindre la vallée au cours d'une excursion en 4x4, depuis Tende, Saint-Delmas-de-Tende ou Casterino, grâce à des accompagnateurs agréés par le parc national du Mercantour (liste complète sur www.4x4merveilles.com). Pour mieux comprendre l'histoire de ces pétroglyphes, direction le musée des Merveilles (voir p. 264).

VAUT LE DÉTOUR

Les Alpes d'Azur en train

Au départ de Nice, deux lignes de train au trajet spectaculaire permettent de sillonner la partie montagneuse des Alpes-Maritimes.

Le train des Merveilles

Ce train touristique emprunte une portion de la ligne de chemin de fer qui relie Nice à Cunéo, en Italie. Sur l'un des trajets ferroviaires parmi les plus beaux d'Europe, ce TER s'élève depuis le niveau de la Méditerranée pour gagner les vallées du Paillon, de la Bévéra et de la Roya, tout en proposant des haltes dans les plus beaux villages qui ponctuent le trajet : Sospel, Breil-sur-Roya, Saorge, La Brigue, Tende... Prouesse technique, la ligne inaugurée en 1928 est jalonnée d'une succession d'ouvrages spectaculaires bâtis à travers des reliefs tourmentés : vertigineux viaducs, tunnels, etc. À bord, de mai à octobre, des guides-conférenciers vous renseignent sur les paysages et les villages traversés durant l'itinéraire qui offrent des panoramas incomparables. Réservation indispensable. (☎ 0800 11 40 23 ; www.ter.sncf.com/paca ; adulte/enfant 16/8 €, gratuit -4 ans ; ⏲ tlj départ 9h17 de la gare de Nice, visites commentées juin-sept tlj, mai et oct chaque week-end et jour férié).

Le train des Pignes

Ce train, géré par les chemins de fer de Provence, relie Nice à Digne-les-Bains, quatre à cinq fois par jour toute l'année. Mise en service en 1911, après vingt-cinq ans de travaux pharaoniques, la ligne traverse les vallées du Var, du Verdon et de l'Asse en 3 heures 15, tout en desservant quelque 50 gares dont Villars-sur-Var, Touët-sur-Var, Puget-Théniers, Entrevaux... Du 15 juin au 15 septembre, le voyage est animé par des guides-conférenciers. À savoir également : au départ de la gare de Puget, vous pouvez embarquer à bord d'un pittoresque train remorqué par une locomotive à vapeur de 1923 pour un voyage dans le temps sur la ligne du **train des Pignes** (☎ 07 81 92 67 75 ; www.traindespignes.fr ; trainprovence.com ; tarif Puget-Théniers Annot aller-retour 22 €).

Où se loger et se restaurer

Le Miramonti Hôtel-restaurant €-€€

(04 93 04 61 82 ; www.lemiramonti.fr ; 5 rue Antoine-Vassallo ; ch 42,50-49,50 € selon présence de sdb ; menus 17-23 €, menu enfant 9,50 €, petit-déjeuner 7 € ; juil-août restaurant fermé dim soir, hors saison fermé lun soir, mer midi et soir, dim soir ;). Le restaurant dispose d'un cadre chaleureux et propose un vaste choix de plats faisant la part belle aux spécialités régionales, telle la saucisse du Piémont grillée. On peut également y savourer pizzas, pâtes, truites ou entrecôtes. L'établissement dispose de six chambres pour 3 à 4 personnes très simples, mais d'une propreté irréprochable. Terrasse. Demi-pension possible. Organisation d'excursions en 4x4 dans la Vallée des Merveilles.

Le Prieuré Hôtel-restaurant €€

(04 93 04 75 70 ; www.leprieure.org ; rue Jean-Médecin, Saint-Dalmas-de-Tende ; s/d/tr/qua 82-89/99-109 € selon confort et saison ; petit déjeuner 9 € ; menu 20,70 € ; restaurant tlj midi et soir). Au bord de la Roya, en plein cœur de Saint-Dalmas-de-Tende, un ancien monastère reconverti en hôtel-restaurant. Doté d'un parc, havre de paix, l'établissement, qui compte 27 chambres confortables, a la particularité d'être géré par une association d'aide par le travail (Apreh), la plupart des salariés sont des personnes en situation de handicap. Des spécialités régionales et locales sont servies en terrasse ou dans la salle de restaurant voûtée donnant sur le patio. Possibilité de demi-pension.

Où prendre un verre

La Meranda Salon de thé

(04 93 79 25 91 ; pl. de la République). Une coquette pâtisserie-salon de thé, à la façade colorée, bienvenue pour une pause, en plein cœur de Tende. Grande terrasse.

Renseignements

Office du tourisme de Tende (04 83 93 98 82 ; www.tendemerveilles.com ; 103 av. du 16-Septembre-1947 ; tlj sauf dim 9h-12h et 14h-18h, 17h en hiver). À deux pas du musée des Merveilles, il rassemble un office du tourisme et un espace muséographique sur la faune, la flore et les traditions locales du parc national du Mercantour. Animations l'été sur place par le personnel du parc.

VALLÉE DE LA VÉSUBIE

Avec 35 km, c'est la plus petite vallée, en longueur, du pays niçois. La remonter, c'est découvrir l'étonnante variété de paysages qu'elle offre. La M2565 s'engouffre au creux des profondes et étroites gorges entre Plan-du-Var et Utelle, quand la haute vallée, passé Roquebillière et les oliveraies, prend un visage résolument alpin. Saint-Martin-Vésubie est la capitale de cette haute vallée, considérée comme la "Suisse niçoise". En octobre 2020, la vallée a été durement touchée par la tempête Alex.

Utelle

Perchée entre les gorges de la Vésubie et le sanctuaire de la Madone, la commune d'Utelle, ancien chef-lieu et aujourd'hui tranquille village de 770 habitants, constitue la première halte de la vallée. Pour grimper jusqu'à "l'œil de la Vésubie", comme on la surnomme, il faut emprunter, au niveau du lieu-dit Saint-Jean-la-Rivière, sur la gauche, une étroite route en lacets de 9 km. Plus haut encore, juchée sur le plateau, la célèbre Madone d'Utelle mérite absolument le détour.

À voir et à faire

Le bourg d'Utelle prend la forme d'une étoile : les ruelles convergent vers la place de la République au charme tout provençal avec ses maisons colorées ornées de balcons en fer forgé. La place est dominée par la façade en trompe l'œil rouge de la **maison Thaon** (XVIIIe) et la somptueuse **église Saint-Véran**, construite à partir du XIVe siècle puis remaniée au XVIIe siècle dans le style baroque. Son porche gothique, reposant sur des colonnes aux chapiteaux

VAUT LE DÉTOUR
La Madone d'Utelle

Depuis Utelle, la très pentue et étroite départementale M132, tout en lacets, mène en 6 km à la Madone d'Utelle. Juché sur un plateau à 1 180 m d'altitude, ce site spectaculaire, d'une grande quiétude, offre des vues époustouflantes sur les montagnes du Mercantour, d'un côté, et de l'autre, aux beaux jours, la Méditerranée. Au sommet, parmi la végétation rase balayée par les vents, trône le petit sanctuaire de Notre-Dame-des-Miracles, vénéré depuis l'an 850. La légende raconte que des marins perdus en mer promirent d'ériger un oratoire si Marie les sauvait de la mort. La Vierge apparut et les guida en diffusant une lumière depuis la montagne. Ils érigèrent comme promis un petit oratoire, qui fait encore l'objet de pèlerinages, depuis les premières guérisons miraculeuses que fit la Vierge, dit-on, au XVIe siècle. Le sanctuaire, de couleur rose, reconstruit au début du XIXe siècle, est assez banal de l'extérieur. À l'intérieur, la statue de la Madone présentée date du XVIIIe siècle. À proximité de l'église, on vient chercher de rarissimes et minuscules "étoiles à cinq branches", dont la légende raconte qu'elles étaient déversées ici par la Vierge à destination des pèlerins – il s'agit en fait de fossiles d'étoiles de mer. Vous trouverez sur place de quoi boire un verre et acheter des produits d'artisanat religieux.

Ci-dessus : site de la Madone d'Utelle

sculptés, protège une remarquable porte sculptée (1542), dont les douze panneaux représentent, avec expressivité, la vie de saint Véran, patron du village. Le sanctuaire, décoré de gypseries, renferme par ailleurs un monumental retable en noyer sculpté illustrant la Passion.

Juste en face, la plus petite **chapelle des Pénitents Blancs**, quelque peu défraîchie, abrite un retable en bois du XVIe siècle, copie de la *Descente de Croix*, de Rubens.

Malheureusement elle était fermée lors de notre dernière visite en raison de risques d'effondrement. Du bourg, un sentier balisé – une boucle de 9 km – permet d'accéder à la Madone d'Utelle en 3 heures 30 environ (voir ci-contre).

Où se loger et se restaurer

L'Auberge Utelloise Traditionnel €

(04 93 03 17 46 ; pl. de la République ; plat 14-18 €, menu 11,50 €, 18 € ; pas de carte bancaire ; tlj toute l'année, midi seulement l'hiver).
Un chaleureux bar-restaurant en plein cœur d'Utelle, fréquenté par les habitants comme par les randonneurs. Tous viennent manger, dans sa salle rustique ou sur la magnifique terrasse devant l'église, des plats régionaux simples et savoureux (pissaladières, gnocchis, pizzas..).

Lantosque

Posté le long de la route qui mène à Saint-Martin-Vésubie, ce gros bourg animé toute l'année impressionne avec ses hautes maisons, certaines à loggia, imbriquées les unes aux autres, et juchées sur une étroite crête rocheuse. Depuis le parvis de l'église Saint-Sulpice (XVIIe siècle), au sommet du village, vous attend une belle vue d'ensemble sur les toits de tuiles.

Activités

Via-ferrata Plein air

(04 93 02 05 51 ; adulte/-12 ans 8/6 €).
La via-ferrata de Lantosque offre de magnifiques points de vue sur le canyon du

Riou, les gorges et la cascade, la Vésubie et sa végétation luxuriante, un ancien aqueduc… Trois niveaux de difficulté composent le parcours, du débutant au confirmé, pour 1 à 3 heures de progression sur la roche. Prévoir des chaussures de sport et une tenue adaptée, cheveux longs attachés.

Roquebillière

Ce gros bourg, renommé pour la station thermale de Berthemont-les-Bains (la plus importante des Alpes-Maritimes), offre deux visages, de part et d'autre de la Vésubie. Parce qu'il était régulièrement détruit par les tremblements de terre, les glissements de terrain et les inondations, les habitants ont en effet fini par décider, après la dernière catastrophe, de reconstruire le village de l'autre côté de la Vésubie. Roquebillière-le-Vieux, rive gauche, n'abrite donc aujourd'hui que quelques bâtisses et la chapelle des Pénitents Blancs, surmontée d'un clocheton à bulbe recouvert de tuiles vernissées, tandis que la ville neuve, rive droite, regroupe les commerces, les services administratifs et la majorité des habitations. Elle accueille chaque mardi matin, d'avril à la fin novembre, un petit marché rural où vous trouverez les meilleurs produits locaux. Le village est l'un des plus touchés de l'arrière-pays niçois par le passage de la tempête Alex en octobre 2020.

Activités

Berthemont-les-Bains Thermes

(04 93 03 47 00 ; www.valvital.fr ; forfait demi-journée 65 €, espace sauna-détente 18 €, 10 entrées 145 € ; avr à mi-nov). Situé dans un hameau montagnard à 7 km au nord de Roquebillière, Berthemont-les-Bains constitue la principale station thermale des Alpes-Maritimes, réputée pour ses eaux sulfureuses qui sortent des roches cristallines du Mercantour à 29°C. L'établissement propose dans un bâtiment moderne ouvert sur la vallée un espace aqua-détente ouvert à tous avec piscine thermale, hammam, sauna et jacuzzi ainsi qu'une multitude de soins sur réservation. Snack panoramique sur place.

Roquebillière

EMMANUEL DAUTANT ©

EMMANUEL DAUTANT ©

En partant de la gauche : Sentier conduisant à la Madone de Fenestre ; Vesubia Mountain Park ; Saint-Martin-de-Vésubie

EMMANUEL DAUTANT ©

Où se loger et se restaurer

Hôtel des Sports

Bon plan €

(04 93 03 40 18 ; www.hotel-des-sports-vesubie.com ; 1 pl. du Général-Corniglion-Molinier ; s/d/tr/qua 44-49/54/69/76 € ; petit-déjeuner 7 € ; tlj tte l'année). En plein cœur de Roquebillière, jouxtant la mairie, le Café des Sports dispose de huit chambres basiques, plutôt petites, mais toutes récemment relookées et impeccablement tenues. Un bon plan pour les petits budgets. Petit-déjeuner servi au bar ou en terrasse. Également restauration sur place.

Renseignements

Office du tourisme de Roquebillière (04 93 03 51 66 ; www.roquebilliere.com ; 51 rue Victor-Maurel, lun-ven 9h-12h30 et 14h-17h30)

Belvédère

Un village qui porte magnifiquement son nom ! Depuis Roquebillière, on rejoint ce balcon sur la Vésubie, à 837 m d'altitude, par la sinueuse M71. Ce bourg de 650 habitants est très vivant dans sa rue principale, qui mène à une agréable place ombragée de tilleuls. Il s'enorgueillit d'un patrimoine religieux d'envergure. Le village est dominé par le haut clocher carré en pierre de l'église Saint-Pierre-Saint-Paul (fin XVIIe siècle) et de plusieurs petites chapelles. Il abrite un musée du Lait, aménagé dans l'ancienne coopérative laitière, qui présente une vaste collection d'outils utilisés pour la fabrication du beurre et du fromage, et qui témoigne de l'importance de l'activité pastorale dans le village autrefois.

Renseignements

Office du tourisme de Belvédère (04 93 03 51 66 ; www.nicetourisme.com; 26 pl. du Général-Corniglion-Molinier, mar-sam 10h-13h/ 14h-18h)

Saint-Martin-Vésubie et ses environs

Accrochée, à 1 000 m d'altitude, sur les pentes raides qui s'élèvent au-dessus de la Vésubie, cette pimpante ville médiévale constitue le centre névralgique de la Haute

ALEXIS BORG / STOCK.ADOBE.COM ©

Vésubie. Haut lieu de villégiature depuis la fin du XIXe siècle, cette "station verte" se situe au milieu d'un paysage de montagnes, de prairies et de forêts de sapins, surnommé la "Suisse niçoise". Elle est dominée par l'adorable petit village de Venanson, bâti sur un piton rocheux à 1 150 m. La ville a été sinistrée par les inondations lors de la tempête Alex en octobre 2020.

À voir et à faire

Village — Patrimoine

Artère principale de la cité médiévale, avant l'extension de la ville au XIXe siècle, l'étroite **rue Cagnoli** dégringole les pentes du village. En son centre coule un petit canal, appelé "béal", creusé au début du XVe siècle à l'origine pour irriguer les prés et les jardins au pied du village, mais aussi pour éteindre les éventuels incendies.
En bas de la rue, à la limite de la première enceinte de la ville, la **maison du Coiffeur** (XIVe siècle) est l'une des demeures les plus photographiées, reconnaissable à son encorbellement caractéristique du Moyen Âge. La **maison Gubernatis**, une noble demeure à arcades de la fin du Moyen Âge, mérite aussi une petite photo. Au pied de l'église **Notre-Dame-de-l'Assomption** (XVIIe siècle, remaniée au XIXe), l'adorable **place de la Frairie**, aménagée au XVIIIe siècle, est cernée de façades colorées et ornée d'une fontaine et d'un lavoir.

Vesubia Mountain Park — Parc de loisirs de montagne

(04 93 23 20 30 ; www.vesubia-mountain-park.fr ; allée du Docteur-Fulconis ; tarifs entrée adulte/enfant canyoning 23,70/17,50 €, spéléo 17,50/13,50 €, escalade 12,30/9,90 €, piscine 5,70/3,60 €, bien-être à partir de 18 ans 10,40 € ; juil-août tlj 9h-20h, juin-sept lun-ven 14h-20h, sam-dim 9h-19h, reste de l'année sam-dim et vacances scolaires 10h-19h). Ce complexe original géré par l'UCPA et ouvert en 2017 dans un bâtiment futuriste du centre de Saint-Martin-de-Vésubie permet de pratiquer une multitude d'activités traditionnellement estampillées "outdoor" : escalade, bloc, spéléologie, parcours aventure et même canyoning ! Possibilités de cours et de location de matériel sur place. Également une piscine de 25 m et un espace bien-être.

VAUT LE DÉTOUR
Vallon de la Gordolasque

En suivant la M171 depuis Belvédère, vous rejoindrez le vallon de la Gordolasque, affluent de la Vésubie, une ravissante petite vallée au caractère alpin très affirmé, encadrée par les cimes du Diable (2 685 m) et de la Valette. L'endroit, verdoyant, se fait de plus en plus minéral au fur et à mesure que vous avancez. En route, vous découvrirez la cascade du Rey. Ce cul-de-sac se termine au pont du Countet, où commencent plusieurs chemins de randonnée, notamment jusqu'à la **cascade de l'Estrech**.

Madone de Fenestre — Sanctuaire

La visite à la Madone de Fenestre vaut plus pour le site naturel que l'édifice religieux. Le paysage est en effet magnifique, dominé par la cime du Gélas à 3 143 m, le plus haut sommet des Alpes-Maritimes. Sur une ancienne voie muletière qui reliait jadis le comté de Nice au Piémont, le modeste sanctuaire s'élève à 1 904 m d'altitude : il remonterait au moins au XIIe siècle, mais a été restauré au XIXe siècle après un incendie. C'est un haut lieu de pèlerinage dans la région (processions le 15 août et le 8 septembre) depuis que la Vierge, dit-on, serait apparue à plusieurs reprises dans la trouée du Caïre de La Madone. La statue de la Madone (en fait une statue de bois polychrome du XIVe siècle, uniquement exposée de la mi-juin à la mi-septembre) est vénérée : la légende locale raconte qu'elle aurait été sculptée par saint Luc.

Le Boréon — Hameau

Prisé des randonneurs et des pêcheurs, il est situé à 8 km au nord de Saint-Martin. Posée au milieu des pâturages et des pins, une petite station alpestre, à 1 500 m, s'orchestre autour d'un lac artificiel à l'eau couleur de jade, bordé de chalets. On y admire également une belle cascade, qui se jette sur 40 m. Le Boréon est le départ de nombreux parcours de randonnée dans le Mercantour : col de Cerise, lac de Trécolpas...Vous trouverez sur place de quoi vous loger et vous restaurer.

Parc Alpha – Le temps du loup — Parc animalier

(☎04 93 02 33 69 ; www.alpha-loup.com ; M89, Le Boréon, Saint-Martin-Vésubie ; tarif adulte/4-12 ans/-4 ans été 14/12 €/gratuit, hiver 10/8 €/gratuit ; ⏲juil-août tlj 10h-18h, billetterie fermée à 15h30, avr-juin et sept à mi-nov tlj 10h-17h, billetterie fermée à 15h, reste de l'année vacances scolaires et week-end). Ouvert en 2005 dans un but pédagogique et aussi pour réconcilier l'homme avec le loup, naturellement revenu dans le Mercantour en 1992, ce parc vous permet d'approcher l'animal mythique au plus près, dans son habitat naturel, tout le long d'un parcours long de 1,2 km. Les animateurs-soigneurs du parc sont à votre disposition dans les affûts aménagés pour apercevoir l'une des trois meutes – une vingtaine de loups – et pour tout vous expliquer sur cet animal, somme toute craintif. Le moment le plus propice pour l'observer est probablement lors du nourrissage (11h15, 12h et 15h45 mais renseignez-vous à l'accueil).
Les anciennes vacheries d'alpage abritent trois spectacles scénographiques présentant les rapports compliqués entre les hommes et les loups depuis la nuit des temps. Également sur place, spectacle de fauconnerie l'été et enclos à chamois. En octobre 2020, le parc a été en partie détruit par la tempête Alex.

Où se loger et se restaurer

La Bonne Auberge — Hôtel-restaurant €

(☎04 93 03 20 49 ; www.labonneauberge06.fr ; 98 allée de Verdun ; d 59-75 €, menus 28-36 € ; petit-déjeuner adulte/enfant -10 ans 12/6 € ; ⏲lun-sam midi et soir, dim midi, fermé mi-nov à mi-fév). Labellisé "Logis de France", cet établissement tenu

Randonnée aux lacs de Prals

Le circuit des lacs de Prals, ou des 5 lacs, est l'un des plus fréquentés au départ de la Madone de Fenestre : avec un dénivelé de 500 m, une durée de 4 heures environ, il peut se faire en famille et a l'avantage d'offrir une mosaïque de paysages (forêt de mélèzes, vastes prairies, col et lacs) et de permettre d'approcher marmottes, chamois et bouquetins. En contrebas du sanctuaire, après le pont, suivre les traits rouges et blancs du GR5 et longer le torrent de Fenestre sur votre gauche en suivant successivement les balises 360 au départ puis 359, 367. Suivre ensuite les marquages de rectangles jaunes en direction de la Baisse des 5 lacs à 2 335 m d'altitude : l'ascension du vallon du Ponset est assez soutenue, interrompue par quelques phases plus plates, qui permettent de reprendre son souffle et d'admirer le paysage. Dans une dernière montée, le paysage se fait plus austère, avec des arêtes saillantes et des éboulis de roche. Et puis, au prix d'un dernier effort, les lacs de Prals, ou du moins deux d'entre eux, se dévoilent sous vos yeux. Les trois autres se cachent derrière les reliefs. L'endroit est idéal pour pique-niquer. Le circuit qui tourne autour du mont Caval se poursuit en pente douce via les balises 366, 364, 363. Il faut ensuite traverser à gué ou sur des ponts de fortune le torrent et s'engager dans la forêt de mélèzes et d'épicéas pour retourner au point de départ, suivre les balises 362 et 361 puis retrouver la balise 360.

par la même famille depuis 1946, au cadre rustique plein de charme, est situé au cœur de Saint-Martin. Douze chambres confortables et calmes dans un style montagnard. La table jouit d'une bonne réputation, privilégiant les plats du terroir : salade niçoise, assiette de charcuterie et de fromage, truite issue du vivier, canetons aux olives… À déguster dans une salle aux pierres et poutres apparentes, autour de la grande cheminée. Possibilité de demi-pension ou pension complète. Terrasse agréable aux beaux jours.

La Treille — Restaurant €

(☎04 93 03 30 85 ; 68 rue Dr-Cagnoli ; menus 29-34 €, plats 16,50-25 € ; ⏲haute saison tlj midi et soir sauf mardi, moyenne saison jeu-lun midi et soir, mar midi, fermé mi-nov à fin mars). Nichée dans une rue pentue, La Treille jouit depuis 25 ans d'une réputation d'excellence non usurpée. Au menu, foie gras de canard maison, carpaccio et tartare de saumon au basilic, ou, le soir, pizzas. Service sympathique et atmosphère chaleureuse. Terrasse panoramique ombragée par une treille centenaire avec en prime le bruissement d'un ruisseau.

Où prendre un verre

La Taverne des Pirates — Pub local

(☎04 93 03 31 34 ; 3 av. Kellerman ; ⏲tlj sauf lun 11h-minuit). C'est l'endroit incontournable pour sortir et boire un verre en soirée à Saint-Martin. On y vient pour regarder un match de foot et siroter une bière artisanale tout en se partageant une pizza ou des tapas. Ambiance conviviale et détendue. Clientèle d'habitués, plutôt jeune. Large choix de bières.

Vaches en alpages dans le Haut Boréon

Achats

La Prairia — Fromagerie

(☎06 18 10 51 13 ; 51 rue du Docteur-Cagnoli ; ⏲ven 16h-18h, sam 9h-13h et 16h-19h, dim 9h-13h). Une alléchante fromagerie au cœur même de Saint-Martin-Vésubie, tenue par Sandrine et Manuel Rogeri, éleveurs-fromagers à Roure, et ouverte seulement le week-end. Dans cette boutique au cadre moderne, vous pourrez déguster et acheter les fromages de vache, de chèvre et de brebis qu'ils fabriquent. On y trouve des fromages au lait cru de ferme et d'alpage : tommes, faisselles, brousses, petits frais, fromage à raclette...

Renseignements

Office du tourisme de Saint-Martin-Vésubie
(☎04 93 03 21 28 ; www.saintmartinvesubie.fr ; pl. du Général-de-Gaulle ; ⏲juil-août tlj 9h30-12h30 et 14h-19h30, dim 10h-12h30 ; reste de l'année lun-sam 10h-12h30 et 14h-19h30)

VALLÉE DU VAR

La M6202 (ex-N202), qui suit le cours du Var, est la voie royale vers l'arrière-pays niçois et les Alpes. Large et très industrielle à l'approche de son embouchure, à Saint-Laurent-du-Var, cette longue vallée (quelque 120 km) se rétrécit en amont du confluent de la Vésubie pour devenir de plus en plus sauvage au fur et à mesure que le relief s'élève et que s'épanouissent les forêts de conifères.

Villars-sur-Var

Paisible village médiéval, disposé en demi-cercle autour de son église, Villars a conservé son charme d'autrefois avec ses passages voûtés, ses rues pavées, ses fontaines et ses maisons anciennes, dont certaines à greniers ouverts (les soulaïres). Installé sur un plateau ensoleillé, dominant de 200 m le cours du Var, le village est fier de son petit vignoble (6 ha), le Clos Saint-Joseph, le seul du département à bénéficier de l'appellation côtes-de-provence.

Où se restaurer

Les Platanes Cuisine de terroir €€

(☎04 93 05 76 14 ; pl. du Dr-Robini, Villars-sur-Var menu 25 €, menu enfant 7,50 € ; ⌚tous les midis). Ce bistrot a été repris avec succès par un couple de restaurateurs de Maulaussène. Les habitants, habitués de l'ancienne patronne, Simone qui a pris sa retraite, n'ont pas déserté et occupent toujours la grande terrasse ombragée de platanes et ornée d'une fontaine. À table, on retrouve une cuisine familiale et niçoise.

La Taverne Cuisine nissarde €€

(☎04 93 05 72 89 ; 25 rue du Dr-Magnan ; menu midi en semaine 18 €, menu 28 €, menu enfant 10 € ; ⌚tlj midi et soir sauf mer). Depuis trente-cinq ans, Roger et Raymonde officient dans le cadre rustique d'une ancienne cave voûtée en pierre, décorée de vieux objets dénichés dans les brocantes. Ils y proposent une cuisine régionale savoureuse : salade niçoise, jambon serrano, terrine de sanglier, daube de bœuf et ses raviolis, le tout accompagné d'un verre de côtes-de-provence produit dans la commune. Pizza le samedi soir. Carte des desserts maison particulièrement réussie. Pensez à réserver, l'adresse étant devenue incontournable.

L'Alpazur Bistronomie ferroviaire €€

(☎09 73 49 18 92 62 ; 49 route de la gare ; plats 16-22 €, menu 26,50 € ; ⌚mer-dim). Un emplacement original dans l'ancienne gare de Villars-sur-Var, un faux air de chalet suisse et une décoration industrielle font de cet établissement une adresse atypique. La cuisine ne déçoit pas : pâté en croûte maison, travers de porc des montagnes, épaule d'agneau confite, brioche au caramel beurre salé. Belle terrasse au bord des quais où l'on voit passer… le train des Pignes !

Touët-sur-Var

Un des tableaux les plus saisissants de la vallée du Var ! Surnommé le "village tibétain", le vieux bourg semble défier les lois de l'équilibre, suspendu au-dessus de la vallée. Les hautes et étroites maisons à grenier ouvert, serrées les unes contre les autres, s'accrochent superbement à une vertigineuse falaise verticale. Cet ancien village fortifié abrite un pittoresque lacis de ruelles médiévales, où l'on peut admirer de belles portes à linteaux, des fontaines, plusieurs chapelles et une église romane du XIIe siècle. Cet ensemble de pierre grise est égayé par une série de portes peintes ces dernières années par des artistes. Pour profiter de la plus belle vue d'ensemble sur ce site extraordinaire, le mieux est de se poster au pied du village, sur le pont qui enjambe le Var. À voir également, le **Relais de Valberg**, dans le village moderne, le long de la D6202. Il abrite une galerie qui a la particularité de conserver tous les portraits des présidents de la République depuis le XIXe siècle.

VAUT LE DÉTOUR
Les gorges du Cians

Entre Touët-sur-Var et Beuil, les gorges du Cians – rivière qui prend sa source au pied du mont Mounier et se jette dans le Var – sont quasi les jumelles de celles de Daluis (p. 279) : creusées dans la même pélite, se teignant des mêmes nuances rouges, présentant les mêmes falaises vertigineuses et les mêmes formes fantasques… La partie la plus spectaculaire se situe au nord, quand le canyon se resserre en un étroit et sombre défilé. En chemin, de nombreuses clues sont propices aux activités nautiques. Pour découvrir ce paysage grandiose et abrupt sur 25 km, il faut emprunter la D28, depuis Touët.

Où se restaurer

Chez Paul / Meyer père et fils Institution €€

(☎04 93 05 71 11 ; www.restaurant-chezpaul.com ; 4260 av. du Général-de-Gaulle ; menu

MOTI MEIRI / STOCK.ADOBE.COM ©

Touët-sur-Var

23,50 €, menu enfant 8,50 € ; tlj midi, jeu-sam soir). Au pied du village perché de Touët, le long de la très passante D6202, une valeur sûre depuis une quinzaine d'années, où se mêlent habitants des environs, ouvriers et touristes, dans une ambiance sympathique. Au menu, une généreuse cuisine régionale : raviolis maison, daube de sanglier, filet de truite, quenelles aux morilles, sans oublier un vaste choix de pizzas, à déguster sur place ou à emporter. Service efficace. Terrasse. Également bar.

Puget-Théniers

Centre névralgique de la vallée du Var, carrefour commerçant, cette cité de 1 800 habitants, animée toute l'année, dévoile un charme tout méridional, notamment autour de la place Adolphe-Conil, au bord de la Roudoule, ornée d'une très belle fontaine et entourée de façades colorées. Sur la grand-place (place du Pré-de-Foire ou place Maillol) se dresse l'emblème de la ville, une statue de Maillol intitulée *L'Action enchaînée* (1905) et dédiée à la mémoire de Louis Auguste Blanqui, théoricien socialiste du second Empire, né dans la ville en 1805 : elle représente une plantureuse femme nue, les mains liées dans le dos. Le vieux quartier de la Coste a également gardé un certain cachet, avec ses demeures à encorbellement et notamment sa maison médiévale, place Casimir-Brouchier, dotée d'un balcon en bois, suspendu à la façade, qui servait à faire sécher les récoltes.

Où se loger et se restaurer

Hôtel Les Alizés Bon plan €€

(04 93 05 06 20, 06 66 28 06 09 ; www.hotellesalizes.com ; 11 rue Alexandre-Barety ; d/tr 68-75/85-90 € selon saison ; tte l'année ; P). À cinq minutes à pied du cœur de ville, le long de la D6202, face à la gare ferroviaire, une adresse d'un excellent rapport qualité/prix. Les chambres, modernes, sont relativement spacieuses, confortables et l'accueil vraiment sympathique. Piscine sur place.

Auberge des Acacias Cuisine de terroir €€
(04 93 05 05 25 ; Le Planet ; formules midi en semaine 15 et 18 €, menus 28-38 €, menu enfant 8,50 € ; mars-oct, fermé mer hors saison). À 1,5 km de Puget-Théniers en direction de Touët-sur-Var, une auberge au cadre rustique et chaleureux, avec poutres en bois apparentes et lumières tamisées. On y vient pour déguster des spécialités régionales telles que l'agneau de Sisteron rôti au four, le carpaccio de secca, la brouillade de truffe ou encore une aumônière de canard... Service irréprochable, sélection de vins judicieuse.

Renseignements

Point information touristique (04 93 05 05 05 ; 2 rue Papon). Dans une petite ruelle du centre-ville, accueille également des expositions d'art temporaires.

Entrevaux

À 7 km de Puget-Théniers par la D6202, ce village de 950 habitants, situé dans les Alpes-de-Haute-Provence et non dans les Alpes-Maritimes, se blottit, impressionnant, dans un ample méandre du Var, rive gauche. Le bourg médiéval, site stratégique pour la défense des Alpes, a été transformé en une puissante place forte par Vauban, le fameux ingénieur militaire, sous le règne de Louis XIV. Entrevaux gardait la frontière du royaume français jusqu'en 1860, date du rattachement de Nice et de la Savoie à la France. Le village, bâti en amphithéâtre sur une échine rocheuse, est ceint d'un rempart et surmonté d'une citadelle que l'on rejoint en suivant les zigzags d'une muraille à créneaux. Il est gardé par trois portes à pont-levis, qui ouvrent sur un lacis de ruelles médiévales, bordées de hautes maisons à encorbellement. Pénétrer à l'intérieur du village fortifié, c'est comme plonger dans des temps lointains, tant Entrevaux est bien préservé.

VAUT LE DÉTOUR
Le pays de la Roudoule

Enchâssée entre les gorges du Cians et celles de Daluis, cette petite vallée sauvage de 13 km s'étend au nord de Puget-Théniers. Elle doit son nom à la rivière au cours capricieux, la Roudoule, qui la traverse du nord au sud, creusant de profondes gorges, aux terres rouges, ocre ou grises, enjambées par des ouvrages spectaculaires, tel le pont suspendu de Saint-Léger (1889). La vallée a pour particularité de présenter une structure géologique unique : de Puget-Théniers au hameau de Léouvé, on parcourt au gré des affleurements plus de 270 millions d'années. La vallée est peu peuplée mais compte des villages montagnards de caractère : La Croix-sur-Roudoule, Auvare, Saint-Léger ou Puget-Rostang. Dans ce dernier, vous pourrez visiter l'**Écomusée en terre gavotte** (04 93 05 13 25, www.roudoule.com ; placette de l'Europe, Puget-Rostang ; tarif plein/réduit 4/3 €, gratuit -12 ans ; mai-sept mar mer-dim 10h-12h et 14h-18h, reste de l'année sur rdv) qui consacre des expositions temporaires sur l'histoire et les spécificités de la vallée. Ce musée associatif comprend deux antennes ; une **Maison de l'agriculture et de la forêt** (L'Escolo ; 04 93 05 11 90 ; Saint-Léger ; gratuit ; se renseigner à l'Auberge du Coustet) à Saint-Léger et, au hameau de Léouvé, un **musée du Cuivre** (04 93 05 14 64 ; La Croix-sur-Roudoule ; 2,50 €, gratuit -7 ans ; mai-sept mer et ven 14h-17h, reste de l'année sur rdv), qui nous rappelle que le pays de la Roudoule fut, jusqu'au XIXe siècle, également un haut lieu de l'extraction de ce minerai.

À voir

Citadelle Forteresse perchée
(04 93 05 46 73 ; adulte/-12 ans 3/1,50 € ; juil-août tlj 9h-20h, avr-juin et sept tlj 9h30-19h, oct tlj 10h-18h30, nov-jan tlj 10h-17h, fév tlj

10h-17h30, mars tlj 10h-18h). Perchée à 150 m sur un étroit éperon rocheux, dominant le Var et la ville de 150 m, cette citadelle a été construite entre 1693 et 1705 à la demande de Louis XIV par Vauban pour verrouiller l'accès à la moyenne Provence. On y accède à pied par une succession de neuf rampes en lacets (comptez 20 minutes de grimpette). À gauche après l'entrée, la poudrière, qui pouvait contenir 9 000 kg de poudre, accueille aujourd'hui un musée retraçant l'histoire militaire d'Entrevaux. Durant votre visite, vous découvrirez plusieurs bastions, un chemin de ronde, des fortins et, surtout, un panorama époustouflant des environs. Des jetons d'accès pour la citadelle sont disponibles à l'office du tourisme ou par le biais d'un distributeur (monnaie et carte bancaire).

Cathédrale Notre-Dame-de-l'Assomption Gothique et baroque

(04 93 05 46 73 ; entrée libre ; juil-août tlj 9h-20h, avr-juin et sept tlj 9h30-19h, oct tlj 10h-18h30, nov-jan tlj 10h-17h, fév tlj 10h-17h30, mars tlj 10h-18h). Cette ancienne cathédrale fortifiée a été construite de 1604 à 1667 dans un style gothique provençal, à l'extrémité est du centre-ville et intégrée aux fortifications de la fin du XVIIe siècle. Elle est dotée d'un portail en style toscan et d'un étonnant clocher carré crénelé. L'intérieur baroque, richement orné, tranche avec l'austérité de l'extérieur.

Musée de la Moto Machines anciennes

(06 62 16 12 70 ; rue Serpente ; gratuit ; mai-sept 10h-12h et 14h-18h). Un petit musée dans le centre du village, qui présente quelque 80 bécanes anciennes, rassemblées par des fondus de moto, désireux de partager leur passion.

Où se loger et se restaurer

Le Vauban Hôtel-restaurant €€

(04 93 02 13 05 ; www.hotel-le-vauban-04.com ; 4 pl. Moreau ; s/d/tr/qua 50-55/60-75/82-90/94-105 € selon confort et saison ; plats 16-18,50 € ; formule 18 € ; menu 25 € ; menu enfant 10 € ; juil-août tlj midi et soir, sept-juin mar-sam midi et soir, dim midi). Idéalement situé face à la Porte royale

Entrevaux

ouvrant sur Entrevaux, c'est l'unique hôtel du village. Familial, il dispose de huit chambres convenables (deux sans toilettes), fonctionnelles et propres, bien que pas toujours bien insonorisées. Côté restaurant, son immense salle s'accompagne d'une carte minimaliste de cuisine régionale : assiette de secca, plats de viande (tartare, entrecôte, daube)... Pizzas sur place ou à emporter. Service sympathique, même si l'établissement manque un peu d'âme.

Achats

Le Pain d'Épicerie

Produits gourmands

(06 51 21 69 08 ; rue du Milieu ; lun 13h30-18h mar-ven 10h-12h30 et 13h30-18h, sam 11h30-18h). Cette belle boutique, en plein cœur d'Entrevaux, propose un large choix de produits issus de l'artisanat local. Hélèna confectionne ses pains d'épice, tapenade, confitures, tartinades... dans la cuisine attenante au magasin... Idéal pour ramener des souvenirs gourmands de la région ! Très bon accueil !

Renseignements

Bureau d'accueil du tourisme (04 93 05 46 73 ; www.verdontourisme.com ; Porte royale, Entrevaux ;). Logé dans l'ancien poste de garde de la ville, le bureau, où vous pourrez acheter votre jeton pour accéder à la citadelle, sert aussi de point de départ pour la **visite des remparts du village** (tarif plein/réduit 2/1 € ; avr-oct ; lun-sam 9h-12h et 14h-17h, dim 9h30-11h30), balade d'une petite heure le long des murs de fortifications. Le bureau organise des visites guidées du village l'été du lundi au vendredi sur réservation.

GORGES DE DALUIS

Entre les villages de Daluis et de Guillaumes, les gorges de Daluis, creusées par le Var sur plus de 900 m, constituent un site fascinant. Avec ses allures de canyon, ce "petit Colorado niçois" offre un insolite paysage minéral modelé au fil des millénaires dans les pélites rouges du permien. Réserve naturelle régionale, on y trouve quelque soixante-dix espèces de minéraux, dont certains très rares, et une flore singulière composée de genêts, de buis, de thym ou de genévriers, et d'étranges formes fantasques telles que la fameuse "tête de femme", devenue l'emblème des lieux. Plusieurs aires de stationnement – le pont de la Mariée, la cascade d'Amen... – vous permettront de profiter du spectacle. À noter que le mieux est d'emprunter la D2202 dans le sens sud-nord, car, depuis Guillaumes, une série de tunnels en sens unique cache de nombreux panoramas. Plusieurs randonnées (voir l'encadré p. 274) permettent de pénétrer au cœur de cet univers grandiose datant de l'ère primaire.

La secca d'Entrevaux

On la trouve sur toutes les cartes des restaurants des environs. La fameuse "secca d'Entrevaux" a été inventée par Robert Lovera, boucher du village, qui vient de prendre sa retraite et que l'on peut encore croiser dans les rues. Très proche de la viande des Grisons, il s'agit d'un jambon de viande de bœuf séchée et salée, que l'on déguste en tranches très fines, aussi bien en carpaccio, dans une salade, accompagné d'un filet d'huile d'olive, ou dans une raclette. La spécialité est abondamment servie dans les restaurants d'Entrevaux, vous pourrez même en acheter dans le centre d'Entrevaux.

HAUTE VALLÉE DU VAR

C'est la vallée la plus lointaine des Alpes-Maritimes. Depuis Guillaumes, la pittoresque route des Grandes Alpes remonte sur une trentaine de kilomètres la haute vallée du Var, jusqu'à sa source, sur la commune d'Estenc. Une fois atteint le col de la Cayolle (2 326 m), la route

JAN PIOTR / STOCK.ADOBE.COM ©

Col de la Cayolle

descend dans la vallée de l'Ubaye vers Barcelonnette. L'itinéraire traverse la zone centrale du parc national du Mercantour. Longtemps isolée par les neiges, cette haute vallée, parsemée de fermes trapues, est aujourd'hui un terrain de jeu magnifique pour les amateurs d'espaces naturels montagnards préservés.

Guillaumes

Au débouché des gorges de Daluis et aux portes du Mercantour, ce bourg sur la route des Grandes Alpes, fondé par Guillaume Ier d'Orange, a conservé un air à la fois provençal et alpin. L'animation se concentre autour de la contemporaine place de Provence, mais le quartier médiéval est charmant, avec son église, ses fontaines, son lavoir et ses ruelles escarpées. Un sentier balisé vous mène en 20 minutes jusqu'aux ruines romantiques de son **château-donjon**, dit de la reine Jeanne, construit par le "roi René", comte de Provence, au XVe siècle. Démantelé au XVIIIe siècle, il veille encore sur le village.

Activités

Top Jump Saut à l'élastique

(☎06 62 46 64 57 ; topjump.free.fr ; pont de la Mariée ; 79 € le saut par personne ; ⏰juil-août mar-mer et ven-dim 11h-15h, juin et sept-oct sam-dim sur rdv). Laurent Cottin, cascadeur et champion du monde du saut à l'élastique à multiples reprises, propose aux amateurs de sensations fortes de sauter du haut du pont de la Mariée, suspendu à 80 m au-dessus du Var. Le site est on ne peut plus spectaculaire, au cœur des gorges de Daluis. Tarif dégressif à partir de deux sauts.

Où se restaurer

Bar-restaurant des Alpes Brasserie €

(☎04 93 05 50 11 ; pl. de Provence ; plat du jour 9 €, formules midi 11,70 €, 14,70 € ; ⏰mar-dim midi uniquement, soir sur rdv). Dans la rue principale de Guillaumes, ce restaurant populaire est un peu la cantine des environs, fréquentée par les touristes comme par les travailleurs du coin. Cuisine régionale très classique : terrine de sanglier, gnocchis, gigot grillé, *fagotini* sauce *arrabiata*, pannacotta... Idéal pour manger rapidement le midi et avoir les dernières nouvelles du village. Sans prétention.

Le Central Bistronomie **€€-€**
(04 93 05 50 30 ; 20 pl. de Provence ; menu 29 € ; avr-oct jeu midi-dim midi, juil-août mer midi-dim midi, hiver sur réservation). Que l'on soit en terrasse ou à l'intérieur devant un beau comptoir en zinc et une ambiance de bistrot parisien, Le Central s'affiche comme l'adresse raffinée de Guillaumes. Une impression qui se prolonge dans l'assiette : présentation irréprochable pour la cuisine locavore de Gaël Voillemin : soupe de poisson aux œufs de caille pochés, dorade rose aux gnocchis et, en dessert, cannelloni croustillant aux framboises... Attention, menu unique !

Renseignements

Office du tourisme pays de Guillaumes
(04 93 05 57 76 ; www.guillaumes.fr ; 25 pl. de Provence ; lun-sam 10h-12h et 14h-18h)

VAL D'ENTRAUNES

Au-delà de Guillaumes, le val d'Entraunes, qui remonte la vallée du Var, regroupe quatre communes : Villeneuve, Saint-Martin, Entraunes et Châteauneuf. La route se dirige jusqu'au col de la Cayolle (fermé à la circulation automobile de décembre à mai) qui marque aujourd'hui, à 2 326 m, la limite entre Alpes-Maritimes et Alpes-de-Haute-Provence.

Châteauneuf-d'Entraunes

À l'écart de la route, ce village perché de 60 âmes à peine, dominé par la cime de Pal (2 818 m), mérite un détour, ne serait-ce que pour son église baroque dédiée à Saint-Nicolas, qui s'enorgueillit de posséder un retable, *Les Cinq Plaies du Christ*, attribué à François Bréa (milieu du XVIe siècle). À 1 300 m, Châteauneuf, blotti au pied de la falaise du collet de Sen, offre un beau panorama de la vallée du haut Var.

Randonnée au Point sublime, dans les gorges de Daluis

Ce sentier d'interprétation, bien balisé et jalonné de panneaux explicatifs, est le parcours le plus facile pour découvrir le spectaculaire paysage de roche rouge des gorges de Daluis. Sur la D2202, garez votre véhicule sur le parking à proximité du pont de Berthéou, traversez la route et, à la borne B66, prenez la direction du "Point sublime". Vous empruntez un ancien chemin de transhumance vers les alpages, pavé de dalles de grès. À la deuxième borne, prendre à droite le sentier qui monte en direction du Point sublime. Le sous-bois laisse soudainement la place à un grandiose paysage minéral, avec les roches blanches et calcaires du trias, qui dominent les roches rouges du permien. En cheminant sur le sentier, au milieu d'une végétation rase méditerranéenne, vous arriverez très vite au Point sublime, à 952 m d'altitude. Le belvédère, sur une plateforme sécurisée, surplombe les étroites gorges, tout en verticalité, et offre un panorama du mont Mounier ou du dôme de Barrot... On aperçoit, accroché à la montagne, l'ancien hameau minier d'Amen, rappelant que les gisements de cuivre furent exploités durant des siècles. Comptez 1 heure 45 aller-retour (4 km, 257 m de dénivelé).

Saint-Martin-d'Entraunes

Protégé par l'imposant rocher de Brammus (un haut lieu de l'escalade), le village possède à sa sortie nord une église dédiée à Saint-Martin, de style roman, considérée comme un bel exemple d'église alpestre. Son clocher a l'originalité d'être séparé du reste de l'église. Quant au portail, gothique, il est décoré de chapiteaux finement ouvragés et de symboles évoquant les Templiers (soleil...). Le sanctuaire abrite un retable du XVIe siècle attribué à François Bréa, un polyptyque consacré à la Vierge de la Miséricorde.

Entraunes

C'est peut-être l'un des villages les plus attachants du Var, avec ses solides maisons, dont certaines ont conservé leurs toits en bardeaux de mélèze, son lavoir communal et son four à pain. Sa borne-frontière datée de 1761 rappelle que le village marquait la limite entre le duché de Savoie et la France. Son église Notre-Dame-de-Septembre (1650) est flanquée d'un curieux clocher asymétrique. À voir également, la chapelle Saint-Sébastien (fin XVe), qui abrite dans son abside des fresques en trompe l'œil du primitif niçois Andrea de Cella.

DU VAR À LA TINÉE

De Guillaumes, la D28 file plein est vers Valberg, station d'hiver et d'été, située à 1 700 m entre Var et Cians, dans un paysage résolument plus montagnard que provençal. Puis, passé Beuil et le magnifique village de Roubion, vous rejoindrez Saint-Sauveur-sur-Tinée. Depuis ce gros bourg blotti dans un méandre de la Tinée, vous pouvez descendre la rivière, bordée de beaux petits villages, tels Ilonse et Marie. Il est aussi possible de rejoindre Saint-Martin-Vésubie par Saint-Dalmas et la Colmiane.

Péone

En suivant, depuis Guillaumes, le courant sauvage du capricieux torrent du Tuébi, vous découvrirez ce pittoresque village médiéval, à 1 172 m, qui a la particularité de se blottir au pied de gracieuses et hautes aiguilles dolomitiques, surnommées "demoiselles". Ses "cheminées de fée" donnent au lieu des allures de mini-Cappadoce ! Le village a vraisemblablement été fondé au XIIe siècle. Au sommet, passé l'harmonieuse place Thomas-Guérin et l'église baroque Saint-Vincent-de-Saragosse, la promenade des Demoiselles vous permettra d'approcher ces impressionnants pitons de cargneules

Péone

dressés vers le ciel, modelés par l'érosion au fil des millénaires.

Où se loger et se restaurer

Le Col de Crous Hôtel-restaurant €€

(04 93 02 58 37 ; 1 pl. Péone-Valberg ; d/tr/qua 70/80/95 € ; formule midi 15 €, menu 20 € ; hôtel ouvert tte l'année, restaurant tlj sauf mer-jeu). Une pittoresque auberge rose bonbon située au bord du Tuébi et offrant une vue saisissante sur les demoiselles de Péone. Les 5 chambres sont sans décoration superflue et très calmes. Côté fourchette, une cuisine simple mais savoureuse (pizzas, assiette de charcuterie, tartiflette, sauté de veau...) à déguster en salle ou sous la tonnelle. L'accueil de la patronne, une Niçoise séduite par les lieux, est agréable, et le service, dynamique.

Valberg

Station de ski familiale l'hiver (90 km de pistes), station verte l'été, Valberg est un quartier de Péone qui a poussé, à partir de 1936, au milieu des pâturages et des forêts de mélèzes, à 1 700 m d'altitude entre Var et Cians. Les chalets sont modernes et l'ensemble est plutôt harmonieux. Nombreuses possibilités d'hébergement, de restauration et de divertissement.

Renseignements

Office du tourisme de Valberg (04 93 23 24 25 ; www.valberg.com ; pl. Charles-Ginésy ; lun-dim 9h-12h30 et 14h-18h30 ; hiver lun-dim 9h-12h/14h-18h)

Beuil

À 1 500 m d'altitude, ce gros bourg, resserré autour de sa belle église baroque du XVIIIe siècle, garde l'accès nord des gorges du Cians (p. 275). Perché sur un promontoire dominant un paysage montagnard, peuplé de troupeaux de moutons, le village est lui-même dominé par la pyramide grise du mont Mounier (2 817 m). Station d'été et d'hiver, berceau du ski dans les Alpes-Maritimes, Beuil a gardé son caractère alpin traditionnel avec ses maisons coiffées de toitures en bardeaux de mélèze, où s'accrochent encore des souleïaires, ces balcons-greniers où l'on faisait sécher les récoltes.

Où se loger et se restaurer

Le Relais du Mercantour Bistrot de pays €

(04 93 02 35 94, 06 87 71 07 57 ; www.lerelaisdumercantour.com ; route de Nice ; plat du jour 12-16 € ; tlj 7h30-18h sauf mar-mer). Posé sur le carrefour à l'entrée de Beuil, ce bistrot de pays, où se mêlent habitants, cyclistes et touristes dans une atmosphère conviviale, sert à la fois de station-service, de point info touristique, d'épicerie, de bar... La cuisine, faite maison à partir de produits frais de saison, est simple et savoureuse. Possibilité de manger un sandwich, une omelette ou une crêpe à toute heure de la journée. Terrasse.

L'Escapade Institution €€-€

(04 93 02 31 27 ; www.hrlescapade.fr ; 15 bd Marcel-Pourchier ; d/tr 65-81/100 € selon confort ; menu 27 €, menu enfant 12,80 € ; hôtel tte l'année, restaurant tlj midi et soir) Une coquette bâtisse moderne, aux allures de chalet au cœur de Beuil. Les chambres, une dizaine, sont douillettes, très bien équipées, et certaines disposent d'un agréable balcon-terrasse avec vue sur la montagne. Dans une salle décorée de vieux objets agricoles du village, les produits du terroir sont à l'honneur : bœuf en daube à l'ancienne avec raviolis, cannellonis aux sanguins... Les portions sont gargantuesques ! Pension ou demi-pension possible. Accueil très professionnel.

Le Génépi Hôtel-restaurant €€

(06 60 40 75 82 ; www.hotelgenepi.fr; 22 bd Marcel-Pourchier ; d/tr 65-80/91 € selon confort ; menu 26 €, petit déjeuner 11 € ; hôtel tte l'année, restaurant tlj le soir uniquement mai-oct). L'établissement, qui ne dispose pas

SI VOUS AIMEZ... Les villages perchés

Si vous avez aimé les villages de Sigale ou de Pierrefeu, vous apprécierez la D27 entre Bonson et Puget-Théniers. Cette route de crête, qui serpente à flanc de coteau, est jalonnée de villages perchés, surnommés, à juste titre, les "balcons de l'Estéron".

Bonson

Archétype de village perché, ce bourg comme en équilibre sur un éperon rocheux, sur un contrefort du mont Vial, offre un beau panorama de la vallée du Var. Cerné par les oliviers, l'ensemble est dominé par le clocher carré de l'église Saint-Benoît (XVIe siècle) qui conserve un retable de saint Jean-Baptise (1517), signé Antoine Bréa. Le village accueille chaque été le Festival du Peu (p. 41).

Revest-les-Roches

Balcon de l'Estéron, tout comme son voisin de Tourette-du-Château, ce bourg est édifié à 830 m d'altitude au pied du mont Vial (1 550 m), massif qui sépare l'Estéron des basses vallées de la Vésubie, de la Tinée et du Var. Cette sentinelle de 200 âmes offre un panorama incomparable allant de la chaîne des Alpes à la côte méditerranéenne, aux beaux jours. Depuis le village, possibilité d'entreprendre l'ascension du mont Vial en 4 heures 30 aller-retour.

Toudon

Le village présente un ensemble de demeures, hautes et étroites, qui s'imbriquent à flanc de montagne. Il est dominé par le clocher de l'église Sainte-Élisabeth, datant du XIe siècle et reconstruite au XVIIe siècle avec les pierres de l'ancien château des comtes de Beuil, dont il ne reste que quelques vestiges.

Ascros

Ce bourg médiéval de 170 âmes impressionne, juché à 1 100 m contre une crête rocheuse, ouvrant sur le vide. Il s'enorgueillit d'une belle église romane du XIIe siècle, dédiée à saint Véran, et domine des ravins qui font le bonheur des parapentistes. Surplombant le village, les ruines d'un château féodal des Grimaldi. Autour, de nombreuses restanques, ces anciens murs de pierre sèche qui permettaient une culture en terrasses.

d'ascenseurs, a récemment été rénové et propose 8 chambres impeccables, dont certaines avec balcon et vue sur la Condamine. Élodie et Adrien ont su créer une ambiance chaleureuse et sympathique. À table, on retrouve une cuisine simple et bonne. Terrasse face aux montagnes et petit jardin avec transats. Pratique : une borne CB automatique placée à l'extérieur de l'hôtel permet de réserver une chambre et de récupérer les clés.

Renseignements

Office du tourisme de Beuil

(04 93 02 32 58 ; carrefour du Pissaïre ; lun-sam 9h-12h et 14h-17h, dim 10h-12h et 14h-17h)

Roubion

En venant de Beuil, par la route du col de la Couillole, ce nid d'aigle se découvre dans toute sa splendeur au détour d'un virage. Roubion est un petit et vertigineux village perché de 125 habitants. Cramponné à la falaise, il surplombe, comme en équilibre, la vallée de la Vionène. Le bourg est dominé par le clocher roman crénelé de **Notre-Dame-du-Mont-Carmel**, reconstruite au XVIIIe siècle dans un style baroque et dont l'une des chapelles est dotée d'un magnifique décor de stuc et de gypse. Le bourg conserve également quelques vestiges d'un château féodal du XIIe siècle. À 1 km au sud, sur la route de Saint-

Sauveur-en-Tinée, la **chapelle Saint-Sébastien** est tapissée d'un ensemble de fresques peintes en 1413. Dans le centre du village, vous pourrez vous sustenter à l'Auberge du Moulin, l'épicerie-bistrot au cœur du village et acheter miel ou tomme locale. À noter que Roubion est traversé par le GR®52, qui relie le village à Roure par la montagne.

Auberge Quintessence

Auberge gastronomique **€€€**

(04 93 02 02 60 ; www.auberge-quintessence.com ; col de la Couillole ; d/ste 98/125 € ; menus 39, 49, 62, 75 € ; hôtel tte l'année, restaurant jeu-lun). Dans ce gros chalet en bois prolongé d'une belle terrasse nichée en pleine nature entre Robion et Beuil se cache, depuis 2017, la plus belle table de la région, ouverte par le talentueux chef Christophe Billau. Dans une salle lumineuse, ouverte sur les montagnes, la carte, qui commence par la liste des producteurs, propose un voyage culinaire en 3, 4, 5 ou 6 plats toujours relevés de touches florales : tartare de gambas sauvages à l'ache des montagnes, bœuf bio mariné et fumé aux bourgeons d'épicéa, agneau de Sisteron rôti aux citrons confit et aux blettes... Belle carte des vins et accueil très professionnel. Pour ceux qui voudront prolonger ce moment unique, le restaurant se double de 7 chambres à l'esprit contemporain et chic. Réservation indispensable.

Renseignements

Office du tourisme de Roubion (04 93 02 10 30; le village ; www.roubion.com ; juil-août lun-ven 9h-12h et 14h-18h, sam-dim 9h-18h).

Roure

Un village de bout du monde, perché à 1 100 m sur son promontoire, au-dessus des vallées de la Tinée et de la Vionène. Son architecture agropastorale est bien conservée. Les maisons et les granges, construites en schiste rouge, coiffées de lauzes ou de bardeaux, s'ordonnent autour d'une solide église romane dédiée à saint Laurent, revisitée dans le style baroque au XVIIe siècle. Plus haut, les passionnés

Le long de la D27

de botanique découvriront l'**arboretum Marcel-Kroënlein** (04 93 35 00 50 ; www.arboretum-roure.org ; 5 €, gratuit pour les enfants ; tlj 10h-18h), présentant sur une quinzaine d'hectares une belle collection d'érables, de genévriers, de conifères, de rosiers sauvages, dans le but de "préserver la flore spontanée d'altitude" des Alpes-Maritimes. Depuis sa création, en 1987, quelque 400 arbres ont été plantés, y compris des espèces exotiques, qui s'y sont acclimatées. L'arboretum, labellisé Jardin remarquable, accueille des œuvres d'artistes contemporains renommés. À noter, enfin, que chaque week-end, "Eugène le boulanger", célébrité locale, active le four communal, au cœur du village, et concocte pain et pains au chocolat le dimanche matin, pissaladière ou pizza le samedi soir, et tout est vraiment savoureux.

VALLÉE DE L'ESTÉRON

Rivière sinueuse, jalonnée de nombreuses clues (gorges), l'Estéron, qui prend sa source près de la crête du Teillon, dans les Alpes-de-Haute-Provence, creuse son sillon sur une soixantaine de kilomètres dans une vallée de toute beauté, avant de se jeter dans le Var. Depuis Gilette, en aval, à chaque virage, ou presque, de beaux villages, parfois très tranquilles, se découvrent. Nice a beau n'être qu'à une trentaine de kilomètres, le dépaysement est bien là, dans un panorama d'oliveraies encore méditerranéen, mais au relief déjà escarpé.

Gilette

Posté à 300 m au-dessus de la large vallée du Var, ce gros bourg de 1 500 habitants est situé au débouché de la vallée de l'Estéron. Au sommet de l'éperon rocheux sur lequel il s'étire, trônent les ruines encore spectaculaires d'un château médiéval construit au XIIIe siècle par Alphonse Ier, comte de Provence, qui rappellent que le site constituait un verrou stratégique sur la route qui mène à Puget-Théniers. À 4 km avant le village, le long de la D17, le **musée Lou Ferouil** (04 92 08 96 04 ; www.louferouil.fr ; 3250 route de Gilette ; adulte/enfant -12 ans 4/1,50 € ; mar-dim hiver 10h-17h30 été 9h-19h), créé par un forgeron, plonge dans le passé de la région, en présentant nombre d'objets liés aux métiers d'autrefois (atelier d'un forgeron du XIXe siècle, d'un menuisier, d'un horloger...).

Où se restaurer

Restaurant des Chasseurs Pour un déjeuner €€
(04 93 08 57 21 ; www.les-chasseurs.fr ; 2 pl. Dr-Morani ; menu du jour 13 € ; tlj sauf mer). En plein cœur de Gilette, ce bar-restaurant familial dispose d'une belle et vaste salle ornée de trophées de chasse empaillés. On y déguste – uniquement le midi – des plats du terroir généreusement servis : petit farcis, daube de sanglier, raviolis maison, pavé de cerf... Et on en sort repu ! Terrasse, aux beaux jours, offrant une vue spectaculaire sur la vallée du Var. Carte bancaire à partir de 15 €.

Pierrefeu

Ce village vaut surtout une halte pour son hameau du Vieux-Pierrefeu (perché au sommet de la D217), pittoresque belvédère sur l'Estéron, occupé jadis par les Romains qui utilisaient ce promontoire dans leur système de communication par feu. Encastrée entre deux rochers (le baou de la Tourré et le baou de la Redou), l'église Saint-Sébastien-et-Saint-Martin a été reconvertie en **Musée hors du temps** (se renseigner auprès de la mairie 04 93 08 58 18), présentant une quarantaine d'œuvres d'art contemporain signées Yves Brayer, Raymond Moretti ou encore Bernard Villemot autour de la thématique de la Genèse.

Sigale

Passé Roquestéron, le joli village de Sigale, blotti contre la roche, permet une

Village de Gilette

agréable respiration entre deux routes sinueuses. De ses ruelles escarpées se dresse le campanile de l'église Saint-Michel (XIIIe siècle), perchée sur une éminence. Le bourg a gardé une ambiance toute provençale avec sa fontaine, son terrain de pétanque, sa mairie couleur pastel et ses ruelles en escaliers. À 600 m d'altitude, la vue panoramique sur les vallées de l'Estéron et du Riolan est tout simplement splendide. À voir également, à 3 km avant l'entrée du village, Notre-Dame-d'Entrevignes, une chapelle qui renferme un bel ensemble de peintures murales (1536), réalisées par des artistes anonymes itinérants.

Où se loger et se restaurer

Le Village — Bistrot de pays €

(04 93 05 89 43 ; 5 pl. de l'Église ; plat du jour 9 € ; tlj). Installée dans une belle maison faisant face à l'église de Sigale, une sympathique adresse pour manger un plat typiquement régional ou une entrecôte, le midi comme le soir. Fréquenté par les habitants et les touristes, l'établissement possède une grande terrasse, à côté d'un terrain de boules. Accueil agréable, sans chichis.

Auberge de la Penne — Ferme auberge €€

(04 93 05 09 81 ; 1 rue du Pontis, La Penne ; plat du jour 14 €, menus 25, 34,39 € ; tous les midis sur réservation, et sam soir, fermé nov-déc). Du bio et du frais, c'est la promesse du chef Benoît Poule, par ailleurs exploitant agricole. L'adresse jouit d'une très belle réputation dans la région depuis de nombreuses années. Cette auberge offre, depuis sa salle de restaurant, un point de vue incomparable sur la vallée et le mont Rourebel. Sur les hauteurs du petit village de La Penne, à une dizaine de kilomètres de Sigale en direction de Puget-Théniers. Il est prudent de réserver.

Rotonde de Beaulieu-sur-Mer (p. 229)

En savoir plus

Port de Toulon (p. 64)

La Côte d'Azur aujourd'hui

La Côte d'Azur est à l'image de la Méditerranée : accueillante, chaleureuse, pleine de dynamisme et d'énergie. Son taux d'ensoleillement record (300 jours par an) contribue à en faire un des territoires les plus attractifs en France. Mais ce beau visage ne doit pas faire oublier ses zones d'ombre.

Un littoral qui attire

La Côte d'Azur s'étend sur le Var (83) et les Alpes-Maritimes (06), deux départements qui rassemblent 2,1 millions d'habitants. La population de ce territoire, très urbanisée (à 93% contre 80% en France), se concentre le long du littoral. Bien que l'arrière-pays soit peu peuplé, la densité avoisine les 204 hab/km^2 contre 120 en France. Monaco est le pays le plus peuplé du monde avec plus de 18 000 habitants se partageant 1 km^2.

La population des deux départements croît plus vite que dans le reste du pays grâce à un solde migratoire positif. Parmi ces "immigrés", beaucoup de personnes âgées, cédant à l'héliotropisme. Les plus de 60 ans représentent 29,25% de la population (24% en France).

Des industries de pointe

Aux portes de Nice, Sophia-Antipolis, fort de ses 1 500 entreprises et de ses 5 000 étudiants et chercheurs est l'un des pôles parmi les plus dynamiques au monde dans les technologies de l'information. Grasse est toujours une place mondiale de

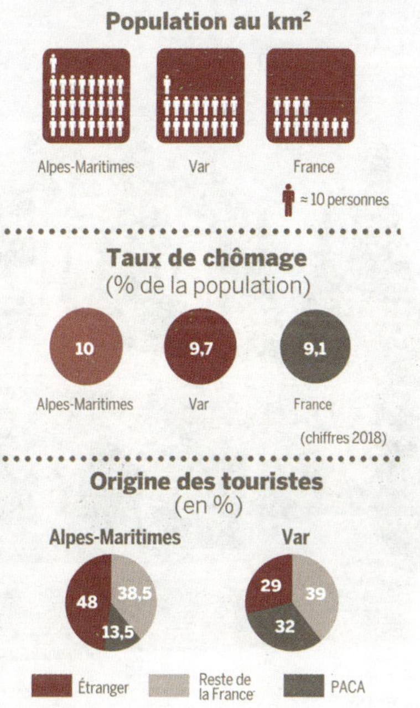

recherche et de production dans le secteur de la parfumerie. Le centre spatial de Cannes-Mandelieu abrite le premier constructeur de satellites européens.

Plus rural que les Alpes-Maritimes, le Var est le premier producteur mondial de rosé, mais aussi le premier producteur national de fleurs coupées et de miel. Il fournit 13,5% de la production d'huile d'olive en France.

Véritable serpent de mer local, la construction d'une ligne à grande vitesse (LGV) entre Marseille et Nice a été maintes fois débattue. Faute d'accord et d'argent public, le projet a été remplacé en septembre 2018 par un plan d'aménagement de la liaison existante.

Les disparités sociales

La Côte d'Azur fait face à une fracture sociale profonde. En témoignent un taux de chômage élevé, un niveau de formation des actifs insuffisant et une forte proportion d'habitants bénéficiant du RSA. Terre d'accueil et d'immigration, le territoire a vu arriver, dans la seconde partie du XXe siècle, une importante population d'Afrique du Nord. Entre inégalités sociales et cosmopolitisme, la porte des tensions politiques s'est ouverte, derrière laquelle apparaît régulièrement le spectre de l'extrême droite.

Le tourisme, cash machine

L'activité économique du territoire est largement dominée par le secteur du tourisme. La Côte d'Azur accueille environ 20 millions de touristes chaque année. Le Var reste la première destination touristique française, après Paris.

Dans les Alpes-Maritimes, notamment à Monaco et à Nice, la clientèle est pour moitié étrangère et beaucoup plus aisée qu'ailleurs.

Les zones d'ombre

L'été, la densité de population est la source de nombreux désagréments, essentiellement sur la côte : stress, pollution, embouteillages, coût de la vie...

La ville de Nice a aussi été durement touchée par l'attentat du 14 juillet 2016, qui a hanté les esprits et marqué, un temps, le recul du tourisme international dans la région.

Enfin, dernière entorse à la carte postale azuréenne, les orages sont parfois d'une extrême violence et peuvent provoquer de nombreux dégâts. Dans le Var, le risque d'incendie est très important l'été, du fait de la sécheresse, et l'accès aux massifs forestiers est strictement réglementé.

Vestiges de Cemenelum, Nice

LUCIAN MILASAN / STOCK.ADOBE.COM ©

Histoire

Au cours de son histoire tumultueuse, la région s'est nourrie de multiples influences, des Romains aux Italiens, en passant par les Sarrasins, d'où son patrimoine incroyable qui témoigne encore aujourd'hui de la richesse de ce passé. Refusant régulièrement d'entrer dans le rang, elle a également su se montrer indépendante et fière quand les circonstances l'ont exigé.

1 million d'années

Des pierres taillées découvertes dans une grotte de Roquebrune-Cap-Martin témoignent de la présence de l'homme au paléolithique.

6000 av. J.-C.

Une peuplade vivant dans les Alpes du Sud grave d'étranges signes sur les pierres de la Vallée des Merveilles.

900-500 av. J.-C.

Formation d'une civilisation celto-ligure.

Au commencement

Aux temps les plus anciens, la mer remontait jusqu'à Lyon. Des outils rudimentaires, en pierre taillée, retrouvés dans la grotte du Vallonet, à Roquebrune-Cap-Martin, attestent de la présence de l'homme dans la région il y a quelque 900 000 ans.

Les fouilles entreprises sur le site de Terra Amata, à Nice, laissent penser que ses occupants vivaient déjà dans des huttes et connaissaient le feu, il y a environ 400 000 ans. Près de Nice, toujours, la grotte du Lazaret a livré des vestiges, vieux de quelque 170 000 ans, d'*Homo erectus*.

Enfin, des milliers de gravures rupestres datant du chalcolithique et de l'âge du bronze (de 3000 à 1800 av. J.-C.) ont été relevées sur des roches aux environs du mont Bégo, dans la Vallée des Merveilles, à 80 km au nord-est de Nice.

Gravures rupestres

Le Mont Bégo. Vallée des Merveilles et de Fontanalba (Éditions du Patrimoine, 2003) est un guide archéologique d'Henry de Lumley qui, avec ses collaborateurs, a relevé la totalité des gravures rupestres de cette région (de 1967 à 1991) et en a analysé la typologie. Passionnant pour ceux qui s'intéressent de près à ces hommes du bronze ancien, à leur langage symbolique et à leurs croyances.

Des Grecs aux Romains

Durant la protohistoire, la côte est peuplée par les Ligures, peuple originaire d'Italie du Nord, qui développent d'importantes relations commerciales avec les autres sociétés du pourtour méditerranéen. Aux Ligures se mêlent des Celtes entre 900 et 500 av. J.-C., formant une civilisation celto-ligure, caractérisée par ses oppidums (habitats groupés et fortifiés).

Vers 600 av. J.-C., les Phocéens venus de la mer Ionienne fondent Massalia (Marseille) et implantent des comptoirs tout le long du littoral : à Olbia (Hyères), Athenopolis (Saint-Tropez), Aegitna (Cannes), Antipolis (Antibes), Nikaia (Nice) et Monoïkos (Monaco), notamment. Ils commercent par la mer avec l'Orient, exportant vin, sel et plantes. Avec la civilisation grecque et l'essor du commerce, la Provence connaît une profonde transformation.

Entre 125 et 121 av. J.-C., tout le sud de la Gaule devient la *Provincia Romana* – dont est issu le mot Provence.

En 58 av. J.-C., la province est administrée par Jules César, qui entreprend la conquête de la Gaule du Nord. Le règne d'Auguste, entre 27 av. J.-C. et 14 av. J.-C., inaugure plus de 200 ans de *pax romana*. La romanisation se traduit par l'adoption du latin et d'institutions communes, mais aussi par le développement des routes, dont la voie Aurélia reliant l'Italie à l'Espagne et la fondation de villes, comme Forum Julii (Fréjus) ou Cemenelum (Cimiez, sur la colline près de Nice), Nikaia (Nice) restant une cité libre. Les villes se parent de monuments (théâtres, thermes), les campagnes voient fleurir aqueducs et "villas" (riches demeures rurales). Jusqu'au IIIe siècle, la prospérité règne.

600 av. J.-C.

Les Phocéens fondent Massalia (Marseille) et les comptoirs d'Athenopolis (Saint-Tropez), Olbia (Hyères) et Nikaia (Nice).

125-121 av. J.-C.

Implantation des Romains en Gaule du Sud, qui devient la première *Provincia romana*.

58-51 av. J.-C.

Jules César administre la province et conquiert la Gaule chevelue.

★ **Forts et citadelles**

Fort de l'Estissac à Port-Cros (p. 87)
Citadelle de Saint-Tropez (p. 99)
Fort Maginot
à Roquebrune-Cap-Martin (p. 245)
Citadelle d'Entrevaux (p. 277)
Fort Sainte-Marguerite
sur l'île du même nom (p. 164)

Citadelle de Saint-Tropez

ALEXANDRE / STOCK.ADOBE.COM ©

L'implantation du christianisme

Dès la seconde moitié du IIIe siècle, le christianisme s'est introduit dans les villes. Deux siècles plus tard, il gagne les campagnes. Les premières abbayes sont fondées sur les îles de Lérins (410), près de Cannes, et sur les îles d'Hyères. En 415, Jean Cassien, venu d'Orient, crée l'abbaye de Saint-Victor, à Marseille. Ces monastères connaissent un grand rayonnement spirituel et intellectuel et forment de nombreux évêques. L'Église, avec ses structures, est le dernier repère dans la période d'anarchie qui suit la chute de l'Empire romain d'Occident, en 476.

La formation du comté de Provence

À la fin du Ve siècle, la Provence est confrontée aux invasions barbares. Wisigoths, Burgondes et Ostrogoths envahissent la région et se la partagent.

En 536, la Provence est cédée au royaume franc. Pour la première fois de son histoire, le pays provençal va devoir obéir à des maîtres nordiques, étrangers à ses traditions latines. Selon les héritages, le royaume franc est régulièrement partagé et la Provence démembrée, tandis que les querelles politiques et les conflits meurtrissent les populations. Les campagnes sont dévastées et nombre de villages et de villes, abandonnés. Seule Marseille, en raison de ses relations avec Rome et l'Orient, parvient à maintenir un semblant de vie culturelle. À l'orée du VIIe siècle, les comtes administrent la province d'une façon presque autonome.

Les invasions des sarrasins

De 838 à 973, Marseille et les environs d'Arles, puis la haute Provence et les Alpes subissent les incursions sanglantes des pirates sarrasins, installés à La Garde-Freinet (Var), et, plus ponctuellement, des pirates grecs, normands ou maures. Les monastères sont saccagés et les villes détruites. L'insécurité conduit les populations à se réfugier à l'intérieur des terres et sur les hauteurs, créant les fameux villages perchés.

49 av. J.-C.
Fondation de Forum Julii (le forum de Jules, future Fréjus) par Jules César.

Ier-IIIe siècle
Développement de la civilisation gallo-romaine. Début de la christianisation de la Provence.

536
Intégration de la Provence au royaume franc fondé par Clovis.

En 974, les sarrasins sont définitivement vaincus par Guillaume, seigneur d'Arles, dit Guillaume le Libérateur. Sous son règne, la Provence renoue avec sa prospérité d'antan. En 1032, la Provence est rattachée au Saint Empire romain germanique, mais les comtes qui l'administrent jouissent d'une indépendance de fait.

Les Bosonides

Durant le Moyen Âge, trois dynasties de comtes se succèdent à la tête de la Provence. Les comtes bosonides (879-1112), du nom du premier d'entre eux, Boson, s'illustrent avec Guillaume le Libérateur. Sous leur règne, la région renoue avec sa prospérité d'antan. Les terres sont à nouveau cultivées. La construction de canaux, de systèmes d'irrigation et l'assèchement de zones marécageuses renforcent la productivité. Sur le plan culturel, c'est aussi une période féconde où prennent naissance de nombreuses traditions, telles les fêtes niçoises. À partir du XIe siècle, et au siècle suivant, se développe une nouvelle langue poétique, littéraire et lyrique, créée par les troubadours, qui chantent essentiellement l'amour courtois.

La terreur sarrasine

Entre 880 et 972, des pirates sarrasins (Arabo-Berbères), établis sur les rives du golfe de Saint-Tropez, sèment la terreur dans toute la Provence orientale. Au cours de leurs razzias sanglantes, ils pillent églises et monastères, rasent des villes. Ils attaquent notamment Fréjus, Hyères, Toulon, Nice et remontent jusqu'aux cols alpins. Terrifiée, la population se réfugie sur les hauteurs de l'arrière-pays, créant les fameux villages perchés.

Pendant un siècle, leurs raids dévastateurs restent souvent impunis par manque de volonté des seigneurs du Midi. Quand les sarrasins prennent en otage un abbé de Cluny, une croisade se constitue pour mettre un terme à leurs forfaits : en 972, le comte d'Arles, Guillaume, réussit enfin à les chasser définitivement en s'emparant de leur tête de pont établie dans les Maures, à Fraxinet (La Garde-Freinet). Ce haut fait lui vaut le surnom de Guillaume le Libérateur et le titre de marquis de Provence.

Les comtes catalans

Au XIIe siècle, les villes acquièrent une nouvelle autonomie administrative avec la création des consulats. La Provence est alors partagée entre une vingtaine de grandes familles. Quand l'héritière de la dynastie des comtes de Provence épouse le comte de Barcelone, la région est partagée entre les comtes de Barcelone (catalans) et les comtes toulousains (1125). Si les deux parties rêvent un temps d'une Occitanie unie face au royaume de France, elles vont rapidement s'opposer et la croisade des albigeois va exacerber la lutte. En 1229, un traité de paix fait finalement de la rive droite du Rhône une terre royale, tandis que l'autre rive reste aux mains du Catalan Raimond Bérenger V. La Provence connaît alors

VIIIe-Xe siècle

En 883, les sarrasins s'installent dans les Maures et sèment, pendant plus d'un siècle, la terreur dans la région.

972

Guillaume le Libérateur, comte d'Arles, chasse définitivement les sarrasins de la province et devient marquis de Provence.

XIe-XVe siècle

La Provence relève du Saint Empire romain germanique, mais elle est administrée par des comtes qui jouissent d'une indépendance de fait.

Nice fait bande à part

À la mort de la reine Jeanne, comtesse de Provence de 1343 à 1382, une guerre de succession éclate, dans laquelle Nice s'engage. Son parti étant vaincu, la ville se place sous la protection du comté de Savoie. La dédition de Nice à la Savoie scelle, en 1388, son rattachement volontaire et la création du comté de Nice. Le cours inférieur du Var marque alors la frontière entre comté de Provence et comté de Nice.

Fortifiée, la ville est érigée en bastion dans la résistance opposée par les comtes de Savoie aux Français et à leurs alliés. En 1543, Nice repousse vaillamment les troupes de François Ier aidées par la flotte turque. Mais elle ne résistera pas aux sièges de l'armée française en 1691 et 1705, qui engendrent la destruction des fortifications. En 1720, le comté de Savoie devient royaume de Sardaigne. Nice reste sous son autorité jusqu'en 1792, où elle est prise par les armées révolutionnaires françaises qui créent le département des Alpes-Maritimes.

Rendus au royaume de Piémont-Sardaigne, à la chute de l'Empire, en 1814, Nice et son comté optent, par plébiscite, pour un retour définitif dans le giron de la France, en 1860.

un bel essor économique : la terre gagne sur les marais ; les échanges commerciaux sont au beau fixe et le développement du commerce en Méditerranée enrichit les villes ; la population augmente et de nouveaux villages se créent. Le renouveau économique s'accompagne d'une intensification de la vie religieuse, tandis que s'épanouit une brillante école d'architecture romane.

La dynastie angevine

L'unique héritière de Raimond Bérenger V, Béatrix, épouse en 1246 Charles Ier comte d'Anjou, frère cadet du roi de France Louis IX, qui devient comte de Provence et de Forcalquier. Pendant près de deux siècles, la Provence demeure terre angevine. Durant le règne de Charles Ier, entre 1246 et 1285, la Provence connaît une sécurité appréciable. À l'extérieur, Charles Ier se rend maître des royaumes de Sicile (qu'il perdra en 1282) et de Naples. Son successeur, Charles II (1285-1309), demeure roi de Naples. Il tente en vain de reconquérir la Sicile et d'étendre sa domination dans le sud-est de la France, en Dauphiné particulièrement. Malgré les revers, les Angevins unissent durant plus d'un siècle le comté de Provence, qui s'étend alors de la lisière du comté de Forcalquier à l'autre versant des Alpes, au royaume de Naples, d'où ils sont définitivement chassés en 1442.

Les papes à Avignon

Les guerres en Italie conduisent le pape Clément V à s'installer dans le Comtat Venaissin en 1305. À sa suite, c'est toute la cour pontificale qui s'installe entre Avignon et Carpentras. Jusqu'en 1376, sept papes régnèrent à Avignon.

1209-1245

Règne de Raimond Bérenger V, qui instaure une administration centralisée ; Aix devient capitale du comté.

1388

Dédition de Nice qui se place sous la protection du comté de Savoie.

1434-1480

René d'Anjou (le "bon roi René") est comte de Provence.

La présence des papes à Avignon a sans conteste stimulé l'activité économique et la vie intellectuelle de la région, les trésors de la bibliothèque papale attirant nombre de lettrés de toutes nationalités. Après la mort de Grégoire XI en 1378, l'élection de deux papes, l'un à Rome, l'autre à Avignon, fait naître le Grand Schisme (1378-1415). La reine Jeanne, en prenant le parti de Clément VII (Avignon) contre Urbain VI (Rome), provoque des troubles en Provence et en Italie. Avignon et le Comtat Venaissin deviennent également le refuge des Juifs, expulsés du royaume de France en 1394. Amputée d'Avignon, meurtrie par les querelles d'héritage au sein de la maison d'Anjou et dévastée par la peste en 1347-1348, la Provence se relève mal de ce néfaste XIVe siècle. La tranquillité ne revient qu'au XVe siècle, marqué par le règne de René d'Anjou. À sa mort en 1480, les querelles de succession divisent à nouveau le pays.

Le rattachement à la France

En 1486, les États de Provence ratifient l'union du comté de Provence et de la couronne de France. Officiellement, il s'agit d'une union paritaire entre États. Mais, progressivement, la Provence va se voir assimilée. La création d'un Parlement à Aix en 1501, puis la signature de l'édit de Joinville (1535), qui transforme totalement l'organisation administrative de la province, contribuent à aligner ses institutions sur celles du royaume. En août 1539, l'ordonnance de Villers-Cotterêts impose la rédaction de tous les actes officiels en français. Coup fatal pour le latin et le provençal !

Mais les guerres de Religion qui déchirent la Provence (XVe et XVIe siècles), les troubles liés à la Ligue qui agitent toute la province et en particulier Marseille, et la Fronde locale (1648-1652) qui remet en question l'absolutisme monarchique témoignent indirectement d'une certaine résistance à l'assimilation. Parallèlement, les guerres d'Italie qui opposent François Ier à Charles Quint bénéficient à Toulon, en tant que port de guerre, mais affectent le reste de la Provence, envahie à plusieurs reprises. Sa résistance aux invasions impériales est d'ailleurs l'occasion de faire preuve de son nouveau loyalisme envers la monarchie française.

Les guerres de Religion

L'affaire des Vaudois du Luberon préfigure les guerres de Religion entre catholiques et protestants. Après les avoir dénoncés comme hérétiques en 1501, l'Inquisition entreprend d'éradiquer la secte au début des années 1530. Ces massacres et ces persécutions n'empêchent pas le protestantisme de s'étendre dans les provinces du Midi. En haute Provence, les protestants saccagent les églises (1560). Orange devient le fief politique de la Réforme. À partir de 1576, les agissements de la Ligue, coalition catholique menée par Henri, duc de Guise, qui s'oppose également au roi, conduisent à une autre guerre civile. La Provence se trouve divisée. Cette lutte ne prend fin

1481	1489	XVIe siècle
Rattachement de la Provence à la France.	L'indépendance de Monaco est reconnue par le roi de France et le duc de Savoie.	Les mouvements des armées durant les guerres d'Italie puis les guerres de Religion pèsent lourdement sur la Provence et sur Nice.

Monaco l'indépendante

En 1215, l'empereur Henri VI cède officiellement le rocher de Monaco aux Génois. À partir de ce moment, gibelins (partisans de l'empereur) et guelfes (partisans du pape) se livrent une lutte acharnée pour la possession du Rocher. Le 8 janvier 1297, François de Grimaldi, issu d'une famille génoise alliée des guelfes, s'empare de la forteresse par la ruse. Avec Monaco, les Grimaldi deviendront maîtres aussi de Menton et de Roquebrune, inclus dans la seigneurie.

En 1489, le roi de France et le duc de Savoie reconnaissent la souveraineté de Monaco. Elle sera pourtant annexée par la France à la Révolution (1793) avant d'être rendue au prince en 1814.

En 1861, le traité franco-monégasque reconnaît l'indépendance de Monaco qui, en retour, cède Menton et Roquebrune à la France. Le prince Charles III (1818-1889) fonde alors la Société des bains de mer, lance les jeux de casino et supprime les impôts. La principauté connaît un essor rapide. En 1911, elle devient une monarchie constitutionnelle. Cette même année est créé le légendaire Rallye de Monte-Carlo. Le prince Rainier III (règne 1949-2005) a su donner au petit pays une envergure internationale.

qu'avec l'abjuration d'Henri IV, en 1593. Pour le nouveau roi, reste à résoudre le cas de Marseille, qui depuis 1591 vit en république indépendante. Ce sera fait cinq ans plus tard.

La Provence baroque

À l'aube du XVIIe siècle, la répartition des rôles est parfaitement établie entre Marseille, la commerciale, et Aix, la capitale administrative et politique. En arrivant au pouvoir, Richelieu entreprend l'unification de la marine provençale.

Cette période s'accompagne d'un foisonnement culturel et de nouvelles campagnes de construction. Les ordres religieux (Capucins, Jésuites, Ursulines) et les confréries (comme celle des pénitents) se multiplient, le haut clergé se révélant toujours aussi influent dans les affaires politiques.

Au milieu du XVIIe siècle, lors de la minorité de Louis XIV, la Fronde (1648-1653) remet en question l'absolutisme monarchique et la politique fiscale de Mazarin. La monarchie a toutefois la force militaire pour elle et tout soulèvement est aussitôt étouffé. En 1660, l'intégration institutionnelle de la Provence au royaume de France est acquise. Toutefois, Orange ainsi qu'Avignon et ses environs ne sont alors provençaux qu'au sens géographique, économique et culturel du terme.

Une province prospère

Malgré la grande peste de 1720 partie de Marseille et les tentatives ponctuelles d'invasions des Autrichiens (en 1707 et 1746-1747), la Provence connaît, de 1660 à la Révolution, une histoire plus paisible. Désormais intégrée au royaume, la province partage le destin de la

1524 et 1536
Invasions de la Provence par l'armée impériale de Charles Quint.

1591-1596
Marseille s'érige en république indépendante.

1720
Grande peste venue de Marseille (plus de 100 000 morts en Provence).

Musée Masséna, Nice

★ Musées d'histoire

Musée du Vieux-Toulon (p. 67)
Musée archéologique municipal, Fréjus (p. 113)
Musée Masséna, Nice (p. 203)
Musée national de la Marine, Toulon (p. 65)
Musée et vestiges archéologiques de Nice-Cimiez (p. 206)

France. L'expansion démographique et économique est particulièrement forte sur la côte. L'amélioration des liaisons à la fois vers l'intérieur et vers les autres pays méditerranéens favorise toute une économie d'échanges, centrée sur l'exportation de vin, d'olives, de cuir, de papier, de savons et de soieries. Le long du littoral s'égrènent des villes et des gros "bourgs urbanisés".

Devenue un port de commerce mondial, Marseille stimule les échanges dans toute la région. Mais Toulon l'a supplantée comme port militaire. Grasse prospère grâce à ses tanneries, à ses ganteries et à ses parfumeries. Le contraste est grand avec le comté de Nice, où les villages de l'arrière-pays sont encore très ruraux et pauvres, où le dynamisme commercial du port artificiel de Nice peine à se faire sentir.

Si l'agriculture stagne, l'essor des manufactures, encouragé par Colbert (1619-1683), donne naissance à une trame industrielle que les siècles futurs consolideront. Les phares de l'industrie régionale sont alors la meunerie, les papeteries, les savonneries (Marseille), le tissage, la faïencerie (Moustiers) et les fonderies. Marseille consolide sa toute-puissance de ville portuaire et de négoce, Aix déploie un cadre de vie des plus agréables et Avignon affiche un fort penchant pour l'Italie. Néanmoins, les impôts pèsent toujours plus lourdement sur les populations campagnardes et les injustices féodales perdurent.

De la Révolution au ralliement de Nice

Dès avant 1789, les revendications populaires se font entendre. Le gel des oliviers, conséquence du terrible hiver de 1788-1789, la hausse des prix et la disette sont autant de raisons de se soulever contre la société hiérarchisée de l'Ancien Régime et le maintien des privilèges.

Avec la Révolution, la Provence perd, en 1790, son existence officielle pour se retrouver divisée en départements (Bouches-du-Rhône, Var et Basses-Alpes). En 1793, le comté de Nice et la principauté de Monaco sont rattachés à la France et forment le département des Alpes-Maritimes. Napoléon Ier y fera régner l'ordre.

1790
La Provence est divisée en 3 départements : Bouches-du-Rhône, Var et Basses-Alpes.

1792-1814
Nice et Monaco sont annexés par la France et forment le département des Alpes-Maritimes avant d'être rendus en 1814.

1848-1870
Sous le Second Empire, la Provence s'affiche clairement républicaine.

Mais, en 1814, c'en est fini de l'unité comme de l'Empire. Napoléon abdique et s'embarque à Saint-Raphaël pour son exil sur l'île d'Elbe. Le traité de Paris rend Monaco au prince (voir l'encadré p. 300) et le comté de Nice à la Savoie.

Le 1er mars 1815, Napoléon débarque à Golfe-Juan et remonte vers les Alpes en passant par Grasse, Digne et Sisteron – ce parcours devient la "route Napoléon" – pour reprendre le pouvoir à Paris. L'aventure durera 100 jours, mais Nice ne reviendra pas à la France pour autant. Il faut attendre 1860 pour que la maison de Savoie cède le comté de Nice à la France en contrepartie de l'aide apportée par Napoléon III à la réalisation de l'unité italienne. Un plébiscite entérine définitivement le ralliement de Nice à la France, suivi par Roquebrune et par Menton. La région niçoise agrandie de l'arrondissement de Grasse, détaché du Var, forme le département des Alpes-Maritimes. Les hautes vallées de la Roya, de la Tinée et de la Vésubie, territoires de chasse favoris de Victor-Emmanuel de Savoie, devenu roi d'Italie en 1861, ne reviendront à la France qu'en 1947, après un plébiscite.

La Provence blanche (1800-1835)

Napoléon Bonaparte devient Premier consul en 1799 et, dès l'hiver 1800, entreprend de remettre sur pied l'administration du pays. Des préfets énergiques, étrangers au Midi, ramènent l'ordre public. Le catholicisme est restauré, les émigrés encouragés à rentrer, et certains nobles se voient même attribuer le fauteuil de maire. Mais l'établissement d'une lourde taxe, le conflit avec le pape et la conscription ternissent le prestige de Bonaparte, sacré empereur en 1804.

Après 1814, la Provence se trouve, par deux fois, sur la route de l'empereur déchu : lors de son départ pour l'île d'Elbe, où il est envoyé en exil, puis à son retour en mars 1815 lors des Cent-Jours. La nouvelle de la défaite de Waterloo entraîne la seconde Terreur blanche (juin 1815), encore plus violente que la première. Anciens révolutionnaires et bonapartistes sont tués. Le maréchal Brune, fidèle à Napoléon, est assassiné à Avignon. Louis XVIII ne désavouera pas pour autant les ultraroyalistes.

C'est une bourgeoisie libérale et conservatrice qui gouverne alors. La révolution de juillet 1830 provoque peu d'engouement. Éprouvée par tant d'années de conflits, la région aspire à la paix. En 1835, une terrible épidémie de choléra ternit cette aspiration.

La Provence socialiste...

Lorsque, dans les années 1820-1830, les saint-simoniens commencent à parler de révolution sociale, les grandes concentrations ouvrières sont rares en Provence. Seul le compagnonnage est alors la voie de transmission de leurs idéaux. La révolution de 1848 est une surprise pour la plupart des Méridionaux, même si la révolte des ouvriers de l'arsenal de Toulon a constitué une première dans la région. Les Provençaux ont en effet moins souffert de la récession économique qui touche la France depuis 1847. Reste que la

1864

L'arrivée du chemin de fer jusqu'à Nice marque le point de départ de l'essor du tourisme.

1919-1930

Mouvements sociaux et grèves ; forte poussée de la gauche.

Août 1944

Débarquement allié en Provence.

Provence de l'intérieur, celle des Basses-Alpes et du haut Vaucluse en particulier, est encore principalement rurale et connaît une misère sociale grandissante.

Aux élections de 1848, à la différence du reste de la France qui élit triomphalement Louis Napoléon Bonaparte, les Bouches-du-Rhône et le Var se démarquent. Progressivement, la gauche s'impose dans tous les départements provençaux en créant une nouvelle fois une situation nettement distincte du reste du pays : Aix et Avignon demeurent néanmoins à droite, Arles et Toulon basculent à gauche et Marseille épouse la voie médiane. Lorsque s'instaure le Second Empire en 1851, après le coup d'État de Napoléon III, la Provence résiste et fomente quelques "révoltes rouges", mais elle est vite matée militairement.

... et républicaine

En 1860, la Provence s'affiche dans son ensemble profondément républicaine. Des notables de la région proposent à Gambetta et à Clemenceau des sièges de députés, bien qu'ils ne soient pas du pays. Une fracture gauche/droite se dessine.

À partir de 1871, la Provence connaît également un profond bouleversement économique. La grande industrialisation du nord-ouest de l'Europe et l'ouverture du canal de Suez, reliant la Méditerranée aux pays de l'océan Indien et de l'Extrême-Orient, ont des conséquences sur l'économie locale. Alors que l'activité industrielle et portuaire de Marseille s'intensifie et qu'un tourisme de luxe se développe sur la côte méditerranéenne, la Provence intérieure, elle, reste à l'écart de cette expansion économique. La crise du ver à soie et des magnaneries (bâtiments pour l'élevage des vers à soie), le phylloxéra et le

Midi blanc, Midi rouge

Si la Provence disparaît en tant qu'entité politique lors de la Révolution, les départements qui lui succèdent conserveront longtemps une tradition d'opposition au reste du pays.

Engagés précocement dans la Révolution, les Provençaux sont nombreux à changer brusquement de camp en 1793 pour soutenir la révolte fédéraliste contre le pouvoir parisien. La Terreur blanche, débutée en 1795, est marquée par une vague d'assassinats perpétrés par des royalistes et des fanatiques religieux. La tendance ultraroyaliste atteint son apogée avec la Terreur blanche de 1815 qui massacre anciens révolutionnaires et bonapartistes. La Restauration est bien accueillie.

Puis, en quelques décennies, nouveau retournement. Aux élections de 1848, le Var et les Bouches-du-Rhône se démarquent du reste du pays qui élit triomphalement Louis Napoléon Bonaparte. Sous la IIIe et la IVe République, la gauche radicale, voire socialiste, domine mais la fracture gauche-droite se creuse. Puis, avec les amples mouvements démographiques, qui modifient profondément sa population, les départements du Midi passent progressivement à droite, voire à l'extrême droite.

1946
Création du Festival international du film à Cannes.

1947
La vallée de la Roya et celles de la Vésubie et de la Tinée approuvent leur rattachement à la France.

1950-1962
Arrivée de populations venues d'Algérie ; installation des camps de harkis.

Une histoire d'amour russe

L'histoire d'amour des Russes pour la Côte d'Azur remonte à 1856, lorsque Alexandra Fedorovna, veuve du tsar Nicolas Ier, s'installe à Nice pour soigner sa santé fragile. Officieusement, les Russes comptent obtenir du duc de Savoie, alors possesseur du comté de Nice, la possibilité pour leur flotte de faire escale dans la rade de Villefranche et de s'y approvisionner.

Après le rattachement du comté à la France, les Russes conservent leur base navale de Villefranche, qui fonctionnera jusqu'en 1870. La colonie russe continue de se développer. En 1914, Nice compte plus de 600 propriétaires russes, une église inaugurée en 1860 et la superbe cathédrale orthodoxe Saint-Nicolas. La guerre de 1914 et surtout la révolution russe de 1917 mettront un coup d'arrêt brutal à la grande fête russe de la Côte. Avant que ne renaisse la passion pour la Côte d'Azur des "nouveaux Russes", dont le richissime milliardaire Mikhail Prokhorov, qui s'est offert, en 2008, la villa Leopolda à Villefranche-sur-Mer pour la modique somme d'un demi-milliard d'euros !

déclin des vieilles manufactures touchent la région. La haute Provence commence à se dépeupler.

La naissance de la Côte d'Azur

Dès les XVIIe et XVIIIe siècles, la tradition du Grand Tour amène l'élite européenne, en route vers Rome ou Athènes, à découvrir avec ravissement la Riviera, du côté français et italien. Mais le grand facteur de développement du tourisme sur la côte est l'arrivée du chemin de fer, qui atteint Nice en 1864. Il faut attendre l'instauration des congés payés, en 1936, pour voir naître un tourisme populaire. L'engouement pour les bains de mer et les bains de soleil, le mythe de Brigitte Bardot et de Saint-Tropez achèveront de faire de la "Côte" la grande destination à la mode dans les années 1960.

Les divisions sociales de l'entre-deux-guerres

L'effervescence politique et sociale qui prévaut dans l'immédiat après-guerre à Marseille et à Toulon préfigure les troubles des années 1930. D'une part, les grèves et les manifestations s'intensifient dans les ports et les chemins de fer. D'autre part, les idées de l'Action française prennent de l'ampleur, même si elles rencontrent en Provence moins de succès que dans le Languedoc voisin.

Dans les années 1930, la fracture "Midi rouge, Midi blanc" s'accentue et, en 1935, la poussée de la gauche et de l'extrême gauche est forte dans le Midi, l'un des fiefs du radicalisme. Comme ailleurs, les grandes villes connaissent de puissants mouvements de grève. En octobre 1934, l'assassinat, sur la Canebière, du roi Alexandre de Yougoslavie et du ministre français des Affaires étrangères Louis Barthou ne provoque pas de remise en question.

1965

Création de la Région PACA (Provence-Alpes-Côte d'Azur).

1980-1990

Montée du Front national qui obtient, aux élections législatives de 1986, quatre députés dans les Bouches-du-Rhône.

1995

Élection d'un maire Front national à Orange, à Marignane et à Toulon.

L'onde de choc de la crise de 1929 touche le port de Marseille, dont le trafic dans les années 1930 correspond au niveau de celui de 1913 (soit environ 9 millions de tonnes). Le tourisme, réservé jusqu'alors à l'élite aisée de la Belle Époque, change de visage avec les premiers congés payés et des visiteurs moins fortunés.

La guerre de 1940-1945 et le débarquement

Le déclenchement de la Seconde Guerre mondiale et les opérations militaires du printemps 1940 ont épargné une grande partie du Midi, même si les Alpes-Maritimes subissent l'entrée en guerre de Mussolini aux côtés de l'Allemagne le 10 juin 1940. La progression de l'armée italienne sur le sol français est cependant rapidement contenue et le Duce se verra concéder par l'armistice du 24 juin une fine bande terrestre entre les Alpes et Menton. Située en zone non occupée, la Provence devient une région de transit ou de refuge pour les personnes pourchassées. À partir de novembre 1942, l'occupation allemande s'étend au Sud. Le 27 novembre, les chefs de la flotte de guerre décident de la saborder dans la rade de Toulon plutôt que de se rendre aux Allemands. En janvier 1943, à Marseille, l'occupant entreprend la destruction des vieux quartiers populaires situés au nord du Vieux-Port.

En parallèle, les différents mouvements de résistance s'organisent. Le 15 août 1944, les forces armées américaines du général Patch et les troupes de la France libre du général de Lattre de Tassigny débarquent sur les côtes varoises et le massif des Maures. Des dizaines de petites embuscades tendues par les FFI et les communistes harcèlent l'armée allemande et permettent aux Alliés de rallier la vallée du Rhône en moins d'une semaine.

De gauche à droite

À partir de 1950, la région Provence-Côte d'Azur affirme son caractère de terre d'immigration. La fin de la guerre d'Algérie draine dans la région des dizaines de milliers de personnes.

L'entité régionale Provence-Côte d'Azur-Corse, regroupant les départements des Bouches-du-Rhône, du Vaucluse, du Var, des Basses-Alpes, des Hautes-Alpes, des Alpes-Maritimes et de la Corse, a été créée en 1960. En 1965, un nouveau découpage est admis : la Provence-Alpes-Côte d'Azur (ou PACA), les Basses-Alpes devenant le département des Alpes-de-Haute-Provence. En 1970, la Corse est détachée du groupe.

Les années 1960-1970 sont celles des grands travaux : construction de barrages, électrification des voies ferrées, création en 1969 du complexe sidérurgique de Fos-sur-Mer, début des travaux en 1970 de l'autoroute du Sud reliant Lyon à Marseille. Les axes de communication entre le Sud et le Nord ne cessent de s'améliorer. Pourtant, une part de la population active du Midi migre vers Paris ou Lyon.

2004

En provenance d'Italie, le moustique tigre est repéré pour la première fois en France, à Menton.

2005

Décès du prince Rainier III. Le prince héritier lui succède sous le titre d'Albert II de Monaco.

2013

Inauguration de l'Allianz Riviera, le nouveau stade de football ultramoderne de Nice.

La population agricole diminue, malgré l'image rurale encore vivante de la région. De fait, en Provence, la gauche perd du terrain peu à peu à partir des années 1970. En 1986, lors de la première élection de ses membres au suffrage universel, la majorité du conseil régional bascule à droite. Les élections des années 1990 confirment même une poussée à l'extrême droite avec l'élection de plusieurs maires (Toulon, Orange, Marignane et Vitrolles). Aujourd'hui, si la droite traditionnelle est solidement implantée dans la région, le Front national, devenu Rassemblement national, continue de faire des percées à chaque nouvelle élection.

La métamorphose de la Côte

De 300 000 en 1939, le nombre de touristes qui déferlent chaque année dans la région passe à quelque 11 millions au début du XXIe siècle. Le littoral connaît un développement démographique et une urbanisation spectaculaires, tandis que l'arrière-pays se vide davantage, les paysans abandonnant leurs maisons aux résidents secondaires ou à ceux qui travaillent dans des villes tentaculaires comme Nice ou Marseille. L'accueil des vacanciers, des retraités, des congressistes suppose de nouvelles constructions. Certaines sont spectaculaires quand elles surgissent *ex nihilo* dans les années 1970, comme Marina Baie des Anges (à Villeneuve-Loubet), entre Nice et Antibes, avec ses 4 bâtiments en forme de pyramides et de vagues qui culminent à 70 m, ou Port-Grimaud, petite Venise colorée qui compte aujourd'hui plus de 2 400 logements, 7 km de canaux et 12 km de quais. Tout au long de la Côte s'étire bientôt un chapelet d'agglomérations qui se rejoignent progressivement, en particulier entre Nice et Cannes, et lui confèrent un air de Californie.

2015

Le 3 octobre, des pluies diluviennes s'abattent sur la Côte d'Azur, entraînant la mort de 20 personnes.

2016

Le soir du 14 juillet, 86 personnes perdent la vie à Nice dans un attentat au camion bélier revendiqué par l'État islamique.

Façade d'un ancien cinéma dans la rue du Maréchal-Joffre à Nice

MATTHIEU JOSEPH AIMÉ ©

Culture et patrimoine

L'héritage antique, la proximité de l'Italie et, plus largement, l'ouverture sur les cultures méditerranéennes : tous les éléments étaient réunis pour faire de la Côte d'Azur une source inépuisable d'inspiration pour les artistes et les poètes. Encore très active aujourd'hui, la région élargit l'accès à l'art et à la culture au plus grand nombre grâce aux festivals organisés tout au long de l'année.

Architecture

Préhistoire et période gallo-romaine

Des temps préhistoriques, le Haut Pays conserve un unique témoignage : les gravures rupestres de la Vallée des Merveilles (p. 267). Mais quel témoignage ! Des milliers de gravures en plein air, dans un cadre grandiose. À ne manquer sous aucun prétexte (sinon celui de l'accessibilité).

L'attractivité de la région, dès l'Antiquité, et l'installation très ancienne des Grecs puis des Romains ont laissé à la Provence des trésors architecturaux d'une richesse inestimable. On peut aujourd'hui admirer de nombreux monuments antiques parmi

Écoutez le poète parnassien Théodore de Banville s'émerveiller devant la splendeur azurée de la Méditerranée et les roses de Nice.

Scannez la page avec l'appli *lisez!*

Extrait de La mer de Nice : lettre à un ami *(1861)*

5 min

Baie de Nice (p. 203)

MATTHIEU JOSEPH-AIMÉ ©

les plus beaux du monde. Dans les Alpes-Maritimes, ne manquez pas les vestiges romains de Fréjus (p.113) et le Musée archéologique de Nice-Cimiez (p. 206).

Les villages perchés

Au sommet des collines de l'arrière-pays, en nid d'aigle sur un éperon rocheux ou en balcon face à la mer, d'innombrables villages perchés émaillent la Côte d'Azur. Héritiers des oppidums celto-ligures, ces villages, souvent surmontés d'un château et entourés de remparts, constituaient de véritables places fortes où les populations se réfugiaient pour se protéger des pillards, venus de l'intérieur ou de la mer, notamment des Sarrasins qui menèrent des razzias jusqu'en 973. La tradition des villages escarpés se poursuivit durant tout le Moyen Âge, où la recherche de sécurité se doublait de l'envie des paysans de se regrouper pour ne pas empiéter sur les rares terres défrichées.

Avec les mutations agricoles, ces villages escarpés furent progressivement abandonnés par la population paysanne traditionnelle... Ils ne retrouvèrent vraiment vie qu'avec l'arrivée, au siècle dernier, d'artistes et d'écrivains séduits par leur beauté, tels Gérard Philipe à Ramatuelle, Picasso à Mougins, Cocteau à Coaraze ou Max Ernst à Seillans. Dans leur sillage se pressa une nouvelle population d'artisans et de citadins venant s'y ressourcer à la belle saison.

Au palmarès des plus beaux villages figurent, très subjectivement, d'ouest en est, Le Castellet, Bormes-les-Mimosas, Ramatuelle, Saint-Paul, Èze ou encore Saorge, mais les plus charmants sont souvent les plus discrets, ceux que l'on découvre dans l'arrière-pays, au détour d'un chemin.

L'art roman

Loin d'anéantir la foi des populations du Midi, la terreur que firent régner les Sarrasins pendant plus d'un siècle et la peur de l'an mille provoquèrent une renaissance du christianisme qui se manifesta par la construction de nombreux édifices religieux. Les abbayes paléochrétiennes de Saint-Victor (à Marseille) et de Lérins (près de Cannes) fondèrent de nombreux petits prieurés dans les campagnes. D'autres grandes abbayes plus récentes multiplièrent aussi les petites fondations. Du XIe au XIIIe siècle, la région connut une brillante école d'architecture romane. Des monastères s'implantèrent dans des sites isolés et sauvages, dont les joyaux sont la chartreuse de la Verne (1170), dans le massif des Maures, et l'abbaye du Thoronet (1160), la plus austère et la plus émouvante des "trois sœurs cisterciennes" de Provence (les autres étant les abbayes de Sénanque et de Silvacane). La sobriété et la force de l'art roman, héritées des influences romaine et lombarde, correspondent bien à la rudesse des sols de Provence. Elles mettent en valeur la beauté nue des pierres, soigneusement appareillées, et la qualité acoustique des voûtes, qui donnent aux chants la puissance d'un chœur céleste.

Rare vestige de l'époque médiévale réunissant quatre édifices, l'ensemble de la cathédrale Saint-Léonce (p. 114) de Fréjus regroupe un baptistère du Ve siècle, une cathédrale, des bâtiments des chanoines et un cloître, ainsi qu'une résidence épiscopale, tous construits entre le XIIe et le XIVe siècle.

L'art roman continue de s'imposer tardivement en Provence, laissant peu de place au gothique, dont le plus important témoignage architectural reste la basilique Marie Madeleine (p. 152) de Saint-Maximin-la-Sainte-Baume (73 m de longueur, 37 m de largeur et 29 m de hauteur), bâtie à partir de 1295 pour abriter les reliques de Marie-Madeleine retrouvées dans un sarcophage gallo-romain.

La Renaissance et l'époque classique

Le palais princier de Monaco (p. 235) s'inscrit parmi les rares témoignages de l'architecture Renaissance dans la région.

La façade des collégiales d'Aups (p. 138) et de Tende (p. 266), le surprenant château d'Aiguines (p. 135) ou les hôtels particuliers de Tourtour (p. 141), tout comme certaines œuvres de la famille Brea (voir l'encadré ci-contre) viennent chacun à leur façon confirmer que la région n'est pas restée à l'écart de ce mouvement culturel et artistique.

L'exubérance baroque

Églises aux façades monumentales et aux clochers vernissés, chapelles ornées d'angelots, palais colorés peints en trompe-l'œil, profusion de décors stuqués et dorés, l'ancien comté de Nice, du littoral au Haut Pays et jusque dans d'improbables villages perchés, regorge de trésors de l'art baroque. Ce mouvement, qui a eu peu de succès en France, terre de la raison et du classicisme, déferla dès la fin du XVIe siècle sur l'Italie du Nord et les États des ducs de Savoie, dont faisaient alors partie Nice, Monaco et Menton.

Né à Rome avec Bernin et Borromini, cet art qu'on appellera par dérision "baroque" (du nom des perles irrégulières) est un art triomphal qui réalise la fusion de l'architecture, de la sculpture et du décor et qui se développe de la fin du XVIe au début du XVIIIe siècle. Il s'inspire des arts de la fête, du théâtre et des cérémonies. Il privilégie les lignes courbes, recherche l'effet d'illusion – trompe-l'œil, faux marbre,

La peinture sacrée et les "primitifs niçois"

Du milieu du XVe siècle au milieu du XVIe siècle, le comté de Nice et les régions avoisinantes connurent un âge d'or de la peinture sacrée. Couvents, paroisses, notables et confréries rivalisaient pour doter les autels de précieux retables (du latin *retro tabula*, derrière la table : tableaux, sculptures ou bas-reliefs de dévotion surmontant la table de l'autel) et couvrir les chapelles de peintures murales. Les artistes, le plus souvent d'origine ligure ou piémontaise, à qui ils passèrent commande furent surnommés, bien plus tard, les "primitifs niçois". Ces peintres du sacré comprennent nombre d'anonymes. Les plus illustres sont néanmoins Louis Bréa (vers 1450-1523) et sa famille, originaires de Ligurie, Jacques Durandi et Antoine Ronzen.

Durant la même période, de nombreuses chapelles jalonnant les chemins muletiers furent ornées de peintures murales, vivantes et colorées, racontant des épisodes de la Bible (pour transmettre le message biblique aux illettrés) ou représentant des saints protecteurs. La chapelle Notre-Dame-de-Ben-Va à Lorgues (p. 145) en est un bel exemple, mais c'est dans l'arrière-pays niçois que ces chapelles peintes sont les plus nombreuses. Souvent réalisées par des artistes itinérants formés au Piémont, ces peintures murales sont parfois spectaculaires, comme celles de Notre-Dame-des-Fontaines (p. 264).

Écoutez Maupassant découvrir la région de Saint-Tropez et se plaindre, déjà, du poids de la “Société” et de la spéculation immobilière !

Scannez la page avec l'appli lisez!

5 min

Extrait de Sur l'eau (récit de voyage paru en 1888)

Saint-Tropez (p. 98)

jeux de lumière – et s'épanouit dans une grande richesse décorative et un culte débridé des images. Cet art démonstratif, qui visait à l'époque à asseoir le pouvoir de l'Église catholique fortement contesté par la Réforme protestante, s'est imposé tout naturellement dans le comté de Nice, où il semblait combler l'âme profonde des populations, promptes à extérioriser leur foi et leurs sentiments.

Sans oublier les villages de l'arrière-pays niçois et des Alpes d'Azur, un itinéraire conçu par le conseil général des Alpes-Maritimes, la route du baroque nisso-ligure, permet d'en faire le tour à votre rythme.

L'éclectisme de la Belle Époque

L'essor du tourisme hivernal sur la Côte d'Azur, du début du XIXe siècle jusqu'à la Première Guerre mondiale, s'accompagne de l'édification de fastueux hôtels et de magnifiques palais et villas à Hyères, Cannes, Nice et Menton. La riche clientèle internationale attire des architectes de renom venus de toute l'Europe. Les styles qui s'épanouissent alors brillent par leur éclectisme : reprise d'éléments puisés dans le passé ou à l'autre bout du monde, copie, pastiche, mélange des styles répondent à l'engouement pour les civilisations anciennes et pour les cultures exotiques.

Partout, on apprécie les éléments antiques, les colonnades et les rotondes inspirés des villas italiennes (villa Masséna, 1898, à Nice, aujourd'hui musée des Beaux-Arts ; p. 205). Le goût de l'orientalisme se révèle dans les arcs outrepassés et les faïences (villas la Mauresque, 1881, et la Tunisienne, 1884, à Hyères) ; tourelles et mâchicoulis fleurissent (château Scott, 1872, à Cannes). La nostalgie des colonies inspire le palais néomoghol du colonel Smith (château de l'Anglais, 1856, Nice). Le cosmopolitisme et le goût pour le folklore se manifestent aussi dans le chalet et la cascade de Gairaut (1883, Nice), d'inspiration autrichienne, l'ancien pavillon de thé bavarois de la baronne de Rothschild (Grasse) ou les

Pierre Puget, le Michel-Ange français

Né à Marseille et formé dans l'Italie baroque, Pierre Puget (1620-1694), qui fut d'abord peintre et dessinateur, révéla ses talents de sculpteur en réalisant deux puissants atlantes, marqués par l'effort, pour soutenir le nouveau balcon de l'hôtel de ville de Toulon. Après avoir dirigé pendant plus de 10 ans l'atelier de sculpture de l'arsenal de Toulon, il obtint en 1670, de Colbert, l'autorisation de sculpter trois blocs de marbre restés inutilisés dans le port, sur les thèmes de son choix. Des trois œuvres (*Milon de Crotone*, *Persée délivrant Andromède* et *Alexandre et Diogène*), qui sont aujourd'hui au musée du Louvre, à Paris, la première sera son chef-d'œuvre : le corps tordu par la douleur et la grimace du visage rendent avec une véhémence théâtrale la souffrance du héros.

Massif des Maures (p. 92)

Écoutez l'homme de lettres Jean Aicard comparer le massif des Maures aux Alpes et aux Pyrénées dans son roman le plus célèbre, qui a pour cadre sa région natale.

Scannez la page avec l'appli lisez!

2 min

Extrait de Maurin des Maures (1908)

églises colorées à bulbes. Plusieurs églises orthodoxes russes, à Cannes, à Menton ou à Nice, rappellent l'époque où les tsars prenaient leurs quartiers d'hiver sur la Riviera. La plus célèbre de ces églises, la cathédrale Saint-Nicolas, à Nice, fut construite entre 1903 et 1912 dans le style "vieux russien" (fin XVIe-début XVIIe siècle). Elle passe pour la plus belle église orthodoxe russe en dehors de la Russie. Quant aux palaces, ils rivalisent de faste et de luxe (tels le Négresco et le Westminster à Nice, le Carlton et le Majestic à Cannes ou l'Hôtel de Paris et l'Hermitage à Monte-Carlo).

Littérature

Au temps des troubadours et de la langue d'oc

L'un des plus célèbres apports de la Provence à la littérature française est né au Moyen Âge avec la tradition des troubadours. Cette poésie lyrique, écrite en provençal (et non plus en latin), émerge au XIIe siècle et se répand rapidement dans toute l'"Occitanie". Elle fait de cette région la terre nourricière des troubadours, dont le prince Raimbaud d'Orange, Raimbaud de Vaqueiras et Folquet de Marseille sont les plus célèbres. Pendant deux siècles, leurs chants d'amour courtois, imprégnés de valeurs chevaleresques, nourrissent un répertoire très prisé des grandes cours européennes. Après le XIIIe siècle, si la langue d'oc tombe progressivement dans l'oubli, la poésie amoureuse demeurera le fil conducteur d'une puissante création provençale, à commencer par l'œuvre de Pétrarque.

La Renaissance de Pétrarque

Aux XIVe et XVe siècles, l'installation des papes à Avignon favorise le développement de mouvements artistiques : la Provence s'ouvre à d'autres courants intellectuels venus d'Italie. Les bibliothèques enrichissent nombre d'esprits, à commencer par Francesco Petrarca, dit Pétrarque (1304-1374), qui a représenté pendant près de trois siècles le code lyrique amoureux de la civilisation européenne. L'œuvre maîtresse de Pétrarque est sans conteste le *Canzoniere*. Reprenant les canons de la lyrique courtoise, il compte 366 poèmes, et s'articule en deux parties, l'une précédant, l'autre suivant le trépas de Laure, véritable inspiratrice du recueil. Le *Canzoniere* sublime la personne aimée au point de la confondre avec l'amour lui-même, et aborde au passage des thèmes moraux et politiques.

Coup de phare sur les écrivains de la Côte

Parmi les personnalités qui affluent sur la Côte d'Azur pour y passer l'hiver jusqu'à la Première Guerre mondiale, puis également l'été par la suite, figurent d'innombrables écrivains.

★ Sources d'inspiration littéraire

Les hauteurs de Saint-Raphaël (p. 115) pour *Gatsby le Magnifique* de F. S. Fitzgerald

Nice (p. 203) pour *Le Procès-Verbal* de Le Clézio (voir ci-contre)

Èze (p. 230) pour *Ainsi parlait Zarathoustra* de Nietzsche (voir ci-dessous)

Sentier Nietzsche, Èze (p. 230)

Venue soigner sa typhoïde à Tamaris, dans la rade de Toulon, en 1861, George Sand évoque ce lieu dans ses lettres et dans son roman *Tamaris* (1832) : "Tout cela est d'un pittoresque, d'un déchiré, d'un doux, d'un brusque, d'un suave, d'un vaste et d'un contrasté que ton imagination peut se représenter avec ses plus heureuses couleurs."

Nietzsche fait plusieurs séjours sur la Côte d'Azur et passe, en particulier, cinq hivers à Nice, de 1883 à 1888. Le philosophe allemand qui se considère avant tout comme méditerranéen a besoin de beaux paysages pour penser. Il les trouve à Nice et dans les environs. "Cette magnifique plénitude de lumière a sur moi mortel très supplicié (et si souvent désireux de mourir) une action quasi miraculeuse", écrit-il dans une lettre en décembre 1883. Il marche beaucoup, va à l'Opéra, vit un tremblement de terre, lit Maupassant, Baudelaire... Il y achève *Ainsi parlait Zarathoustra* et y travaille d'autres œuvres, comme *Par-delà le bien et le mal* et *Le Gai Savoir*.

Sur l'eau (1888), journal écrit par Maupassant lors d'une petite croisière entre Antibes, le port d'attache de son yacht *Bel Ami,* et Saint-Tropez, livre quelques notations piquantes sur la Côte d'Azur de l'époque. "Des princes, des princes, partout des princes ! [...] À peine eus-je mis le pied, hier matin, sur la promenade de la Croisette, que j'en rencontrai trois, l'un derrière l'autre. [...] On se réunit à Cannes parce qu'on aime les altesses impériales et royales. Elles y sont chez elles, y règnent paisiblement dans les salons fidèles à défaut des royaumes dont on les a privées. On en rencontre de grandes et de petites, de pauvres et de riches, de tristes et de gaies, pour tous les goûts. En général, elles sont modestes, cherchent à plaire et apportent dans leurs relations avec les humbles mortels une délicatesse et une affabilité qu'on ne retrouve presque jamais chez nos députés, ces princes du pot aux votes."

Paris, Monaco et Charles Garnier

En 1870, François Blanc, concessionnaire de la Société des bains de mer de Monaco, permet, grâce à son soutien financier, l'achèvement de l'Opéra de Paris, signé Charles Garnier. En 1878, devenue veuve, Marie Blanc commande à l'architecte l'agrandissement du casino de Monte-Carlo et la construction d'un théâtre-Opéra. Huit mois plus tard, au terme d'un chantier titanesque et avec la collaboration des mêmes artistes que pour l'Opéra de Paris, la salle est inaugurée par Sarah Bernhardt devant la famille princière, dont la loge s'avance dans le vide. Un lustre de 5 m de hauteur et des rangées de bras de lumière font scintiller les ors et rutiler les velours. Garnier est alors au faîte de sa gloire ! Sur la Côte d'Azur, on lui doit aussi l'observatoire de Nice, avec Gustave Eiffel, et la villa Eilenroc, dont la sobriété néoclassique contraste avec la surcharge décorative de bien d'autres villas du second Empire.

Presqu'île de Giens (p. 76)

DONNERBOLD / STOCK.ADOBE.COM ©

Écoutez le romancier marin Joseph Conrad raconter comment son héros, Peyrol, est envoûté par la sérénité radieuse de la presqu'île de Giens.

Scannez la page avec l'appli *lisez!*

3 min

Extrait de Le Frère-de-la-Côte (1923 ; trad : Jean-François Merle)

Chef de file de la Génération perdue, l'écrivain américain Francis Scott Fitzgerald débarque sur la Côte d'Azur avec sa jeune épouse Zelda dans les années 1920. Comme nombre de leurs compatriotes, ils profitent du taux de change qui fait d'eux des nababs et viennent y goûter aux plaisirs du jazz, de la fête et de l'alcool, alors que l'Amérique puritaine a imposé la prohibition. C'est sur les hauteurs de Saint-Raphaël que Fitzgerald rédige, en moins de cinq mois, la première version de *Gatsby le Magnifique* (1925), qu'il finira l'hiver en Italie. Mais c'est dans *Tendre est la nuit* (1934) qu'il évoquera la vie des riches expatriés sur la Côte d'Azur, son livre le plus émouvant car dans cette existence vécue comme un feu d'artifice se laisse aussi entendre la folie dans laquelle sombre sa femme.

En 1925, Colette tombe sous le charme de Saint-Tropez. Elle y achète une petite maison dans la baie des Caroubiers, La Treille Muscate, et s'y installe à l'année pour écrire. Cultivant son jardin, elle invite à sa table les écrivains Kessel, Carco, le peintre Dunoyer de Segonzac, venu en voisin de Grimaud, et bien d'autres. Trouvant que la ville perd de sa tranquillité, elle revend sa maison en 1936.

En 1954, Françoise Sagan publie son premier roman, *Bonjour tristesse*. Elle n'a que 18 ans. Son livre recèle déjà tous les ingrédients du mythe de la Côte d'Azur des années 1950-1960 : belles villas, mœurs légères et voitures de sport conduites pieds nus en prenant les virages à 100 km/h sur la corniche.

Voyageur du monde, plus attaché à l'île Maurice et à la Bretagne de ses ancêtres qu'à Nice où il est né en 1940, Jean-Marie-Gustave Le Clézio, Prix Nobel de littérature 2008, met parfois discrètement en scène la "ville-paysage" de son enfance dans certains de ses quelque 45 livres publiés. À commencer par le premier : *Le Procès-Verbal* (1963). Dans *Ballaciner* (Gallimard, 2007), où il adresse une ballade au cinéma, il est plus explicite quand il évoque son plaisir et ses émotions à commencer à fréquenter les salles de cinéma vers 16-17 ans : "C'était à Nice qui à l'époque s'enorgueillissait de posséder 50 salles de cinéma. Il y en avait pour tous les goûts, pour tous les prix, pour tous les quartiers", écrit-il, poursuivant par la description de différentes salles et des ambiances qui y régnaient.

Cinéma

La Côte d'Azur sous les projecteurs

Depuis les premiers films projetés à La Ciotat, en 1895, par les frères Lumière, la Côte d'Azur a noué un lien étroit avec l'industrie du cinéma. Sa lumière, la variété de ses paysages et leur pittoresque, son aura bientôt légendaire sont particulièrement propices aux tournages. D'importants films du muet sont tournés en extérieur ou dans les nombreux studios qui s'implantent sur la Côte. Mais, après l'avènement du cinéma parlant puis le bombardement, durant la Seconde Guerre mondiale, du studio de Saint-Laurent-du-Var, il ne reste plus que les studios de La Victorine (aujourd'hui studios Riviera).

Fondés en 1919, à Nice, les studios de La Victorine vont connaître une histoire prestigieuse et une riche production. À leur palmarès figurent notamment *Les Visiteurs du soir* (1942) de Marcel Carné, avec Arletty, *Fanfan la Tulipe* (1952), de Christian-Jaque, avec Gina Lollobrigida et Gérard Philipe, *Jeux interdits* (1952), de René Clément, avec la toute jeune Brigitte Fossey, *La Main au collet* (1955), d'Alfred Hitchcock, avec Grace Kelly et Cary Grant, *Lola Montes* (1955), de Max Ophuls, avec Martine Carol, *Et Dieu créa la femme* (1956), de Roger Vadim, avec Brigitte Bardot, *Mon oncle* (1958), de Jacques Tati, *Le Corniaud* (1965), de Gérard Oury... Avec *La Nuit américaine* (1973), François Truffaut met en scène un tournage dans les studios de La Victorine, manière de leur rendre hommage. Parmi les tournages plus récents, citons *Brice de Nice* (2004), où Jean Dujardin fait son apparition dans un rôle déjanté de surfeur attardé qui attend *sa* vague à Nice, *L'Arnacœur* (2011), de Pascal Chaumeil, avec Vanessa Paradis, Romain Duris et François Damiens – tourné en partie à Saint-Raphaël, à Nice, à Cannes et au cap d'Ail –, et *De rouille et d'os* (2012), de Jacques Audiard, avec Marion Cotillard et Matthias Schoenaerts – tourné à Cannes, à Nice et à Antibes (au Marineland notamment). En tout, quelque 700 tournages de longs-métrages, dont bon nombre ont marqué l'histoire du 7e art !

Le Festival de Cannes

En septembre 1939, l'idée est acceptée d'un festival du film de Cannes pour contrer la Mostra de Venise. La guerre repoussera le lancement à 1946. Cannes devient alors le grand rendez-vous des stars du monde entier. Un premier Palais dédié est inauguré en 1949, remplacé en 1979 par l'actuel Palais des Festivals. Aujourd'hui, le Festival de Cannes est le deuxième événement le plus médiatisé du monde après les Jeux olympiques. À divers endroits stratégiques du centre de Cannes, de grandioses fresques murales ont été réalisées en hommage au cinéma.

Lors de ses premières éditions, tous les films présentés repartent avec un prix : c'est avant tout une manifestation touristique et mondaine. Mais au fil des années, le festival devient l'un des grands rendez-vous des professionnels du cinéma. Depuis 1959, se tient en coulisse un marché du film devenu le premier du monde. Parallèlement à la sélection officielle se sont mises en place d'autres sélections telles que la Semaine internationale de la critique, la Quinzaine des réalisateurs, le prix de la Caméra d'or, Un certain regard (non compétitive) ou Cinéfondation (sélection de courts et moyens-métrages d'écoles de cinéma du monde entier destinée à découvrir de nouveaux talents). Derrière l'image très médiatisée des stars et des paillettes se joue toute une série d'actions en faveur des professionnels du cinéma et de la création.

Antibes (p.182) et les peintres

EMMANUEL DAUTANT ©

Une peinture de lumière

Hormis les XVe et XVIe siècles marqués par les primitifs niçois, l'âge d'or de la peinture s'épanouit de la fin du XIXe siècle à nos jours. La douceur du climat, la luminosité des couleurs et l'intensité des ombres, qui détourent les formes, la beauté des paysages ont contribué à faire de la Côte d'Azur un creuset artistique majeur.

La Côte d'Azur, laboratoire artistique

Sur les traces de Cézanne, installé à Aix-en-Provence, les peintres sont nombreux à se rendre dans le Midi à la fin du XIXe siècle. Monet et Renoir lui rendent visite et en profitent pour explorer la Côte d'Azur. Mais l'un des premiers à venir résider sur la Côte d'Azur est, en 1892, Paul Signac. Fasciné par la lumière, il fait escale à Saint-Tropez, alors village de pêcheurs oublié du monde. Attirés par Signac, d'innombrables peintres défilent à Saint-Tropez : des néo-impressionnistes, des nabis tels Bonnard et Vuillard, et tous les fauves, en particulier Derain et Matisse, Vlaminck, Camoin, Marquet et Manguin, et même d'autres plus inattendus comme Picabia. Pour Matisse, l'été passé à Saint-Tropez, en 1904, s'avère décisif dans l'évolution de sa peinture.

Le renouveau de Vallauris

Quand Picasso débarque à Vallauris (p. 188), en 1948, c'est un petit village où l'on pratique la céramique depuis la fin du XVe siècle, époque à laquelle des Italiens sont venus repeupler le village. À l'exception de la famille Massier, qui développe la céramique d'art au XIXe siècle, la principale activité reste la poterie culinaire. Mais, depuis peu, de nouveaux venus commencent à faire changer les choses : Suzanne Ramié, qui fonde en 1936 l'atelier Madoura, puis André Baud et, en 1945-1947, Robert Picault, Roger Capron et Jean Derval. C'est dans ce contexte qu'avec sa formidable liberté créative et ses audaces techniques, au risque de choquer les potiers traditionnels, Picasso le démiurge instille un nouveau souffle. La céramique se conjugue avec l'architecture, les artistes mettent la main à la terre. Brauner, Matisse, Chagall, Pignon s'essaient à la céramique à Vallauris. Capron, Baud, Picault, les Archanges, les Argonautes et bien d'autres font connaître leurs noms. Dans les années 1970, d'autres artistes encore ouvrent des ateliers, dont le comédien Jean Marais qui, chaque année, participe à la fête de la Poterie. Depuis 1988, des designers, comme Olivier Gagnère, sont régulièrement invités à travailler à Vallauris.

Après la Première Guerre mondiale, Saint-Tropez perd son rôle moteur dans la peinture. Mais le musée de l'Annonciade (p. 98) continue de rendre hommage à ces peintres novateurs.

Matisse, fasciné par la lumière de l'hiver, revient de plus en plus longtemps à Nice entre 1917 et 1929. Il abandonne alors sa démarche de "fauve" pour travailler sur la lumière. Dans des intérieurs intimistes, il peint le plus souvent des fenêtres entrouvertes avec des odalisques, des jeunes filles au piano ou des portraits. En 1943, il quitte Nice pour Vence. Pour les Dominicaines de Vence, il crée entièrement la chapelle du Rosaire (1951 ; p. 195), qu'il considère comme son chef-d'œuvre. Près des arènes de Cimiez, le musée Matisse (p. 207) est entièrement consacré à l'artiste.

Autre artiste majeur, Picasso fait, lui, dès les années 1920, de courts séjours sur la Côte d'Azur qui lui inspire déjà des baigneuses aux formes monumentales et des thèmes mythologiques. En 1946, à l'invitation du conservateur, il installe durant six mois son atelier dans le château Grimaldi d'Antibes. Il y laissera en dépôt une grande partie des œuvres exécutées sur place qui intégreront plus tard le musée Picasso (p. 182). L'artiste s'installe ensuite, de 1948 à 1955, à Vallauris, où il se passionne pour la céramique et réalise près de 4 500 pièces, ainsi que des linogravures, des peintures et des sculptures. De 1961 à 1973, Picasso poursuit ses derniers élans créateurs à Mougins, où il mourra en 1973.

Renoir s'installe, quant à lui, définitivement à Cagnes-sur-Mer en 1908 et peint abondamment des œuvres chatoyantes. Sa maison, le domaine des Colettes, est aujourd'hui un musée. Bonnard, qui rendait régulièrement visite à Renoir, s'installe au Cannet à partir de 1927. Un musée Bonnard (p. 166) y a été inauguré en 2011.

L'art moderne et contemporain

La fin des années 1930 et la Seconde Guerre mondiale marquent une rupture avec cette époque. Pendant la guerre, la Provence devient une terre de transit ou de refuge pour nombre d'artistes. Certains d'entre eux décident de s'y installer, la guerre terminée. Il faudrait citer Fernand Léger qui tombe sous le charme de Biot en 1949, y expérimente les techniques de la céramique, de la mosaïque et du vitrail : le musée national Fernand-Léger (p. 190) permet de suivre l'évolution de son art. Il faudrait parler aussi de Marc Chagall qui s'installe à Vence, où il demeure entre 1950 et 1956, puis à Saint-Paul-de-Vence en 1966. C'est là qu'il meurt en 1985 après avoir laissé à Nice la vingtaine de grandes toiles du Message biblique exposées au musée Marc-Chagall (p. 208). Et puis évoquer Jean Cocteau, un fidèle de Menton où, dans les années 1950, il a supervisé la restauration d'un bastion pour en faire son musée testament (p. 244) et décoré la salle des mariages de la mairie. Cocteau a aussi entièrement décoré la chapelle Saint-Pierre (p. 225) à Villefranche-sur-Mer, mais n'a pas réussi à terminer, avant sa mort en 1963, Notre-Dame-de-Jérusalem (p. 113), à Fréjus. Et encore Max Ernst qui s'installe à 73 ans, en 1964, à Seillans, où un musée (p. 135) expose des lithographies et des gravures de sa main et de celle de sa femme, Dorothea Tanning. Et bien d'autres encore...

Courant important de l'art contemporain, l'école de Nice (voir p. 209) regroupe de très grands artistes de la région niçoise depuis les années 1960. Le premier grand catalyseur en est Yves Klein, qui lancera en 1960, avec Arman et Martial Raysse, le nouveau réalisme. D'autres les rejoignent bientôt, dont Hains et Villeglé, César, Tinguely puis Niki de Saint Phalle. Autre Niçois d'adoption, devenu ami de Klein et d'Arman, Ben Vautier acclimate, dès 1962, à Nice le mouvement Fluxus, qui tente la fusion de l'art et de la vie par l'écriture et les performances. On ne peut ignorer ses slogans provocateurs souvent repris sur des sacs, des cahiers ou des tasses. En 1969, dans le village de Coaraze, une exposition signe le début du mouvement Supports/Surfaces.

Une politique artistique active

Les contacts établis entre ces artistes et certains grands marchands d'art (Aimé Maeght, en particulier) vont être déterminants. Leurs échanges et leurs collaborations donnent à la région une place incontournable, après Paris. La politique d'acquisitions et d'expositions des musées, des galeries et des fondations a, depuis, renforcé cette position.

Le MAMAC (musée d'Art moderne et d'Art contemporain de Nice ; p. 204) s'articule autour des avant-gardes françaises et américaines des années 1960 à nos jours. Il fait la part belle aux artistes niçois regroupés sous le label d'école de Nice. Dans la même ville, la villa Arson (www.villa-arson.org) prépare les avant-gardes de demain.

À Saint-Paul-de-Vence, la Fondation Maeght (p. 198) reste le plus beau musée de la Côte d'Azur par l'harmonie créée entre l'architecture, les jardins, le paysage et les œuvres d'art tout autant que par la richesse de ses collections et de ses expositions.

Parmi les autres hauts lieux de l'art contemporain figure désormais la Fondation Carmignac (p. 86), ouverte sur l'île de Porquerolles en juin 2018, qui expose une partie de la collection de l'homme d'affaires et amateur d'art Édouard Carmignac ; la Fondation Hartung-Bergman d'Antibes et l'Espace de l'art concret (p. 172), dans le parc du château médiéval de Mouans-Sartoux.

Marché provençal (p. 49)

Saveurs azuréennes

Les gourmets seront à la fête sur la Côte d'Azur. Sa cuisine du soleil, colorée et odorante, largement inspirée des produits du terroir, contribue à l'agrément d'un séjour dans la région. Les légumes, le poisson, l'huile d'olive et les aromates y ont la part belle. Les spécialités sont nombreuses, et chaque plat est un festival de saveurs et de couleurs qui laisse rarement les palais insensibles.

Légumes

Comment venir sur la Côte d'Azur sans goûter la fameuse ratatouille ? Celle-ci se déguste chaude ou froide. Il s'agit d'un mélange de légumes cultivés dans la région : aubergines, courgettes, poivrons, oignons et tomates relevés d'ail, de thym, de basilic et de persil. Sa préparation est plus complexe qu'il n'y paraît si elle est réalisée dans les règles de l'art.

Autre préparation traditionnelle à base de légumes : la soupe au pistou. Ce potageporte le nom de la sauce au basilic qui l'accompagne. Il se compose de haricots verts et blancs, courgettes, tomates, pommes de terre et spaghettis cuits dans un bouillon. L'ail, le parmesan et l'huile d'olive viennent également relever le mélange. Quant au pistou, on le retrouve dans de nombreuses préparations, de pâtes notamment.

À Nice, les tomates, poivrons, courgettes, oignons et aubergines sont également cuisinés farcis avec un mélange de bœuf ou de chair à saucisse, de mie de pain, de persil et d'huile d'olive. À ne pas confondre avec les tomates à la provençale qui accompagnent de nombreux plats, où la tomate coupée en deux est simplement cuite recouverte d'ail, de persil et d'huile d'olive. Quant aux courgettes – ainsi que leurs fleurs –, elles sont également préparées en beignets.

Enfin, côté crudités, comment ne pas citer la fameuse salade niçoise. Dans sa composition d'origine, on trouve des tomates, des concombres, des fèves, de petits artichauts, des poivrons, des oignons crus, des œufs durs et du thon. Le tout relevé d'huile d'olive, de basilic, d'ail, d'olives noires, de sel et de poivre. Aujourd'hui, on ajoute parfois de la pomme de terre et des haricots verts.

Il vous arrivera de vous voir proposer sur la carte un plat accompagné de tian. Il s'agit d'un gratin qui peut être préparé à base de légumes ou de toutes sortes de viandes ou de poissons. Ce plat porte le nom du récipient qui sert à le préparer.

Sauces, herbes et aromates

Les herbes et les aromates sont d'une grande importance dans la cuisine locale. Ils relèvent la plupart des plats. Les fameuses herbes de Provence sont le thym, le romarin, le laurier, la sarriette, l'estragon, la marjolaine et la ciboulette. Lorsque l'on indique "bouquet garni" dans une recette, il s'agit comme partout en France d'un mélange de thym, de persil et de laurier. Le basilic, frais, haché ou en sauce, est également très fréquemment utilisé, notamment dans les salades.

Parmi les sauces, l'aïoli est une mayonnaise à base d'huile d'olive, relevée d'ail pilé cru. Il est servi en accompagnement des poissons et des légumes et accompagne un plat que l'on nomme "grand aïoli" ou "aïoli garni", composé d'un assortiment de filets de morue dessalée, de supions, d'œufs durs, de radis et de légumes bouillis. Une véritable institution en Provence, servie autrefois le vendredi.

L'anchoïade est une pâte à base d'anchois, d'ail, de vinaigre et d'huile d'olive, que l'on savoure sur des tranches de pain grillé. Autre spécialité forte en bouche, la tapenade, une purée d'olives noires, relevée de thym et parfois d'anchois, est servie couramment en apéritif, sur de petits toasts. Vous en trouverez sur la plupart des marchés provençaux

Poissons et fruits de mer

La bouillabaisse, tout d'abord, est une spécialité marseillaise que l'on retrouve dans toute la région. À l'origine, il s'agissait d'un plat familial, que préparaient les pêcheurs à leur retour de pêche. Ils plongeaient dans l'eau bouillante les invendus de la criée. Cette coutume a été reprise par des cuisiniers, qui l'ont améliorée et lui ont donné sa forme actuelle. La bouillabaisse se compose d'au moins quatre variétés de poissons de roche (rascasse, saint-pierre, congre, rouget grondin, girelle...), d'oignon, de tomate, d'ail, de fenouil et de laurier, entre autres. Elle se déguste accompagnée de croûtons tartinés de rouille, une sauce à base d'ail, de safran, de piment rouge, de mie de pain écrasée, d'huile d'olive. La bourride est une variante, préparée uniquement à base de poissons blancs.

Du côté des ports de Nice ou de Cagnes-sur-Mer, vous pourrez également tester la fameuse poutine, un alevin de sardine que l'on déguste cru avec un filet d'huile d'olive, frit, en omelette ou en soupe. Le goût s'approche de celui des anchois. Ces derniers figurent en abondance dans la cuisine niçoise : pan-bagnat, salade niçoise ou pissaladière.

Enfin, on ne quittera pas la Côte sans avoir englouti un délicieux plateau de coquillages (tellines...) et de fruits de mer, dont les supions (petits calamars), les favouilles (petits crabes) et les oursins.

La truffe, un trésor de champignon

Le Var et les Alpes-de-Haute-Provence sont les plus importants producteurs de truffes noires dites "rabasses". Ces champignons au goût si particulier poussent au pied des chênes et sont extrêmement précieux pour la gastronomie. Râpée, la truffe relève idéalement les plats de sa saveur unique. La spécialité la plus répandue est la brouillade de truffe, qui permet d'apprécier au mieux ses arômes.

Les amateurs ne manqueront pas le marché aux truffes d'Aups, capitale du diamant noir, dans le Var, qui a lieu tous les jeudis de novembre à mars. Petit conseil : la bonne truffe doit sentir fort et être bien marbrée.

Plats à base de viande

Le bœuf en daube ou estouffade de bœuf est le principal plat local préparé à base de viande. On le déguste notamment dans l'arrière-pays. Pour le préparer, on laisse longtemps mijoter la viande avec du thym, des oignons, de l'ail, de la coriandre, des clous de girofle, du vinaigre, des carottes coupées, des pieds de porc, du vin rouge et de l'écorce d'orange. Du côté de Nice, ce délicieux mélange se déguste accompagné de gnocchis ou de polenta. Dans la région niçoise, les nombreuses adresses locales proposent également les fameux raviolis à la daube : la farce est élaborée à partir du bœuf en daube et c'est la sauce brune de ce plat qui doit accompagner les raviolis.

Pour les amateurs de charcuterie, ne manquez pas une autre spécialité localisée, dans le village d'Entrevaux : la secca. C'est en quelque sorte la "viande des Grisons" de la Côte d'Azur, une savoureuse viande de bœuf séchée, idéale à l'apéritif.

Les amateurs d'abats pourront déguster une autre spécialité provençale venue de Marseille et présente notamment dans l'arrière-pays varois : les pieds et paquets. Il s'agit d'une préparation de pieds de mouton et de tripes farcies d'un hachis de jambon, d'ail et d'herbes et enroulées en forme de petits paquets.

Tartes et quiches

Originaire de Nice, la pissaladière se trouve aujourd'hui dans toutes les bonnes boulangeries de la région, à côté des quiches et des parts de pizza. Il s'agit d'une tarte aux oignons, préparée sur une épaisse pâte à pain et relevée d'anchois et d'olives de Nice. Dans la région niçoise, la tourte de blettes est également courante. Préparée à base d'un mélange d'œuf, de riz et de feuilles de blettes hachées, elle est nourrissante. Le goût ressemble à celui des feuilles d'épinard. Dans la région de Saorge, les blettes sont cuisinées dans de délicieux chaussons frits appelés *barbajuans*. Enfin, les amateurs de tartes originales pourront goûter la spécialité de La Brigue : la *tantifoulousa*. Il s'agit là encore d'une tourte consistante à base de pomme de terre, de poireau et de courge.

Socca, fougasse et pan-bagnat

Ne passez pas par Nice sans goûter sa plus emblématique spécialité : la socca. Cette galette de farine de pois chiches grillée dans des fours à bois (du style des fours à pizzas) se déguste généralement "avec les doigts", en apéritif, relevée d'un peu de sel et de poivre. On la sert çà et là dans le Vieux-Nice ou vers le quartier du port. Du côté de Toulon, où elle s'est exportée, on appelle cette spécialité la *cade*. Elle se trouve facilement sur le marché du cours Lafayette, près du port.

Assez riche, la fougasse peut remplacer la pizza pour un en-cas. Vous trouverez en boulangerie ce pain plat, typiquement provençal, fourré diversement : olives, oignons et lardons, légumes ou encore fromage de chèvre.

Le pan-bagnat est le sandwich azuréen, présent dans tous les snacks et boulangeries ainsi que dans les baraques à frites installées sur les plages. Il se caractérise par la forme ronde de son pain. Littéralement, pan-bagnat veut dire "pain mouillé". Et, en effet, un pan-bagnat qui se respecte doit être imprégné d'une bonne dose d'huile d'olive. Il s'agit presque du même mélange que dans la salade niçoise : thon, œuf, oignon, anchois, ail, olives, crudités.

Desserts

Dans la région niçoise, vous trouverez la tourte de blettes dans une version sucrée. Le sucre vient atténuer l'amertume des blettes mais le goût reste très spécial. Dans la région de Grasse, quelques boulangeries proposent également la fougassette, une petite fougasse aromatisée à la fleur d'oranger. Enfin, à Saint-Tropez, ne manquez pas la fameuse tarte tropézienne (voir l'encadré p. 103). Il s'agit en réalité d'une grosse brioche fourrée de crème au beurre et de crème pâtissière. À Noël, il est de coutume de servir les treize desserts, que l'on prend après la messe de minuit. Il faut au moins des nougats, des noisettes, des figues sèches, des amandes, des raisins secs, des dattes, des noix, de la pompe à l'huile (ou gibassier) – une sorte de brioche parfumée à la fleur d'oranger – et des fruits frais.

Vins

À l'instar de l'olivier, l'exploitation de la vigne occupa, dès les origines, une place prépondérante en Provence. Les Grecs de Phocée, lorsqu'ils s'installèrent sur les rivages du Lacydon (l'actuelle Marseille) en 600 av. J.-C., apportèrent en effet avec eux l'art de tailler la vigne et de presser le raisin.

Les plus importants vignobles azuréens se situent dans le Var. Ils sont notamment réputés pour leur production de délicieux vins rosés et bénéficient de plusieurs appellations. Il y a les côtes-de-provence, et notamment les côtes-de-provence de Fréjus produits par une trentaine de vignobles répartis sur huit communes autour de l'Argens, à l'extrémité est du département. Ici, les rosés sont très clairs, d'une couleur saumon pâle. En bouche, ils révèlent rondeur et fraîcheur. Vous pourrez également savourer les coteaux-varois-en-provence, produits sur une trentaine de communes autour de Brignoles, sur un sol argilo-calcaire. Parmi les maisons les plus connues de ces coteaux : Château Lafoux, Château Margui, le Domaine de la Rose des Vents, Château de Fontlade, Domaine du Loou, etc. Enfin, les nectars de l'appellation Vins de Bandol ont eux aussi une excellente réputation. Les rosés notamment, avec leur robe pâle et leur saveur délicate.

Dans les Alpes-Maritimes, la production viticole est beaucoup plus anecdotique. Seuls les vins de Bellet, produits sur les hauteurs de Nice, continuent à s'imposer. On peut encore mentionner la petite production des moines des îles de Lérins, d'excellents vins rouges et blancs désormais servis sur les tables des plus grands chefs.

Autres alcools

Impossible de ne pas mentionner le pastis, appelé familièrement "pastaga" . Dans les Alpes-Maritimes, certains restaurants vous serviront volontiers, à la fin du repas un dé de limoncello, cette liqueur de citron venue d'Italie.

Carnaval de Nice

Traditions provençales

La Côte d'Azur, au même titre que le reste de la Provence, se caractérise par une forte sociabilité. Pétanque sur la place du village, discussion à l'ombre des platanes ou devant les stands des marchés sont autant de façons de vivre ensemble qui se perpétuent. Et puis il y a les fêtes, dans lesquelles tout le monde peut se retrouver.

Processions, joutes et bravades

Dans chaque bourg, la fête patronale s'accompagne de festivités tout autant profanes que sacrées. Après la messe, le saint est porté en procession dans les rues de la ville. Puis la solennité cède la place à la liesse autour d'un grand repas, de danses, d'un feu d'artifice ou d'autres animations. La fête s'accompagne parfois de joutes nautiques, ou de bravades au cours desquelles sont tirés force coups de tromblon. La tradition de ces bravades remonterait aux milices formées dans les villages pour résister aux Sarrasins, qui profitaient des jours de messe pour lancer leurs razzias. Les tirs des bravadeurs, avec les armes de l'époque chargées de poudre noire, symbolisent le désir commun de défendre le "pays", son identité et sa liberté, et les remerciements au saint protecteur. Des bravades ont encore lieu à Fréjus, à Cogolin, à Fayence et à Sainte-Maxime, mais la plus haute en couleur est celle de Saint-Tropez. Un spectacle qui vaut le détour.

Carnavals et corsos fleuris

La tradition du carnaval remonte au Moyen Âge, lorsque les gens faisaient ripaille jusqu'au Mardi gras, avant le jeûne de 40 jours imposé par le carême. Cette période était également prétexte à une subversion des règles et des positions sociales, à l'abri des masques et des déguisements. Le Mardi gras s'achevait par un bal, pimenté de saynètes burlesques avant de faire le procès et de brûler Carêmentrant (la "Vieille"), symbole de la fin de la mauvaise saison et du retour du printemps. Presque partout, les carnavals ont cédé la place à de véritables spectacles, comme à Nice, ou à des corsos fleuris.

Avec plus de 18 000 spectateurs chaque année, le premier dimanche de février, Sainte-Maxime fête avant tout le monde l'arrivée du printemps, lors de son traditionnel corso du mimosa, le premier d'une longue série sur la côte et l'un des plus réputés de la côte varoise. Les habitants de chaque ville préparent l'événement en fabriquant les structures et les mécanismes des chars, puis en les recouvrant de fleurs fraîches au dernier moment. Le corso parade ensuite dans les rues au son des fanfares selon un thème chaque fois différent. L'événement (gratuit ou payant selon les lieux) se conclut traditionnellement par une bataille de fleurs.

Capitale des agrumes, Menton organise depuis 1895 pour le carnaval une fête du Citron : les chars qui défilent chaque année sur un thème nouveau sont ornés d'une centaine de tonnes de citrons, oranges, pamplemousses et autres agrumes fixés sur des armatures en métal.

Le carnaval de Nice, avec ses personnages géants en carton-pâte, a acquis au fil du temps une réputation internationale, devenant un vrai spectacle. Le carnaval moderne était né. Mais c'est Alexis Mossa puis son fils Gustav-Adolf, jusqu'en 1971, qui lui donnèrent son particularisme en réalisant les maquettes des chars les plus spectaculaires. Aujourd'hui, le carnaval consiste toujours en plusieurs défilés (une vingtaine de chars et environ 300 "grosses têtes"), avec des batailles de fleurs. En ouverture du carnaval, Sa Majesté le Roi arrive en grande pompe dans un tintamarre assourdissant. Son règne éphémère est ainsi annoncé. Le dernier soir, selon la tradition, Sa Majesté Carnaval défile seule, escortée de ses bourreaux, avant d'être brûlée sur un bûcher installé en mer ou sur la grève.

La pétanque : tu tires ou tu pointes ?

Le jeu de boules remonterait à la fin du XVIIIe siècle. Il ne faut pas confondre boules et pétanque. Le jeu de boules, aussi appelé "jeu provençal", ou "longue", est très technique, car il se dispute sur une distance plus longue (15 à 21 m). Les joueurs sont autorisés à bouger avant de lancer la boule. La pétanque aurait été inventée plus tardivement, au début du XXe siècle. Contrairement à la longue, elle se joue a *pié tanca* (les pieds plantés), sur un terrain plus petit (11 m maximum). Avec des boules métalliques d'environ 720 g pour 8 cm de diamètre, il s'agit de "pointer", autrement dit de placer la boule le plus près possible du cochonnet. Déloger la boule de l'adversaire en la remplaçant par la sienne ("faire un carreau") est un coup de maître !

Surf à Saint-Cyr-sur-Mer (p.54)

Sports et activités

Sportif en mal de sensations fortes ou simple promeneur sensible à la beauté des paysages, la Côte d'Azur est votre paradis ! Des centaines de sentiers qui sillonnent la région, à parcourir à pied, à cheval ou à vélo, aux parois rocheuses idéales pour l'escalade et la via ferrata, sans oublier les eaux bleues de la Méditerranée, vos vacances pourront être des plus actives !

Randonnée

Malgré la prédominance de la mer, la Côte d'Azur offre quantité d'activités terrestres. Les montagnes, les vallées parsemées de villages perchés ou la campagne rayonnante permettent de s'adonner, chacun à son rythme, à la randonnée. Munissez-vous d'un sac, de chaussures de marche et d'un chapeau, et partez à l'aventure.

À pied

Impossible d'énumérer tous les chemins qui parcourent la région. Les gorges du Verdon et celles de Daluis comptent parmi les itinéraires les plus spectaculaires. Au cœur du parc national du Mercantour, la Vallée des Merveilles (p. 265), parsemée de quelque 36 000 gravures rupestres, constitue le *nec plus ultra* de la randonnée dans les Alpes d'Azur. Bien d'autres chemins permettent de se balader quelques heures seulement. Certains guides locaux proposent des routes thématiques dans le massif de l'Estérel par exemple. La marche peut s'effectuer en toute saison, à l'exception des torrides mois de juillet et d'août dans l'arrière-pays varois, d'autant que beaucoup de sentiers sont fermés entre le 1er juillet et le 15 septembre en raison des incendies.

Et, pour vous donner un aperçu de la richesse de la région en la matière, voici les itinéraires de Grande Randonnée® qui sillonnent la Côte d'Azur :

- Le **GR®5** part de Nice vers le nord. Il traverse notamment Levens, Roure, la vallée de la Vésubie et la Madone d'Utelle.
- Le **GR®52** relie Saint-Dalmas-Valdeblore à Menton, via le Boréon, la Madone de Fenestre, la Vallée des Merveilles et Sospel.
- Le **GR®51**, baptisé "balcons de la Méditerranée", relie Menton à La Cadière-d'Azur et passe par Castellar. Il domine la côte depuis la première ligne de crête.
- Le **GR®510**, surnommé le "sentier des huit vallées", traverse, depuis Breil-sur-Roya, la Roya, la Bévéra, la Tinée, la Vésubie, le Cians, le Var, l'Estéron et la Siagne.
- Le **GR®52A**, "Panoramique du Mercantour", part du col de Tende et longe la limite sud du parc national du Mercantour.
- Le **GR®4** relie l'Atlantique à la Provence. C'est la vedette des GR® que l'on trouve dans le Verdon. Il traverse le massif dans son intégralité et passe notamment par Gréoux-les-Bains, Moustiers-Sainte-Marie, Castellane, Entrevaux avant d'arriver à Grasse.
- Le **GR®49** part des gorges du Verdon et rejoint la côte jusqu'à Saint-Raphaël.
- Le **GR®9** part de Grimaud et traverse le massif des Maures.
- Le **GR®99** relie Toulon aux gorges du Verdon en traversant le pays brignolais.
- Le petit **GR®90** traverse le massif des Maures, du Lavandou à Notre-Dame-des-Anges.

À vélo

Le cahier détachable *Itinéraires à vélo* placé au début de ce guide propose deux parcours cyclables de plusieurs jours sur la Côte d'Azur.

Si le littoral est assez riche en pistes cyclables, l'arrière-pays n'est pas en reste. Sentiers forestiers, petites routes de montagne, chemins sinueux, il y en a pour tous les goûts. Vous trouverez votre bonheur dans le massif des Maures, l'Estérel ou encore sur Lou Girou en Tinée, dans les Alpes d'Azur, un parcours de 93 km qui traverse huit villages.

Les plus sportifs adoreront se confronter aux dénivelés des gorges du Verdon qui offrent des points de vue exceptionnels, à condition d'avoir le souffle et de bons mollets ! Des balades plus familiales sont aussi possibles le long du mythique cours d'eau.

En famille, mettez le cap sur l'île des Embiez ou sur celle de Porquerolles, sur lesquelles vous pourrez pédaler à l'abri des voitures (il n'y en a pas !), ou sur le parcours cyclable du littoral, une piste cyclable en propre entre Six-Fours et Saint-Raphaël.

À cheval et avec des ânes

Cavalier émérite ou débutant, laissez-vous tenter par une balade à cheval. Les nombreux massifs forestiers s'y prêtent bien sauf l'été, période durant laquelle l'accès est réglementé et la chaleur pénible. De nombreuses structures proposent des sorties d'une heure à plusieurs jours, avec bivouac. Les enfants pourront chevaucher des poneys ou se promener avec des ânes, et parfois profiter d'un guide qui vous fera découvrir les merveilles des alentours. Des prestataires sont signalés tout au long de ce guide.

★ Sites de plongée

La Gabinière à Port-Cros (p. 86)

Le Rubis au large du Cap-Camarat à Ramatuelle (p. 95)

Le Donator à Porquerolles (p. 84)

L'Enfer de Dante au large de Golfe-Juan (p. 183)

Mérou, réserve sous-marine de Port-Cros (p. 86)

NICOLAS DUPONT / STOCK.ADOBE.COM ©

Les massifs des Maures, de l'Estérel, le lac de Saint-Cassien sont les coins les plus agréables, mais la côte offre aussi de multiples possibilités.

La Grande Bleue

Contrairement à une idée reçue qui veut que la Méditerranée ait des airs de lac inoffensif, les amateurs de surf et autres sports de glisse ne seront pas déçus.

Plages

Tout le long du littoral, se suivent grandes plages de sable fin surveillées et équipées, rochers moins accessibles et petites criques secrètes et ombragées. Selon les goûts, on partagera son carré de sable avec de bruyants voisins ou on préférera marcher quelques minutes sur les sentiers pour gagner en tranquillité. Une chose réunira tout ce petit monde : une eau transparente, où il fait bon plonger et barboter ! L'automne est une période agréable pour piquer une tête : la région s'est vidée de ses touristes et la température de l'eau ne s'est pas encore refroidie.

Plongée sous-marine

La Côte d'Azur s'enorgueillit de sites de tout premier plan. L'Enfer de Dante, au large de Golfe-Juan, est une des plongées les plus appréciées de la Méditerranée française. Les connaisseurs affirment que Port-Cros figure parmi les quarante plus beaux sites de plongée du monde. Tombants verticaux, failles, éboulis rocheux, plateaux, grottes… les reliefs sous-marins qui bordent la côte n'ont rien à envier aux dénivelés qui se dressent au-dessus des flots.

Ne ratez pas les épaves féeriques qui jonchent ses fonds. Elles sont nombreuses au large de Cavalaire sur la côte varoise. *Le Rubis*, un sous-marin sabordé au large du cap Camarat ou *Le Donator*, un petit cargo italien qui a sauté sur une mine en 1945 à l'est de Porquerolles, comptent parmi les plus belles épaves des côtes françaises.

Tous les centres proposent des explorations sous-marines, souvent à thème (épave, grotte, biologie marine, gros poissons), mais aussi des baptêmes, des formations et le passage des brevets. La plongée de nuit est parfois au programme, de même que la rando aquatique et la plongée enfants, avec équipements et encadrement adaptés.

Côté tarifs, il est difficile d'établir un barème, tant ils varient d'un centre à l'autre et en fonction de la prestation. Une plongée "explo" ou "de nuit", avec mise à disposition du matériel complet, peut varier de 50 à 65 €. Sinon, soyez très attentif à la qualité du matériel, qui doit être récent, bien entretenu et… à votre taille. Pour un baptême, comptez autour de 55 €. Là aussi, informez-vous auprès des centres desservant le secteur où vous souhaitez plonger. Pour les baptêmes, aucun certificat médical de non-contre-indication à la pratique de la plongée n'est demandé. Pour l'exploration, en revanche, vous devez présenter ce certificat à jour, plus vos certificats de niveau et, enfin, votre carnet de plongée.

Randonnée aquatique

Très répandues sur la côte, les randonnées aquatiques se pratiquent ou en sortie organisée. Il suffit d'un masque, de palmes et d'un tuba pour découvrir les merveilles qu'abrite le littoral. Des panneaux pédagogiques, installés sous l'eau, informent sur la faune et la flore marines, tout en sensibilisant le plongeur à la protection de son environnement. Ces randonnées peuvent être suivies par les enfants à condition, bien sûr, de savoir nager.

Parmi les parcours à ne pas manquer : le sentier sous-marin de Port-Cros (p. 86) et le sentier du Rayol (p. 91), ainsi que Le Pradet (p. 60) et Théoule-sur-Mer (p. 167).

Kitesurf

Le kitesurf a le vent en poupe sur la côte. S'il n'y avait qu'un spot à citer dans ce guide, ce serait évidemment la plage de l'Almanarre (p. 76), à Hyères, dans le Var. Elle est en effet considérée comme l'un des meilleurs sites au monde de kitesurf (la pratique est limitée en juillet-août à une seule zone mais possible toute l'année) et de planche à voile. La plage de la Bergerie (Hyères) est, elle, jugée trop étroite et la pratique du kite y est interdite, par sécurité pour les baigneurs. Par vent d'est, on y croise pourtant pas mal de sportifs en mal de sensations. Celle des Charmettes, au Brusc (Six-Fours, p. 60), a également ses adeptes.

Surf et windsurf

On le sait peu, mais la Méditerranée n'est pas toujours plate et certains endroits de la côte se prêtent particulièrement bien au surf et à ses dérivés. Ces sports se pratiquent partout où le vent souffle, et les eaux abritées mais venteuses de la côte varoise s'y prêtent à merveille, notamment quand le mistral souffle l'été.

Côté windsurf, comme pour le kitesurf, les plages de la presqu'île de Giens (p. 76) sont des rendez-vous incontournables, de même que la plage de l'Almanarre (p. 76) à Hyères et la plage des Charmettes au Brusc (Six-Fours, p. 60).

Autre option : mettre le cap sur les eaux douces du lac de Saint-Cassien (p. 139) ou du lac de Sainte-Croix (p. 141).

Voile

Sur la plage de La Favière, à Bormes-les-Mimosas, à Théoule-sur-Mer, à Hyères, à Ramatuelle, à Antibes ou à Nice, vous pourrez louer Optimist, catamarans et d'autres types de voiliers pour voguer sur la Méditerranée.

Ski nautique et wakeboard

Si vous avez l'agilité et l'énergie nécessaires, chaussez une paire de skis et glissez sur les eaux de la Méditerranée. Les débutants pourront prendre des cours, entre autres à Théoule-sur-Mer, à Saint-Mandrier ou au Lavandou.

Kayak

En monoplace ou en biplace, seul ou en sortie accompagnée, le kayak est un moyen très agréable de découvrir à son rythme le littoral. Les enfants, même jeunes, pourront souvent vous accompagner, à condition que votre embarcation soit adaptée. N'hésitez pas à employer ce moyen de transport pour vous éloigner en été des plages bondées ! Vous pourrez ainsi atteindre les plages de la route de Brégançon en partant de La Londe-les-Maures.

Le grand frisson

Glisser sur l'eau, s'élancer dans le vide, s'envoler ! Tout est possible en Provence-Côte d'Azur, il suffit de choisir son secteur et son sport. Pour une poussée d'adrénaline, cap sur le Verdon et les Alpes d'Azur, où varappe, parapente, kayak sont rassemblés dans une même zone. De nombreux prestataires offrent de bonnes conditions de sécurité pour démarrer ces sports en toute confiance.

Escalade et via ferrata

La région compte de nombreux sites réputés : le Gros Cerveau à Ollioules (p. 58), les gorges du Blavet près de Roquebrune-sur-Argens (p. 109), le vallon Sourn près de Correns (p. 149) dans le haut Var, les 200 voies du vallon du Ray à Gorbio près de Roquebrune-Cap-Martin (p. 247), Valberg (p. 283) dans les Alpes d'Azur ou encore la vallée de la Vésubie (p. 267). Mais ce sont les gorges du Verdon (p. 140), avec 1 500 voies aménagées, qui réunissent les meilleures conditions pour la discipline : qualité de la roche, verticalité et ensoleillement. Les prestataires se regroupent à La Palud-sur-Verdon.

Côté via ferrata, des voies d'escalade câblées parcourues d'échelons, de rampes et de ponts de singe, dirigez-vous vers La Colmiane (Baus de la Frema ; p. 282), Lantosque (p. 268) ou Tende (p. 262).

Parapente et vol à voile

La majorité des spots sont situés dans les gorges du Verdon. Initiez-vous également au vol à voile à Fayence et élancez-vous en parapente à Èze, à Gourdon et dans les gorges du Loup.

Sports d'eau vive

Les gorges du Verdon constituent la région phare du canyoning, du rafting, du canoë et du kayak. Les prestataires ne manquent pas. Le cadre y est particulièrement grandiose et fait figure de référence dans la France entière. Le canoë-kayak se pratique aussi tranquillement sur l'Argens (p. 109), dans le Var, ou sur le lac de Sainte-Croix (p. 141).

Ski et raquettes

L'avantage des Alpes-Maritimes, c'est que l'on y trouve aussi bien de magnifiques plages que des stations de ski. Citons, notamment, Valberg et Roubion-les-Buisses dans les Alpes d'Azur, et dans le Mercantour, Isola 2000, que l'on ne présente plus, Auron, Saint-Dalmas-le-Selvage et Valberg. Gréolière-les-Neiges, située à 45 minutes à peine des plages, offre quant à elle des possibilités de ski de fond et de balades en raquettes.

Chamois dans le parc national du Mercantour (p.330)

DOMINIQUE BOVET ©

Environnement

Une terre de contrastes. L'expression n'est pas ici galvaudée pour évoquer la diversité des paysages, la richesse de la faune et de la flore. L'ensoleillement exceptionnel et le climat ont leur revers : les foules de vacanciers qui débarquent dans la région et les infrastructures construites pour les accueillir sont souvent une menace pour cet environnement qu'il faut absolument protéger.

Géographie et géologie

Sur la Côte d'Azur, c'est avant tout l'attrait du rivage méditerranéen qui aimante les touristes. De Saint-Cyr-sur-Mer à Menton, elle déroule quelque 200 km de littoral, offrant lui-même une grande diversité. Les longues plages de sable blanc alternent ainsi avec des plages de galets et de petites criques. Dans les Alpes-Maritimes, le littoral est presque entièrement urbanisé et accueille les grandes villes balnéaires qui ont forgé le mythe de la Riviera française. Au large s'étirent plusieurs îles comme les Embiez, celles de Lérins ou encore les îles d'Or.

★ Parcs animaliers

Centre Alpha du loup, au Boréon (p. 272)

Village des tortues de Gonfaron (p. 92)

Réserve biologique des Monts d'Azur, à Thorenc-Andon (p. 179)

Village des tortues de Gonfaron (p. 92)

KOALETTY / STOCK.ADOBE.COM ©

L'arrière-pays est essentiellement montagneux. Trois chaînes le séparent de la côte : le massif de l'Estérel, le massif des Maures et les contreforts des Alpes au nord de Nice, dont les sommets dépassent les 3 000 m dans le Mercantour. Dans le nord-est du Var et dans les environs de Grasse s'étendent les "Plans" de Provence, de hauts plateaux d'environ 800 m d'altitude. Entre ces reliefs se déploient de petites plaines fluviales, terres fertiles consacrées aux cultures maraîchères.

Climat

Le climat ici est des plus enviables ! L'été est sec, voire caniculaire, et l'hiver est plutôt doux sur la côte mais souvent froid, voire glacial, à l'intérieur des terres. Les statistiques sont formelles : l'ensoleillement bat des records, puisqu'on compte de 2 600 à 2 900 heures de soleil par an. Les précipitations sont faibles, surtout le long du littoral. Il existe cependant des nuances régionales, dues au relief. Le nord-est de la région accuse un caractère plus continental, soumis à l'influence alpine.

On peut visiter la région en toute saison, mais c'est incontestablement le printemps et l'automne qui réservent les moments les plus agréables. Même au cœur de l'hiver, il fait couramment 10°C dans la journée. En été, attention aux orages, qui peuvent être très violents et provoquer des dégâts importants. Quant à la température de l'eau, elle atteint 22 à 23°C en août-septembre et 12 à 13°C en hiver.

L'autre trait majeur du climat local est le vent, le fameux mistral, qui balaie la vallée du Rhône environ 100 jours dans l'année. Sec et froid, ses rafales atteignent régulièrement les 100 km/h. Au-delà de l'Estérel, son influence n'est plus que résiduelle dans certaines vallées. En cela, le climat des Alpes-Maritimes est beaucoup plus doux, et Cannes, notamment, à l'abri de l'Estérel, bénéficie d'un microclimat exceptionnel.

Faune

Les principaux représentants de la faune provençale sont les insectes, dont la cigale, emblème de la Provence, les moutons, les chèvres, les lézards et les couleuvres, ainsi que les cerfs et les chevreuils. Dans le parc national du Mercantour, vous croiserez certainement chamois, marmottes, mouflons et bouquetins. Réapparus en 1992 après une absence d'un demi-siècle, et aujourd'hui protégés, les loups provoquent toujours la colère des éleveurs.

Naguère très répandue en France, la tortue d'Hermann – une espèce terrestre – est maintenant l'un des reptiles les plus rares de France. Elle n'est plus présente que dans le massif des Maures et en Corse.

Port-Cros abrite des espèces exceptionnelles protégées par une réglementation stricte, comme le goéland leucophée (appelé "gabian" localement) et le puffin de Méditerranée.

Dans le Verdon, on a réintroduit des couples de vautours fauves et vous apercevrez peut-être dans le parc national du Mercantour deux rapaces : le gypaète barbu et l'aigle royal.

Quant à la faune marine, elle est relativement abondante, grâce à des écosystèmes variés et à la bonne qualité des eaux. Les plongeurs pourront ainsi observer des loups, des sars, des dorades, des chapons, des mostelles, des liches, des dentis, des oblades, des congres, des girelles, des gobies, des corbs, ainsi que des mérous. La faune fixée est également riche : éponges, gorgones, anémones et ascidies colorent les fonds marins.

Le sanctuaire Pélagos

Il aura fallu une quinzaine d'années pour que l'alerte lancée par des organismes luttant pour la préservation des cétacés aboutisse, en 1999, à un accord entre la France, l'Italie et Monaco sur la création d'un **sanctuaire méditerranéen** (www.sanctuaire-pelagos.org) pour protéger ces mammifères et leurs habitats contre les perturbations (pollution, capture, blessures accidentelles...).

Une estimation grossière recense dans cette zone plus de 8 500 espèces animales macroscopiques représentant entre 4 et 18% des espèces marines mondiales. En été, entre 300 et 1 000 rorquals communs et environ 25 000 dauphins bleu et blanc fréquentent ce périmètre. Le sanctuaire abrite aussi des cachalots, des dauphins communs, des dauphins de Risso, des globicéphales noirs, des grands dauphins, des ziphius et des survivants des phoques moines.

L'objectif du sanctuaire est de parvenir à concilier les activités humaines et le milieu naturel qui les entoure. La partie française de l'accord est gérée par le parc national de Port-Cros.

Flore

Le grand seigneur est l'olivier, importé par les Grecs voici 25 siècles, qui prospère sous les climats chauds et secs. Plusieurs espèces sont cultivées, essentiellement pour la production d'huile d'olive : l'aglandau, la picholine et la salonenque. Dans le nord de la région s'épanouissent des forêts de chênes blancs et de chênes verts. Poussent également des hêtres, des amandiers, des pins et des cyprès. Également caractéristiques de la Provence, platanes et micocouliers ombragent cours et places de nombreux villages. Dans les Alpes, se trouvent les essences des forêts de montagne : sapins, épicéas, pins cembro, mélèzes... Plus de 2 500 espèces de plantes à fleurs, dont 200 sont rares et 40 endémiques, poussent dans le parc national du Mercantour.

La Provence occidentale se caractérise par ses étendues de garrigue, des buissons ou des broussailles, associant généralement cistes, thym, myrte, romarin, lavande et chênes, ou des taillis mêlant chênes et pins.

Parmi les cultures, on rencontre également celle de la vigne, des fruits et légumes, et des fleurs. Le Var est le premier département horticole français, avec 40% de la production nationale de fleurs coupées. Par contre, devant l'urbanisation, le secteur des fleurs à parfum, jadis prospère dans la région de Grasse, est aujourd'hui en chute libre.

Indissociables de la Côte d'Azur, palmiers et plantes grasses n'ont en réalité été intégrés au paysage que très tardivement. Comme nombre d'autres espèces exotiques, ils ont été importés au cours du XIXe siècle. Des jardins botaniques ont alors été aménagés, comme à Menton, et les promenades de bord de mer ont été plantées de palmiers venus des Canaries ou de Californie. Le mimosa, une variété d'acacia originaire d'Australie, a été acclimaté sur la Côte d'Azur via l'Angleterre. Orangers et citronniers sont eux présents sur la côte dès la fin du Moyen Âge.

★ Lieux d'observation de la faune sous-marine

Aquarium de l'île des Embiez (p. 62)

Musée océanographique de Monaco (p. 236)

Sentier sous-marin de la Palud à Port-Cros (p. 87)

Marineland d'Antibes (p. 183)

Sentier sous-marin de la Palud (p. 87)

Parcs et réserves

La région subit depuis longtemps les assauts des promoteurs immobiliers et des industriels qui se soucient peu de l'impact de leurs réalisations sur l'environnement. La protection de certains espaces a été mise en place et a permis de préserver une partie du patrimoine naturel et culturel de la région.

La Côte d'Azur comprend deux des dix parcs nationaux français. Le **parc national du Mercantour** (www.mercantour.eu) tout d'abord, protège le nord-est des Alpes-Maritimes. La zone centrale abrite entre autres une extraordinaire collection de gravures rupestres datant de l'âge du bronze (voir p. 265). Le **parc national de Port-Cros** (www.portcrosparcnational.fr), créé en 1963, occupe 700 ha de terres émergées et 1 288 ha de surfaces marines. C'est le premier parc marin européen.

On compte aussi plusieurs aires ayant le statut de **parc naturel régional**, dont le Verdon. Ce statut, qui favorise le développement durable et qui protège le patrimoine culturel et naturel, ne met malheureusement pas ces étendues à l'abri de toute dégradation mais vise à la ralentir et à la contrôler.

Quant à la **réserve géologique de Haute-Provence** (www.resgeol04.org), elle s'étend sur 2 300 km^2 et englobe 59 communes (dont 52 dans les Alpes-de-Haute-Provence et 7 dans le Var).

Problèmes environnementaux

La Provence-Côte d'Azur est sous la menace de l'activité humaine, notamment près des côtes et le long de la vallée du Rhône. L'urbanisation et l'industrialisation font peser une grave menace sur l'environnement.

La Côte d'Azur est particulièrement exposée aux risques naturels : inondations, glissements de terrain ou chutes de blocs de pierre, avalanches, sismicité. Depuis dix ans, la région est aussi régulièrement touchée par la sécheresse en été. Autre menace, celle des incendies de forêt. Chaque année, en période estivale, des milliers d'hectares de forêt ou de garrigue partent en fumée. Le plus souvent, il s'agit d'incendies criminels.

L'engouement touristique a également son revers. Le Verdon reçoit chaque année plus d'un million de visiteurs, dont le passage a des incidences notables sur l'environnement. La surcharge, notamment l'été sur le littoral, entraîne également la pollution des eaux, des plages et de l'air, tandis que les constructions anarchiques, les emprises routières et la saturation automobile dénaturent fortement les paysages.

Port de Nice (p. 204)

NIKOLAI SOROKIN / STOCK.ADOBE.COM ©

Carnet pratique

Infos utiles

Argent

Aucun problème pour retirer de l'argent dans les distributeurs automatiques (DAB) des grandes villes. En revanche, la situation se complique dès que l'on entre dans les petits villages de l'arrière-pays varois ou niçois. Sachez également que certains établissements, même situés dans des endroits très touristiques, n'acceptent pas toujours la carte bancaire. Il est préférable de prévoir suffisamment d'espèces.

Assurance

Il est conseillé de souscrire à une police d'assurance qui vous couvrira en cas d'annulation de votre voyage, de vol, de perte de vos affaires, de maladie ou encore d'accident. Lisez avec la plus grande attention les clauses en petits caractères : c'est là que se cachent les restrictions. Vérifiez notamment que les “sports à risques”, comme la plongée, la moto ou même la randonnée, ne sont pas exclus de votre contrat, ou encore que le rapatriement médical d'urgence, en ambulance ou en avion, est couvert.

Attention ! Avant de souscrire une police d'assurance, vérifiez que vous ne bénéficiez pas déjà d'une assistance par votre carte bancaire, votre mutuelle ou votre assurance automobile. C'est bien souvent le cas.

Bénévolat

Curieusement, les grandes associations de chantiers bénévoles délaissent un peu la région. Pour ceux qui veulent s'initier aux techniques de construction et découvrir la région autrement, mieux vaut donc s'adresser à des associations locales. La **CORAC** (☎06 50 35 03 72 ou 04 92 58 77 72 ; www.corac.fr) recense les nombreux chantiers de la région et cordonne les différentes associations. Parmi elles, **Chantiers Jeunes Provence Côte d'Azur** (☎04 93 47 89 69 ; www.cjpca.org) et, autour de Grasse, **Planète science Méditerranée** (☎04 92 60 78 78 ; www.planete-sciences.org/mediterranee) sont réservés aux ados. **Neige et Merveilles** (☎04 93 04 62 40 ; www.neige-merveilles.com) intervient sur le patrimoine bâti et naturel de la Vallée des Merveilles. L'**Association pour la participation et l'action régionale – CME** (☎04 90 85 51 15 ; www.apare-cme.eu/fr/), spécialisée dans la restauration du patrimoine coordonne des chantiers pour adultes et adolescents dans le Var.

Cartes et plans

La carte routière Michelin n°527, *Provence-Alpes-Côte d▯Azur*, à l'échelle 1/200 000 (1 cm = 2 km), donne une excellente vue d'ensemble de la région et fait ressortir les routes les plus intéressantes pour le visiteur.

Les cartes de l'**IGN** (www.ign.fr) sont aussi très utiles : *Provence/Alpes/Côte d▯Azur* (REG18 au 1/250 000), la D83 *Var* au 1/200 000 (série orange) ou la D06 *Alpes-Maritimes* au 1/200 000.

Celles de la série Top 100 (au 1/100 000) comportent des indications touristiques et relatives aux activités de pleine nature ; il s'agit des cartes *Toulon-Aix-en-Provence* n°172 et *Nice-Draguignan* n°165.

Pour les randonnées, vous pourrez choisir parmi les nombreuses cartes de la série bleue Top 25 de l'IGN (toutes au 1/25 000).

À de rares exceptions près, tous les offices du tourisme proposent gratuitement des plans et des cartes plus ou moins détaillés des villes et des localités qui les bordent.

Climat

Il fait bon vivre dans cette partie de l'Hexagone, tout le monde le sait ! En été, climat méditerranéen oblige, les températures peuvent monter assez haut et la chaleur, sèche, devenir pénible.
Les températures dépassent alors aisément les 30°C. Si vous voulez vraiment profiter de votre séjour, préférez les saisons intermédiaires, plus clémentes. Les mois de mai, juin, septembre et octobre sont les plus agréables et on peut facilement se baigner. En plus, à ce moment-là, les terrasses sont moins bondées et les serveurs, détendus et souriants.

Pour les visiteurs étrangers

- **Formalités et visas :** Un séjour sur la Côte d'Azur est soumis aux mêmes conditions que dans toute autre région française. À ce titre, Belges, Suisses et Canadiens n'ont pas besoin de visa pour une période maximale de 90 jours. Une simple carte d'identité suffit pour les Belges et les Suisses. Les Canadiens sont limités, quant à eux, à 2 séjours de 90 jours par an et doivent présenter un passeport en cours de validité. Pour plus de précisions, reportez-vous au site officiel du ministère des Affaires étrangères français : www.diplomatie.gouv.fr.
- **Argent :** Les bureaux de change sont rares. Installés dans les villes touristiques du littoral, certains pratiquent des commissions exagérées. Mieux vaut passer par l'intermédiaire des banques. Les banques, bureaux de change et bureaux de poste acceptent souvent les chèques de voyage.
- **Heure locale :** La Côte d'Azur vit au même rythme que le reste de la France. Elle a donc 1 heure (hiver) ou 2 heures (été) d'avance par rapport à l'heure de Greenwich. Lorsqu'il est 14h à Nice ou à Toulon, il est 8h à Montréal. L'heure est la même qu'en Suisse et en Belgique.
- **Électricité :** En France, les prises électriques ont deux fiches rondes (220 V, 50 Hz). Les Canadiens auront besoin d'un adaptateur.
- **Téléphone :** Pour appeler la France depuis l'étranger, composez le code d'accès international de votre pays (00 pour la Suisse et la Belgique, 011 pour le Canada), suivi de l'indicatif de la France ✆33. Pour appeler l'étranger depuis la France, composez le code d'accès international ✆00, suivi de l'indicatif du pays (32 pour la Belgique, 41 pour la Suisse, 1 pour le Canada).
- **Permis de conduire :** Les permis de conduire délivrés dans les pays membres de l'UE, en Suisse et au Canada sont valables pour circuler en France.

Ambassades et consulats étrangers en France

- **Ambassade de Belgique** (✆01 44 09 39 39 ; www.diplomatie.be/paris ; 9 rue de Tilsitt, 75017 Paris). **Consulat** Marseille (✆04 96 11 69 55 ; www.diplomatie.be/marseillefr ; 112 bd des Dames, 13002 Marseille)
- **Ambassade du Canada** (✆01 44 43 29 00 ; www.amb-canada.fr ; 130 rue du Faubourg Saint-Honoré, 75008 Paris). **Consulat** Nice (✆04 93 92 93 22 ; 2 pl. Franklin, 06000 Nice)
- **Ambassade de Suisse** (✆01 49 55 67 00 ; 142 rue de Grenelle, 75007 Paris). **Consulat** Marseille (✆04 96 10 14 10 ; 7 rue d'Arcole, 13006 Marseille)

Ambassades et consulats de France à l'étranger

Belgique

- **Ambassade** (✆02 548 87 11 ; www.ambafrance-be.org ; 65 rue Ducale, 1000 Bruxelles). **Consulat** (✆02 548 88 11 ; 42 bd du Régent, BP 82, 1000 Bruxelles)

Canada

- **Ambassade** (✆06 13 789 17 95 ; www.ambafrance-ca.org ; 42 Sussex Drive, Ottawa, Ontario K1M 2C9). **Consulats** Montréal (✆0514 878 43 85 ; www.consulfrance-montreal.org ; 1501 McGill Collège, 10e étage, bureau 1000, Montréal (QC) H3A 3M8) ; Québec (✆0418 266 25 00 ; www.consulfrance-quebec.org ; 25 rue Saint-Louis, Québec (QC) G1R 3Y8)

Suisse

- **Ambassade** (✆031 359 21 11 ; www.ambafrance-ch.org ; Schosshaldenstrasse 46, 3006 Berne). **Consulat général** (✆022 319 00 00 ; www.consulfrance-geneve.org ; 2 cours des Bastions, 1205 Genève).

Météo

Le portail **Météo France** (☎ 3250 ; https://meteofrance.com) est accessible depuis n'importe quel téléphone. Les prévisions départementales, jusqu'à 9 jours, sont accessibles par téléphone au ☎ 08 99 71 02 + n° du département concerné (2,99 € l'appel). Un service coûteux depuis les portables.

Avec 300 jours de soleil par an, les précipitations ne sont pas vraiment la préoccupation locale, même si, quand il pleut dans le Sud (plutôt en automne et au printemps), c'est souvent avec violence.

En hiver, la bande littorale connaît des températures clémentes, épargnée qu'elle est par le mistral qui préfère souffler à Marseille... Dès que l'on entre dans l'arrière-pays, le climat est un peu moins tempéré, le thermomètre chutant facilement l'hiver et grimpant vite l'été.

Quelques chutes de neige peuvent se produire à plus de 800 m d'altitude dans le haut Var. Dans les Alpes, le climat est de type montagnard et il neige de novembre à avril.

Désagréments et dangers

La mer présente certains dangers qu'il ne faut pas négliger. Baignez-vous sur les plages surveillées, suivez les conseils des sauveteurs et tenez compte de la signalisation relative à la sécurité (drapeau vert, orange ou rouge). Le canyon et les lacs du Verdon, tout comme les baignades en rivière présentent des dangers spécifiques (brusques montées d'eau, siphons, tourbillons, etc.). Là encore, renseignez-vous sur les éventuels pièges du secteur.

Attention aux feux de forêt. Certains massifs, tel celui des Maures, sont interdits d'accès en période estivale en raison des risques d'incendie. Avant de partir en balade, informez-vous sur les conditions d'accès aux massifs et respectez les consignes d'interdiction (voir l'encadré ci-contre).

Comme dans toute région hautement touristique, vous ne serez pas à l'abri des vols, surtout en été. De simples précautions suffiront à les éviter : ne laissez aucun objet de valeur dans votre voiture ou dans votre chambre d'hôtel, gardez votre sac à main près de vous et ne laissez pas votre Smartphone en évidence, en particulier aux terrasses des cafés. Sur la plage, n'allez pas vous baigner en laissant vos affaires sans surveillance.

Autre désagrément : la conduite sportive, voire indélicate, de certains automobilistes azuréens. Ne cédez pas aux appels de phares et aux coups de klaxon des conducteurs impatients. Enfin, quelle que soit la météo, soyez extrêmement prudent sur les routes de montagne, que vous devrez partager avec les camions et, en été, avec les nombreux cyclistes.

Douane

La réglementation européenne autorise les voyageurs en provenance d'un pays non membre de l'UE à transporter avec eux (par personne, et sans déclaration particulière aux douanes) : 200 cigarettes, 1 litre d'alcool titrant plus de 22°, 2 litres de vin, 16 litres pour les bières, 500 g de café, 100 g de thé, 250 ml d'eau de toilette et 50 ml de parfum, et des cadeaux (ou achats) d'une valeur n'excédant pas au total 175 €.

Si vous arrivez d'un autre pays membre de l'UE, vous n'avez pas à déclarer vos achats, ni à payer de taxes. Vous pouvez transporter avec vous lorsque vous arrivez en France : 800 cigarettes, 1 kg de tabac, 10 litres de boissons spiritueuses (whisky, vodka, etc.), 20 litres de produits intermédiaires (vermouth, porto, madère, etc.), 90 litres de vin et 110 litres de bière.

Évitez absolument d'acheter des contrefaçons à la frontière italienne même si leurs prix sont attrayants. En cas de contrôle des douanes, la marchandise sera saisie et vous paierez en plus une amende.

Plus de renseignements : www.douane.gouv.fr.

Handicapés

Avec ses villages perchés, ses vieilles maisons et ses ruelles en pente, la Côte d'Azur n'est pas facile d'accès pour les personnes à mobilité réduite. Mais les choses sont doucement en train de changer. La région PACA encourage les établissements touristiques à s'adapter, en finançant en partie les installations nécessaires, mais beaucoup reste à faire. Depuis plusieurs années, des plages du littoral sont accessibles à la baignade, grâce à des fauteuils amphibies et à des cheminements amovibles.

Un site permet d'organiser au mieux son séjour en fonction de son hadicap : www.handitourismepaca.fr.

Par ailleurs, le **label "Tourisme et handicap"** (www.tourisme-handicaps.org) a été créé par le gouvernement, label qui permet d'identifier les prestations adaptées aux personnes handicapées.

L'**APF** (www.apf.asso.fr) peut vous fournir d'utiles informations sur les voyages accessibles et les conditions d'accès dans la région pour les personnes paralysées.

Deux sites Internet dédiés aux personnes handicapées comportent une rubrique consacrée au voyage et constituent une bonne source d'information : **Yanous** (www.yanous.com, rubrique "pratique", puis "tourisme") et **Handica** (www.handica.com).

Le feu, un fléau pour le massif

Chaque été, la sécheresse, le vent et les incendiaires menacent le massif des Maures. Les incendies de 2017 ont détruit plus de 4 000 ha et 10 000 personnes ont été évacuées en urgence. Pour éviter au maximum ces drames, l'accès aux massifs est réglementé du 21 juin au 30 septembre. En fonction des risques météo, la préfecture fixe chaque jour un niveau de vigilance (renseignements : ✆0811 20 13 13 ; www.sigvar.org).

- **Jaune** : risque modéré, prudence
- **Orange** : risque sévère, pénétration dans les massifs déconseillée
- **Rouge** : risque très sévère, pénétration dans les massifs fortement déconseillée
- **Noire** : risque exceptionnel, circulation piétonne interdite, certaines voies peuvent être fermées aux véhicules

Dans les Alpes-Maritimes, la situation est très différente. Possédant très peu d'espaces boisés à risques, contrairement au Var, le département ne met pas en place de système particulier de vigilance. Dans des cas de sécheresse extrême, le préfet prend parfois des mesures d'interdiction d'accès aux massifs pour les piétons et les véhicules. Dans ce cas, vous seriez informé par les offices du tourisme concernés. Seule exception : le massif de l'Estérel, à cheval entre les deux départements, régulièrement fermé en été.

Hébergement

La gamme des hébergements est particulièrement diversifiée sur la Côte d'Azur. Bien entendu, les prix augmentent fortement en saison, particulièrement en juillet-août, et les meilleures adresses sont souvent complètes. Il est donc recommandé de réserver bien à l'avance pour cette période, ainsi que durant les week-ends de mai à octobre.

Nombre d'établissements pratiquent plusieurs tarifs saisonniers. La plupart usent d'une basse/haute saison (généralement de mai à septembre), mais certains incluent aussi une très haute saison pour juillet-août : les prix peuvent alors doubler, voire tripler.

Beaucoup de structures sont fermées en hiver, bien qu'il reste un choix honorable d'établissements ouverts toute l'année.

Attention, consultez le calendrier des fêtes et festivals (p. 40) : lors de certains événements réputés, les tarifs augmentent d'au moins 20% (par rapport aux tarifs déjà de haute saison) et les établissements sont littéralement pris d'assaut. Il est vivement recommandé de réserver longtemps à l'avance.

Campings

Étant donné le prix exorbitant des hébergements l'été sur la côte, le camping peut être une solution économique et agréable. La solution la plus rentable reste évidemment la tente, mais la location à la semaine d'un mobil-home entièrement équipé vous reviendra toujours moins cher qu'un hôtel, surtout si vous êtes en famille.

Chambres d'hôtes

De plus en plus appréciées, les chambres d'hôtes se sont multipliées dans la région. Le prix, l'accueil et le style des chambres varient d'une adresse à l'autre, mais les prestations sont en général de qualité.

Soyez prévoyant

- Nombre d'hôtels et de restaurants n'acceptent pas les cartes bancaires. Munissez-vous d'espèces et d'un chéquier.
- Lors de vos escapades en montagne, planifiez vos points de ravitaillement en essence pour ne pas tomber en panne sèche au milieu de nulle part, avec, en prime, aucun accès au réseau téléphonique.
- En été, les commerces font une longue pause à l'heure de la sieste. Vous trouverez donc en général porte close entre 13h et 16h.
- Le réseau de téléphonie mobile n'est pas très performant dans l'arrière-pays.
- L'avant-saison (avril-juin) et l'arrière-saison (septembre-octobre) sont des périodes idéales pour profiter de la côte et de l'arrière-pays.
- La plupart des établissements touristiques démarrent la saison à Pâques et ferment à la mi-octobre.

Certaines proposent également une table d'hôtes : l'occasion de faire plus ample connaissance avec les propriétaires et les autres hôtes. Elles proposent généralement des produits du terroir, de la propriété, voire bio. Certaines sont ouvertes aux clients extérieurs.

Notez que beaucoup de chambres d'hôtes n'acceptent que les paiements par chèque ou en espèces.

Gîtes de France
(www.gites-de-france.com)

Clévacances
(www.clevacances.com)

Fleurs de Soleil
(www.fleursdesoleil.fr)

Gîtes ruraux et meublés de tourisme

Les meublés de tourisme désignent des studios, des appartements et des villas équipés, loués à la semaine – une excellente formule pour ceux qui privilégient l'indépendance. Les tarifs sont très variables selon le site et la saison. Comptez une moyenne de 400 à 800 € la semaine en haute saison.

Gîtes d'étape et refuges

Destinés en principe aux randonneurs, les gîtes d'étape font également le bonheur des voyageurs à petit budget, qui y trouvent une excellente alternative au camping et à l'hôtel. Ces structures, privées ou gérées par les mairies, se trouvent dans des villages traversés par des sentiers de randonnée. Ces gîtes proposent un hébergement en dortoir, avec des sanitaires communs. Leur niveau de confort est généralement très satisfaisant. La demi-pension est en principe demandée en haute saison, mais ce n'est pas systématique. Si cette formule vous intéresse, pensez à emporter des draps, sinon vous devrez les louer.

Hôtels

En haute saison, surtout sur la côte, vous serez souvent étonné du peu d'entrain que mettent certains hôteliers à accueillir leur clientèle. Mais, heureusement, d'autres tiennent leur métier à cœur et mettent un point d'honneur à recevoir les touristes toute l'année dans de bonnes conditions. Les chambres de catégorie moyenne sont généralement équipées d'une TV, d'une salle de bains privée, du double vitrage et de la clim (ou, au moins, d'un ventilateur).

Si vous voyagez en dehors de l'été, renseignez-vous sur les tarifs : certains établissements baissent considérablement leurs prix pour remplir leurs chambres.

Homosexualité

Le tempérament méditerranéen et macho a eu longtemps droit de cité, mais, de manière générale, on n'a de moins en moins de mal à afficher franchement son homosexualité dans la région. En tout cas, les bonnes adresses existent bel et bien. De très belles maisons d'hôtes du littoral et de l'arrière-pays s'affichent plus ou moins gay-friendly. Les plages naturistes, de la mythique Pampelonne (p. 95) aux criques sauvages, sont des lieux de rendez-vous incontournables. Pour ceux qui rêvent de farniente, de calme et de tolérance, le tout dans le plus simple appareil, un petit séjour sur l'île naturiste du Levant s'impose.

Les grandes villes de Côte d'Azur ont un réseau gay et lesbien relativement bien implanté, avec bars et clubs. Les villes de la côte habituées à une vie nocturne intense comme Saint-Tropez, Cannes, Antibes, Nice ou Monaco vous feront passer de très bons moments. Dans les villes de moindre importance, les lieux gays se font rares.

Association Gay Provence (www.gay-provence.org ; 14 rue Berlioz, 13006 Marseille)

Offices du tourisme

La région dispose d'un réseau efficace d'offices du tourisme et de syndicats d'initiative. Même les petites localités possèdent ne serait-ce qu'un bureau ou un point d'information. Certains ouvrent toute l'année, d'autres seulement pendant la saison touristique. Ils disposent de brochures en général d'excellente qualité et proposent parfois des visites guidées. De plus en plus d'offices du tourisme possèdent leur site Internet.

Organismes à connaître

Alpes-Maritimes – Comité régional du tourisme Côte d'Azur (☎04 93 37 78 78 ; cotedazurfrance.fr ; 455 promenade des Anglais, 06000 Nice)

ADT Var Tourisme (☎04 94 18 59 60 ; www.visitvar.fr ; 1 bd de Strasbourg, BP5147, 83093 Toulon Cedex)

Comité régional du tourisme PACA (☎04 91 56 47 00 ; www.tourismepaca.fr ; Maison de la Région, 61 La Canebière, Marseille Cedex 01)

Fédération française de randonnée des Alpes-Maritimes (☎09 51 05 19 23 ; alpes-maritimes.ffrandonnee.fr ; 7 rue de l'Hôtel de Ville, 06800 Cagnes-sur-Mer)

Parc national du Mercantour (☎04 93 16 78 88 ; www.mercantour.eu ; 23 rue d'Italie, BP 1316, 06000 Nice Cedex 01). Très utile pour préparer son séjour et ses randonnées.

Parc national de Port-Cros (www.portcrosparcnational.fr). Plusieurs antennes : à Port-Cros (☎04 94 01 40 70), Porquerolles (☎04 94 58 07 24), Hyères (☎04 94 12 82 30 ; Castel Sainte-Claire).

Voyager en solo

Les voyageurs solitaires devront s'attendre à quelques déconvenues, surtout en haute saison, où tout semble avoir été pensé pour les couples et, surtout, pour les familles (ne comptez pas trouver de tarification en simple dans les hôtels).

Aucun danger particulier ne menace a priori les voyageuses. Observez simplement des règles de précaution élémentaires : ne partez pas seule en randonnée, évitez le stop de jour comme de nuit et ne vous égarez pas dans des ruelles sombres et désertes la nuit.

Transports

Depuis/vers la Côte d'Azur

Voie aérienne

- L'**aéroport de Nice-Côte-d'Azur** (☎0820 423 333 ; www.nice.aeroport.fr) dessert presque toutes les grandes villes françaises et européennes (Bruxelles, Genève, Francfort ou Londres). Les principales agences de location de voitures possèdent un comptoir à l'aéroport. Les liaisons avec le centre-ville se font avec la ligne 2 du tram.
- L'**aéroport de Toulon-Hyères** (☎0825 01 83 87 ; www.toulon-hyeres.aeroport.fr) dessert Paris, Brest en direct, ainsi que Bruxelles. **Air France** (www.airfrance.fr) assure au moins 4 liaisons quotidiennes avec Paris-Orly. Le bus n°102 du réseau **Mistral** (☎04 94 03 87 03 ; www.reseaumistral.com) relie régulièrement l'aéroport depuis Toulon et la ligne 63 depuis Hyères, de même que la ligne 7803 du réseau **Varlib** (☎04 94 24 60 00 ; www.varlib.fr) depuis Saint-Tropez.

Voie terrestre

Voiture

L'autoroute A8 longe la côte de la frontière italienne jusqu'à Fréjus. Entre Toulon et Fréjus, le Var est traversé par l'A57 et l'A8. Le réseau

Si vous venez de l'étranger

Depuis/vers la Belgique

En avion : Les voyageurs belges trouveront sans difficulté un vol au départ de Bruxelles (voire de Lille) pour **Nice** (☎0820 423 333 ; www.nice.aeroport.fr). Depuis Bruxelles, **Brussels Airlines** (☎0 892 64 00 30 ; www.brusselsairlines.com) assure deux vols directs par jour vers Nice (1 heure 45). **Easyjet** (www.easyjet.com) propose aussi des vols quotidiens pour Nice.

En train : Comptez environ 8 heures de Bruxelles pour rejoindre Nice. Entre 6 et 7 heures pour atteindre Toulon.

En voiture : Comptez 11 heures 30 pour rallier Toulon depuis Bruxelles par la vallée du Rhône (A7) et 12 heures 30 pour Nice.

En bus : La compagnie **Eurolines** (www.eurolines.be) ne dessert pas la Côte d'Azur, mais assure des trajets depuis Anvers, Bruxelles et Liège pour Marseille ou Aix-en-Provence. Départ tous les jours de Bruxelles à 19h15 pour une arrivée à Marseille à 12h15 le lendemain. Comptez 147 € aller/retour.

Depuis/vers la Suisse

En avion : en direction de Nice, **EasyJet** (www.easyjet.com) assure entre 1 et 2 vols par jour depuis Bâle et entre 2 et 3 vols depuis Genève. **Swiss** (www.swiss.com/ch/fr) assure également 4 vols par semaine depuis Genève, et entre 2 et 3 vols par jour depuis Zurich.

En train : Comptez entre 3 heures 30 et 4 heures 30 de Genève pour rejoindre Marseille, 3 heures à 3 heures 30 pour Avignon.

En voiture : De Genève, Nice est à 6 heures en passant par l'Italie, 7 heures en passant par Grenoble. Comptez 5 heures 30 pour aller à Toulon via Lyon ou Grenoble.

Depuis/vers le Canada

En avion : de mai à octobre, **Air Transat** (☎0825 120 248 ; www.airtransat.com) propose 3 vols directs depuis Montréal pour Nice (environ 8 heures de trajet) et **Air Canada** (www.aircanada.com) 4 vols par semaine.

routier départemental est dense, mais n'empêche pas les embouteillages l'été et aux heures de pointe aux abords des grandes villes.

Nice se trouve à 930 km de Paris (environ 9 heures 30) par les autoroutes A6, A7 et A8, à 190 km de Marseille (2 heures 30), à 800 km de Bordeaux (8 heures), à 1 200 km de Lille (11 heures 30).

Il faut environ 8 heures de Paris pour atteindre Hyères ou Saint-Raphaël, 3 heures 45 de Lyon et 1 heure à 1 heure 30 de Marseille. De Nice, l'A8 dessert Saint-Raphaël en 1 heure et Saint-Tropez en 1 heure 30.

Train

Le **TGV Méditerranée** (☎3635 ; www.oui.sncf) assure quotidiennement la liaison entre Paris et Toulon (4 heures), Saint-Raphaël (5 heures) et Nice (6 heures).

La solution pour gagner rapidement les villes de l'arrière-pays varois ou des Alpes-Maritimes consiste à descendre en gare TGV d'Aix-en-Provence (3 heures depuis Paris) puis à louer une voiture.

Bus

Eurolines (☎0 892 89 90 91 ; www.eurolines.de) propose des trajets vers Nice au départ de Toulouse, Perpignan et Nîmes.

Les nouvelles compagnies low cost desservent les agglomérations côtières. **Blablabus** (ouibus.com) dessert plusieurs agglomérations de la côte (Toulon, Fréjus, Cannes, Antibes, Nice et Menton). **Flixbus** (www.flixbus.fr), outre les villes de Toulon et Nice, dessert Puget-sur-Argens, Fréjus et Cannes.

Par ailleurs, la région bénéficie d'un assez bon réseau de bus permettant de rejoindre Marseille, Avignon ou Arles rapidement et à un prix souvent plus intéressant que le train (voir ci-contre).

Voyages organisés

Certains voyagistes, spécialistes de la randonnée ou du voyage culturel proposent des circuits sur la Côte d'Azur ou dans l'arrière-pays. Cela peut être une bonne solution pour faire une randonnée de quelques jours en famille, à son rythme et en étant encadré.

Clio (☎ 01 53 68 82 82 ; www.clio.fr ; 34 rue du Hameau, 75015 Paris)

Nomade Aventure Paris (☎ 01 46 33 71 71 ; www.nomade-aventure.com ; 40 rue de la Montagne-Sainte-Geneviève, 75005 Paris) ; Lyon (10 quai de Tilsit, 69002) ; Marseille (12 rue Breteuil, 13001) ; Toulouse (43 rue Peyrolières, 31000 Toulouse)

Destination Merveilles (☎ 04 93 73 09 07 ; www.destination-merveilles.com ; 4 rue des Mesures, 06270 Villeneuve-Loubet). Agence régionale, axée sur le Mercantour et la Côte d'Azur.

Escapadeuche (☎ 09 61 31 37 54, 06 84 96 58 26 ; www.escapadeuche.com). Week-ends et circuits en 2CV au départ des Issambres dans le Var.

Velorizons (☎ 04 58 14 04 25 ; www.velorizons.com). Des voyages à vélo pour tous les niveaux

Comment circuler

Bus

Si vous ne disposez pas de voiture pour vous déplacer, le bus constitue une bonne alternative, à condition de le combiner avec le train (pour les grandes distances) et/ou avec le vélo (pour découvrir campagne, villages ou sites). Les deux départements recensent deux ou trois compagnies d'autocars qui relient les grandes villes entre elles. Ce mode de transport suppose d'établir à l'avance son parcours et d'organiser ses déplacements en fonction des villes desservies, des horaires des bus et des agences de location de vélos.

Pour les meilleures informations concernant la desserte de toutes les villes de la région et les horaires, consultez le site très complet de **Zou ! Ma région Sud** (☎ 0 809 400 013 ; https://zou.maregionsud.fr) qui regroupe l'ensemble des bus et trains du réseau de transport régional (LER, TER, bus...).

Var

- Les **Lignes Express Régionales** (zou.maregionsud.fr) sont intéressantes pour relier certaines villes du département. La ligne n°20 passe par Saint-Maximin, Brignoles, Vidauban, Fréjus, Saint-Raphaël et Nice. En revanche, pour relier Toulon à Nice, il vous faudra passer par Aix-en-Provence !
- Le réseau **Mistral** (☎ 04 94 03 87 03 ; www.reseaumistral.com) englobe de manière très pratique les communes de Toulon, Carqueiranne, Hyères, La Garde, La Seyne, Le Pradet, Ollioules, Saint-Mandrier, Six-Fours, Le Revest et La Valette.

Alpes-Maritimes

- Les **Lignes Express Régionales** (☎ 0 821 202 203 ; https://zou.maregionsud.fr) sont intéressantes pour relier certaines villes du département. La ligne qui relie Aix-en-Provence à Nice (n°20) dessert notamment certaines villes de la Provence verte, Fréjus, Mandelieu, Le Cannet et l'aéroport de Nice. La ligne Nice-Gap (n°29) passe, elle, par Grasse.
- Le réseau départemental **Lignes d'Azur** (www.lignesdazur.com) assure des liaisons rapides entre les villes des Alpes-Maritimes, le long de la côte comme dans l'arrière-pays. Quelle que soit la longueur du trajet, de Menton à Cannes ou de Nice à Saint-Martin-Vésubie, le trajet coûte 1,50 €. Une de ces lignes part de l'aéroport de Nice et relie Monaco et Menton. La deuxième part aussi de l'aéroport et rejoint Cannes. La dernière relie la gare routière de Cannes et celle de Grasse.

Taxi

Toutes les grandes villes et agglomérations de taille moyenne comptent des services de taxis, notamment au départ des gares ferroviaires et des aéroports. Le site www.taxi.fr référence de nombreux taxis régionaux.

Vos déplacements en un clic !

Le site **Zou !** (zou.maregionsud.fr) répertorie tous les modes de transport (TER, bus, vélo en libre-service, bateau, covoiturage, etc.) et les liaisons disponibles sur la région PACA. En un clic, vous saurez comment rejoindre Menton depuis Nice ou aller de Toulon à Grasse. Plan, durée du trajet, correspondances ou perturbations du trafic s'affichent et vous pouvez indiquer le moyen de transport à privilégier et la date du départ.

Des offres pour mieux voyager

Le **Pass Zou Etude** permet des déplacements illimités pendant un an en bus et en train dans la région. Elle coûte 90 € et accessible jusqu'à 26 ans. La SNCF propose aussi des cartes d'abonnements pour les familles avec de nombreuses réductions, ainsi qu'un Abonnement forfait, d'une durée hebdomadaire ou mensuelle, permettant d'effectuer un nombre illimité de voyages en train.

Train

- Sur la Côte d'Azur, les **TER** (☎3635 ; www.ter.sncf.com/paca ou zou.maregionsud.fr) desservent bon nombre de villes, même si la couverture ferroviaire régionale est presque inexistante pour les transversales – aucune ligne de chemin de fer n'existe dans certains sites isolés.
- Dans le Var, les TER relient les villes de la côte de Saint-Cyr à Hyères via Toulon, mais il n'y a en revanche aucune gare sur le littoral entre Hyères et Saint-Raphaël. Pour grimper un peu dans l'arrière-pays, il n'existe que la ligne Toulon-Les Arcs, via notamment Solliès-Pont et Gonfaron, qui redescend ensuite vers Saint-Raphaël.
- Du côté des Alpes-Maritimes, la voie ferrée continue de Saint-Raphaël à la frontière italienne. Les trains express ne s'arrêtent que dans les villes principales : Monaco, Nice, Antibes et Cannes. Les autres marquent tous les arrêts. Une ligne relie également Cannes à Grasse.
- Pour se rendre dans l'arrière-pays, 2 lignes touristiques :

Train des Merveilles (☎04 89 24 74 98 ; www.tendemerveilles.com/train-des-merveilles ; aller-retour Nice-Tende 26,60 €, Nice-Sospel 14,40 €). Ce train géré par la SNCF et la région PACA relie quotidiennement Nice à Tende en traversant les vallées du Peillon et de la Roya-Bévéra – voir l'encadré p. 266. Une animation avec un guide conférencier est proposée tous les jours en été et les week-ends de mai et d'octobre dans le train de 9h05 au départ de Nice.

Train des Pignes (☎04 97 03 80 80 ; www.trainprovence.com ; aller Nice-Digne-les-Bains 24,10 €). Relie Nice (gare du Sud) et Digne-les-Bains 4 fois par jour (près de 3 heures 30 de trajet), en passant par de nombreux villages – voir l'encadré p. 266. Sur une portion du trajet, le **GECP** (☎07 81 92 67 75 ; www.gecp.asso.fr) fait circuler un train à vapeur. Se renseigner auprès de l'association pour les horaires.

Vélo

La Côte d'Azur se prête parfaitement à une découverte à vélo (voir notre cahier Itinéraire à vélo au début de ce guide). Bien entendu, les amateurs de petite reine ne manqueront pas de franchir les cols de Vence, d'Èze et de Turini et d'arpenter la route de la Bonnette, la plus haute d'Europe, à plus de 2 800 m d'altitude.

Mais il existe de multiples autres itinéraires, bien balisés, et des dénivelés plus ou moins difficiles (voir aussi p. 323). Les grandes villes, qui comptent des magasins de cycles, permettent de louer ou de faire réparer son deux-roues.

Les offices du tourisme constituent une incontournable base d'informations sur les itinéraires à suivre : ils sont de plus en plus nombreux à avoir aménagé des circuits "découverte" sur leur commune et proposent des brochures à cet effet.

Location

Il existe bon nombre de prestataires offrant des vélos à la location, et vous aurez la plupart du temps le choix entre VTT et vélo de ville. Comptez autour de 15-20 € pour une location à la journée. Il est possible aussi de louer des vélos électriques.

Comme Paris et Marseille, Nice possède son réseau de vélos en libre-service.

Voiture et moto

Voiture ou moto sont assurément les plus adaptées à la découverte de la région.

En haute saison, toutefois, la circulation autour des grandes villes (Cannes, Nice, Toulon), de certains villages touristiques (Èze, Saint-Paul-de-Vence, Saint-Tropez) gâche le plaisir de la découverte. Les jours de marché, prenez vos précautions, que ce soit pour le stationnement ou pour la traversée du centre-ville.

Nombre de localités ont aménagé des parkings en centre-ville et dans ses abords.

DISTANCES ROUTIÈRES (KM)

	Aix-en-Provence	Antibes	Cannes	Draguignan	Grasse	Hyères	Marseille	Menton	Nice	Saint-Martin-Vésubie	Saint-Raphaël/Fréjus	Saint-Tropez
Antibes	161											
Cannes	146	12										
Draguignan	106	72	61									
Grasse	161	24	20	57								
Hyères	100	133	122	80	136							
Marseille	35	188	176	120	192	82						
Menton	208	55	66	123	76	183	237					
Nice	174	22	35	84	43	149	210	32				
Saint-Martin-Vésubie	224	72	83	139	93	199	256	72	59			
Saint-Raphaël/Fréjus	121	50	38	33	53	92	153	98	65	114		
Saint-Tropez	136	89	78	49	92	51	139	139	106	155	38	
Toulon	81	132	120	79	135	19	65	182	149	198	92	69

Le tracé sinueux de certaines routes, la conduite de certains automobilistes et la présence de cyclistes requièrent la plus grande prudence.

Le Var est parcouru d'ouest en est par l'A8. L'A50 suit le littoral jusqu'à Toulon. Au-delà, pour longer la côte jusqu'à Saint-Raphaël, il vous faudra emprunter la D559. L'été, cette départementale qui dessert toutes les stations balnéaires est très vite embouteillée, notamment en fin de journée. Côté enfer, la palme revient à Saint-Tropez : en saison, entrer et sortir de la ville est une épreuve sans nom. Attention aussi à la presqu'île de Giens en fin d'après-midi : la route est régulièrement bloquée par le trop-plein de véhicules.

De Toulon, l'A57 grimpe vers Le Cannet-des-Maures pour y rejoindre l'A8. Deux grosses départementales desservent l'arrière-pays varois en direction du nord : la D554 à partir de Brignoles et la D955 au départ de Draguignan.

Les Alpes-Maritimes comprennent 3 axes routiers majeurs : l'A8, la N7 et la route du bord de mer. Évitez les heures de pointe, le matin de 8h à 9h30 et le soir de 17h à 19h.

En hiver, si vous traversez des cols, certaines routes peuvent être fermées. Pour vous renseigner, consultez le site de la **DIR Méditerranée** (www.enroute.mediterranee.equipement.gouv.fr).

Location

Si vous ne disposez pas de voiture, vous trouverez sur place, dans les gares et dans le centre des grandes villes, des sociétés de location. Renseignez-vous au préalable sur les prestations incluses dans le prix (kilométrage illimité ou non, assurance, taxes, rachat de franchise, etc.) et sur votre responsabilité en cas de problème. Mieux vaut souscrire une assurance complète (demandez des précisions à votre assureur, notamment si vous disposez de la carte Premier) couvrant les bosses et éraflures que vous risquez de faire à la carrosserie.

Ada (www.ada.fr)

Autoescape (www.autoescape.com)

Avis (www.avis.fr)

Budget (www.budget.fr)

Easycar (www.easycar.fr)

Europcar (www.europcar.fr)

Hertz (www.hertz.fr)

En coulisses

Un mot des auteurs

Julie Hainaut

Un immense merci à toute l'équipe du Lonely Planet France, en particulier à Didier Férat pour sa confiance, à Dominique Bovet et à Dominique Spaëty pour leur écoute et disponibilité, et à Nicolas Guérin pour sa relecture. Merci également à Michel Caraisco de Var Tourisme, et aux belles rencontres, en particulier Simone et Laure.

Alexandre Lenoir

Merci à toute l'équipe de Lonely Planet France. Remerciements aux Varoises et Varois qui m'ont chaleureusement ouvert leurs portes entre deux confinements durant ce bel été 2020.

Élodie Rothan

Merci à Frédérique et à Didier, qui m'ont fait confiance. Merci à tous ces gens que j'ai croisés, qui m'ont dévoilé les secrets de leur ville ou village et m'ont fait passer de si bons moments : ce guide est en partie le fruit de leurs conseils avisés !

Coralie Modschiedler

Un grand merci à tous ceux qui m'ont soutenue, conseillée et accompagnée dans mes recherches : ma famille Christine, Thomas, Céline et Johann, ainsi que mes amis et collègues Matthieu, Sylvain, Dan, Gav et tant d'autres. Merci aussi à toute l'équipe Lonely Planet, en particulier à Nicolas et à Dominique pour leur confiance, leurs conseils et leur bonne humeur.

Crédits

Photographie de couverture Porquerolles ; © Alizée Palomba / OnlyFrance.fr
Photographie de couverture des Itinéraires à vélo Sainte-Maxime ; © E.D. Torial / Photo12
Fond des pages 30 à 39 créé à partir d'une image Freepik.com

À propos de ce guide

Cet ouvrage est la troisième édition du guide *Explorer de la Côte d'Azur*. Cinq auteurs ont participé à la rédaction et à l'actualisation du présent guide : Julie Hainaut, Alexandre Lenoir, Coralie Modschiedler, Amandine Rancoule et Élodie Rothan. Julien Trambouze et Élodie Rothan ont sillonné les routes de Côte d'Azur pour la réalisation des itinéraires à vélo. Les vidéos qui émaillent ce guide sont dûes à Pierre Thomas et Matthieu Joseph-Aimé. Les extraits d'œuvres littéraires ont été lus par Thomas Marceul, Caroline Klaus et Florine Orphelin et enregistrés par Jean-Paul Palmyre du studio Quali'sons. Marie Thureau a assuré l'édition de cette partie audio.

Directeur éditorial Didier Férat
Responsable éditorial Dominique Bovet
Coordination éditoriale Nicolas Guérin
Responsable prépresse Jean-Noël Doan
Maquette Pierre Brégiroux et Laurence Tixier pour le cahier détachable des Itinéraires à vélo
Cartographie Afdec (Martine Marmouget)
Couverture Laure Wilmot

Remerciements à Jacqueline Menanteau pour sa relecture attentive du texte et à Basile Mariton pour le référencement et à Camille Marie pour les cartes des Itinéraires à vélo. Merci à toute l'équipe du bureau de Paris, et notamment à Dominique Spaety pour son aide précieuse. Enfin merci à Luan Angel et Nigel Longuet à Londres et à Jean-Pierre Masclef à Melbourne.

Vos réactions

Vos commentaires nous sont très précieux et nous permettent d'améliorer constamment nos guides. Notre équipe lit toutes vos lettres avec la plus grande attention. Nous ne pouvons pas répondre individuellement à tous ceux qui nous écrivent, mais vos commentaires sont transmis aux auteurs concernés. Tous les lecteurs qui prennent la peine de nous communiquer des informations sont remerciés dans l'édition suivante, et ceux qui nous fournissent les renseignements les plus utiles se voient offrir un guide.

Pour nous faire part de vos réactions, prendre connaissance de notre catalogue et vous abonner à notre newsletter, consultez notre site Internet : **www.lonelyplanet.fr**

Nous reprenons parfois des extraits de notre courrier pour les publier dans nos produits, guides ou sites Web. Si vous ne souhaitez pas que vos commentaires soient repris ou que votre nom apparaisse, merci de nous le préciser. Notre politique en matière de confidentialité est disponible sur notre site Internet.

A–Z

A

B

Référence des cartes

C

N

O

P

Comment utiliser ce guide

Ces symboles vous aideront à identifier les différentes rubriques :

- À voir
- Activités
- Cours
- Circuits organisés
- Fêtes et festivals
- Où se restaurer
- Où prendre un verre
- Où sortir
- Achats
- Renseignements et transports

Ces symboles vous donneront des informations essentielles au sein de chaque rubrique :

- Adresse écoresponsable
- GRATUIT Entrée libre

- Numéro de téléphone
- Heures d'ouverture
- Parking
- Non-fumeur
- Climatisation
- Accès Internet
- Wi-Fi
- Piscine
- Bus
- Ferry
- Tramway
- Train
- Végétarien
- Familles bienvenues

Choisissez des lieux sur mesure grâce aux symboles suivants :

- Argent
- Gastronomie
- Prendre un verre
- Vélo
- Sports
- Art et culture
- Fêtes et festivals
- Sites photogéniques
- Paysages
- En famille
- Achats
- Vaut le détour
- Randonnée
- 100% local
- Histoire
- Sortir
- Plages
- Patrimoine
- Faune et flore
- Scène LGBT
- Hébergement
- Transports
- Activités nautiques
- Infos pratiques

À voir

- Cave/vignoble
- Château
- Église
- Monument
- Mosquée
- Musée/galerie/édifice historique
- Plage
- Réserve ornithologique
- Ruines
- Synagogue
- Temple bouddhiste
- Temple confucéen
- Temple hindou
- Temple jaïn
- Temple shintoïste
- Temple sikh
- Temple taoïste
- Zoo/réserve animalière
- Autre site

Achats

- Magasin

Activités

- Bodysurfing
- Canoë/kayak
- Cours/circuits organisés
- Plongée/snorkeling
- Randonnée
- Sentô (bain public)
- Ski
- Snorkeling
- Surf
- Piscine/baignade
- Planche à voile
- Autres activités

Où se loger

- Camping
- Hébergement

Où se restaurer

- Restauration

Où prendre un verre

- Bar
- Café

Où sortir

- Salle de spectacle

Renseignements

- Accès Internet
- Ambassade/consulat
- Banque
- Bureau de poste
- Centre téléphonique
- Hôpital/centre médical
- Office du tourisme
- Police
- Toilettes
- Autre adresse pratique

Géographie

- Aire de pique-nique
- Cascade
- Col
- Montagne/volcan
- Oasis
- Parc
- Phare
- Plage
- Point de vue
- Portail
- Refuge/gîte

Transports

- Aéroport
- Bart
- Bus
- Ferry
- Gare/chemin de fer
- Métro/MRT
- Monorail
- Parking
- Piste cyclable
- Poste-frontière
- Station-service
- Subway/Métro
- T/T-Bane
- Taxi
- Téléphérique/funiculaire
- Tramway
- U-Bahn, Tube Station
- Autre moyen de transport

Coralie Modschiedler

Nice et la Riviera française. Journaliste spécialisée dans le voyage, Coralie est passionnée de cultures étrangères. Elle étudie le journalisme à Londres avant de travailler pour de nombreux magazines et guides de voyage. Aujourd'hui freelance, elle écrit en anglais et en français pour la presse tourisme et l'édition, notamment pour Lonely Planet et Visit London. En 2020, elle se réinstalle à Nice, dans la ville où elle a grandi. L'occasion de redécouvrir l'une des plus belles régions du monde, la Côte d'Azur, pour Lonely Planet.

Amandine Rancoule

Alpes d'Azur. Après plusieurs années passées entre le Luberon, Toulouse et la Corse pendant lesquelles elle collabore avec plusieurs titres de presse, Amandine revient vivre sur ses terres natales. À Marseille, elle travaille désormais sur différents projets d'écriture.

Élodie Rothan

Le parcours cyclable du littoral de Hyères à Saint-Raphaël, Itinéraires sans voiture, De Cannes à Vence. Depuis son enfance à Aix-en-Provence, des études à Paris et à Maastricht, Élodie n'a cessé de prendre la poudre d'escampette. Son diplôme de Sciences-Po Paris en poche, elle sillonne le monde avec curiosité. De l'Europe à l'Asie, des Seychelles à l'Argentine, chaque départ confirme sa volonté de travailler dans l'univers du voyage. Fondatrice du site www.greenlatitudes.fr, elle a collaboré à de nombreux guides de Lonely Planet (*Côte d'Azur*, *Provence*, *Languedoc-Roussillon*, *Bordeaux, Gironde et Landes*, *Lot, Aveyron et Vallée du Tarn*, *Catalogne*, *Seychelles*…).

Julien Trambouze

La Véloroute de la Méditerranée Reporter et animateur pour France Bleu Vaucluse, Julien vit et travaille à Avignon. Spécialiste dans les questions environnementales depuis plus de 10 ans, il balade ses micros pour raconter un monde qui bouge. Cycliste depuis sa tendre enfance, il mélange sa passion pour la petite reine avec son goût pour les rencontres et les paysages. Amoureux des randonnées à la cool, pour Lonely Planet, Julien nous sert de guide le long de l'EuroVélo 8 des Bouches du Rhône à la frontière Italienne.

Pierre Thomas

Vidéos. La passion de l'image lui est venue en regardant les westerns de Sergio Leone. Devenu journaliste, puis photographe pour une grande marque de sport de montagne, Pierre a sillonné la planète pour photographier des sportifs dans des paysages de rêve. Ce goût du voyage ne l'a jamais quitté. Il prend toujours un plaisir immense à découvrir de nouveaux endroits à photographier ou à filmer depuis le sol ou le ciel, avec mes drones.

Mattieu Joseph-Aimé

Vidéos Nice et la Riviera française Photographe et vidéographe freelance spécialisé dans le voyage, Matthieu est revenu s'installer dans sa région natale, après avoir vécu près de 10 ans à l'étranger. À travers ses films et ses photos, on redécouvre Nice et sa région, de la mythique promenade des Anglais aux façades colorées du Vieux-Nice, en passant par les villages pittoresques du littoral azuréen. Découvrez sa page instagram pour plus d'informations et d'inspiration : www.instagram.com/matthieu_j.a

Les guides Lonely Planet

Une vieille voiture déglinguée, quelques dollars en poche et le goût de l'aventure, c'est tout ce dont Tony et Maureen Wheeler eurent besoin pour réaliser, en 1972, le voyage d'une vie : rallier l'Australie par voie terrestre via l'Europe et l'Asie. De retour après un périple harassant de plusieurs mois, et forts de cette expérience formatrice, ils rédigèrent sur un coin de table leur premier guide, *Across Asia on the Cheap*, qui se vendit à 1 500 exemplaires en l'espace d'une semaine. Ainsi naquit Lonely Planet, dont les guides sont aujourd'hui traduits en 13 langues.

Nos auteurs

Julie Hainaut

Côte varoise Journaliste freelance, Julie travaille pour plusieurs médias nationaux et régionaux, généralistes et spécialisés. Amoureuse des mots – elle enseigne d'ailleurs l'écriture à la fac et dans des écoles de journalisme – et des voyages – elle a grandi dans plusieurs pays d'Afrique, ça doit jouer –, il n'est pas rare de la croiser un carnet et un stylo dans une main, un appareil photo dans l'autre. Elle a déjà collaboré à plusieurs guides Lonely Planet (Lyon, Savoie Mont-Blanc, Madagascar...). Elle partage ses coups de cœur (et de gueule) sur son Instagram www.instagram.com/julie_hainaut/

Alexandre Lenoir

Arrière-pays varois Pris de panique à l'idée de rester plus d'une journée au même endroit, Alexandre s'est pourtant installé à Lille, ville qui l'a vue naître il y a 45 ans. Diplômé de l'Ecole de Journalisme de Lille, il y exerce son métier de journaliste indépendant... après avoir été auteur-compositeur-interprète du groupe de chanson Les Blaireaux durant quinze ans. Passionné de voyages et de randos en montagne, Alexandre a toujours été convaincu qu'un bon guide de voyage devait posséder les mêmes vertus qu'un album de musique réussi : aider à vous évader... puis une fois ailleurs, vous tenir compagnie. Une conviction qu'il a mise en pratique pour les guides Lonely Planet *Ardèche et Drôme*, *Lot et Aveyron*, *Espagne du Nord-Ouest*, *Côte d'Azur*, *Languedoc-Roussillon*, *Louvre-Lens et bassin minier*...

← Nos auteurs (suite) ←

Explorer la région Côte d'Azur
3e édition

92 avenue de France, 75013 Paris

Dépôt légal Mars 2021
ISBN 978-2-81619-249-0
Photographes © comme indiqué 2021
Photogravure : Point 11
Imprimé par Estimprim, Autechaux, France

En Voyage Éditions | un département édi8